Baurecht Baden-Württemberg

Hemmer/Wüst/Kresser/Rausch

Hemmer/Wüst Verlagsgesellschaft
Hemmer/Wüst/Kresser/Rausch, Baurecht/Baden-Württemberg

ISBN 978-3-86193-666-4

5. Auflage 2017

gedruckt auf chlorfrei gebleichtem Papier
von Schleunungdruck GmbH, Marktheidenfeld

Ihre Online-Recherche: So leicht ist es, bequem von überall – zu Hause, im Zug, in der Uni – zu recherchieren. Ob Sie einen Gesetzestext suchen, Entscheidungen aus allen Gerichtsbarkeiten, zitierte und zitierende Rechtsprechung, Normen, Kommentare oder Aufsätze – **juris by hemmer** bietet Ihnen weitreichend verlinkte Informationen auf dem aktuellen Stand des Rechts.

Erfahrung trifft Erfahrung

juris verfügt inzwischen über mehr als dreißig Jahre Erfahrung in der Bereitstellung und Aufbereitung von Rechtsinformationen und war der erste, der digitale Rechtsinformationen angeboten hat. hemmer bildet seit 1976 Juristen aus. Das umfassende Lernprogramm des Marktführers bereitet gezielt auf die Staatsexamina vor. Jetzt ergänzt durch die intuitive Online-Recherche von juris.

Nutzen Sie die durch das Kooperationsmodell von **juris by hemmer** geschaffene Möglichkeit: Für die Scheine, vor dem Examen die neuesten Entscheidungen abrufen, schnelle Vorbereitung auf die mündliche Prüfung, bequemes Nachlesen der Originalentscheidung passend zur Life&LAW und den hemmer-Skripten. So erleichtern Sie sich durch frühzeitigen Umgang mit Onlinedatenbanken die spätere Praxis. Schon für Referendare ist die Online-Recherche unentbehrlich. Erst recht für den Anwalt oder im Staatsdienst ist der schnelle Zugriff obligatorisch. hemmer hat ein umfassendes juris-Paket geschnürt: Über 800.000 Entscheidungen, der juris PraxisKommentar zum BGB und Fachzeitschriften zu unterschiedlichen Rechtsgebieten ermöglichen eine Voll-Recherche!

Das „juris by hemmer"-Angebot für hemmer.club-Mitglieder

So einfach ist es, **juris by hemmer** kennenzulernen:

***Ihr Vorteil:** 6 Monate kostenfrei für alle Teilnehmer/-innen des hemmer Haupt-, Klausuren- oder Individualkurses oder des Assessorkurses, die sich während dieser Kursteilnahme anmelden und gleichzeitig hemmer.club-Mitglied sind. Die Mitgliedschaft im hemmer.club ist kostenlos.

Danach nur 2,90 € monatlich, solange Sie Jurastudent oder Rechtsreferendar sind. Voraussetzung ist auch dann die Mitgliedschaft im hemmer.club. Auch für alle hemmer.club-Mitglieder, die nicht (mehr) Kursteilnehmer sind, gilt unser Angebot: nur 2,90 € monatlich, solange Sie Jurastudent oder Rechtsreferendar sind. Kündigung jederzeit zum Monatsende möglich.

Jetzt anmelden unter „juris by hemmer": www.hemmer.de

Assessorkursorte im Überblick

Bayern
Würzburg/München/Nürnberg/Regensburg/Postversand

RA I. Gold
Mergentheimer Str. 44
97082 Würzburg
Tel.: (0931) 79 78 2-50
Fax: (0931) 79 78 2-51
Mail: assessor@hemmer.de

Baden-Württemberg
Konstanz/Tübingen/Postversand

Rae F. Guldin/B. Kaiser
Hindenburgstr. 15
78467 Konstanz
Tel.: (07531) 69 63 63
Fax: (07531) 69 63 64
Mail: konstanz@hemmer.de

Stuttgart

Rae R. Rödl / A. Baier
Mergentheimerstr. 44
97082 Würzburg
Tel. 0931-7978230
Fax. 0931-7978234
Mail: stuttgart@hemmer.de

Berlin/Potsdam/Brandenburg
Berlin

RA L. Gast
Schumannstr. 18
10117 Berlin
Tel.: (030) 24 04 57 38
Fax: (030) 24 04 76 71
Mail: mitte@hemmer-berlin.de

Bremen/Hamburg
Hamburg/Postversand

Rae M. Sperl/Clobes/Dr.Schlömer
Kirchhofgärten 22
74635 Kupferzell
Tel.: (07944) 94 11 05
Fax: (07944) 94 11 08
Mail: assessor-nord@hemmer.de

Hessen
Frankfurt

RA A. Geron
Dreifaltigkeitsweg 49
53489 Sinzig
Tel.: (02642) 61 44
Fax: (02642) 61 44
Mail: frankfurt.main@hemmer.de

Mecklenburg-Vorpommern
Postversand

Ludger Burke/Johannes Lück
Buchbinderstr. 17
18055 Rostock
Tel.: (0381) 37 77 40 0
Fax: (0381) 37 77 40 1
Mail: rostock@hemmer.de

Rheinland-Pfalz
Postversand

RA A. Geron
Dreifaltigkeitsweg 49
53489 Sinzig
Tel.: (02642) 61 44
Fax: (02642) 61 44
Mail: trier@hemmer.de

Niedersachsen
Hannover

RAe M. Sperl/Dr. Schlömer
Steinhöft 5 - 7
20459 Hamburg
Tel.: (040) 317 669 17
Fax: (040) 317 669 20
Mail: assessor-nord@hemmer.de

Hannover Postversand

RAe M. Sperl/Clobes/Dr. Schlömer
Kirchhofgärten 22
74635 Kupferzell
Tel.: (07944) 94 11 05
Fax: (07944) 94 11 08
Mail: assessor-nord@hemmer.de

Nordrhein-Westfalen
Köln/Bonn/Dortmund/Düsseldorf/Postversand

Dr. A. Ronneberg
Meckenheimer Allee 148
53113 Bonn
Tel.: (0228) 91 14 125
Fax: (0228) 91 14 141
Mail: koeln@hemmer.de

Schleswig-Holstein
Postversand

RAe M. Sperl/Clobes/Dr. Schlömer
Kirchhofgärten 22
74635 Kupferzell
Tel.: (07944) 94 11 05
Fax: (07944) 94 11 08
Mail: assessor-nord@hemmer.de

Thüringen
Postversand

RA Stock, RA Hunger & Kollegen
Zweinaundorfer Str. 2
04318 Leipzig
Tel.: (0341) 6 88 44 90 oder -93
Fax: (0341) 6 88 44 96
Mail: dresden@hemmer.de

Sachsen
Dresden/Leipzig/Postversand

RA Stock, RA Hunger & Kollegen
Zweinaundorfer Str. 2
04318 Leipzig
Tel.: (0341) 6 88 44 90 oder -93
Fax: (0341) 6 88 44 96
Mail: dresden@hemmer.de

Sachsen-Anhalt
Postversand

RA Stock, RA Hunger & Kollegen
Zweinaundorfer Str. 2
04318 Leipzig
Tel.: (0341) 6 88 44 90 oder -93
Fax: (0341) 6 88 44 96
Mail: dresden@hemmer.de

I. Baugesetzbuch

⇨ BauGB

Die bundesrechtlich wichtigste Quelle ist das Baugesetzbuch (BauGB). Von Prüfungsrelevanz sind hier insbesondere die §§ 29 ff. BauGB über die Zulässigkeit von Vorhaben sowie die Vorschriften über die Inhaltsanforderungen von Bauleitplänen (§§ 1 – 10, 214 ff. BauGB). 13

⇨ BauNVO

Des Weiteren von Bedeutung ist die Baunutzungsverordnung (BauNVO), die auf § 9a BauGB beruht, und die im Wesentlichen aufführt, was in Bauleitplänen dargestellt und festgesetzt werden kann.

II. Baden-Württembergische Landesbauordnung

auch Ländergesetze ⇨ LBO

Daneben haben die einzelnen Länder Bauordnungsgesetze erlassen. In Baden-Württemberg ist dies die Landesbauordnung (LBO). 14

III. Gesetzgebungskompetenz

Diese Aufteilung in Bundes- und Landesrecht ist Folge der verfassungsrechtlichen Kompetenzvorgaben des GG. 15

Eine ausdrückliche Zuweisung einer Kompetenz „Bauwesen" an den Bund ist in den Art. 70 ff. GG nicht zu finden.

Art. 74 I Nr. 18 GG

Geregelt ist im Art. 74 I Nr. 18 GG lediglich ein Teilbereich, nämlich das Bodenrecht. Im sog. Baurechtsgutachten[11] stellte das BVerfG fest, dass hierzu insbesondere das Recht der städtebaulichen Planung, der Baulandumlegung, der Erschließung sowie der Bodenbewertung gehöre. Gleichzeitig lehnte es das Gericht ausdrücklich ab, aus Art. 74 I Nr. 18 GG im Wege einer Gesamtschau eine Bundeskompetenz für das Baurecht insgesamt, insbesondere für das „Baupolizeirecht im bisher gebräuchlichen Sinne", abzuleiten. Weil die Gesetzgebungskompetenz in Art. 74 I Nr. 18 GG eine konkurrierende ist, hat das Land die Möglichkeit, selbst bodenrechtliche Regelungen zu treffen, solange und soweit der Bund keine erschöpfende Regelung getroffen hat (Art. 72 I GG), wie z.B. durch § 74 LBO. 16

Art. 70 GG

Hinsichtlich der übrigen Bereiche jenseits des Bodenrechts bleibt es bei der Regel des Art. 70 I GG, wonach die Länder für die Gesetzgebung zuständig sind.

IV. Sonstige Rechtsvorschriften

sonstige Gesetze

Darüber hinaus kann für die Beurteilung eines baulichen Vorhabens auch eine Vielzahl anderer öffentlich-rechtlicher Vorschriften einschlägig sein, so z.B. naturschutzrechtliche, immissionsschutzrechtliche oder denkmalschutzrechtliche Regelungen. Diese sind jedoch allenfalls im Schwerpunkbereich prüfungsrelevant. 17

[11] Dieses hatte die Bundesregierung im Zuge der Vorarbeiten zum BBauG beantragt (möglich war das gemäß § 97 BVerfGG, die Bestimmung wurde inzwischen aufgehoben); abgedruckt in BVerfGE 3, 407 - 439 = **juris**byhemmer, (Az. 1 PBvV 2/52).

Kommentare:

Battis/Krautzberger/Löhr	Baugesetzbuch, 13. Auflage, 2016
Ernst/Zinkahn/Bielenberg/Krautzberger	Baugesetzbuch, Loseblattsammlung
Jäde/Dirnberger/Weiß	BauGB – BauNVO, 8. Auflage, 2016
Kopp/Schenke	Verwaltungsgerichtsordnung, 23. Auflage, 2017
Kopp/Ramsauer	Verwaltungsverfahrensgesetz, 18. Auflage, 2017
Sauter	Landesbauordnung Baden-Württemberg, Loseblattsammlung
Schoch/Schmidt-Aßmann/Pietzner	Verwaltungsgerichtsordnung, Loseblattsammlung
Sodan/Ziekow	Verwaltungsgerichtsordnung, Loseblattsammlung

Lehrbücher:

Finkelnburg/Ortloff/Kment	Öffentliches Baurecht Band I, 7. Auflage, 2017
Finkelnburg/Ortloff/Otto	Öffentliches Baurecht Band II, 6. Auflage, 2010
Koch/Hendler	Baurecht, Raumordnungs- und Landesplanungsrecht, 5. Auflage, 2009
Maurer	Allgemeines Verwaltungsrecht, 18. Auflage, 2011
Pietzner/Ronellenfitsch	Assessorexamen im Öffentlichen Recht, 13. Auflage, 2014
Schenke	Verwaltungsprozessrecht, 15. Auflage, 2017
Schmitt Glaeser/Horn	Verwaltungsprozessrecht, 16. Auflage, 2013

Weiterführende Literatur siehe Fußnoten

Vorwort

Baurecht Baden-Württemberg mit der **hemmer-Methode**

Wer in vier Jahren sein Studium abschließen will, kann sich einen Irrtum in Bezug auf Stoffauswahl und -aneignung nicht leisten. Hoffen Sie nicht auf leichte Rezepte und den einfachen Rechtsprechungsfall. Hüten Sie sich vor Übervereinfachung beim Lernen. Stellen Sie deswegen frühzeitig die Weichen richtig.

Dem **Baurecht** kommt eine große praktische Bedeutung zu. Dieser Umstand schlägt sich auch im Examen nieder. Vertiefte Kenntnisse des Baurechts sind deshalb unverzichtbar. Dabei kommt es neben der Aneignung von Fakten auch und vor allem auf das Beherrschen der typisch öffentlich-rechtlichen Fallsystematik an. Problemstellungen dürfen nicht nur isoliert gelernt werden, vielmehr müssen sie im Kontext der examenstypischen Klausur richtig eingeordnet werden können. Um diesem Umstand gerecht zu werden, wurde dieses Skript klausurspezifisch konzipiert. Durch die Aufteilung in verschiedene Klagearten wird die richtige Einordnung baurechtlicher Fragestellungen in die Klausurlösung ermöglicht. Das Skript vermittelt am richtigen Ort sowohl für den Einsteiger als auch den Fortgeschrittenen vertiefendes Verständnis einzelner materiell-rechtlicher und prozessualer Probleme.

Die **hemmer-Methode** vermittelt Ihnen die **erste richtige Einordnung** und das **Problembewusstsein**, welches Sie brauchen, um an einer Klausur bzw. dem Ersteller nicht vorbeizuschreiben. Häufig ist dem Studenten nicht klar, warum er schlechte Klausuren schreibt. Wir geben Ihnen **gezielte Tipps**! Vertrauen Sie auf unsere **Expertenkniffe**.

Durch die ständige Diskussion mit unseren Kursteilnehmern ist uns als erfahrenen Repetitoren klar geworden, welche **Probleme** der Student hat, sein **Wissen anzuwenden**. Wir haben aber auch von unseren Kursteilnehmern profitiert und von ihnen erfahren, welche **Argumentationsketten** in der Prüfung zum Erfolg geführt haben.

Die **hemmer-Methode** gibt **jahrelange Erfahrung** weiter, erspart Ihnen viele schmerzliche Irrtümer, setzt richtungsweisende Maßstäbe und begleitet Sie als **Gebrauchsanweisung** in Ihrer Ausbildung:

1. Grundwissen:

Die **Grundwissenskripten** sind für den Studenten in den ersten Semestern gedacht. In den Theoriebänden Grundwissen werden leicht verständlich und kurz die wichtigsten Rechtsinstitute vorgestellt und das notwendige Grundwissen vermittelt. Die Skripten werden durch den jeweiligen Band unserer **Reihe „Die wichtigsten Fälle“** ergänzt.

2. Basics:

Das Grundwerk für Studium und Examen. Es schafft schnell **Einordnungswissen** und mittels der hemmer-Methode richtiges Problembewusstsein für Klausur und Hausarbeit. Wichtig ist, **wann und wie** Wissen in der Klausur angewendet wird.

3. Skriptenreihe:

Vertiefendes Prüfungswissen: Über 1.000 Klausuren wurden auf ihre „essentials" abgeklopft.

Anwendungsorientiert werden die für die Prüfung nötigen Zusammenhänge umfassend aufgezeigt und wiederkehrende Argumentationsketten eingeübt.

Gleichzeitig wird durch die **hemmer-Methode** auf **anspruchsvollem Niveau** vermittelt, nach welchen Kriterien Prüfungsfälle beurteilt werden. Mit dem Verstehen wächst die Zustimmung zu Ihrem Studium. Spaß und Motivation beim Lernen entstehen erst durch Verständnis.

Lernen Sie, durch Verstehen am juristischen Sprachspiel teilzunehmen. Wir schaffen den „background“, mit dem Sie die innere Struktur von Klausur und Hausarbeit erkennen: **„Problem erkannt, Gefahr gebannt“**. Profitieren Sie von unserem **strategischen Wissen**. Wir werden Sie mit unserem know-how auf das Anforderungsprofil einstimmen, das Sie in Klausur und Hausarbeit erwartet.
Die Theoriebände Grundwissen, die Basics, die Skriptenreihe und der Hauptkurs sind als **modernes, offenes und flexibles Lernsystem** aufeinander abgestimmt und ergänzen sich ideal. Die **studentenfreundliche Preisgestaltung** ermöglicht den **Erwerb als Gesamtwerk**.

4. Hauptkurs:

Schulung am examenstypischen Fall mit der Assoziationsmethode. Trainieren Sie unter professioneller Anleitung, was Sie im Examen erwartet und wie Sie bestmöglich mit dem Examensfall umgehen.

Nur wer die Dramaturgie eines Falles verstanden hat, ist in Klausur und Hausarbeit auf der sicheren Seite! Häufig hören wir von unseren Kursteilnehmern: **„Erst jetzt hat Jura richtig Spaß gemacht“**.

Die Ergebnisse unserer Kursteilnehmer geben uns Recht. Maßstab ist der Erfolg. Die Examensergebnisse zeigen, dass unsere Kursteilnehmer überdurchschnittlich abschneiden.

Die Examensergebnisse unserer Kursteilnehmer können auch Ansporn für Sie sein, intelligent zu lernen: Wer nur auf vier Punkte lernt, landet leicht bei drei.
Lassen Sie sich aber nicht von diesen Supernoten verschrecken, sehen Sie dieses Niveau als Ansporn für Ihre Ausbildung.

Wir hoffen, als Repetitoren mit unserem Gesamtangebot bei der Konkretisierung des Rechts mitzuwirken und wünschen Ihnen **viel Spaß beim Durcharbeiten** unserer Skripten.

Wir würden uns freuen, mit Ihnen als Hauptkursteilnehmer mit der **hemmer-Methode** gemeinsam Verständnis an der Juristerei zu trainieren. Nur wer erlernt, was ihn im Examen erwartet, lernt richtig!

So leicht ist es, uns kennenzulernen: Probehören ist jederzeit in den jeweiligen Kursorten möglich.

Karl-Edmund Hemmer & Achim Wüst

§ 1 EINFÜHRUNG

A. Die Baurechtsklausur im Juristischen Staatsexamen

Baurechtsklausur: Prozessuale und baurechtliche Probleme

Baurechtliche Themen sind beliebter Prüfungsgegenstand i.R.d. öf- 1
fentlich-rechtlichen Klausuren in den Übungen für Fortgeschrittene und vor allem der juristischen Staatsexamina; nicht zuletzt deshalb, weil sich hierbei sehr gut Querverbindungen zum sonstigen Verwaltungsrecht (z.B. zum Beschlussverfahren im Gemeinderat innerhalb des Aufstellungsverfahrens von Bauleitplänen) herstellen lassen. Zudem ist eine prozessuale Einkleidung üblich, wobei sich z.B. im Bereich des baurechtlichen Nachbarschutzes Spezialprobleme stellen.

prüfungstypischer Aufbau

Wegen der Abstraktion eines Lehrbuches fällt es den Studierenden aber oft sehr schwer, die erlernten Probleme in der Klausur dort zu verorten, wo sie wirklich hingehören. Zudem verliert man aufgrund einer Fülle von Einzelfakten zu leicht den Überblick und sieht „vor lauter Bäumen den Wald nicht mehr". Dieses Skript verfolgt daher eine examens- und damit klausurtypische Herangehensweise, die eine möglichst prüfungsnahe Darstellung ermöglicht und die Dinge dort problematisiert, wo sie systematisch in der Klausur behandelt werden müssen. Nicht träges Wissen, sondern der Überblick, das mit Wissen untermauerte Verständnis für das System sind die Voraussetzungen für das gute Bestehen einer Klausur.

Kenntnis typischer Klausurvarianten notwendig

Ausgehend von dieser Konzeption werden nach einer kurzen Einführung die typischen Klausurvarianten im Einzelnen dargestellt. Innerhalb der verschiedenen Klagearten werden alle wichtigen baurechtlichen Gesichtspunkte umfassend und an der richtigen Stelle aufgezeigt. Am Ende werden noch einige Sonderprobleme abgehandelt.

B. Zum Begriff des Baurechts

Baurechtsbegriff

Umfasst werden vom Begriff des Baurechts all diejenigen Vorschrif- 2
ten des Privat- und Verwaltungsrechts, die sich auf Art und Maß der baulichen Nutzung eines Grundstücks, die Ordnung der Bebauung und die Rechtsverhältnisse der an der Erstellung eines Bauwerkes Beteiligten beziehen.

öffentlich und privat

Aus dieser Umschreibung ergibt sich eine Zweiteilung in einen öffentlich-rechtlichen und einen privatrechtlichen Bereich:

I. Das private Baurecht

privates Baurecht, §§ 903 ff. BGB

Zum privaten Baurecht zählt man zum einen die §§ 611 ff., 631 ff. 3
BGB[1], die das Verhältnis zwischen Bauherrn und Bauunternehmer bzw. Architekt regeln. Zum anderen sind die §§ 903 ff. BGB[2] Teil des privaten Baurechts, die die Bebauung oder Unterhaltung eines Bauwerkes allein im Hinblick auf bestimmte Einzelpersonen, insbesondere die Nachbarn regeln.

Auf diese Vorschriften haben Behörden beim Erlass von Baumaßnahmen grundsätzlich keine Rücksicht zu nehmen, vgl. nur § 58 III LBO.

[1] In der Praxis oft ergänzt durch die Einbeziehung der VOB/B. Architekten- und Ingenieurverträge sind immer nur BGB-Verträge; eine VOB/B-Einbeziehung ist, wenn überhaupt, dann nur bei Unternehmerverträgen möglich.

[2] Vgl. aber auch Art. 62 ff. AGBGB sowie Art. 124 EGBGB.

hemmer-Methode: Liquide Privatrechte sind unbestrittene oder durch rechtskräftiges Zivilurteil festgestellte Ansprüche. In den Fällen, in denen der Bauherr aus zivilrechtlichen Gründen nicht nur vorübergehend keinen Gebrauch von der Baugenehmigung machen kann, fehlt ihm für die Verpflichtungsklage das Bescheidungsinteresse (Rechtsschutzbedürfnis).[3]

II. Das öffentlich-rechtliche Baurecht

Gegenstand im Folgenden ist das öffentliche Baurecht. 4

öffentliches Baurecht

Unter öffentlichem Baurecht ist die Gesamtheit aller Rechtsvorschriften zu verstehen, die die Zulässigkeit und die Grenzen, die Ordnung und die Förderung der baulichen Nutzung des Bodens, insbesondere durch Errichtung, bestimmungsgemäße Nutzung, wesentliche Veränderung und Beseitigung baulicher Anlagen, unter Berücksichtigung öffentlicher Interessen betreffen.[4]

besondere Bedeutung für Einzelnen und Allgemeinheit

Schon dieser Begriffsbestimmung kann die besondere Bedeutung entnommen werden, die das (öffentliche) Baurecht sowohl für den Einzelnen als auch die Allgemeinheit besitzt. 5

Durch die Entscheidung, wo und in welcher Weise (Wohn-)Gebäude errichtet werden dürfen, werden maßgeblich die Lebensverhältnisse jedes Einzelnen beeinflusst. Zudem werden durch die Bestimmung von Ort, Art und Umfang gewerblicher Ansiedlungen wesentliche Daten für die wirtschaftliche Entwicklung gesetzt. Gestaltet werden so die äußeren Bedingungen für das Zusammenleben einer gewissen (unter Umständen wachsenden) Bevölkerungszahl auf einem in seinem Umfang nicht vermehrbaren Raum.

Sozialstaatsprinzip, Art. 20 I GG

Die Verpflichtung, angemessene Lebensverhältnisse und Entwicklungsmöglichkeiten der Gesamtheit und des Einzelnen zu gewährleisten, ergibt sich bereits aus dem Sozialstaatsprinzip (Art. 20 I GG). 6

Aufgabe des Baurechts ist, dieser Pflicht durch Vorbereitung und Durchführung entsprechender Maßnahmen nachzukommen sowie gleichzeitig die damit verbundene Kollision von Individual- und Allgemeininteressen (z.B. bei Belangen der Umwelt) auszugleichen.

C. Der Grundsatz der „Baufreiheit“

Art. 14 GG, „Baufreiheit“

Alle baurechtlichen Vorschriften sind vor dem Hintergrund des Art. 14 I GG zu sehen, denn zum Inhalt des dort geschützten Eigentums an Grund und Boden gehört auch das Recht der baulichen Nutzung. 7

subjektiv öffentliches Recht als Bestandteil des Eigentumsrechts

Dieses „Recht zum Bauen“, die sog. „Baufreiheit“,[5] gewährt jedem Einzelnen grundsätzlich ein subjektiv-öffentliches Recht auf Bebauung seines Grundstücks, jedoch nur im Rahmen der Gesetze, die das Eigentumsrecht des Art. 14 I GG in verfassungsrechtlich zulässiger Weise einschränken. Eine Freiheit, sein Grundstück nach Belieben bebauen zu dürfen, gibt es damit öffentlich-rechtlich nicht.[6] 8

---

3 BVerwG, NVwZ 1994, 482 - 483 = jurisbyhemmer **(wenn dieses Logo hinter einer Fundstelle abgedruckt wird, finden Sie die Entscheidung online unter „juris by hemmer“: www.hemmer.de)**, (Az. 4 B 110/93), teilw. and. VGH Mannheim, ESVGH 35, 27 - 29, (Az. 3 S 352/84).

4 Battis/Krautzberger/Löhr, BauGB, Einleitung Rn. 3.

5 Grundlegend bereits das Preuß. Allgemeine Landrecht: "In der Regel ist jeder Eigentümer seinen Grund und Boden mit Gebäuden zu besetzen, oder seine Gebäude zu verändern wohl befugt" (§ 65 I ALR).

6 Lesenswert schon H. Schulte, Das Dogma Baufreiheit, DVBl. 1979, 133.

Die Grundrechtsbindung führt jedoch dazu, dass die Erteilung einer Baugenehmigung nicht in das Ermessen der Behörde gestellt werden darf. Wenn öffentlich-rechtliche Gesetze, die die Baurechtsbehörde zu prüfen hat, nicht entgegenstehen, hat der Bauherr einen Anspruch auf Baugenehmigung (§ 58 I LBO)[7].

bzgl. Nichteigentümer Art. 2 I GG

Für einen Bauherrn, der nicht Eigentümer ist, ergibt sich die „Baufreiheit" aus dem Grundsatz der allgemeinen Handlungsfreiheit (Art. 2 I GG).[8]

Schranken Art. 14 I S. 2, II GG

Typischerweise sind die Normen des öffentlichen Baurechts zulässige Inhalts- und Schrankenbestimmungen im Sinne von Art. 14 I S. 2 GG.[9] Einzelne bauliche Maßnahmen (z.B. Festsetzungen in einem Bebauungsplan) können allerdings auch Enteignungscharakter haben. Schranken i.d.S. sind jedenfalls die Vorschriften des Bauplanungs- und Bauordnungsrechts. 9

I. Bauplanungsrecht

Bauplanungsrecht = BauGB + BauNVO

Das im BauGB in Verbindung mit der BauNVO geregelte Bauplanungsrecht befasst sich mit dem Recht der Raumplanung durch die Gemeinden und der Zulässigkeit der Nutzung von Grund und Boden, also Art und Maß der baulichen Nutzung (Bodenrecht). 10

II. Bauordnungsrecht

Bauordnungsrecht = LBO

Das Bauordnungsrecht ist in der LBO geregelt und befasst sich grundsätzlich mit den sicherheitsrechtlichen Anforderungen an bauliche Anlagen und mit dem bauaufsichtlichen Verfahren.[10] 11

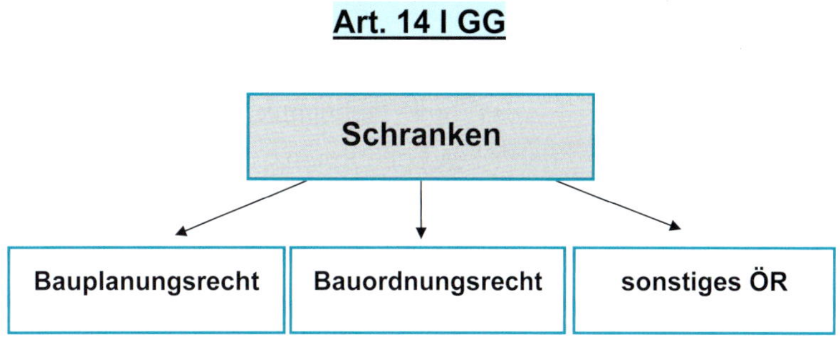

hemmer-Methode: Lernen Sie Rechtsgebiete nie isoliert. Es bestehen immer Querverbindungen zu anderen Rechtsgebieten. Das verfassungsrechtliche Fundament des Baurechts ist hierfür ein Beispiel. Oft wird sich der Bauherr oder ein Nachbar in der Klausur sogar direkt auf die Grundrechte berufen. Ihre Aufgabe ist es dann, innerhalb der Lösung das Verhältnis von Grundrechten zum materiellen Baurecht an der richtigen Stelle darzustellen.

D. Rechtsquellen

Rechtsquellen

Baurechtliche Regelungen finden sich sowohl in Bundes- als auch in Landesgesetzen. 12

---

7 Die Baugenehmigung wird daher als präventives Verbot mit Erlaubnisvorbehalt bzw. als Kontrollerlaubnis bezeichnet. Zum Begriff vgl. Maurer, Allgemeines Verwaltungsrecht, § 9 Rn. 51 ff.

8 BVerwGE 42, 115 - 118 = **juris**byhemmer, (Az. IV C 49.71).

9 BVerwG, DÖV 1998, 600 - 603 = **juris**byhemmer, (Az. 4 C 10/97).

10 Durchbrechungen gibt es z.B. in § 74 LBO, der planungsrechtlichen Charakter hat.

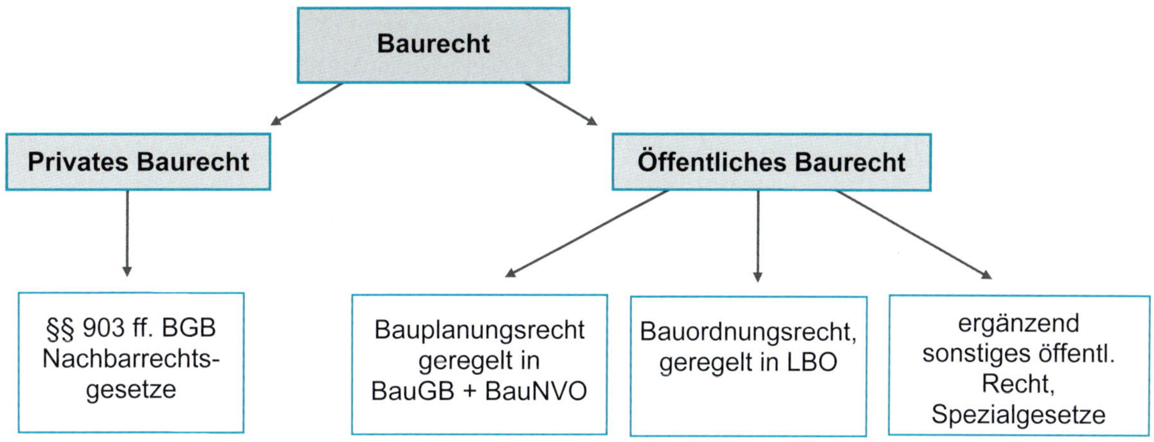

hemmer-Methode: Vergegenwärtigen Sie sich noch einmal, dass die verschiedenen gesetzlichen Vorschriften in der Klausur bei der Frage nach der materiellen Zulässigkeit von Bauvorhaben stets nebeneinander zu überprüfen sind. Denn ein Bauvorhaben ist nur dann zulässig (d.h. die Genehmigung darf nur dann erteilt werden), wenn es (auch sonstigen) öffentlich-rechtlichen Vorschriften, die im bauaufsichtlichen Verfahren zu prüfen sind, nicht widerspricht.[12] Eine Baurechtsklausur kann deshalb im Examen wie auch in der Fortgeschrittenenübung zu einem regelrechten Rundumschlag durch das formelle und materielle Baurecht werden. Zusätzlich werden typische Fragen der VwGO eine Rolle spielen.
Achtung: Für diejenigen, die bislang noch keine oder erst wenige Baurechtsklausuren geschrieben bzw. gelesen haben, empfiehlt es sich zum besseren Verständnis der folgenden Ausführungen, vorab einmal den Übungsfall unter Rn. 256 am Ende dieses Kapitels kurz zu überfliegen: Wer das Ziel kennt, findet den Weg leichter!

Übersicht über die Klagearten im Baurecht

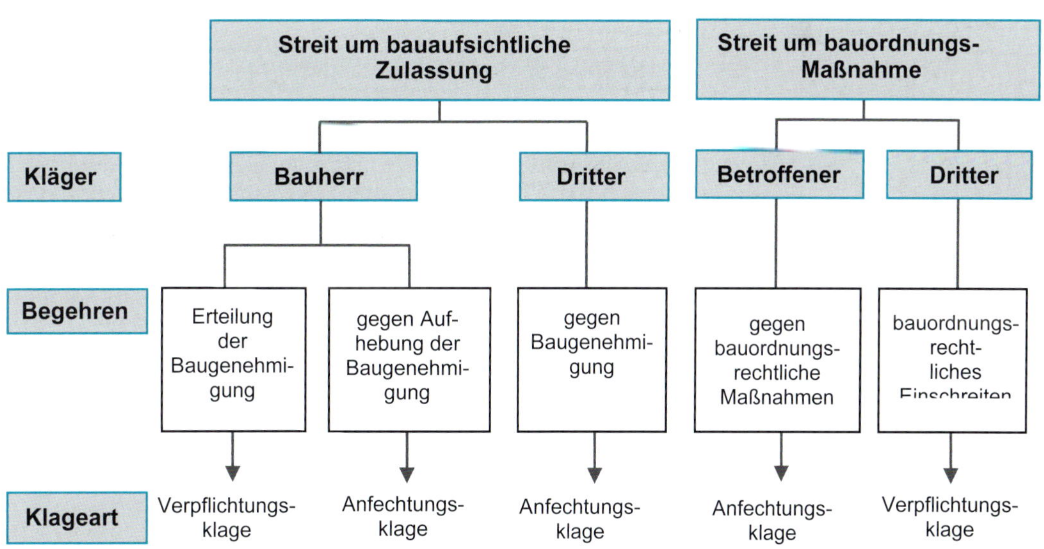

[12] So § 58 I S. 1 LBO und - zumindest entsprechend - auch alle anderen Landesbauordnungen.

§ 2 DAS BEGEHREN EINER BAUGENEHMIGUNG

Begehren: Baugenehmigung

Baurechtsstreitigkeiten beginnen nicht erst dann, wenn eine Baugenehmigung bereits erlassen oder gar eine bauliche Anlage errichtet ist. Häufig ist nämlich bereits für die Erteilung der vom Bauherrn begehrten Baugenehmigung die Austragung eines gerichtlichen Rechtsstreits notwendig. 18

Bsp.: *Bauherr Berti (B) möchte sein Grundstück mit einem Zweifamilienhaus bebauen. Die von ihm bei der zuständigen Behörde beantragte Baugenehmigung wird ihm mit der Begründung verweigert, dass sein Vorhaben den Festsetzungen des für dieses Gebiet geltenden qualifizierten Bebauungsplanes widerspreche. Nachdem B das Widerspruchsverfahren erfolglos und ordnungsgemäß durchgeführt hat, erhebt er Klage zum zuständigen Verwaltungsgericht mit dem Antrag, den Träger der Behörde zur Erteilung der Baugenehmigung zu verurteilen.*

Hat die Klage Erfolg?

hemmer-Methode: Selbstverständlich entspricht dieser Fall nicht dem Examensniveau. Er soll lediglich in die im Folgenden dargestellte sehr examenstypische Grundkonstellation einführen.

A. Zulässigkeit der Klage

Kurzübersicht zur Zulässigkeit der Klage:

I. Eröffnung des Verwaltungsrechtsweges
II. Klageart: Verpflichtungsklage, da VA begehrt wird
III. Klagebefugnis (§ 42 II VwGO): möglicher Anspruch aus § 58 I S. 1 LBO
IV. Vorverfahren, § 68 I S. 1, II VwGO
V. Beteiligten- und Prozessfähigkeit
VI. Sonstiges

I. Eröffnung des Verwaltungsrechtsweges

hemmer-Methode: Sie können die Prüfung des Verwaltungsrechtsweges im Aufbau auch als Station vor der Zulässigkeit prüfen. Ein „salomonischer“ Weg ist hier auch der Aufbau in Sachurteilsvoraussetzungen und Begründetheit.[13]

§ 40 I VwGO (+)

Da das Begehren einer Baugenehmigung als Streitgegenstand von Vorschriften des öffentlichen Baurechts bestimmt wird und somit eine öffentlich-rechtliche Streitigkeit vorliegt, die Streitigkeit nichtverfassungsrechtlicher Art ist und eine anderweitige Rechtswegzuweisung nicht ersichtlich ist, ist der Verwaltungsrechtsweg gemäß § 40 I S. 1 VwGO eröffnet.[14] 19

---

13 Umfassend zu dieser „Problemstellung“ Fischer, Zulässigkeit der Klage und Zulässigkeit des Rechtswegs, Jura 2003, 748 - 751; Geiger, Der Verwaltungsrechtsweg als Sachurteilsvoraussetzung, VBlBW 2004, 336; Fischer, Nochmals: Der Verwaltungsrechtsweg als Voraussetzung der Zulässigkeit der Klage, VBlBW 2005, 179.

14 Vgl. ausführlich **Hemmer/Wüst/Christensen, Verwaltungsrecht I,** Rn. 16 ff.

hemmer-Methode: Wenn die Eröffnung des Verwaltungsrechtsweges derart unproblematisch zu bejahen ist, erscheint eine kurze Prüfung im Urteilsstil angebracht.

II. Klageart

Die statthafte Klageart wird durch das Klagebegehren bestimmt, § 88 VwGO. 20

wenn Klagebegehren = VA ⇨ Verpflichtungsklage

Ist das Klagebegehren auf Erteilung einer Baugenehmigung gerichtet, ist die statthafte Klageart eine Verpflichtungsklage i.S.d. § 42 I Alt. 2 VwGO, da die Baugenehmigung ein Verwaltungsakt i.S.d. § 35 S.1 VwVfG[15] darstellt.

Lösung Ausgangsfall: Vorliegend begehrt B die Erteilung einer Baugenehmigung. Somit ist die Verpflichtungsklage i.S.v. § 42 I Alt.2 VwGO die richtige Klageart, wenn es sich bei der begehrten Baugenehmigung um einen Verwaltungsakt (VA) i.S.v. § 35 S. 1 VwVfG handelt.

1. Nähere Qualifikation der Baugenehmigung

Baugenehmigung ist VA i.S.v. § 35 S. 1 VwVfG

Die unter den Voraussetzungen des § 58 I S. 1 LBO zu erteilende Baugenehmigung ist die Maßnahme einer Verwaltungsbehörde (vgl. § 1 II VwVfG) auf dem Gebiet des öffentlichen Baurechts zur einseitigen Regelung eines Einzelfalles mit Außenwirkung und somit ein VA i.S.v. § 35 S. 1 VwVfG.[16] 21

<u>Die Baugenehmigung ist ein:</u>

⇨ mitwirkungsbedürftiger VA, d.h.
es ist ein Antrag notwendig (§ 53 II LBO).

⇨ gebundener VA, d.h.
es besteht ein Anspruch auf Genehmigung, wenn das Vorhaben öffentlich-rechtlichen Vorschriften, die im bauaufsichtlichen Genehmigungsverfahren zu prüfen sind, entspricht (§ 58 I S. 1 LBO). Das ist die Konsequenz aus der dahinterstehenden Rechtsposition des Art. 14 I GG.

⇨ sachbezogener VA, d.h.
die Genehmigung wird nicht einer Person, sondern für ein Vorhaben erteilt (§ 49 LBO).

<u>Die Baugenehmigung hat:</u>

⇨ feststellende Wirkung,
d.h. die Genehmigung stellt fest, dass das Vorhaben den im Genehmigungsverfahren geprüften öffentlich-rechtlichen Vorschriften entspricht (§ 58 I S. 1 LBO).

⇨ rechtsgestaltende und damit gestattende Wirkung, d.h.
Aufhebung des präventiven Verbots und Baufreigabe.

⇨ Doppelwirkung, d.h.
für den Bauherrn begünstigende und einzelne Nachbarn eventuell belastende Wirkung.

---

[15] Sofern nicht anders gekennzeichnet, ist das baden-württembergische VwVfG gemeint.

[16] § 35 (Bundes-)VwVfG, da ein VA i.S.d. VwGO als Bundesgesetz vorliegen muss, und Bundesgesetze nicht durch Landesrecht auszulegen sind. Im Übrigen ist das Landesgesetz anzuwenden. Angesichts des gleichen Wortlauts ist der Streit müßig, vgl. hierzu Kopp/Schenke, VwGO, Anh. § 42 Rn. 2. Eigentlich entstammt der Begriff des Verwaltungsakts nicht dem (L)VwVfG, sondern der zeitlich erheblich älteren VwGO selbst.

hemmer-Methode: Trotz dieser verschiedenen Wirkungen ist die Rechtsnatur der Baugenehmigung als Verwaltungsakt i.S.d. § 35 VwVfG jedenfalls so eindeutig, dass sie in der Klausur nicht näher zu problematisieren ist. In der Baurechtsklausur gibt es stets eine Fülle von anderen Problemen, so dass Sie auf die oben genannten Differenzierungen nur dann eingehen sollten, wenn im Sachverhalt danach gefragt ist.

Im vorliegenden Fall ist also die Verpflichtungsklage die statthafte Klageart.

2. Abgrenzung zu weiteren baurechtlichen Genehmigungen

Abgrenzung

Statt einer Baugenehmigung kann der Bauherr auch den Erlass anderer baurechtlicher Entscheidungen beantragen. 22

a) Der Vorbescheid (§ 57 LBO)

⇨ Vorbescheid, § 57 LBO

Der Vorbescheid ist eine vorgezogene Entscheidung über „einzelne Fragen" der späteren Baugenehmigung.[17] 23

Feststellender VA

Er ist die verbindliche, befristete (§ 57 I S. 2 LBO), schriftliche Erklärung der Baurechtsbehörde, dass einem Vorhaben in bestimmten rechtlichen Teilbereichen (z.B. Bauplanungsrecht) nach dem zur Zeit der Entscheidung geltenden öffentlichen Recht keine Hindernisse entgegenstehen. Es handelt sich bei dem Vorbescheid nicht um die Zusicherung einer künftigen Erteilung der Baugenehmigung, sondern um einen feststellenden VA, welcher einzelne rechtliche Ausschnitte aus dem Gesamtprüfungsumfang der Baugenehmigung inhaltlich bereits im Voraus verbindlich prüft und feststellt.

Der Vorbescheid dient der verbindlichen Klärung von Einzelfragen, wodurch im Einzelfall Arbeit, Zeit und Kosten gespart werden. 24

Bindungswirkung; jedoch keine Gestattungswirkung

Die wichtigste Wirkung des Vorbescheids ist die (dreijährige) Bindungswirkung im nachfolgenden Baugenehmigungsverfahren (§ 57 I S. 2 LBO).[18] Aus der Bindungswirkung folgt die Konsequenz, dass der Inhalt des Vorbescheids nur nachrichtlich in die spätere Baugenehmigung übernommen wird. Dem Vorbescheid kommt aber, anders als der (Teil-)Baugenehmigung, keine Gestattungswirkung (= Gestaltungswirkung) zu; er berechtigt nicht dazu, mit den Bauarbeiten zu beginnen. Er hat vielmehr lediglich Feststellungswirkung und (nur) insoweit Bindungswirkung. Diese Bindungswirkung entfällt, außer bei Fristablauf, nur nach Maßgabe der §§ 48 f. VwVfG, setzt also einen Aufhebungsbescheid voraus. 25

Da dem Vorbescheid keine Gestattungs- sondern nur Feststellungswirkung zukommt, stellt er keine bauaufsichtliche Zulassung eines Vorhabens nach § 212 a I BauGB dar. Ein gegen den Vorbescheid gerichteter Widerspruch hat nach Auffassung des VGH Mannheim aufschiebende Wirkung.[19]

hemmer-Methode: Wer nach erteiltem Vorbescheid zu bauen beginnt, baut wenigstens formell rechtswidrig, so dass eine Baueinstellungsverfügung ergehen kann, § 64 I LBO (Einstellung von Arbeiten). Bei gleichzeitiger materiell-rechtlicher Rechtswidrigkeit ist sogar eine Abbruchsanordnung möglich, § 65 S. 1 LBO.[20]

---

17 BVerwGE 48, 242 - 247 (244) = **juris**byhemmer, (Az. IV C 28.72); BVerwG, JZ 1990, 291 - 292 = **juris**byhemmer, (Az. 4 C 14/85).

18 Vgl. dazu unten, Rn. 83 ff.

19 VGH Mannheim, NVwZ 1997, 1008 = **juris**byhemmer, (Az. 5 S 1959/96); a.A. Kopp/Schenke, VwGO, § 80 Rn. 65.

20 Dazu ausführlich unten Rn. 442 ff.; z.B. dann, wenn der Vorbescheid rechtswidrig und noch nicht unanfechtbar ist.

kein Ermessen, sondern Rechtsanspruch

Der Antragsteller hat einen Rechtsanspruch auf Erteilung eines Vorbescheids, wenn das Vorhaben in den zur Prüfung gestellten Fragen den öffentlich-rechtlichen Vorschriften nicht widerspricht. Entgegen dem missverständlichen Wortlaut des § 57 I S. 1 LBO (so genanntes Ermächtigungs-"kann") steht der Verwaltung bzgl. der Erteilung kein Ermessen zu. 26

Bebauungsgenehmigung = Vorbescheid über planungsrechtliche Zulässigkeit

Der wichtigste Unterfall des Vorbescheids ist die sog. Bebauungsgenehmigung. Hierunter ist die verbindliche Entscheidung über die bauplanungsrechtliche Zulässigkeit eines konkreten Vorhabens nach §§ 29 ff. BauGB zu verstehen: Die Entscheidung über die so genannte (grundsätzliche) Bebaubarkeit des Grundstücks (daher der missverständliche Begriff). Auch die Bebauungsgenehmigung stellt also keine Baugenehmigung dar. 27

hemmer-Methode: Es besteht eine den Bauherrn schützende Amtspflicht des Beamten der Baurechtsbehörde, einen Vorbescheid nicht zu erlassen, der den verfahrensgegenständlichen baurechtlichen Vorschriften widerspricht.[21] Ein nach § 839 BGB ersatzfähiger Schaden kann dem Bauherrn entstehen, der im Vertrauen auf die Richtigkeit des Vorbescheides nutzlose Aufwendungen macht, wenn ihm die Baugenehmigung aus eben den Gründen, die den Vorbescheid rechtswidrig machen, versagt wird. (Das setzt natürlich den Wegfall der Bindungswirkung des Vorbescheides voraus, etwa durch Rücknahme gemäß § 48 VwVfG oder nach Ablauf der Bindungsfrist.[22])

b) Die Teilbaugenehmigung (§ 61 I LBO)[23]

⇨ Teilbaugenehmigung, § 61 I LBO

Bei der Teilbaugenehmigung handelt es sich nicht um eine teilweise Baugenehmigung, sondern um einen gestaltenden VA, mit dem der Baubeginn für einzelne Bauabschnitte freigegeben wird, vgl. § 61 I S. 1 LBO. 28

hemmer-Methode: In dieser teilweisen Gestattungswirkung liegt der entscheidende Unterschied zum bloßen Vorbescheid![24]

Beachte: Unterschied zum Baufreigabeschein, § 59 I S. 1 LBO

Von der (Teil-) Baugenehmigung nach §§ 58, 61 I S. 1 LBO ist wiederum der so genannte Baufreigabeschein zu unterscheiden, vgl. § 59 I LBO. Erst mit Erteilung dieses Baufreigabescheins darf mit der Ausführung des genehmigungspflichtigen Vorhabens begonnen werden, sog. Baufreigabe. 29

Somit soll der Baufreigabeschein gewährleisten, dass mit der Ausführung des Vorhabens erst begonnen werden darf, wenn alle in der Baugenehmigung für den Baubeginn enthaltenen Auflagen und Bedingungen erfüllt sind.[25]

Die Erteilung erfolgt in der Regel erst nach Erfüllung der mit der Genehmigung verbundenen Bedingungen und Auflagen, § 59 I S. 2 LBO. Die Baufreigabe kann nach § 59 I S. 3 LBO zwar auch bereits mit Erlass einer unbedingten (Teil-) Baugenehmigung ohne Auflagen erteilt werden, doch ist die Erteilung einer solchen Genehmigung in der Praxis selten der Fall.

---

[21] BGHZ 60, 112 - 119 (117) = **juris**byhemmer, (Az. III ZR 256/68).

[22] Im Verstreichenlassen der Bindungsfrist ohne Stellung eines Verlängerungsantrages ist kein Mitverschulden i.S.d. § 254 BGB zu sehen, da einem solchen Antrag nicht hätte entsprochen werden dürfen: BGH, NJW 1988, 2884 - 2886 = **juris**byhemmer, (Az. III ZR 232/86).

[23] Zur Bindungswirkung vgl. unten Rn. 93.

[24] Vgl. oben Rn. 25.

[25] Sauter, LBO, § 59 Rn. 3.

hemmer-Methode: Genehmigungs-/Gestattungswirkung dürfen nicht mit Baufreigabe verwechselt oder gleichgesetzt werden.

Prüfung von Gesamtvorhaben notwendig

Voraussetzung für die Erteilung der Teilbaugenehmigung ist die vorherige Prüfung, dass das Gesamtvorhaben dem öffentlichen Recht grundsätzlich nicht widerspricht (vorläufiges positives Gesamturteil). Nach dem BGH[26] genügt die grundsätzliche Vereinbarkeit des gesamten Vorhabens mit dem Bauplanungsrecht und den wesentlichen bauordnungsrechtlichen Vorschriften.

Abgrenzung der Bindungswirkung einzelfallabhängig

Dann stellt sich die Frage, in welchem Umfang der Teilbaugenehmigung eine Bindungswirkung im Hinblick auf die spätere Erteilung der Baugenehmigung zukommt. Auch wenn die Teilgenehmigung keine dem § 57 I S. 2 LBO (Wirkungsdauer des Bauvorbescheids) vergleichbare Regelung enthält, verfügt sie doch über einen Regelungscharakter, der im Einzelfall ermittelt werden muss. Somit reicht ihre Bindungswirkung so weit, als durch die genehmigten Baumaßnahmen *verbindliche* Vorgaben für das Gesamtbauvorhaben getroffen werden.[27]

Gestattung bzgl. bestimmter Teile

Die Teilbaugenehmigung räumt das Recht ein, mit der Ausführung bestimmter Teile des geplanten Vorhabens zu beginnen (§§ 61 I S. 2, 59 I LBO). *30*

Die Wirkung der Teilbaugenehmigung endet mit Unanfechtbarkeit der Baugenehmigung (Erledigung, § 43 II VwVfG). *31*

Ermessen der Behörde

Die Erteilung der Teilbaugenehmigung steht im Ermessen der Baurechtsbehörde. Ein Rechtsanspruch auf Erteilung besteht auch dann nicht, wenn öffentlich-rechtliche Hindernisse nicht entgegenstehen. Will der Bauherr also auf Erlass einer Teilbaugenehmigung klagen, so hat er (auch schon i.R.d. Klagebefugnis) nur einen Anspruch auf fehlerfreie Ermessensausübung, der ausnahmsweise – bei Ermessensreduzierung auf Null – in einen Anspruch auf Genehmigung übergehen kann.[28] *32*

hemmer-Methode: Diese umfassende Darstellung der Genehmigungsarten dient der problemorientierten Wissensvermittlung, da sich die Frage der Klageart nach dem tatsächlichen Klagebegehren richtet.
Sie prüfen also schon hier, was der Kläger wirklich will: eine Baugenehmigung, einen Vorbescheid oder eine Teilbaugenehmigung. In der Klausur kann der Punkt „Klageart" aber regelmäßig kurz abgehandelt werden, weil die i.d.R. begehrte Genehmigung unschwer als VA zu qualifizieren und damit die Verpflichtungsklage einschlägig ist.

III. Klagebefugnis

Klagebefugnis, § 42 II VwGO

Gemäß § 42 II VwGO muss der Bauherr geltend machen, durch die Ablehnung des VA in seinen subjektiv-öffentlichen Rechten verletzt zu sein. Es genügt, wenn sich aus dem Vortrag des Verletzten zumindest die Möglichkeit einer Rechtsverletzung ergibt (möglicher Anspruch auf Baugenehmigung).[29] *33*

⇨ *Anspruch aus § 58 I S. 1 LBO*

Das grundsätzliche Bauverbot ist ein sog. präventives Verbot mit Erlaubnisvorbehalt. *34*

26 BGH, NVwZ 1983, 500 f. (Az. III ZR 105/81), Finkelnburg/Ortloff/Otto, § 8 VII 3: „grundsätzliche Billigung der Gesamtmaßnahme".

27 Vgl. OVG Münster, NVwZ-RR 1997, 401 (Az. 11 B 523/96); OLG Köln, **juris**byhemmer, (Az. 7 U 177/12), Rn. 58.

28 Vgl. dazu **Hemmer/Wüst/Christensen, Verwaltungsrecht II**, Rn. 41 ff. und 77 ff.

29 Vgl. dazu ausführlich **Hemmer/Wüst/Christensen, Verwaltungsrecht I**, Rn. 114 ff.

Anders als bei den sog. repressiven Verboten mit Befreiungsvorbehalt (Ermessensentscheidung), bei denen eine Befreiung nur ausnahmsweise erteilt wird (vgl. z.B. die Befreiungsmöglichkeit nach § 31 II BauGB), hat die Baugenehmigung gemäß § 58 I S. 1 LBO grundsätzlich zu ergehen, wenn das Vorhaben der „Unbedenklichkeitsprüfung" standhält (Anspruch).

Die Ausgestaltung der Baugenehmigung als präventives Verbot mit Erlaubnisvorbehalt (Kontrollerlaubnis) ist Ausdruck der Grundrechtsbezogenheit (Art. 14 I GG).[30]

Wegen der möglichen Verletzung seines Anspruchs aus § 58 I S. 1 LBO ist B klagebefugt.

hemmer-Methode: In der Klausur genügt ein kurzer Hinweis auf die mögliche Verletzung des Anspruchs aus § 58 I S. 1 LBO.

IV. Vorverfahren

Vorverfahren, §§ 68 ff. VwGO

Gemäß § 68 II, I S. 1 VwGO hat der Verpflichtungsklage grundsätzlich ein Widerspruchsverfahren vorauszugehen. 35

Dieses wurde hier laut Sachverhalt ordnungsgemäß und erfolglos i.S.d. § 70 VwGO durchgeführt.

hemmer-Methode: In Bezug auf das Vorverfahren ist regelmäßig eine genaue Prüfung des Sachverhaltes geboten. Gelegentlich sind Klausurfälle so angelegt, dass nach den Möglichkeiten des Betroffenen unmittelbar nach der negativen Bescheidung seines Antrages gefragt ist.
Dann sind in der Regel statt der Verpflichtungsklage Zulässigkeit und Begründetheit des Widerspruches zu überprüfen. Die anzusprechenden Probleme sind bis auf kleinere Abweichungen meist identisch. Folgendes Schema empfiehlt sich für die Zulässigkeitsprüfung in einer Widerspruchsklausur:[31]

1. **Eröffnung des Verwaltungsrechtswegs, § 40 I S. 1 VwGO analog**
2. **Statthaftigkeit des Widerspruchs, § 68 VwGO**
3. **Widerspruchsbefugnis, § 42 II VwGO analog**
4. **Widerspruchsfrist, § 70 I S. 1 VwGO**
5. **Form, § 70 I S. 1 VwGO**
6. **Handlungs- und Beteiligungsfähigkeit nach §§ 11 ff. VwVfG**
7. **Sonstige Zulässigkeitsvoraussetzungen**

V. Klagefrist

Klagefrist, § 74 VwGO

Gemäß § 74 II, I S. 1 VwGO ist bei der Verpflichtungsklage nach Zustellung des Widerspruchsbescheides eine Monatsfrist einzuhalten. Die Fristberechnung erfolgt, ausgehend von der Zustellung des Widerspruchsbescheides nach § 73 III VwGO i.V.m. BVwZG, gemäß § 57 II VwGO i.V.m. § 222 I ZPO i.V.m. §§ 187 I, 188 II Alt. 1 BGB. 36

ggf. Untätigkeitsklage

Wird ein vom Bauherrn gestellter Antrag auf Erlass einer Baugenehmigung nicht in angemessener Frist beschieden, so kann der Bauherr ohne Vorverfahren eine sog. Untätigkeitsklage erheben, § 75 S.1 Alt. 2 VwGO.[32]

---

30 Vgl. dazu **Hemmer/Wüst/Christensen, Verwaltungsrecht II**, Rn. 73.

31 Siehe dazu ausführlich **Hemmer/Wüst/Christensen, Verwaltungsrecht III**, Rn. 26 ff.

32 Zur Untätigkeitsklage vgl. **Hemmer/Wüst/Christensen, Verwaltungsrecht II**, Rn. 25 und 52; zu weiteren Ausnahmen des Vorverfahrens vgl. **Hemmer/Wüst/Christensen, Verwaltungsrecht I**, Rn. 157 ff.

VI. Beteiligungs- und Prozessfähigkeit, §§ 61, 62 VwGO

Die Beteiligungs- und die Prozessfähigkeit folgen den allgemeinen Regeln der §§ 61, 62 VwGO. Probleme auf Klägerseite ergeben sich hier allenfalls dann, wenn der Kläger keine natürliche oder juristische Person ist. 37

Beteiligungs- und Prozessfähigkeit

Beteiligungs- und Prozessfähigkeitsvoraussetzungen des Beklagten sind jeweils davon abhängig, wer verklagt wird.

hemmer-Methode: Dieser Punkt kann für ungeübte Klausurbearbeiter durchaus Probleme aufwerfen. Besonders problematisch kann diese Prüfungsstufe dann sein, wenn im Sachverhalt davon die Rede ist, dass das Landratsamt den Erlass des VA abgelehnt hat und der Kläger daraufhin Klage erhebt, ohne dass der Beklagte näher bezeichnet ist. Wegen der Doppelnatur des Landratsamtes als untere Verwaltungsbehörde (§ 15 I Nr. 1 LVG) wie auch als Kreisbehörde (siehe § 1 III Hs. 1 LKrO) sollte dann in der Zulässigkeit die Beteiligungs- und Prozessfähigkeit des Landes Baden-Württemberg als Rechtsträger des Landratsamts in seiner Eigenschaft als untere Verwaltungs-, weil untere Baurechtsbehörde bejaht werden, weil das Landratsamt – sofern es die Baugenehmigung auch wirklich erteilen kann – als Behörde des Landes Baden-Württemberg, nämlich untere Verwaltungsbehörde als untere Baurechtsbehörde, §§ 48 I, 46 I Nr. 3 LBO, 15 I Nr. 1 LVG handelt. Spielt der Sachverhalt dagegen in einer Großen Kreisstadt (dies muss angegeben sein) oder in einer kreisfreien Stadt (= Stadtkreis, § 12 LVG), so erteilt die Gemeinde die Baugenehmigung (§ 15 I LVG) und muss als beteiligtenfähig genannt werden.

VII. Sonstige Zulässigkeitsvoraussetzungen

Finden sich im Sachverhalt reale Ortsangaben des jeweiligen Landkreises oder der kreisfreien Stadt, ist die örtliche Zuständigkeit des Gerichts nach § 52 Nr. 1 VwGO i.V.m. § 1 II AGVwGO zu bestimmen. Es ist das Verwaltungsgericht örtlich zuständig, in dessen Bezirk sich das Grundstück befindet. Sachlich ist nach § 45 VwGO das VG erstinstanzlich zuständig. Weitere Zulässigkeitsvoraussetzungen wie die ordnungsgemäße Klageerhebung nach §§ 81 f. VwGO sind nur zu prüfen, wenn diesbezüglich im Sachverhalt Probleme ersichtlich sind.[33] 38

Richtiger Beklagter, § 78 I VwGO

Lehnt das Landratsamt die Baugenehmigung ab, so handelt dieses gem. § 15 I Nr. 1 LVG als untere Verwaltungsbehörde und ist somit untere Baurechtsbehörde i.S.d. §§ 48 I, 46 I Nr. 3 LBO. Als untere Verwaltungsbehörde handelt gem. § 1 III S. 2 LKrO das Landratsamt als staatliche Behörde[34], d.h. es ist eine staatseigene Behörde, deren Rechtsträger in diesem Fall *das Land Baden-Württemberg* ist und gerade nicht der Landkreis (dies ist nur in Selbstverwaltungsangelegenheiten so). Das Land Baden-Württemberg ist somit richtiger Beklagter i.S.d. § 78 I Nr. 1 VwGO.

Handelt hingegen eine gem. §§ 15 I Nr. 1, 19 LVG zuständige Große Kreisstadt durch ihr vertretungsberechtigtes Organ, so ist Rechtsträger die jeweilige *Gemeinde* und nicht das Land (mittelbare Staatsverwaltung). Richtiger Beklagter ist dann die Große Kreisstadt, da sie selbst eine „Körperschaft" i.S.v. § 78 I VwGO ist. Ebenso ist die Gemeinde Klagegegner, wenn sie als kreisfreie Stadt (= Stadtkreis nach §§ 3, 131 GemO, § 12 LVG) handelt, vgl. § 15 I Nr. 2 LVG.

[33] Siehe dazu ausführlich **Hemmer/Wüst/Christensen, Verwaltungsrecht I**, Rn. 211 ff.

[34] In diesem Zusammenhang wird das Landratsamt auch als „Staatsbehörde" bezeichnet.

hemmer-Methode: Handelt hingegen eine zuständige Verwaltungsgemeinschaft i.S.d. § 15 I Nr. 1 LVG durch ihr vertretungsberechtigtes Organ, so ist eine Besonderheit zu beachten: Gesetzlich werden zwei Formen der Verwaltungsgemeinschaft unterschieden.
Namentlich der Gemeindeverwaltungsverband und die vereinbarte Verwaltungsgemeinschaft, vgl. § 59 S. 1 GemO. Der Gemeindeverwaltungsverband ist eine Körperschaft des öffentlichen Rechts und kann als solcher richtiger Beklagter i.S.d. § 78 I Nr. 1 VwGO sein. Hingegen wird bei der vereinbarten Verwaltungsgemeinschaft keine neue Organisation geschaffen, vielmehr wird eine bestehende Organisation, die sog. erfüllende Gemeinde, in Anspruch genommen. Richtiger Beklagter ist in diesem Falle die erfüllende Gemeinde. Derartige Fälle sind jedoch sehr selten.

B. Beiladung, § 65 VwGO

***wichtig**: Beiladung wegen Rechtskrafterstreckung*

Die Beiladung ist keine Sachurteilsvoraussetzung, sondern eine Verpflichtung des Gerichts. Mit der Beiladung werden die Beigeladenen Beteiligte des Prozesses, § 63 Nr. 3 VwGO, das Urteil hat folglich ihnen gegenüber auch materielle Rechtskraftwirkung (vgl. § 121 Nr. 1 VwGO). Die Beiladung ist als eigener Prüfungspunkt zwischen Zulässigkeit und Begründetheit zu prüfen.[35] 39

Beigeladen werden der Nachbar im Falle einer Verpflichtungsklage des Bauherrn (auch Vorhabenträger genannt) auf Erteilung der Baugenehmigung, falls der Nachbar die Verletzung seiner Rechte geltend macht; der Bauherr im Falle einer (Drittbetroffenen-) Anfechtungsklage des Nachbarn auf Aufhebung der dem Bauherrn erteilten Baugenehmigung.

Die Beiladung ist im Falle einer Drittbetroffenen-Anfechtungsklage immer notwendig i.S.d. § 65 II VwGO, da das Rechtsverhältnis nur einheitlich im Dreipersonenverhältnis entschieden werden kann.

hemmer-Methode: Die fakultative oder ermessensgeleitete Beiladung nach § 65 I VwGO ist weniger prüfungsrelevant; die notwendige nach § 65 II VwGO jedoch immer, falls ein solcher Fall gegeben ist.

bei Einvernehmen von Gemeinde notwendige Beiladung

Soweit für die Erteilung der Baugenehmigung gem. § 36 I BauGB das Einvernehmen mit der Gemeinde erforderlich ist (dazu später unter Rn. 425 ff.), ist die Gemeinde, wenn sie nicht selbst als Baurechtsbehörde Beklagte ist, gemäß § 65 II VwGO notwendig beizuladen.

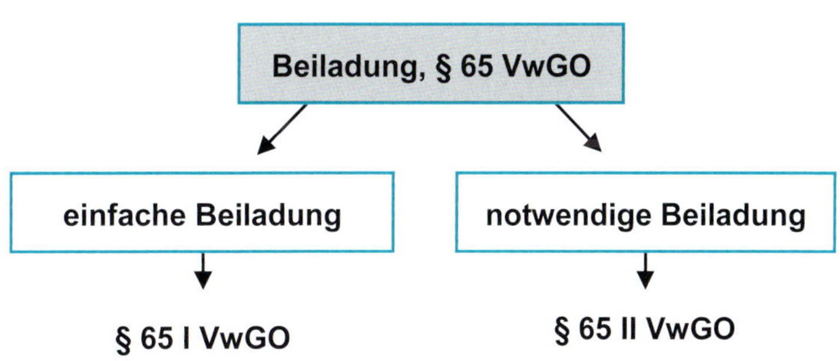

bzgl. Nachbarn nicht notwendig, aber empfehlenswert

Zweckmäßig, wenn auch kein Fall notwendiger Beiladung, ist auch die Beteiligung der Nachbarn, die dem Bauantrag nicht durch ihre Unterschrift zugestimmt haben, vgl. § 55 LBO. Sie sind dann durch das Urteil endgültig gebunden. 40

---

[35] Bzgl. Funktion und Arten der Beiladung vgl. **Hemmer/Wüst/Christensen, Verwaltungsrecht I**, Rn. 251 ff.

hemmer-Methode: Runden Sie Ihre Klausur mit Prüfungspunkten wie dem der Beiladung ab, soweit diese ernsthaft in Betracht zu ziehen ist (keine überflüssigen Schematapunkte!). Die gute Klausur zeichnet sich auch dadurch aus, dass praxisrelevante Probleme angesprochen werden, die die meisten Bearbeiter übersehen.

C. Begründetheit der Verpflichtungsklage

Begründetheit

I.R.d. Begründetheit[36] ist nunmehr zu prüfen, ob ein Anspruch auf die begehrte Baugenehmigung besteht bzw. ob diesbezügliche Versagungsgründe vorliegen. Folgende Prüfungspunkte sind dabei regelmäßig zu beachten: *41*

Begründetheit der Verpflichtungsklage:

I. Obersatz, § 113 V S. 1 VwGO[37]

II. Anspruchsgrundlage, § 58 I S. 1 LBO

III. Formelle Genehmigungsvoraussetzungen, insbesondere Zuständigkeit der Baurechtsbehörde und Verfahren

IV. Genehmigungspflichtigkeit („genehmigungspflichtiges Vorhaben", §§ 58 I S. 1 LBO, 49 LBO)

V. Genehmigungsfähigkeit („keine ... Vorschriften entgegenstehen", § 58 I S. 1 LBO): Anspruch aus § 58 I S. 1 LBO

- **a)** bauplanungsrechtliche Zulässigkeit (BauGB), Anwendbarkeit des BauGB und Zuordnung zu den §§ 30 ff. BauGB; (ggf. Bindung an Vorbescheid)
- **b)** bauordnungsrechtliche Zulässigkeit (LBO); (ggf. Bindung an Vorbescheid)
- **c)** sonstige öffentlich-rechtliche Vorschriften (wenn im Sachverhalt angelegt, eher selten)

I. Obersatz

Obersatz, § 113 V S. 1 VwGO

Die Verpflichtungsklage ist begründet, soweit die Ablehnung des VA rechtswidrig und der Kläger dadurch in seinen Rechten verletzt und die Sache spruchreif ist, § 113 V S. 1 VwGO.[38] Dies ist der Fall, wenn der Kläger einen Anspruch auf Erteilung der Baugenehmigung hat. *42*

hemmer-Methode: Im Folgenden werden die wichtigsten Problemkreise, die sich i.R.d. Verpflichtungsklage des Bauherrn stellen können, dargestellt. Die Erörterung der einzelnen Probleme erfolgt dabei jeweils auch an der Stelle, an der diese in der Klausur zu verorten sind.

---

36 Sollten Sie den richtigen Klagegegner nicht bereits am Ende der Zulässigkeit geprüft haben (s.o.), ist § 78 VwGO spätestens am Anfang der Begründetheit zu erwähnen.

37 Lediglich in Ausnahmefällen kann der Genehmigungsanspruch noch nicht spruchreif sein, so dass lediglich ein Bescheidungsurteil nach § 113 V S. 2 VwGO ergehen kann, vgl. **Hemmer/Wüst/Christensen, Verwaltungsrecht II**, Rn. 56.

38 Vgl. zu den typischen Obersätzen bei der Verpflichtungsklage **Hemmer/Wüst/Christensen, Verwaltungsrecht II**, Rn. 57 ff.

II. Bezeichnung der Anspruchsgrundlage

Anspruch aus § 58 I S. 1 LBO

Als Anspruchsgrundlage auf Erteilung der Baugenehmigung kommt 43
§ 58 I S. 1 LBO in Betracht. Danach ist die Baugenehmigung zu erteilen, wenn dem genehmigungspflichtigen Vorhaben keine von der Baurechtsbehörde zu prüfenden öffentlich-rechtlichen Vorschriften entgegenstehen.

hemmer-Methode: Geben Sie dem Korrektor durch Obersatzbildung zu verstehen, wie Sie Ihre Prüfung aufbauen. Eine gut gegliederte Klausur erfreut den Korrektor. Beachten Sie dabei aber die richtige Reihenfolge: Die Genehmigungsfähigkeit ist immer erst der 2. Schritt nach der Genehmigungspflichtigkeit, denn ein nicht genehmigungspflichtiges Vorhaben braucht bzw. darf von der Behörde gar nicht erst auf die Genehmigungsfähigkeit hin überprüft zu werden. Ist das Vorhaben nicht genehmigungspflichtig, hat der Bauherr auch keinen Anspruch auf eine Genehmigung.

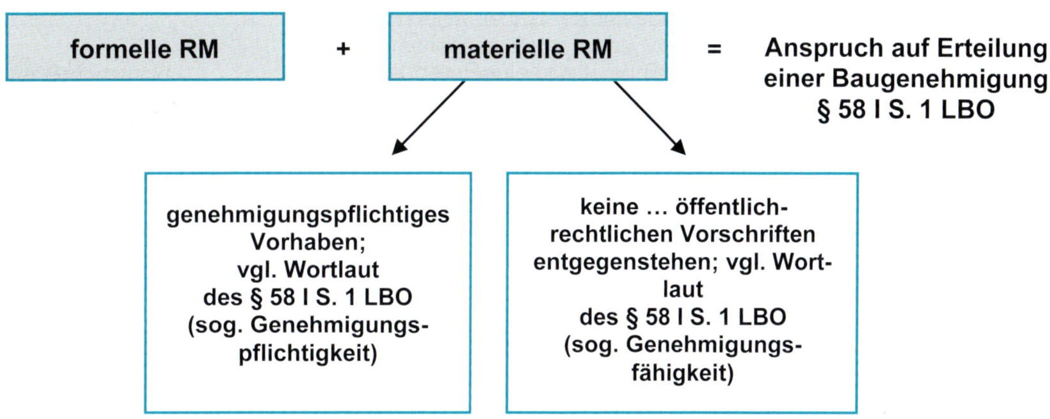

III. Formelle Genehmigungsvoraussetzungen

i.d.R. keine formellen Probleme bei Bauantrag

I.R.d. Begründetheit der Verpflichtungsklage des Bauherrn stellen 44
sich hinsichtlich der formellen Genehmigungsvoraussetzungen regelmäßig keine Probleme. Es ist jedoch festzustellen, dass die beklagte Behörde auch zuständig ist, siehe auch oben zu Rn 41 und unten zu Rn 51.

1. Sachliche Zuständigkeit

Doppelschritt:

⇨ Prüfung der zust. Behörde

⇨ Festlegung des Trägers

Gemäß § 48 I LBO ist grundsätzlich die untere Baurechtsbehörde 45
sachlich zuständig. Untere Baurechtsbehörde ist nach § 46 I Nr. 3 LBO die untere Verwaltungsbehörde. Diese wird durch § 15 I LVG näher bestimmt.

bei kreisangeh. Gemeinde i.d.R. Landratsamt zuständig

Untere Verwaltungsbehörde ist in Gebieten *kreisangehöriger Ge-* 46
meinden grundsätzlich das Landratsamt, § 15 I Nr.1 LVG. Als solche sind die Landratsämter an die Weisungen ihrer vorgesetzten Behörden (Regierungspräsidien und das Landesinnenministerium) gebunden, vgl. § 20 LVG.

hemmer-Methode: Vergegenwärtigen Sie sich die Doppelfunktion des Landratsamtes. Dieses kann wie hier als Behörde des Landes oder bei Erfüllung von Selbstverwaltungsaufgaben als Behörde des Landkreises tätig werden (Kommunalrecht). Rechtsträger des Landratsamtes als Staatsbehörde ist das Land Baden-Württemberg, Rechtsträger des Landratsamtes als Kreisbehörde hingegen der Landkreis als kommunale Körperschaft.[39]

---

[39] Vgl. hierzu genauer **Hemmer/Wüst/Christensen, Verwaltungsrecht I**, Rn. 259 f.

aber kreisfreie Gemeinde ist selbst zuständig

In Gebieten *kreisfreier Städte*, in Baden-Württemberg als **Stadtkreise** bezeichnet (§§ 3, 131 GemO, 12, 15 I Nr.2 LVG) erfüllen diese die Aufgaben, die sonst vom Landratsamt als unterer staatlicher Verwaltungsbehörde wahrgenommen werden, die Gemeinden selbst. *47-49*

Untere Baurechtsbehörden nach §§ 48 I, 46 I Nr. 3 LBO sind somit

1. die Landratsämter als Staatsbehörden nach §§ 15 I Nr. 1 LVG, 1 III S. 2 LKrO,
2. die Stadtkreise (kreisfreien Städte) nach § 15 I Nr. 2 LVG,
3. die Großen Kreisstädte nach §§ 15 I Nr. 1 i.V.m. 19 LVG
4. sonstige kreisangehörige Gemeinden nach Maßgabe des § 46 II, III LBO (sehr selten, nur, falls der Klausursachverhalt dies ausdrücklich vorgibt).

2. Örtliche Zuständigkeit

örtlich zuständig, § 3 VwVfG

Grundsätzlich bestimmt sich die örtliche Zuständigkeit nach einer spezialgesetzlichen Norm. Allerdings ist der LBO keine derartige Bestimmung zu entnehmen, so dass auf die allgemeinen Regelungen, namentlich die des VwVfG, zurückgegriffen werden darf. Somit ist laut § 3 I Nr. 1 VwVfG in Bauangelegenheiten grundsätzlich die Behörde zuständig, in deren Bezirk das Grundstück liegt. Für den Vollzug des BauGB trifft § 206 I S. 1 BauGB die inhaltsgleiche Regelung. *50*

Die Frage, ob der Bauherr einen „Bauantrag" bei der zuständigen Behörde gestellt hat, § 53 I S. 2 LBO, stellt sich schon bei der Prüfung des Rechtsschutzbedürfnisses in der Zulässigkeit der Klage. Was die Mitwirkung anderer Behörden und damit den im Baurecht problematischen § 36 BauGB angeht, so liegt hier der Schwerpunkt eindeutig im materiellen Bereich. Verfahrensprobleme tauchen regelmäßig nur i.R.d. Nachbarklage auf und werden daher ausführlich unter Rn. 319 ff. erörtert. *51*

hemmer-Methode: Entsprechend der klausurtypischen Konzeption dieses Skripts werden die Probleme dort erörtert, wo sie sich in der Klausur tatsächlich stellen: Jedenfalls i.R.d. Verpflichtungsklage spielt die sonstige formelle Rechtmäßigkeit i.d.R. keine Rolle, da die begehrte Genehmigung noch in der Zukunft liegt. Formelle Fehler des Versagungsbescheides sind nicht zu prüfen, vgl. Hemmer/Wüst/Christensen, Verwaltungsrecht II, Rn. 55, sehr wohl aber die Zuständigkeit der Behörde.

IV. Genehmigungspflichtigkeit

Grundvoraussetzung für den Erlass einer Baugenehmigung ist, dass das Vorhaben einer solchen überhaupt bedarf, es sich also um ein „genehmigungspflichtiges Vorhaben" i.S.v. § 58 I S. 1 LBO handelt. *52*

1. Der Grundsatz des § 49 I LBO

Genehmigungspflichtigkeit, § 49 I LBO

53 Gemäß § 49 I LBO sind die **Errichtung** und der **Abbruch** baulicher Anlagen grundsätzlich genehmigungsbedürftig. Der Errichtung gleich stehen gem. **§ 2 XIII LBO** insbesondere das **Ändern** und die **Nutzungsänderung** einer baulichen Anlage.

a) Der Begriff der baulichen Anlage

bauliche Anlage, § 2 LBO

54 Dieser Begriff ist in § 2 I S. 1 LBO legaldefiniert. Danach sind bauliche Anlagen mit dem Erdboden verbundene, aus Bauprodukten (also künstlich) hergestellte Anlagen.

Auch ohne feste Verankerung ist eine Anlage dann mit dem Erdboden verbunden, wenn sie so schwer ist, dass sie ohne technische Hilfsmittel nicht bewegt werden kann, mithin kraft eigener Schwere auf dem Boden ruht, oder wenn sie nach ihrem Verwendungszweck dazu bestimmt ist, überwiegend ortsfest benutzt zu werden,§ 2 I S. 2 LBO.

55 § 2 I S. 3 LBO erweitert den Begriff der baulichen Anlage weiterhin durch eine gesetzliche Fiktion; unter den Begriff „bauliche Anlagen“ fallen auch:

⇨ die in S. 3 Nr. 1-6 ausdrücklich erwähnten Anlagen.

> ***Bsp.:*** *Ein Kiosk, der unzerlegt nur mit besonderen technischen Hilfsmitteln vom Boden entfernt werden kann, ist eine bauliche Anlage i.S.d. § 2 I S. 1 LBO.*
>
> *Ein Verkaufswagen, der regelmäßig an einem bestimmten Platz aufgestellt wird, ist eine bauliche Anlage i.S.d. § 2 I S. 2 LBO.*[40]

hemmer-Methode: Auch wenn die Prüfung der baulichen Anlage im Regelfall keine Probleme in der Klausur aufwerfen wird, sollten Sie unbedingt kurz auf die wesentlichen Begriffsmerkmale eingehen, um dem Korrektor zu zeigen, dass Sie sich im System des Baurechts auskennen.

Aufteilung der baulichen Anlagen

56 Gebäude – selbstverständlich ebenso bauliche Anlagen, eine Definition des Gebäudebegriffs findet sich in § 2 II LBO - werden in § 2 IV LBO in bestimmte Gebäudeklassen eingeteilt.

b) Errichtung, Abbruch, Nutzungsänderung

Errichtung, Abbruch, Nutzungsänderung

57 Diese Begriffe werfen regelmäßig keine größeren Probleme auf. Zu beachten ist die Erweiterung der Begriffe in § 2 XIII LBO, insbesondere im Hinblick auf die Nutzungsänderung.

2. Ausnahmen und Sonderregeln

Ausnahmeregelungen

58 Gemäß § 49 I LBO besteht die Genehmigungspflicht nur, soweit in §§ 50, 51, 69, 70 LBO nichts anderes bestimmt ist. Einen Anspruch darauf, dass die Genehmigungsfreiheit durch einen Negativbescheid bestätigt wird, gibt es nicht.

---

[40] Sauter, LBO, § 2 Rn. 10.

a) Verfahrensfreie Vorhaben nach § 50 LBO

Der wichtigste Hinweis in § 49 LBO ist der auf § 50 LBO: Bestimmte Vorhaben sind gänzlich verfahrensfrei. Sie sind im Anhang zur LBO aufgeführt. Verfahrensfrei sind jedoch auch nach § 50 II und III LBO untergeordnete Nutzungsänderungen und der Abbruch bestimmter Gebäude und Anlagen. Grund für die Genehmigungsfreiheit nach § 50 LBO ist, dass derartige, i.d.R. kleinere Anlagen keine besonderen bauordnungsrechtlichen Probleme aufwerfen. 59

Gesamtvorhaben maßgeblich

I.R.d. § 50 LBO ist jeweils auf das Gesamtvorhaben abzustellen. Als Teile eines Gesamtvorhabens sind auch Vorgänge genehmigungspflichtig, die für sich betrachtet genehmigungsfrei wären.[41] 60

hemmer-Methode: Meist erkennen Sie schon an der Formulierung des Sachverhalts, dass ein Problem des § 50 LBO vorliegt. Dies gilt ganz besonders dann, wenn im Sachverhalt die Größe des Vorhabens (z.B. einer Stützmauer, vgl. Anhang LBO Nr. 7 c) oder die Lage (Einfriedung im Innenbereich, vgl. Anhang LBO Nr. 7 a) besonders betont wird: Hier müssen Sie immer genau prüfen, ob das Vorhaben eine Ausnahme von der Genehmigungspflicht darstellt.

andere öffentlich-rechtliche Vorschriften beachten

Zu beachten ist zudem § 50 V LBO: Die Genehmigungsfreiheit lässt Anforderungen, die sich aus öffentlich-rechtlichen Vorschriften ergeben, sowie die bauaufsichtlichen Eingriffsbefugnisse unberührt. 61

hemmer-Methode: Die Erörterung der einzelnen Tatbestände des Anhangs würde den Rahmen dieses Skripts sprengen. In der Klausur empfiehlt es sich, den Katalog des Anhangs kurz querzulesen. Spezialwissen ist diesbezüglich regelmäßig nicht gefragt. Sie sollten allerdings § 50 II LBO kennen, der die Genehmigungsfreiheit von Nutzungsänderungen regelt. Beachten Sie schließlich noch, dass ein nach der LBO nicht genehmigungspflichtiges Vorhaben gleichwohl nach anderen Vorschriften genehmigungspflichtig sein kann. 62

b) Kenntnisgabeverfahren und vereinfachtes Genehmigungsverfahren nach §§ 51, 52 LBO

hemmer-Methode: Seit der LBO-Novelle von 2010 unterscheidet die LBO „nur" noch zwischen genehmigungspflichtigen und verfahrensfreien Vorhaben, s.o.
Bestimmte genehmigungspflichtige Vorhaben können jedoch dem Kenntnisgabeverfahren unterworfen werden („kann durchgeführt werden", § 51 I LBO) oder dem vereinfachten Baugenehmigungsverfahren (ebenso „kann", § 52 I LBO). Ob das Kenntnisgabeverfahren (ein reines Anzeigeverfahren an die Behörde) oder das vereinfachte Genehmigungsverfahren (in dem nur bestimmte, vom Gesetz zwingend vorgegebene[42] Vorschriften geprüft werden, was eine Untersagung aufgrund von anderen Vorschriften nicht ausschließt, § 52 III LBO) durchgeführt werden soll, bestimmt zunächst der Bauherr als Antragsteller. Die Behörde muss dann prüfen, ob das Verfahren rechtlich möglich ist. In einer Klausur ist es unproblematisch erkennbar, ob ein derartiges Verfahren vorliegt, weil der Sachverhalt die entsprechenden Fachbegriffe verwenden muss.

---

[41] Sauter, LBO, § 50 Rn. 4.

[42] VGH Mannheim, = **juris**byhemmer, (Az. 3 S 17148/14), Rn. 38.

Vorhaben geringen Umfangs u.a.

§ 51 LBO gestattet bei der Errichtung von Wohngebäuden, Gebäuden der Gebäudeklassen 1 bis 3 und bestimmten Vorhaben geringen Umfangs die Durchführung des Kenntnisgabeverfahrens, wenn (§ 51 II LBO) 63

- ⇨ das Vorhaben im Geltungsbereich eines qualifizierten Bebauungsplans nach § 30 I BauGB durchgeführt wird und 64
- ⇨ das Vorhaben außerhalb des Geltungsbereichs einer Veränderungssperre liegt.

Nach § 51 IV LBO gilt für kenntnisgabepflichtige Vorhaben sinngemäß dasselbe wie nach § 50 V LBO für verfahrensfreie Vorhaben; vergleiche oben zu § 50 LBO. Nach § 51 III LBO erfolgt der Abbruch von Anlagen, die nicht verfahrensfrei sind, zwingend im Kenntnisgabeverfahren.

c) Fliegende Bauten

fliegende Bauten bedürfen einer Ausführungsgenehmigung

Fliegende Bauten (Legaldefinition in § 69 I LBO, Beispiele: Weihnachtsmärkte, Buden, Zelte usw.) bedürfen statt einer Baugenehmigung einer sog. Ausführungsgenehmigung, vgl. § 69 II LBO. Diese wird befristet erteilt und kann um jeweils bis zu fünf Jahre verlängert werden, § 69 IV LBO). 65

Gebrauchsabnahme

Die Aufstellung muss jeweils der Baurechtsbehörde angezeigt werden. Diese kann die Inbetriebnahme von einer Gebrauchsabnahme abhängig machen (§ 69 VI LBO). 66

d) Bauvorhaben des Bundes, der Länder und der kommunalen Gebietskörperschaften

Bund, Länder und Gebietskörperschaften

Unter bestimmten Voraussetzungen (§ 70 I LBO) bedürfen Bauvorhaben des Bundes, der Länder, anderer Gebietskörperschaften oder der Kirchen keiner Baugenehmigung. An deren Stelle tritt die Zustimmung. 67

Diese Zustimmung ist bei Vorhaben des Bundes, eines anderen Landes als Baden-Württemberg oder eines Dritten ein VA (anderer Rechtskreis und damit Außenwirkung), den Betroffene (z.B. ein Nachbar oder eine Gemeinde) anfechten können.[43] 68

Bei Vorhaben des Landes Baden-Württemberg (Zustimmung dann interner Vorgang zwischen zwei Behörden des gleichen Rechtsträgers) ist im Ergebnis wohl ebenfalls ein VA zu bejahen.[44] Andernfalls ist die allgemeine Leistungsklage statthaft. 69

e) Keine Baugenehmigungspflichtigkeit wegen formeller Konzentration

Eine Baugenehmigung ist in bestimmten Fällen entgegen § 49 LBO nicht erforderlich, weil diese durch eine Genehmigung nach anderen Gesetzen ersetzt wird. In diesem Zusammenhang wird üblicherweise von formeller Konzentration gesprochen. 70

hemmer-Methode: Wäre nicht vorgesehen, dass die Baugenehmigung ersetzt wird, so müssten in diesen Fällen regelmäßig zwei Genehmigungen eingeholt werden. Wo dies wie bei der Gaststättenerlaubnis der Fall ist, ergeben sich dann regelmäßig Folgeprobleme, was den jeweiligen Prüfungsumfang angeht.

[43] Sauter, LBO, § 70 Rn. 12.

[44] Sauter, LBO, § 70 Rn. 13.

Dies ist aber dann keine Frage der Genehmigungspflicht mehr, sondern der Auslegung des materiellen Rechts.[45]

Wichtigster Fall ist hierbei die Genehmigung nach §§ 4, 10 BImSchG, die gem. § 13 BImSchG die Baugenehmigung einschließt.[46] 71

Eine Baugenehmigung ist nicht erforderlich, wenn das Vorhaben einer Planfeststellung gem. §§ 72 ff VwVfG bedarf.[47] Denn gem. § 75 I 1 Hs.2 VwVfG sind andere behördliche Entscheidungen neben der Planfeststellung nicht erforderlich. 72

In der Bauordnung selbst ist in § 48 III LBO geregelt, dass eine Genehmigung nach dem Produktsicherheitsgesetz die Baugenehmigung einschließt. 73

hemmer-Methode: Es gibt auch den umgekehrten Fall. Ist ein Vorhaben nach der LBO genehmigungspflichtig, dann entfällt bspw. das Erfordernis einer straßenrechtlichen Sondernutzungserlaubnis, § 16 VI StrG (Beispiel: Errichtung einer baulichen Anlage im öffentlichen Straßenraum). Ähnliches gilt für die denkmalschutzrechtliche Genehmigung gem. § 7 III DSchG. Allerdings verbleibt eine Mitwirkungsbefugnis der Denkmalschutzbehörde, die der Baugenehmigung dann noch verwaltungsintern zustimmen muss. 74

Wichtig: Keine materielle, nur formelle Konzentrationswirkung, z.B. §§ 6 i.V.m. 13 BImSchG

Stets zu beachten ist, dass die sog. formelle Konzentrationswirkung nicht ohne weiteres die materielle Konzentrationswirkung mit umfasst. Entfällt beispielsweise das Erfordernis einer Baugenehmigung nach § 13 BImSchG, so prüft die Immissionsschutzbehörde i.S.d. § 1 II BImSchZuVO bei Erteilung der Genehmigung i.S.d. § 4 BImSchG stets auch die materiellen Vorschriften der LBO, welche über die Genehmigungspflichtigkeit des Vorhabens entscheiden. Dies ergibt sich aus § 6 I Nr. 2 BImSchG. Die LBO enthält „andere öffentlich-rechtliche Vorschriften" in diesem Sinne. 75

Fazit ist: Schließt eine Erlaubnis eine andere ein, so ist die materielle Prüfung i.R.d. formellen Konzentrationswirkung niemals auf die Vorschriften des Gesetzes beschränkt, nach dem die Erlaubnis zu erteilen ist. In dem Erlaubnisverfahren sind vielmehr auch alle materiell-rechtlichen Anforderungen der eingeschlossenen Gesetze in vollem Umfang zu prüfen. 76

Eine Ausnahme ist jedoch § 38 BauGB im Bauplanungsrecht zu entnehmen. Hierbei hat die formelle Konzentrationswirkung auch eine materielle Konzentrationswirkung zur Folge.

> ***Bsp.:*** *Im immissionsrechtlichen Genehmigungsverfahren ist auch das materielle Baurecht Prüfungsmaßstab i.R.v. § 6 I Nr.2 BImSchG.*

hemmer-Methode: Wenn es (insbesondere in Klausuren des Schwerpunktbereichs oder im Assessorexamen) um Konzentrationswirkung geht, können Sie zeigen, dass Sie die Zusammenhänge zwischen den verschiedenen Teilbereichen des Besonderen Verwaltungsrechts verstanden haben.
Damit sind relativ schwierige Probleme verbunden. Fragen Sie sich deshalb in der Baurechtsklausur:

- ⇨ **Welche Art von Genehmigung will der Antragsteller (z.B. straßen-, bau- oder immissionsrechtliche Genehmigung)?**
- ⇨ **Bei welcher Behörde beantragt er eine Genehmigung (Gewerbe-, Bau- oder Umweltbehörde)?**

Daran anschließend legen Sie das diesbezügliche Verfahren fest und prüfen, ob eine Konzentrationswirkung vorliegt (z.B. im immissionsschutzrechtlichen Verfahren, § 13 BImSchG).

[45] Siehe u. Rn. 96 ff.

[46] Sauter, LBO, § 49 Rn. 34.

[47] Sauter, LBO, § 49 Rn. 27 ff.

Konzentrationswirkung nur bei gesetzlicher Anordnung

Ist gesetzlich weder der Wegfall der Baugenehmigung noch der anderen in Betracht kommenden Regelungen geregelt, sind mehrere Erlaubnisse nebeneinander notwendig (z.B. im Fall des § 144 I BauGB oder auch Baugenehmigung und gaststättenrechtliche Erlaubnis), also separat bei der jeweils zuständigen Behörde zu beantragen; so genanntes **Separationsprinzip**. 77

V. Genehmigungsfähigkeit

1. Bindung der Verwaltung

ggf. Prüfung, ob Bindung der Verwaltung besteht

Bevor in die eingehende Erörterung des § 58 I S. 1 LBO eingestiegen wird, ist zu fragen, ob die Baugenehmigung nicht schon deshalb zu erteilen ist, weil sich die Behörde bereits wirksam gebunden hat. Hierbei sind verschiedene Problemkreise zu berücksichtigen, die hier nur insoweit erörtert werden, als sie spezifische baurechtliche Probleme aufwerfen. 78

hemmer-Methode: Sprechen Sie diese Problemkreise aber nur dann an, wenn der Sachverhalt diesbezügliche Hinweise gibt. In der Regel beginnt Ihre Prüfung unmittelbar mit § 58 I S. 1 LBO.

a) Anspruch aus Zusicherung, § 38 I VwVfG

Zusicherung, § 38 I VwVfG

Diesbezüglich stellen sich im Baurecht meist keine besonderen Probleme.[48] Allenfalls bei der Bindungswirkung des Vorbescheides ist die Abgrenzung von § 38 VwVfG kurz zu problematisieren (vgl. anschließend Rn. 83). Die „Zusicherung" kann aber auch als Prüfstein des Allgemeinen Verwaltungsrechts in die Klausur eingebaut sein. 79

Bsp.: *A bekommt vom Bürgermeister B der kreisangehörigen Gemeinde G eine schriftliche Zusicherung, dass ihm eine Baugenehmigung erteilt werde. Gegenüber dem Landratsamt beruft sich A auf die „Zusicherung".*

Hier fehlt es schon am Tatbestandsmerkmal der „zuständigen Behörde" i.S.v. § 38 I S. 1 VwVfG, so dass die „Zusicherung" des B für das Landratsamt als der wirklich zuständigen Behörde[49] keine Bindungswirkung haben kann.

Anders verhält es sich dann, wenn innerhalb der gleichen Behörde ein funktionell unzuständiger Sachbearbeiter die Zusicherung erteilt hat.[50]

Bsp.: *A bekommt diesmal vom Abteilungsleiter der Baurechtsabteilung im Landratsamt eine telefonische „Zusicherung", dass die Genehmigung erteilt werde.* 80

Wenngleich hier eine zuständige Person gehandelt hat, fehlt es an der Schriftform der Zusicherung. In diesen Fällen kommt allenfalls ein Amtshaftungsanspruch in Geld in Betracht, § 839 BGB, Art. 34 GG.[51]

Bsp.: *Diesmal lässt die Zusicherung die ausstellende Behörde nicht erkennen.* 81

Die Zusicherung ist hier nach § 38 II i.V.m. § 44 II Nr. 1 VwVfG nichtig.

---

48 Vgl. dazu ausführlich **Hemmer/Wüst/Christensen, Verwaltungsrecht II**, Rn. 62 ff.

49 Zur Festlegung der Zuständigkeit vgl. oben, Rn. 44 ff.

50 Kopp/Ramsauer, VwVfG, § 38 Rn. 22.

51 Kopp/Ramsauer, VwVfG, § 38 Rn. 28; bei der Amtshaftung gibt es gerade keine Naturalrestitution, vgl. BGH, NVwZ 2003, 1285 - 1286 = **juris**byhemmer, (Az. III ZR 32/02) sowie Palandt-Sprau, BGB, § 839 Rn. 78.

b) Anspruch aus öffentlich-rechtlichem Vertrag, §§ 54 ff. VwVfG

Anspruch aus ö.-r. Vertrag möglich

Bezüglich der vertraglichen Bindung stellen sich insbesondere inhaltliche Probleme.[52] Zur Zulässigkeit vertraglicher Vereinbarungen siehe Rn. 564 ff. 82

c) Bindung aufgrund Bauvorbescheids, § 57 I LBO[53]

aa) Einordnung des Vorbescheids

wichtig bei Vorbescheid ist die Abgrenzung

Der Vorbescheid ist von der Teilgenehmigung[54] sowie der bloßen Auskunft und der Zusicherung zu unterscheiden. Nach ganz h.M.[55] ist der Vorbescheid gerade keine Zusicherung i.S.v. § 38 VwVfG. Deshalb kommt § 38 III VwVfG nicht zur Anwendung, falls sich nach Erlass des Vorbescheids die Rechtslage ändert. Die Bindungswirkung des Vorbescheides entfällt nur, wenn er zurückgenommen oder widerrufen wird (§§ 48, 49 VwVfG) oder sich auf andere Weise erledigt, vgl. § 43 II VwVfG. 83

hemmer-Methode: Eine konkludente Aufhebung des Vorbescheids ist grundsätzlich abzulehnen.[56] Die Behörde muss sich angesichts der ihr eröffneten Ermessensentscheidung darüber im Klaren sein, dass sie § 48 oder § 49 VwVfG anwendet. Insbesondere kann auch in der Versagung der Baugenehmigung keine stillschweigende Aufhebung gesehen werden.[57]

Erklärt die Behörde losgelöst von einem konkreten Vorhaben lediglich Voraussetzungen und Grenzen einer Bebauung, fehlt eine rechtsverbindliche Feststellung im Sinn einer Vorabentscheidung über einen Teil der Baugenehmigung. Es handelt sich dann um eine (bloße) *Rechtsauskunft.*[58] 84

Wird die Zustimmung zur Errichtung eines Vorhabens in Aussicht gestellt, wird ebenfalls keine verbindliche Regelung getroffen. Es liegt dann allenfalls eine *Zusicherung* (§ 38 I VwVfG) vor.[59]

bb) Wirkung des Bauvorbescheids

endgültige Regelung einzelner Voraussetzungen

Diejenigen Genehmigungsvoraussetzungen, über die der Vorbescheid erteilt wird, werden durch den Bauvorbescheid (unter dem Vorbehalt der §§ 43 II, 48 f. VwVfG) endgültig und wirksam geregelt. Der Bauvorbescheid ist eine **Vorabentscheidung** über einzelne rechtliche Fragen der Baugenehmigung.[60] Der als Verwaltungsakt nach § 43 I VwVfG wirksame Bauvorbescheid ist insbesondere für die nachfolgende Baugenehmigung insoweit bindend. 85

Denn die Baurechtsbehörde darf die im Vorbescheid entschiedenen Fragen nachträglich nicht mehr anders beurteilen, solange der Vorbescheid wirksam ist. Entspricht das Vorhaben in Wirklichkeit nicht den baurechtlichen Vorschriften, so muss die Behörde den Bauvorbescheid aufheben, um die Bindung zu beseitigen. Da der Bauvorbescheid in diesem Fall rechtswidrig ist, ist Rechtsgrundlage für die Aufhebung § 48 VwVfG.

---

52 Vgl. den ausführlichen Fall mit Aufhänger im Baurecht in **Hemmer/Wüst/Christensen, Verwaltungsrecht II**, Rn. 266 ff.

53 Zu den Voraussetzungen siehe bereits oben, Rn. 23 ff.

54 Vgl. oben Rn. 28.

55 Vgl. z.B. BVerwG, JZ 1990, 291 - 292 = **juris**byhemmer, (Az. 4 C 14/85); Finkelnburg/Ortloff/Otto, § 8 VII 1; der Vorbescheid sagt keinen künftigen VA zu: **Hemmer/Wüst/Christensen, Verwaltungsrecht II**, Rn. 66.

56 Dabei ist jedoch Vorsicht geboten, vgl. VGH Kassel, BRS 36, 350, 353 f.

57 OVG Lüneburg, BRS 29 Nr. 115.

58 OVG Münster, NVwZ 1986, 580.

59 OVG Berlin, NVwZ 1986, 579 - 580 (Az. 2 S 145.85).

60 VGH Mannheim, VBlBW 1995, 30 - 32 = **juris**byhemmer, (Az. 5 S 2286/93); Sauter, LBO, § 57 Rn. 3.

hemmer-Methode: Die interessanteren Fragen im Zusammenhang mit dem Bauvorbescheid stellen sich bei einer Aufhebung der Baugenehmigung,[61] vor allem aber bei der Anfechtungsklage des Nachbarn.[62]

Nach Unanfechtbarkeit ⇨ Wiederholende Verfügung

Ist der Vorbescheid unanfechtbar, wird sein Inhalt nur der Vollständigkeit halber in die Baugenehmigung übernommen, ohne dass diesbezüglich eine erneute Sachprüfung stattfindet. Die Baugenehmigung ist insoweit nur wiederholende Verfügung.

Vor Unanfechtbarkeit ⇨ Zweitbescheid

Ist ein erteilter Vorbescheid noch nicht unanfechtbar (etwa wenn die Widerspruchsfrist noch nicht abgelaufen ist, oder das Rechtsbehelfsverfahren noch anhängig ist), wurde die Baugenehmigung als sog. Zweitbescheid angesehen.[63] Dies bedeutet, dass das, was durch den Vorbescheid vorab entschieden worden ist, erneut i.R.d. Baugenehmigung entschieden und zur Anfechtung gestellt wird. Somit genügt für den Dritten die isolierte Anfechtung der Baugenehmigung. Andererseits muss er, sofern er bereits den Vorbescheid angefochten hat, jetzt auch gesondert den Zweitbescheid anfechten. Die Anfechtungsklage gegen den Vorbescheid könnte sich hiermit allerdings erledigt haben.[64] An dieser Auffassung hat das Bundesverwaltungsgericht allerdings nicht festgehalten.[65] 86

hemmer-Methode: Denken Sie in Zusammenhängen! Auf den Vorbescheid finden die verfahrensrechtlichen Vorschriften für die Baugenehmigung teilweise Anwendung (§ 57 II LBO). Wird einem Nachbarn keine Ausfertigung zugestellt (§ 57 II i.V.m. § 58 I S. 7 LBO), so hat er eine unbefristete Anfechtungsfrist, welche jedoch durch den Rechtsgedanken der Verwirkung in entsprechender Anwendung des § 58 II VwGO begrenzt ist.[66]

Unterbleibt die Nachbarbeteiligung, entfaltet der Vorbescheid Bindungswirkung grundsätzlich allein zwischen Bauherr und Rechtsträger der Baurechtsbehörde. Die nachbarlichen Belange werden nicht präjudiziert und sind in vollem Umfang im nachfolgenden Baugenehmigungsverfahren zu würdigen. Etwas anderes gilt dann, wenn der Nachbar seine Rechte verwirkt hat.[67] 87

Fall zum Vorbescheid:

Fallbeispiel: *Anton (A) möchte sein Grundstück mit einem Wohnhaus von 35 m Höhe bebauen. Bevor A eine aufwendige Planung mit allen Bauvorlagen einreicht, lässt er die Frage der bauplanungsrechtlichen Zulässigkeit in einem Vorbescheidsverfahren prüfen. Er erhält daraufhin eine entsprechende Bebauungsgenehmigung (Vorbescheid über die planungsrechtliche Zulässigkeit), die unanfechtbar wird. Als A seine Planungsvorbereitungen abgeschlossen hat, beantragt er bei der Baurechts behörde die Erteilung der Baugenehmigung. Diese wird ihm mit der Begründung versagt, dass der einschlägige qualifizierte Bebauungsplan, der nach Erteilung des Vorbescheides erlassen wurde, in dem fraglichen Gebiet nur dreigeschossige Wohnhäuser vorsehe. Deshalb werde auch der Vorbescheid aufgehoben.*

Wurde die Baugenehmigung zu Recht verweigert?

A hat einen Anspruch auf Erteilung der Baugenehmigung aus § 58 I S. 1 LBO, wenn sein Vorhaben genehmigungspflichtig ist und keine von der Baurechtsbehörde zu prüfenden Vorschriften entgegenstehen. In diesem Fall wäre die Verweigerung rechtswidrig. 88

---

61 Rn. 389 ff.

62 Rn. 279 ff.

63 Vgl. BVerwG, DVBl. 1989, 673 - 675 (674 f.) = **juris**byhemmer, (Az. 4 C 14/85).

64 Beispielsfall in **Hemmer/Wüst/Christensen, Verwaltungsrecht II**, Rn. 109.

65 BVerwG, NVwZ 1995, 894 - 895 = **juris**byhemmer, (Az. 4 C 23/94).

66 Kopp/Schenke, VwGO, § 58 Rn. 17. Zur analogen Anwendung des § 58 II VwGO vgl. Rn. 310; regelmäßig erfährt der Nachbar dann erst mit der Baugenehmigung vom Vorbescheid.

67 Umfassend hierzu Rn. 311 ff.

1. A plant die Errichtung einer baulichen Anlage i.S.v. § 2 I LBO. Da keine Ausnahme ersichtlich ist, ist sein Vorhaben gemäß § 49 I LBO genehmigungspflichtig.

2. Das genehmigungspflichtige Vorhaben ist gemäß § 58 I S. 1 LBO genehmigungsfähig, wenn es den öffentlich-rechtlichen Vorschriften, die im bauaufsichtlichen Genehmigungsverfahren zu prüfen sind, nicht widerspricht.

a) Vorliegend verstößt das Vorhaben gegen Bauplanungsrecht. Das unter § 29 I BauGB fallende Vorhaben des A widerspricht den zwingenden Festsetzungen des qualifizierten Bebauungsplanes und ist daher gemäß § 30 I BauGB unzulässig. Eine Befreiung nach § 31 II BauGB kommt nicht in Betracht, da Grundzüge der Planung berührt werden.

hemmer-Methode: Diese verkürzte Prüfung der bauplanungsrechtlichen Zulässigkeit im Urteilsstil erfolgt hier deshalb, weil die §§ 29 ff. BauGB erst später ausführlich dargestellt werden und in diesem Fall letztlich nur als Aufhänger dienen. In der Klausur müssen Sie diesen Punkt natürlich genauer und im Gutachtenstil erörtern.

b) Allerdings ist fraglich, ob die Baurechtsbehörde auf die bauplanungsrechtliche Unzulässigkeit vorliegend überhaupt abstellen darf. Es ist zu beachten, dass in einem Vorbescheid die bauplanungsrechtliche Zulässigkeit zuvor bejaht wurde. Diese Bebauungsgenehmigung bindet die Behörde gemäß § 57 I LBO. *89*

aa) Man könnte jedoch daran denken, dass diese Bindungswirkung wegen der nachträglichen Änderung der Rechtslage weggefallen ist. Dies wäre gemäß § 38 III VwVfG der Fall, wenn es sich bei dem Vorbescheid um einen Unterfall der Zusicherung handeln würde.

Dies ist aber gerade nicht der Fall. Anders als die Zusicherung trifft der Vorbescheid eine endgültige und verbindliche Regelung.

bb) Die Bindungswirkung wäre dann weggefallen, wenn der Vorbescheid wirksam aufgehoben worden wäre. Da der Vorbescheid bei Erteilung dem geltenden Recht entsprach, kann er nur gemäß § 49 VwVfG widerrufen werden. Der Vorbescheid als begünstigender VA kann lediglich nach Maßgabe des § 49 II VwVfG widerrufen worden sein.

Nach § 49 II S. 1 Nr.4 VwVfG konnte der Vorbescheid nur widerrufen werden, wenn die Behörde aufgrund einer geänderten Rechtsvorschrift berechtigt wäre, den Vorbescheid nicht zu erlassen, soweit der A hiervon noch keinen Gebrauch gemacht hätte, und wenn ohne den Widerruf das öffentliche Interesse gefährdet würde. Der Erlass eines Bebauungsplans als Satzung (§ 10 I BauGB) ist als nachträgliche Rechtsänderung i.S.d. Vorschrift anzusehen. Nach diesem Bebauungsplan dürfte der dem A erteilte Vorbescheid auch nicht mehr erlassen werden.

Allerdings könnte der A von der Vergünstigung in der Weise Gebrauch gemacht haben, dass er aufgrund dessen eine aufwendige und kostenintensive Planung durchgeführt hat. Unter Gebrauchmachen ist jede rechtserhebliche Handlung zur Nutzung der Vergünstigung zu verstehen, insbesondere auch Aufwendungen zur Vorbereitung der Verwirklichung von Maßnahmen aufgrund einer Erlaubnis.[68] Allerdings ist zu berücksichtigen, dass dem Vorbescheid nur Feststellungs- und keine Gestattungswirkung zukommt.

Da also der Vorbescheid anders als die Baugenehmigung nicht zu irgendwelchen Ausführungshandlungen berechtigt, ist nach Auffassung des OVG Berlin[69] für ein „Gebrauchmachen" schon begrifflich kein Raum.

Wegen der den Festsetzungen des Bebauungsplans widersprechenden Bebauung, die ohne den Widerruf zu befürchten ist, wird ohne den Widerruf des Vorbescheides auch das öffentliche Interesse an der geordneten städtebaulichen Entwicklung gefährdet. Die Voraussetzungen des § 49 II Nr.4 VwVfG sind damit gegeben, der Widerruf scheint damit rechtens zu sein.

68 Knack/Henneke, VwVfG, § 49 Rn. 6.4.3.

69 OVG Berlin, NVwZ-RR 1988, 6 - 9 (9) = **juris**byhemmer, (Az. 2 B 106.85).

Etwas anderes würde dann gelten, wenn § 14 III BauGB die Folgen einer Veränderung des Bebauungsplans nach Erteilung einer Genehmigung i.w.S. abschließend regeln würde. § 14 III BauGB ordnet an, dass baurechtliche Genehmigungen durch eine Veränderungssperre unberührt bleiben (hierzu ausführlich unter Rn. 210 ff.). 90

Zwar wurde vorliegend keine Veränderungssperre erlassen. Wegen § 14 III BauGB könnte man jedoch der Auffassung sein, dass Genehmigungen, unter die auch der Vorbescheid als vorweggenommener Teil der Baugenehmigung fällt, auch von der später erfolgenden Änderung eines Bebauungsplanes nicht berührt werden. Es ergäbe keinen Sinn, wenn sich die erteilte Genehmigung gegenüber einer Veränderungssperre durchsetzen würde, nicht aber gegenüber dem Bebauungsplan. Denn einziger Zweck der Veränderungssperre ist die Sicherung der Bauleitplanung[70]. Das Gleiche muss auch dann gelten, wenn sofort der Bebauungsplan geändert wird, ohne dass zuvor eine Veränderungssperre erlassen wird. Aus Sicht des Bürgers, der bereits im Besitz einer baurechtlichen Genehmigung i.S.d. § 14 III BauGB ist, macht es keinerlei Unterschied, ob die Gemeinde sofort den Bebauungsplan ändert oder zuvor noch eine Veränderungssperre erlässt. Diese Auffassung wird jedoch von der h.M. abgelehnt.[71]

hemmer-Methode: In § 14 III BauGB wird der erteilten Genehmigung der Fall gleichgestellt, dass die Gemeinde in einem Anzeigeverfahren Kenntnis von dem Vorhaben erlangt, ihm aber nicht widersprochen hat und mit dem Bau vor Erlass der Veränderungssperre hätte begonnen werden dürfen. Gemeint ist damit in erster Linie das Kenntnisgabeverfahren nach § 51 LBO.

Änderungen des Bebauungsplans oder allgemein der Rechtslage lassen demnach, egal ob mit oder ohne zuvor erlassener Veränderungssperre, den zuvor erteilten Vorbescheid unberührt. Fraglich ist allerdings, was unter „unberührt" zu verstehen ist. Denkbar wäre eine Auslegung, nach der die Folgen der Änderungen der Rechtslage in § 14 III BauGB abschließend geregelt werden. Ein Widerruf nach § 49 II S. 1 Nr. 4 VwVfG würde demnach ausscheiden.[72] Die h.M. sieht § 14 III BauGB hingegen lediglich als deklaratorische Wiederholung des § 43 II VwVfG, wonach die Wirksamkeit des Vorbescheides durch den Erlass einer Veränderungssperre oder eines Bebauungsplans nicht automatisch berührt wird.[73] Für diese Ansicht spricht, dass der Bauherr durch die Möglichkeit einer Entschädigung nach § 49 VI VwVfG hinreichend geschützt ist. 91

hemmer-Methode: Bei dem dargestellten Problem handelt es sich nicht um Standardwissen, das von Ihnen in der Klausur zwingend erwartet würde.

Somit war der Widerruf des Vorbescheids rechtmäßig. Für die im Vertrauen auf den Bestand des Vorbescheids entstandenen Vermögensnachteile ist A unter den Voraussetzungen des § 49 VI VwVfG zu entschädigen. 92

Da die Verwaltung somit nicht mehr an den Vorbescheid gebunden war, wurde die Baugenehmigung zu Recht verweigert.

d) Bindungswirkung der Teilbaugenehmigung[74]

Teilbaugenehmigung

Prüfungsmaßstab i.R.d. Teilbaugenehmigung i.S.v. § 61 LBO ist die grundsätzliche Vereinbarkeit des *gesamten* Vorhabens mit dem Bauplanungsrecht und den wesentlichen bauordnungsrechtlichen Vorschriften. 93

---

70 BVerwG, NJW 1984, 1473 - 1474 = **juris**byhemmer, (Az. 4 C 39/82).

71 Battis/Krautzberger/Löhr, BauGB, § 14, Rn. 21; Ernst/Zinkahn/Bielenberg/Krautzberger, BauGB, § 14, Rn. 110, 117

72 Ernst/Zinkhahn/Bielenberg/Krautzberger, BauGB, § 14, Rn. 61; Ortloff, Zur Bindungswirkung des baurechtlichen Vorbescheids bei nachfolgender Änderung der Sach- oder Rechtslage, NVwZ 1983, 705 - 709 (708).

73 Ernst/Zinkahn/Bielenberg/Krautzberger, BauGB, § 14, Rn. 110; Weidemann, BauR 1987, 9, 12.

74 Siehe bereits oben, Rn. 28 ff.

⇨ Feststellung bzgl. gesamten Vorhabens

Problematisch ist, in welchem Umfang die Teilbaugenehmigung die grundsätzliche Feststellung der Genehmigungsfähigkeit des Gesamtvorhabens enthält, so dass nach ihrer Erteilung die Baugenehmigung nicht mehr versagt werden kann. Grundsätzlich tritt eine Bindungswirkung ein; ihre Reichweite hängt jedoch vom Inhalt der Teilbaugenehmigung ab und ist deshalb einzelfallabhängig.[75]

e) Bindungswirkung einer Gaststättenerlaubnis?

Eine Bindung der Baurechtsbehörde durch eine bereits vorliegende gaststättenrechtliche Erlaubnis in Bezug auf den Regelungsinhalt des § 4 I Nr. 2 oder Nr. 3 GastG tritt nicht ein. Diese Problematik wird unter Rn. 105 ff. erörtert; Gewerbe- und damit Gaststättenrecht gehört nicht zum Pflichtstoff des Staatsexamens (Zeitpunkt der Drucklegung). 94

2. Die Regelung des § 58 I S. 1 LBO

zentrale Norm: § 58 I S. 1 LBO: Widerspruch zu ö.-r. Vorschriften?

Ist kein Fall der Bindungswirkung einschlägig, so richtet sich der Anspruch des Bauherrn gemäß § 58 I S. 1 LBO danach, ob das Vorhaben öffentlich-rechtlichen Vorschriften nicht widerspricht, die im bauaufsichtlichen Genehmigungsverfahren zu prüfen sind. 95

hemmer-Methode: Das richtige Verständnis und die richtige Einordnung von § 58 I LBO sind für die erfolgreiche Bearbeitung einer Baurechtsklausur absolut unverzichtbar. Bearbeiten Sie deshalb diesen Abschnitt lieber einmal zu viel als einmal zu wenig, bevor Sie sich mit irgendwelchen baurechtlichen Exoten beschäftigen (die das Verständnis des § 58 I LBO i.d.R. sogar voraussetzen). Gehen Sie dabei vom Wortlaut der Norm aus: Der Hinweis auf die „von der Baurechtsbehörde zu prüfenden" öffentlich-rechtlichen Vorschriften macht deutlich (Umkehrschluss), dass es auch Vorschriften gibt, die die Baurechtsbehörde <u>nicht</u> zu prüfen hat, nämlich diejenigen, über die in einem gesonderten Genehmigungsverfahren durch Verwaltungsakt entschieden wird, so wörtlich § 58 I S. 2 LBO! So haben z.B. Wasser- und Gaststättenrecht ein eigenes Genehmigungsverfahren und bleiben in der Baugenehmigung außen vor.

a) Prüfungsmaßstab des § 58 I S. 1 LBO

Prüfungsmaßstab:

Einschlägige Vorschriften i.S.d. § 58 I S. 1 LBO sind solche: 96

⇨ des *Bauplanungsrechts* (wenn anwendbar), die sich mit der Zulässigkeit der Nutzung von Grund und Boden befassen, §§ 29 ff. BauGB, 97

⇨ des *Bauordnungsrechts*, die sich mit den sicherheitsrechtlichen Anforderungen an bauliche Anlagen befassen, §§ 3 ff. LBO und 98

⇨ *sonstige öffentlich-rechtliche Vorschriften*, die im bauaufsichtlichen Genehmigungsverfahren zu prüfen sind, § 58 I S. 2 LBO (eher selten). 99

bzgl. Privatrecht gilt § 58 III LBO

Die Vereinbarkeit mit privatrechtlichen Vorschriften (zum Beispiel mit einem Abwehranspruch aus § 1004 BGB) ist gemäß § 58 III LBO irrelevant.[76] 100

---

[75] Vgl. oben Rn. 29.

[76] So wird die Rechtmäßigkeit einer Baugenehmigung auch nicht dadurch berührt, dass zivilrechtlich ein Überbau entsteht. vgl. VGH München, BauR 1999, 617 - 621 (Az. 27 B 96.1407).

Sonstige Vorschriften = anlagenbezogene Vorschriften

Neben den Vorschriften des BauGB und der LBO sind im Verfahren 101
nach § 58 I S. 1 LBO nur solche öffentlich-rechtliche Vorschriften zu prüfen, die Anforderungen an die Errichtung, Änderung, Nutzungsänderung oder den Abbruch baulicher Anlagen stellen.

> **Bsp.:** *Die Zuverlässigkeit des Bauherrn ist irrelevant, da es nicht um den Bauherrn, sondern allein um das Grundstück und das Gebäude geht.*

anders, wenn gesondertes Verfahren notwendig

Der Grundsatz, dass ein Vorhaben im Baugenehmigungsverfahren an 102
allen anlagenbezogenen öffentlich-rechtlichen Vorschriften zu messen ist, gilt allerdings dann nicht, wenn die Vereinbarkeit mit bestimmten Vorschriften in einem gesonderten Verfahren zu prüfen ist, das durch eine rechtlich selbständige Entscheidung mit Außenwirkung abgeschlossen wird, § 58 I S. 2 LBO.

In diesem Fall müssen dann beide Genehmigungen beantragt und 103
erteilt werden, bevor das Vorhaben verwirklicht werden darf.[77]

neue Rspr. zur Schlusspunkttheorie

In diesem Zusammenhang ist die Frage aufgeworfen worden, ob der 104
Baugenehmigung hierbei eine **Sonderrolle** im Verhältnis zu einer anderen Genehmigung zukommt. Diese könnte darin bestehen, dass vor Erteilung der Baugenehmigung zu prüfen ist, ob andere erforderliche Genehmigungen vorliegen oder, liegen sie nicht vor, zumindest erteilt werden dürfen.

> **Bsp.:** *Das Anwesen, das der Bauherr umbauen möchte, liegt in einem nach § 142 BauGB festgelegten Sanierungsgebiet mit der Folge, dass es neben der Baugenehmigung der Genehmigung der Gemeinde nach § 144 I Nr. 1 BauGB bedarf.*

Der Baugenehmigung würde insoweit eine besondere Funktion zu- 105
kommen, als ihre Erteilung dann für den Antragsteller bedeuten würde, dass dem Vorhaben insgesamt keine entscheidenden Hindernisse entgegenstehen.

Im Verhältnis zu anderen Genehmigungen würde die Baugenehmigung dann den rechtlichen Schlusspunkt setzen. Daher wurde diese Auffassung auch *Schlusspunkttheorie* genannt.

Nach dieser Schlusspunkttheorie darf die Baugenehmigung dann, 106
wenn neben ihr weitere öffentlich-rechtliche Gestattungen zur Ausführung des Vorhabens erforderlich sind, erst nach Vorliegen aller weiteren Gestattungen erteilt werden.[78]

⇨ Unabhängigkeit der Verfahren

Dieser Schlusspunkttheorie wird jedoch ausdrücklich entgegengetre- 107
ten.[79] Eine Baugenehmigung hat grundsätzlich keinen Vorrang gegenüber anderen öffentlich-rechtlichen Erlaubnissen, da die verschiedenen Genehmigungsverfahren unabhängig voneinander sind. Außerdem hebt die mit der Genehmigung verbundene Genehmigungs-/Gestattungswirkung ein nach einem anderen Gesetz begründetes Verbot mit Erlaubnisvorbehalt nicht auf (im Beispielsfall oben § 144 I Nr. 1 BauGB). Diese Rspr. wird durch den Wortlaut des § 58 I S. 1 LBO gestützt. Mit der Einschränkung auf Vorschriften, die im bauaufsichtlichen Genehmigungsverfahren zu prüfen sind, wird der Schlusspunkttheorie eine Absage erteilt.[80]

hemmer-Methode: Trotz der Hinfälligkeit der Schlusspunkttheorie sollten Sie diesen Begriff einmal gehört haben, um ihn richtig einordnen zu können.

---

77 Sauter, LBO, § 49 Rn. 31.

78 Ortloff, Inhalt und Bindungswirkungen der Baugenehmigung, NJW 1987, 1665 - 1670 (1669); VGH Mannheim, NVwZ 2000, 1068 - 1069 = **juris**byhemmer, (Az. 5 S 50/97) sowie VGH Mannheim, VBlBW 2010, 155 - 160 = **juris**byhemmer, (Az. 3 S 2679/08), landesrecht-bw.de.

79 Vgl. VGH München, NVwZ 1994, 304 = **juris**byhemmer, (Az. 8 S 1023/93) = JuS 1994, 441; VGH Mannheim, VBlBW 2010, 155 - 160 = **juris**byhemmer, (Az. 3 S 2679/08), landesrecht-bw.de.

80 VGH Mannheim, NVwZ 2000, 1068 - 1069 = **juris**byhemmer, (Az. 5 S 50/97).

Ausnahme

Eine Ausnahme von dieser strikten Trennung kann allein für den folgenden Fall anzuerkennen sein: 108

Steht aufgrund einer unanfechtbaren, die Baurechtsbehörde bindenden Entscheidung bereits fest, dass eine neben der Baugenehmigung erforderliche Erlaubnis nicht erteilt werden kann, so kann die Baurechtsbehörde das Sachentscheidungsinteresse (Rechtsschutzbedürfnis) des Antragstellers verneinen. 109

Das Gleiche gilt, wenn feststeht, dass die andere Genehmigung sicher nicht erteilt werden wird. 110

b) Insbesondere: Baugenehmigung und Gaststättenerlaubnis

Problem: parallele Genehmigungspflichten

Grundsätzlich sind anlagenbezogene Gefahrenabwehrkodifikationen (namentlich LBO, DenkmSchG, BImSchG, BodSchG, NatSchG, AtomG) von personenbezogenen Gefahrenabwehrgesetzen (vor allem PolG, VersG, GastG, WaffenG, SprengG) in ihrer jeweiligen Zielrichtung zu unterscheiden. 111

Allerdings ergeben sich bei dem Nebeneinander mehrerer Genehmigungspflichten dann Probleme, wenn sich das zu prüfende Recht **überschneidet**.

Gefahr divergierender Entscheidungen

Da es im Interesse der Rechtssicherheit für den Bürger nicht sein kann, dass verschiedene Behörden über dieselbe Frage unter Umständen verschiedene Entscheidungen treffen, müssen Kriterien gefunden werden, nach welchen die in den sich überschneidenden Vorschriften gestellten Anforderungen entweder dem einen oder dem anderen Genehmigungsverfahren zugeordnet werden können. 112

So ist gem. § 4 I Nr. 2 GastG (primär personenbezogene Gefahrenabwehr) für die Erteilung der Gaststättenerlaubnis erforderlich, dass die Räumlichkeiten für den Betrieb der Gaststätte geeignet sind. Diese Voraussetzungen sind aber auch für die bauordnungsrechtliche Beurteilung nach §§ 3 ff. LBO (vorrangig anlagenbezogenes Ordnungsrecht) erforderlich. 113

Zudem bestimmt § 4 I Nr. 3 GastG, dass der Gewerbebetrieb im Hinblick auf seine örtliche Lage gebietsverträglich sein muss, insbesondere keine schädlichen Umwelteinwirkungen hervorrufen darf. Die Gebietsverträglichkeit ist aber maßgeblicher Aspekt ebenso für die bauplanungsrechtliche Zulässigkeit nach §§ 29 ff. BauGB, so dass auch insofern eine Überschneidung mit dem Prüfprogramm der Baugenehmigung nach § 58 I S. 1 LBO vorliegt. 114

In dieser Situation stellt sich insbesondere die Frage, ob eine bereits erteilte Genehmigung Wirkung auf die behördliche Entscheidung über die andere Genehmigung hat. 115

> **Bsp.:** *Für die geplante Gaststätte liegt eine Baugenehmigung vor. Die Gaststättenbehörde ist der Ansicht, dass eine Gaststätte an dieser Stelle „nicht ins Bild" passt. Kann eine beantragte Gaststättenerlaubnis unter Hinweis auf die örtliche Lage nach § 4 I Nr. 3 GastG abgelehnt werden?*

maßgebl. „stärkerer Bezug"

Nach der Rechtsprechung des BVerwG[81] ist jeweils entscheidend, zu welchem Verfahren *„der stärkere Bezug"* besteht.[82] Dies wird insbesondere dann relevant, wenn es um Rechtsvorschriften geht, die nicht per se einem Genehmigungsverfahren zugewiesen sind, wie etwa das Denkmal- oder das Naturschutzrecht. 116

---

[81] Z.B. BVerwG, DÖV 1987, 293 - 296 = **juris**byhemmer, (Az. 4 C 31/84).

[82] Vgl. BVerwGE 74, 315 - 327 (326) = **juris**byhemmer, (Az. 4 C 31/84).

Die Baugenehmigung ersetzt nicht die Gaststättenerlaubnis und umgekehrt die Gaststättenerlaubnis nicht die Baugenehmigung, auch die Reihenfolge der Genehmigungen spielt keine Rolle (keine Konzentrationswirkung, da keine gesetzliche Anordnung).[83]

Allerdings bindet die Baugenehmigung die Gaststättenbehörde insoweit, als über fachspezifische Anforderungen des Baurechts entschieden wurde, da die Baubehörde insoweit die „sachnähere" Behörde ist.[84].

Die zuständige Gaststättenbehörde (§ 30 GastG i.V.m. §§ 1, 2 GastVO[85]) kann somit die Erlaubnis nicht mit der Begründung versagen, die Errichtung oder Nutzung der Gaststätte verstoße gegen Vorschriften des Baurechts.

Auch im Hinblick auf § 4 I Nr. 3 GastG stellt die Baurechtsbehörde mithin bindend fest, dass die genehmigte Anlage den *bauplanerischen* Anforderungen entspricht. Im Baugenehmigungsverfahren wird aber gerade nicht auf die im konkreten Fall geplante Nutzung durch eben diesen Antragsteller abgestellt; die Baugenehmigung wird gerade personenunabhängig erteilt.

Die Baugenehmigung entfaltet somit keine Bindungswirkung dahin gehend, dass § 4 I Nr. 3 GastG als Versagungsgrund ausgeschlossen wird, wenn die Gaststättenerlaubnis im Hinblick auf die zu stellenden *persönlichen* Anforderungen abzulehnen ist.[86]

Fazit: Ob die Gaststätte als bauplanungsrechtliche Nutzungsart in diesem Gebiet zulässig ist, ist von der Baurechtsbehörde zu entscheiden („Grobsteuerung"). Einzelheiten der Nutzung jedoch, insbesondere solche, die mit der Person des Betreibers und seiner besonderen Betriebsweise zusammenhängen, fallen in den Aufgabenbereich der Gaststättenbehörde, denn insoweit besteht zu diesem Verfahren der stärkere Bezug („Feinsteuerung").

Keine Besonderheiten ergeben sich jedoch, wenn noch keine Baugenehmigung erteilt worden ist, oder nach §§ 50 f. LBO ohnehin nicht erteilt werden wird. Dann kann und muss die Behörde bei der Entscheidung über die Gaststättenerlaubnis die Geeignetheit der Räumlichkeiten gem. § 4 I Nr. 2 GastG und die Gebietsverträglichkeit gem. § 4 I Nr. 3 GastG prüfen. Sie muss die Erlaubnis versagen, wenn eine Voraussetzung nicht vorliegt. 117

Die Gefahr widersprechender Entscheidungen ergibt sich nur, wenn bereits eine andere Entscheidung vorliegt.

Zusammenfassend sind hier insgesamt vier Konstellationen zu unterscheiden (nach zur Zeit der Drucklegung geltendem Prüfungsrecht kann dies allenfalls im Schwerpunktbereich oder in Hausarbeiten relevant werden): 118-121

1. Die Behörde entscheidet über die Gaststättenerlaubnis; es liegt keine Baugenehmigung vor: normale, vollständige Prüfung des § 4 GastG.

2. Die Behörde entscheidet über die Baugenehmigung, es liegt keine Gaststättenerlaubnis vor: normale, vollständige Prüfung der öffentlich-rechtlichen Vorschriften gem. § 58 I S. 1 LBO.

3. Die Behörde entscheidet über die Gaststättenerlaubnis, zuvor wurde eine Baugenehmigung erteilt: Die Baugenehmigung regelt die Geeignetheit der Räume und die Gebietsverträglichkeit, so dass sie insoweit die Gesetzeskonformität der Gaststätte vorgibt. Die Behörde ist daran gebunden und darf die Gaststättenerlaubnis nicht aus diesen Gründen ablehnen.

83 BVerwG, GewArch 2012, 45 - 46 (46) = **juris**byhemmer, (Az. 4 B 3/11).

84 BVerwG, NVwZ 1989, 258 - 259 = **juris**byhemmer, (Az. 1 C 72/86); BVerwG, NVwZ 1992, 569 = **juris**byhemmer, (Az. 1 B 152/91).

85 www.landesrecht-bw.de.

86 Ähnlich BVerwG, GewArch 1989, 100 - 102 = **juris**byhemmer, (Az. 1 C 72/86).

4. Die Behörde entscheidet über die Baugenehmigung, zuvor wurde ein Gaststättenerlaubnis erteilt: normale, vollständige Prüfung der öffentlich-rechtlichen Vorschriften gem. § 58 I S. 1 LBO. Die Gaststättenerlaubnis hat keine Wirkung auf die Entscheidung über die Baugenehmigung, den Überschneidungsbereich regelt alleine die Baugenehmigung.

Besonderheiten ergeben sich also nur im Fall 3.

3. Bauplanungsrechtliche Zulässigkeit eines Vorhabens

a) Gesetzliche Systematik

aa) Die Gebietstypen des BauGB

Bauleitplanung ist Instrument städtebaulicher Entwicklung

Vorbereitung und Leitung der Grundstücksnutzung sollen nach § 1 I BauGB durch die Bauleitplanung erfolgen, also durch Flächennutzungs- und Bebauungspläne. 122

Nach diesem sog. Planmäßigkeitsprinzip stellt die Bauleitplanung das zentrale Lenkinstrument der städtebaulichen Entwicklung dar. Da die Gemeinden jedoch nicht überall Bebauungspläne erlassen haben, bedurfte es für die unbeplanten Bereiche weiterer gesetzlicher Vorgaben. Somit kann ein bauplanungsrechtlich relevantes Vorhaben grundsätzlich nur in einem von drei Gebietstypen liegen:

Grundsätzlich sind drei Gebietstypen zu unterscheiden:

1. Geltungsbereich eines Bebauungsplanes, § 30 BauGB
2. Innerhalb der im Zusammenhang bebauten Ortsteile, § 34 BauGB
3. Außenbereich, § 35 BauGB

drei planungsrechtliche Gebietstypen

Die drei Gebietstypen enthalten eine abschließende bauplanungsrechtliche Einteilung des Gemeindegebietes. 123

trennen: einfacher und qualifizierter BBauPl.

Ein einfacher Bebauungsplan (§ 30 III BauGB) vermag die vorgegebene Zuordnung eines Gebiets zum Innen- oder Außenbereich nicht zu ändern.[87] Die Beschränkungen der §§ 34, 35 BauGB bleiben voll wirksam und treten „im Übrigen" (vgl. Wortlaut des § 30 III BauGB) neben diejenigen, die sich aus dem (einfachen) Bebauungsplan ergeben.

vorhabenbezogener BPL.

Eine besondere Form des Bebauungsplans ist der vorhabenbezogene Bebauungsplan i.S.d. § 12 BauGB, auf den in § 30 II BauGB abgestellt wird. 124

Exkurs: Kurze Qualifikation des Bebauungsplans

Bauleitpläne: BBauPl. u. FlNPl.

Unter dem Oberbegriff der Bauleitpläne werden der Flächennutzungsplan (FlNPl./FNP) als vorbereitender Bauleitplan und der grundsätzlich gemäß § 8 II S. 1 BauGB aus dem Flächennutzungsplan zu entwickelnde Bebauungsplan als verbindlicher Bauleitplan zusammengefasst, vgl. § 1 II BauGB. 125

87 Jäde/Dirnberger/Weiß, BauGB, § 30 Rn. 8; Battis/Krautzberger/Löhr, BauGB, vor § 29 Rn. 7.

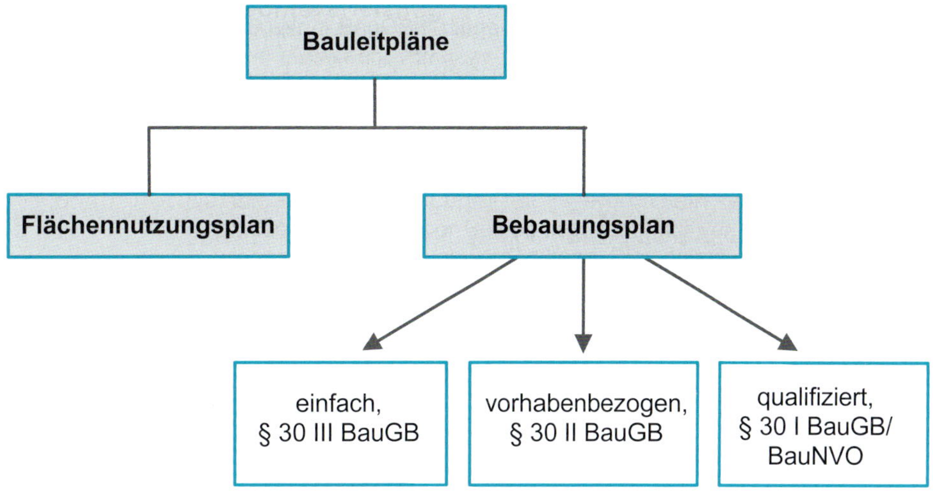

Vorbereitung der Grundstücksnutzung

Aufgabe der Bauleitplanung ist es, die bauliche und sonstige Nutzung der Grundstücke in der Gemeinde nach Maßgabe des BauGB vorzubereiten und zu leiten, § 1 I BauGB. 126

BBauPl. = Satzung

Der Bebauungsplan, der gemäß § 10 I BauGB als Satzung beschlossen wird, enthält Festsetzungen nach Maßgabe des § 9 BauGB, welcher abschließend die möglichen Festsetzungsarten aufzählt. Eine Ausnahme ergibt sich aus § 12 III S. 2, Hs. 1 BauGB für den vorhabenbezogenen Bebauungsplan, hier besteht keine Bindungswirkung an den Festsetzungskatalog des § 9 BauGB und an die BauNVO.

Dem Bebauungsplan kommt i.R.d. Prüfung der bauplanungsrechtlichen Zulässigkeit eine entscheidende Bedeutung zu, vgl. § 30 BauGB.

Exkurs Ende

wenn BBauPl. (-), dann §§ 34, 35 BauGB

Fehlt ein (gültiger!, §§ 214 ff. BauGB; dazu siehe unten) Bebauungsplan, so richtet sich die Zulässigkeit entweder allein nach § 34 BauGB (unbeplanter Innenbereich) oder allein nach § 35 BauGB (Außenbereich). 127

ggf. § 33 BauGB

Ist das Vorhaben nicht nach den §§ 30, 34, 35 BauGB zulässig, kann sich die Zulässigkeit - subsidiär - aus § 33 BauGB ergeben, wenn zu erwarten ist, dass das Vorhaben den künftigen Festsetzungen eines Bebauungsplans entsprechen wird. Hierüber muss ein Klausursachverhalt dann Informationen enthalten. § 33 BauGB ist subsidiär zu §§ 30, 34, 35 BauGB anzuwenden, weil letztere Vorschriften einen Zulassungsanspruch schon nach gegenwärtiger, § 33 BauGB einen solchen erst nach zukünftiger Rechtslage gibt.

hemmer-Methode: Ein Zulassungsanspruch aus dem Grundsatz des aktiven Bestandsschutzes ist nach neuerer Rechtsprechung des BVerwG nicht mehr möglich. Vgl. hierzu die Ausführungen bei Rn. 451.

Folgende Prüfungsreihenfolge ist deshalb im Bereich des Bauplanungsrechts einzuhalten:[88]

Vorab: Anlage i.S.d. § 29 BauGB

Wenn ja, Zulässigkeit des Vorhabens nach:

§ 30 BauGB

↓

Wenn nicht § 30, dann § 34 BauGB

↓

Wenn nicht §§ 30 o. 34, dann § 35 BauGB

↓

Wenn weder §§ 30, 34 noch § 35 BauGB, dann ggfs. § 33 BauGB

bb) Anwendbarkeit der Vorschriften: § 29 BauGB

Einstiegsnorm ist § 29 BauGB

Die §§ 30 bis 37 BauGB kommen nur dann zur Anwendung, wenn die Voraussetzungen des § 29 BauGB erfüllt sind. 128

Zu beachten ist dabei, dass in den Fällen des § 37 BauGB die §§ 30 ff. BauGB nur eingeschränkt und in den Fällen des § 38 BauGB überhaupt nicht zur Anwendung gelangen.[89]

Vor allem aber müssen für die Anwendbarkeit der §§ 30 bis 37 BauGB die Voraussetzungen des § 29 BauGB vorliegen. Ausgangspunkt bei jeder Prüfung der §§ 30 ff. BauGB muss also immer § 29 BauGB sein, denn nach dem Wortlaut dieser Vorschrift finden die §§ 30 ff. BauGB nur dann Anwendung, wenn die Voraussetzungen von § 29 BauGB gewahrt sind. 129

<u>§ 29 I BauGB umfasst:</u> 130

- ⇨ Errichtung, Änderung, Nutzungsänderung (nicht: Abbruch, Beseitigung) von baulichen Anlagen (gebaut, ortsfest, planungsrechtlich relevant)
- ⇨ Aufschüttungen und Abgrabungen größeren Umfangs, Ausschachtungen, Ablagerungen, Lagerstätten

wenn § 29 BauGB (-), dann ggf. Bauordnungsrecht

Liegt kein Vorhaben i.S.d. § 29 I BauGB vor, so sind die §§ 30 ff. BauGB - mit Ausnahme der Festsetzungen des Bebauungsplans[90] - nicht anwendbar. Eine bauordnungsrechtliche Überprüfung ist allerdings auch dann notwendig (§ 29 II BauGB). 131

---

88 Vgl. Sie zur diesbezüglichen Technik der Klausurlösung den Abschlussfall zu diesem Kapitel unter Rn. 256.

89 Siehe unten Rn. 585.

90 Siehe dazu unter Rn. 138.

Voraussetzungen:

Zu den Voraussetzungen des § 29 BauGB im Einzelnen:

bauliche Anlage i.S.v. § 29 BauGB (nicht identisch mit § 2 LBO)

(1) Es muss sich gemäß § 29 I BauGB um eine bauliche Anlage handeln. Dieser Begriff ist im BauGB nicht definiert. Auch wenn sich der Begriff der baulichen Anlage i.S.v. § 29 I BauGB weitgehend mit § 2 I LBO deckt, darf dieser nicht zur Erläuterung herangezogen werden. Der bundesrechtliche Begriff der baulichen Anlage ist vielmehr eigenständig, im Hinblick auf planerische Bedürfnisse, auszulegen. Die LBO verfolgt demgegenüber gefahrenabwehrrechtliche Ziele, welche mit Planungsbedürfnissen nicht immer übereinstimmen. 132

Beispielsweise ist ein 12V-Zaun zur Vieheinpferchung eine Anlage i.S.d. § 2 I LBO (Verletzungsgefahr), löst aber ein Planungsbedürfnis i.S.d. § 29 I BauGB nicht aus.

Die bauliche Anlage i.S.v. § 29 I BauGB muss daher als eigenständiger planungsrechtlicher Begriff interpretiert werden. 133

Mit Erdboden fest verbundene künstliche Anlage

Nach der Rechtsprechung[91] ist eine bauliche Anlage in diesem Sinne eine auf Dauer mit dem Erdboden verbundene künstliche Anlage, wobei sich die Dauer nach der Funktion bestimmt, die der Anlage von ihrem Eigentümer beigemessen wird.

***Bsp.:** Ein Wohnwagen soll die Funktion eines (ortsfesten) Wochenendhauses ersetzen. Hier ist Dauerhaftigkeit zu bejahen.*

Wird hingegen ein Wohnwagen, der nur für den Urlaub benutzt werden soll, auf der Straße abgestellt, so liegt keine Anlage i.S.d. § 29 BauGB vor.

„bodenrechtliche Relevanz“ notwendig

Ungeschriebenes Tatbestandsmerkmal des § 29 I BauGB ist die planungsrechtliche oder auch **bodenrechtliche Relevanz**.[92] Hintergrund ist Art. 74 I Nr.18 GG, wonach der Bund die Kompetenz nur für das Bodenrecht und nicht für das komplette Baurecht hat.

Planungsrechtliche Relevanz i.d.S. ist gegeben, wenn die in § 1 VI BauGB genannten Belange durch das etwaige Vorhaben des Bauherrn in einer Weise berührt werden können, die geeignet ist, das Bedürfnis nach einer die Zulässigkeit regelnden verbindlichen Bauleitplanung hervorzurufen.[93]

Nach neuerer Rechtsprechung[94] kann ein solches Bedürfnis nur bestehen, wenn das Vorhaben auch tatsächlich Gegenstand bauplanerischer Festsetzungen nach § 9 I BauGB sein kann.

hemmer-Methode: Versäumen Sie in der Klausur nie, die bodenrechtliche Relevanz und damit das Vorliegen einer Anlage i.S.v. § 29 BauGB zu subsumieren. Erst dadurch wird die Anwendbarkeit der §§ 30 ff. BauGB eröffnet und nur deshalb dürfen die Vorschriften im Rahmen einer Baugenehmigung geprüft werden. Zeigen Sie dem Korrektor, dass Sie den systematischen Unterschied der Anlagenbegriffe in § 29 BauGB und § 2 LBO verstanden haben!

Errichtung, Änderung oder Nutzungsänderung notwendig

(2) Das Vorhaben muss die Errichtung, Änderung oder Nutzungsänderung zum Inhalt haben, § 29 I BauGB. 134

---

91 Z.B. BVerwGE 44, 59 - 64 (62) = **juris**byhemmer, (Az. IV C 33.71) sog. Wohnboot.

92 Jäde/Dirnberger/Weiß, BauGB, § 29 Rn. 14.

93 Vgl. BVerwGE 44, 59 - 64 (61) = **juris**byhemmer, (Az. IV C 33.71) sowie BVerwGE 114, 206 - 212 = **juris**byhemmer, (Az. 6 C 18/00), st.Rspr.

94 BVerwG, NVwZ 1994, 1010 - 1011 = **juris**byhemmer, (Az. 4 C 22/92).

Eine Nutzungsänderung ist nur dann von planungsrechtlicher Relevanz und unterfällt damit dem § 29 BauGB, wenn sich die rechtliche Qualität der bisherigen Nutzung ändert und damit in bodenrechtlicher Hinsicht die Genehmigungsfrage neu aufgeworfen wird[95] (weil z.B. Belange des § 1 VI BauGB durch die neue Nutzung anders als durch die bisherige berührt werden). Ein Indiz hierfür ist, dass die neue Nutzung nach der BauNVO einem anderen Zulässigkeitsmaßstab unterliegt als die bisherige.[96]

Bspe.: *Aus einer Scheune wird eine Appartementwohnung, aus einem Lebensmittelladen ein Bistro. In beiden Fällen werden die gesunden Wohnverhältnisse, § 1 VI Nr. 1 BauGB, durch die neue Nutzung in anderer Weise berührt als durch die bisherige. Keine planungsrechtlich relevante Nutzungsänderung läge hingegen vor, wenn aus einem Buchladen ein Spielwarengeschäft wird.*

§ 29 unabhängig von Genehmigungspflicht

§ 29 BauGB und damit die Anwendbarkeit der §§ 30 ff. BauGB ist unabhängig davon, ob nach der LBO überhaupt eine Genehmigungspflicht besteht und in welchem Verfahren die Genehmigung zu erteilen ist. Die §§ 30 ff. BauGB gelten damit für alle Vorhaben, die die Errichtung, Änderung oder Nutzungsänderung von baulichen Anlagen in irgendeiner Weise zum Gegenstand haben. *135*

Umgekehrt ist der Anwendungsbereich der LBO unabhängig davon, ob i.S.d. § 29 BauGB eine bauliche Anlage vorliegt, also unabhängig davon, ob die §§ 30 ff. BauGB einschlägig sind, vgl. § 29 II BauGB.

Bsp.: *Im Außenbereich soll eine Fabrik zur Glasherstellung errichtet werden. Bestimmt sich die Zulässigkeit des Vorhabens auch nach § 35 BauGB?*

Die Fabrik bedarf nach § 4 BImSchG i.V.m. Nr. 2.8 des Anhangs zur 4.VO zum BImSchG der immissionsschutzrechtlichen Genehmigung. Nach § 13 BImSchG umfasst diese auch die Baugenehmigung (formelle Konzentrationswirkung). Eine bauaufsichtliche Genehmigung ist somit nicht notwendig.

§ 35 BauGB findet dennoch Anwendung. Das ergibt sich zum einen aus § 29 I BauGB, da ein Vorhaben betroffen ist, das die Errichtung einer baulichen Anlage zum Inhalt hat; zum anderen auch aus § 6 I Nr. 2 BImSchG, da das Bauplanungsrecht zu den öffentlich-rechtlichen Vorschriften i.S.d. § 6 I Nr. 2 BImSchG gehört, § 29 II BauGB.

Bsp.: *Das Grundstück des A liegt im Gebiet eines wirksamen qualifizierten Bebauungsplans, nach dem Swimmingpools grundsätzlich unzulässig sind. A will einen Swimmingpool mit 90 m^3 errichten.*

Ein solcher Swimmingpool ist nach Anhang LBO Nr. 6 e genehmigungsfrei. Dies ändert nichts an seiner Unzulässigkeit nach § 30 I BauGB, was durch § 50 V LBO klargestellt wird. A benötigt deshalb eine isolierte Befreiung nach § 31 II BauGB (Ermessensentscheidung).

Aufschüttungen, Abgrabungen etc.

(3) Aufschüttungen, Abgrabungen größeren Umfangs sowie Ausschachtungen, Ablagerungen und Lagerstätten werden von § 29 I BauGB ebenfalls erfasst. Der Begriff des „größeren Umfangs" ist dabei gleichbedeutend mit dem der bodenrechtlichen Relevanz. Der Anlagenbegriff muss daher nicht gesondert subsumiert werden. *136-137*

(4) § 29 II BauGB stellt klar, dass das Bauordnungsrecht der Länder sowie sonstiges öffentliches Recht von § 29 I BauGB unberührt bleiben. Auch bei einem Vorhaben, das keine bodenrechtliche Relevanz besitzt und auf das somit die §§ 30 ff. BauGB nicht anwendbar sind, kann mithin die Baubehörde auf Grundlage der LBO einschreiten. *138*

---

95 BVerwG, ZfBR 1989, 72 - 74 = **juris**byhemmer; (Az. 4 C 50/87).

96 Jäde/Dirnberger/Weiß, BauGB, § 29 Rn. 21.

hemmer-Methode: Auch für Vorhaben, die (i.d.R. mangels bodenrechtlicher Relevanz) nicht unter § 29 I BauGB fallen, gelten die Festsetzungen eines Bebauungsplans, sofern es nicht um die planungsrechtliche Zulässigkeit geht. Denn diese sind Rechtsnormen und finden somit ohne Rücksicht auf § 29 BauGB kraft ihrer Eigenschaft als objektives gemeindliches Satzungsrecht „ohne weiteres aus sich heraus" Anwendung. Der Bebauungsplan ist sonstiges öffentliches Recht i.S.d. § 29 II BauGB.[97] Die Durchsetzung des Bebauungsplans ist der Baubehörde insbesondere über §§ 47, 64, 65 LBO möglich.

b) Zulässigkeit von Vorhaben im Geltungsbereich eines qualifizierten BBauPl.

qualifizierter BBauPl.
⇨ § 30 I BauGB maßgeblich

Liegen die Voraussetzungen des § 29 BauGB vor, so ist § 30 BauGB die Einstiegsnorm für die weitere Prüfung der bauplanungsrechtlichen Zulässigkeit des Vorhabens. 139

aa) Prüfungsschema zu § 30 I BauGB

Ein Vorhaben ist gemäß § 30 I BauGB zulässig, wenn

⇨ ein qualifizierter Bebauungsplan besteht,

⇨ das Vorhaben den Festsetzungen des Bebauungsplans entspricht (beachte jedoch die Möglichkeiten des § 31 BauGB sowie die Einschränkungen des § 15 BauNVO) und

⇨ die Erschließung gesichert ist.

bb) Vorliegen eines qualifizierten Bebauungsplans

Festsetzungen notwendig

(1) Im Gegensatz zum einfachen Bebauungsplan enthält der qualifizierte Plan - eventuell zusammen mit sonstigen baurechtlichen Vorschriften (BauNVO) - zumindest - kumulativ - Festsetzungen über 140

⇨ die Art, § 9 I Nr.1 BauGB,

⇨ und das Maß der baulichen Nutzung, § 9 I Nr.1 BauGB,

⇨ die überbaubaren Grundstücksflächen, § 9 I Nr. 2 Var. 2 BauGB,

⇨ und die örtlichen Verkehrsflächen, § 9 I Nr.11 BauGB teilweise, vgl. § 30 I BauGB.

hemmer-Methode: Achten Sie beim Lesen des Sachverhalts also immer genau darauf, ob für den Bereich des beantragten Vorhabens ein Bebauungsplan aufgestellt wurde.
Beachten Sie jedoch, dass § 30 BauGB - nicht nur Abs. 1 - nur dann greift, wenn ein rechtswirksamer Bebauungsplan vorliegt. Wenn diesbzgl. im Sachverhalt Probleme angelegt sind, müssen Sie die Wirksamkeit des Bebauungsplans im Rahmen einer Inzidentkontrolle prüfen.[98]

[97] BVerwGE 25, 243 - 251 (248) = **juris**byhemmer, (Az. IV C 36.65); **Life&Law 1998, Heft 1, 45 ff.** **Unser Service-Angebot an Sie: kostenlos hemmer-club-Mitglied werden (www.hemmer-club.de) und Entscheidungen der Life&Law lesen und herunterladen.**

[98] Inzidentkontrolle bedeutet, dass die Wirksamkeit des Bebauungsplans als Grundlage der erteilten Baugenehmigung vom Verwaltungsgericht ebenfalls überprüft wird; das Verwaltungsgericht kann dann aber nicht den Bebauungsplan für nichtig erklären (das kann nur der VGH im Rahmen einer Normenkontrolle, § 47 VwGO, vgl. unten, Rn. 462 ff.); ist die Wirksamkeit des Bebauungsplans in einem Normenkontrollverfahren dagegen bereits rechtskräftig festgestellt (vgl. § 121 VwGO), so ist das Verwaltungsgericht daran gebunden.

Kommen Sie dabei zu dem Ergebnis, dass der Bebauungsplan wegen noch nicht geheilter Fehler (vgl. § 214 IV BauGB) keine Rechtswirkungen entfaltet oder gar nichtig ist, müssen Sie dann die Prüfung von § 30 BauGB beenden und stattdessen die Zulässigkeit nach §§ 34 oder 35 BauGB beurteilen.

Innerhalb seines Geltungsbereiches ist dieser – qualifizierte – Plan 141
i.S.d. § 30 I BauGB alleiniger Maßstab für die planungsrechtliche Zulässigkeit eines Vorhabens.

Voraussetzungen der Zulässigkeit

Das Vorhaben ist gemäß § 30 I BauGB zulässig, wenn es den Festsetzungen des Bebauungsplans nicht widerspricht und die Erschließung gesichert ist.

Die Zulässigkeit von Vorhaben im Geltungsbereich eines vorhaben- 142
bezogenen Bebauungsplans (§ 12 I S. 1 BauGB) ist in § 30 II BauGB geregelt. Ein vorhabenbezogener Bebauungsplan muss nicht unbedingt die Voraussetzungen eines qualifizierten Bebauungsplanes erfüllen. Damit in diesen Fällen für die Zulässigkeit von Vorhaben nicht wie beim einfachen Bebauungsplan ergänzend auf die §§ 34, 35 BauGB zurückgegriffen werden muss, ist der vorhabenbezogene Bebauungsplan in § 30 II BauGB in seinen Rechtswirkungen dem qualifizierten Bebauungsplan gleichgestellt worden.

Auch bei ihm richtet sich also die Zulässigkeit eines Vorhabens allein danach, ob es den Festsetzungen - da der vorhabenbezogene Bebauungsplan nach § 12 III S. 2 BauGB nicht an die Festsetzungsmöglichkeiten des § 9 BauGB und der BauNVO gebunden ist - nicht widerspricht und die Erschließung gesichert ist.

Exkurs: Die rechtliche Bedeutung der sog. einfachen Bebauungspläne innerhalb der §§ 33 bis 35 BauGB

einfacher BBauPl.

Der einfache Bebauungsplan ist nicht zu verwechseln mit dem sog. 143
Flächennutzungsplan, denn dieser stellt eine - vorbereitende, und damit unverbindliche, § 1 II BauGB - Vorstufe zum Bebauungsplan dar und ist damit etwas ganz anderes. Einfache Bebauungspläne sind solche, die nicht die vier kumulativen Mindestfestsetzungen des § 30 I BauGB zum Inhalt haben, vgl. § 30 III BauGB.

hemmer-Methode: Ein einfacher Bebauungsplan kann auch dadurch entstehen, dass in einem als qualifiziert beschlossenen Bebauungsplan die getroffenen Festsetzungen teilweise unwirksam sind.

Soweit der einfache Bebauungsplan bestimmte Festsetzungen nicht 144
enthält, bspw. über das Maß der baulichen Nutzung, finden je nach Lage des Grundstücks ergänzend § 34 oder § 35 BauGB Anwendung.

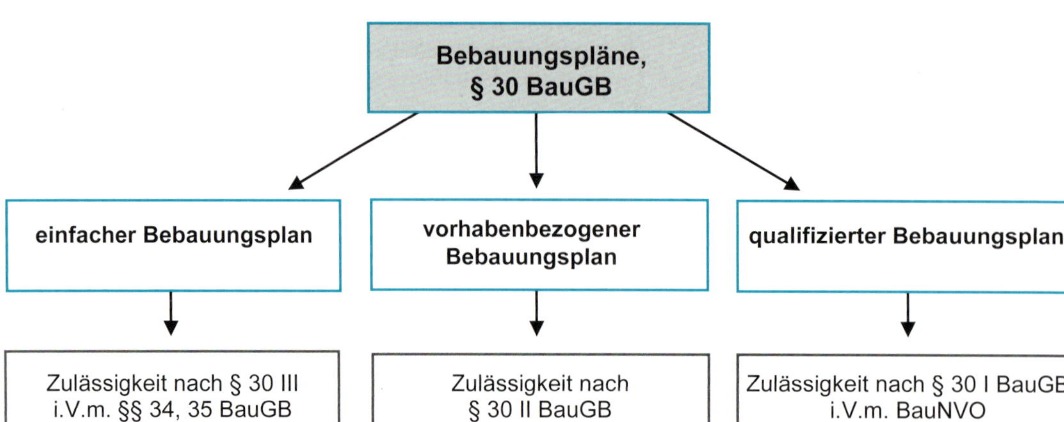

Einen abschließenden bauplanungsrechtlichen Maßstab bildet nur der qualifizierte Bebauungsplan. Beide Pläne sind somit zwar gleichartig, jedoch nicht gleichwertig. 145

Bsp.: *In einem zum Innenbereich gehörenden Gebiet besteht ein einfacher Bebauungsplan. Dem Bauvorhaben stehen Festsetzungen des Plans entgegen. Der Bauherr beruft sich darauf, dass sich das Vorhaben gleichwohl in die nähere Umgebung i.S.d. § 34 I BauGB einfügt.*

Für die Frage nach der Zulässigkeit ist das Vorbringen des Bauherrn nicht von Bedeutung. Nach § 30 III BauGB richtet sich die Zulässigkeit eines Vorhabens zunächst nach den Festsetzungen des Planes. Nur ergänzend („im Übrigen") findet § 34 BauGB Anwendung. Über die Unzulässigkeit kann der einfache BBauPl. somit allein entscheiden (zu beachten allerdings § 31 BauGB), über die Zulässigkeit dagegen nur in Verbindung mit § 34 (bzw. 35) BauGB.

Exkurs Ende

typisierte Betrachtungsweise bei Art der baulichen Nutzung

(2) Festsetzungen über die Art der baulichen Nutzung (§ 9 I Nr. 1 BauGB i.V.m. §§ 1 ff. BauNVO) regeln die Frage, welche Vorhaben in den einzelnen Baugebieten zulässig sind. Gemäß § 1 III S. 2 BauNVO werden die §§ 2-14 BauNVO Inhalt des Bebauungsplans. 146-147

Maß der baulichen Nutzung

Ebenfalls klausurrelevant sind die Festsetzungen über das Maß der baulichen Nutzung (§ 9 I Nr. 1 BauGB i.V.m. §§ 16 ff. BauNVO). Weniger klausurrelevant sind die Festsetzungen über die überbaubaren Grundstücksflächen (§§ 22, 23 BauNVO) und die örtlichen Verkehrsflächen. 148

hemmer-Methode: Wichtig ist das Verständnis für das System der Regelungen. Zur Vertiefung können Sie sich Einzelfälle unter Zuhilfenahme eines Kommentars erschließen.
Bedenken Sie schließlich noch, dass die BauNVO nicht nur i.R.d. § 30 BauGB eine Rolle spielen kann. In den Fällen des § 34 II BauGB gilt diese ebenfalls als Orientierungsmaßstab.[99]

im Einzelfall Ausschluss nach § 15 BauNVO

(3) Zu beachten ist, dass nach § 15 BauNVO die in den einzelnen Baugebieten zulässigen Vorhaben im Einzelfall unzulässig sein können, 149

- wenn sie nach Anzahl, Lage, Umfang oder Zweckbestimmung der Eigenart des Baugebiets widersprechen (§ 15 I S. 1 BauNVO),
- wenn von ihnen für das Baugebiet oder dessen Umgebung unzumutbare Belästigungen oder Störungen ausgehen können (§ 15 I S. 2 BauNVO), oder
- wenn sie solchen Belästigungen oder Störungen ausgesetzt werden (§ 15 I S. 2 BauNVO).

gesetzl. Fall des Gebots der Rücksichtnahme

Für den beplanten Bereich stellt § 15 BauNVO die gesetzliche Ausprägung des baurechtlichen *Gebots der Rücksichtnahme* dar.[100] 150

Die Vorschrift ermöglicht, im einzelnen Genehmigungsverfahren bestimmte Probleme zu lösen, die im Bebauungsplan offen blieben und offen bleiben durften.[101]

99 Zu § 34 BauGB später unter Rn. 157 ff.

100 Z.B. BVerwGE 67, 334 - 341 = **juris**byhemmer, (Az. 4 C 96/79).

101 Vgl. unten Rn. 617.

hemmer-Methode: Beachten Sie den mit § 15 BauNVO verbundenen zweistufigen Prüfungsaufbau:
1. **Die grundsätzliche Zulässigkeit des Vorhabens nach den Festsetzungen des Bebauungsplans muss gegeben sein.**
2. **Dann erst ist die ausnahmsweise Unzulässigkeit nach § 15 BauNVO zu überprüfen.**

cc) Ausnahmen und Befreiungen

Dispens, § 31 I, II BauGB

Das Bauvorhaben darf den Festsetzungen des Bebauungsplans grundsätzlich nicht widersprechen (Baugenehmigung als gebundener Verwaltungsakt). Der Komplexität städtebaulicher Planung und Ordnung kann dieser Grundsatz nicht immer gerecht werden. 151

Einzelfallgerechtigkeit

§ 31 BauGB räumt daher einen Abweichungsvorbehalt ein, der in erster Linie der Einzelfallgerechtigkeit und damit dem rechtsstaatlichen Gedanken einer verhältnismäßigen Inhalts- und Schrankenbestimmung nach Art. 14 I S. 2 GG dient.[102] § 31 BauGB bietet eine Dispensmöglichkeit für Bebauungspläne nach § 30 I - III.

Ausnahmeregelung als Teil des Bebauungsplans ⇨ § 31 I BauGB

aa) Hinsichtlich bestimmter Festsetzungen können Ausnahmen nach Art und Umfang ausdrücklich im Bebauungsplan vorgesehen sein. 152

Von besonderer Bedeutung sind insoweit die jeweiligen Absätze 3 der §§ 2 bis 9 BauNVO. Nach § 1 III S. 2 BauNVO werden die dort vorgesehenen Ausnahmen Bestandteil des Bebauungsplans (es sei denn, die Gemeinde macht von den Möglichkeiten des § 1 IV-X BauNVO Gebrauch).

Bei der Ermessensentscheidung des § 31 I BauGB ist zu berücksichtigen, dass die Ausnahmen im Bebauungsplan selbst vorgesehen sind. Die Erteilung einer Ausnahme kommt daher nicht nur in atypischen Fällen in Betracht.[103] Allerdings darf der Bebauungsplan nicht in seinen Grundzügen verändert werden.

Ausnahmsweise zugelassene Vorhaben müssen quantitativ deutlich hinter der Regelbebauung zurückbleiben. Sie dürfen keine prägende Wirkung auf das Baugebiet haben.[104]

ansonsten nach § 31 II BauGB im Einzelfall zu entscheiden

bb) Nach § 31 II BauGB sind darüber hinaus im Einzelfall Befreiungen von bestimmten Festsetzungen möglich, d.h. das Vorhaben darf dann diesen Festsetzungen widersprechen. Es wird durch die Befreiung legalisiert. 153

Die Befreiung (fachlich auch als Dispens bezeichnet) ist das Mittel, um unvorhersehbaren Besonderheiten Rechnung tragen zu können. Der Zielsetzung entsprechend sind die Zulässigkeitsvoraussetzungen streng, zumal die Baurechtsbehörde, welche für die Erteilung der Befreiung zuständig ist (im Regelfall nach Maßgabe des § 15 I Nr.1 LVG das Landratsamt für kreisangehörige Gemeinden) und damit regelmäßig nicht die Gemeinde als Träger der Planungshoheit; anders bei den Großen Kreisstädten und den Stadtkreisen, §§ 15 I Nr.2 sowie Nr. 1 i.V.m. 19 LVG.

102 Jäde/Dirnberger/Weiß, BauGB, § 31, Rn. 5; Battis/Krautzberger/Löhr, BauGB, § 31, Rn. 1.

103 VGH Mannheim, VBlBW 2004, 141 - 144 (143) = jurisbyhemmer, (Az. 5 S 2726/02).

104 VGH Mannheim a.a.O.

1. **Alternative Voraussetzungen:**

⇨ entweder Gründe des Wohls der Allgemeinheit **oder**

⇨ städtebauliche Vertretbarkeit der Abweichung **oder**

⇨ offenbar nicht beabsichtigte, grundstücksbezogene Härte bei der Durchführung des Planes

2. **Zusätzliche kumulative Voraussetzungen stets:**

⇨ Beibehaltung der Grundzüge der Planung **und**

⇨ Vereinbarkeit der Abweichung mit den öffentlichen Belangen auch unter Würdigung nachbarlicher Interessen

kein konkludenter Dispens

Eine Befreiung muss stets ausdrücklich erfolgen und in der Baugenehmigung hervorgehoben werden. Eine konkludente Erteilung durch bloße Erteilung der Baugenehmigung ist allein schon deshalb nicht möglich, weil die Ermessenerwägungen durch die Behörde dargelegt werden müssen. Ein ausdrücklicher Befreiungsantrag des Bauherrn ist dagegen nicht erforderlich. 154

hemmer-Methode: Die Befreiung ist ein eigener Verwaltungsakt, was Sie weniger in der Klausur, der Bauherr vielmehr an dem Kostenbescheid der Baubehörde merken wird. Er wird nicht nur die Gebühren für die Baugenehmigung, sondern auch diejenigen für den Dispens zu tragen haben.

§ 31 I vor § 31 II BauGB prüfen

Bei der Klausurprüfung ist zunächst mit der Ausnahmemöglichkeit des § 31 I BauGB zu beginnen, die sich aus dem Bebauungsplan ergeben muss. Liegen dessen Voraussetzungen nicht vor, so ist die Befreiungsmöglichkeit des § 31 II BauGB zu überprüfen. 155

Bsp.: *In einem reinen Wohngebiet wird die Genehmigung für den Umbau eines Wohnhauses in eine Gaststätte unter Befreiung von den Festsetzungen des Bebauungsplans beantragt. Derartige Ausnahmen sind im Plan weder ausdrücklich noch in § 3 III BauNVO vorgesehen, wie sich aus der ausdrücklichen Berücksichtigung beispielsweise in §§ 2 II Nr. 2, 4 II Nr.2 BauNVO ergibt.*

Das Vorhaben entspricht nicht den Festsetzungen des Plans. Da auch derartige Ausnahmen nicht vorgesehen sind (§ 31 I BauGB), kommt lediglich die Möglichkeit einer Befreiung nach § 31 II BauGB in Betracht.

Denkbar wäre hier § 31 II Nr. 2 BauGB. Die Abweichung wäre städtebaulich vertretbar, wenn sie nach §§ 1, 9 BauGB zulässiger Inhalt eines Bebauungsplans sein könnte.[105] Im vorliegenden Fall ist dies grundsätzlich vorstellbar.

Auch die Grundzüge der Planung (also die dem Plan insgesamt zugrunde liegende planerische Konzeption) dürften hierdurch wohl nicht berührt werden. Ob die Abweichung auch unter Würdigung nachbarlicher Interessen mit den öffentlichen Belangen vereinbar ist, ist eine Frage des Einzelfalles.

hemmer-Methode: § 31 II BauGB enthält als Mischtatbestand auf der Tatbestandsseite unbestimmte Rechtsbegriffe und auf der Rechtsfolgenseite eine Ermessensermächtigung.[106] Die Subsumtion der gerichtlich voll überprüfbaren unbestimmten Rechtsbegriffe und die Ermessensausübung kommt dabei der Baurechtsbehörde zu.[107]

105 So BVerwG, ZfBR 1990, 198 - 201 (200) = **juris**byhemmer, (Az. 4 C 23/86).

106 **Hemmer/Wüst/Christensen, Verwaltungsrecht I**, Rn. 359; Maurer, Allgemeines Verwaltungsrecht, § 7, Rn. 24 f.

107 Finkelnburg/Ortloff/Kment, § 24 II 6.

Einvernehmen beachten

Beachte: Da die Befreiung in das Gefüge des von der Gemeinde beschlossenen Bebauungsplanes eingreift, hat die Baurechtsbehörde, die über die Befreiung entscheidet, nach § 36 I S. 1 BauGB das Einvernehmen der plangebenden Gemeinde einzuholen (nicht jedoch bei Behördenidentität, vgl. Rn. 203). 156

hemmer-Methode: Denken Sie in Zusammenhängen! Wird ein Dispens von einer (nachbarschützenden) Vorschrift erteilt, so wird sich der Nachbar i.d.R. besonders ärgern und die Baugenehmigung anfechten. Der Dispens ist deshalb (auch wegen der Begründungsvorschrift des § 58 I S. 5 LBO) besonders im Bereich der Nachbarklage von Bedeutung.

c) Zulässigkeit von Vorhaben im Innenbereich, § 34 BauGB

aa) Abgrenzung

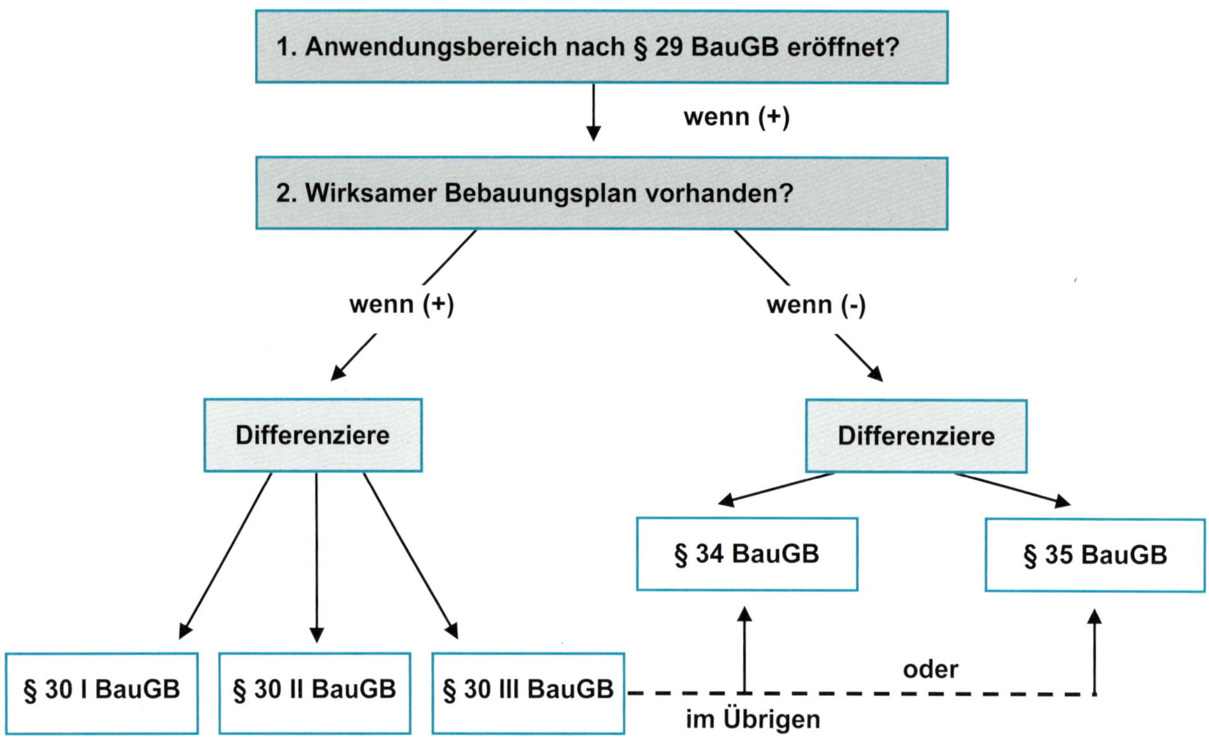

§ 30 gegenüber § 34 BauGB vorrangig zu prüfen

Liegt ein qualifizierter Bebauungsplan vor, so entscheidet allein § 30 I BauGB über die Zulässigkeit des Vorhabens (s.o. Rn. 139 ff.). 157

Bei einem einfachen Bebauungsplan (§ 30 III BauGB) und im unbeplanten Bereich kommt § 34 BauGB zur Anwendung, wenn sich das Vorhaben im sog. Innenbereich befindet.

Abgrenzung Innen- und Außenbereich

Die Zuordnung zu dem einen oder anderen Gebietstyp entscheidet in zahlreichen Fällen über die bauliche Nutzbarkeit eines Grundstücks. 158

Innenbereich grds. bebaubar

Während der Innenbereich nach Vorstellung des Gesetzgebers *grundsätzlich bebaubar* sein soll, besteht für sog. nicht-privilegierte Vorhaben im Außenbereich (§ 35 BauGB) praktisch ein *Bauverbot*.

Definition:
im Zusammenhang bebauter Ortsteil

Definition: Unter „im Zusammenhang bebauten Ortsteile“ i.S.d. § 34 BauGB ist mit der ständigen Rechtsprechung[108] jede Bebauung im Gebiet einer Gemeinde zu verstehen, die – trotz vorhandener Baulücken – im Hinblick auf die bestehende Bebauungsverdichtung den Eindruck von Geschlossenheit und Zusammengehörigkeit erweckt, nach der Zahl der vorhandenen Bauten ein gewisses Gewicht hat und Ausdruck einer organischen Siedlungsstruktur ist.[109] Maßgeblich für die Beurteilung ist die jeweils vorhandene Bebauung. *159*

Für die Beurteilung der Frage, ob eine zusammenhängende Bebauung ein Ortsteil i.S.v. § 34 I BauGB ist, ist nur auf die Bebauung im jeweiligen Gemeindegebiet - nicht auf die in der angrenzenden Nachbargemeinde - abzustellen.[110] Auch zwei unmittelbar aneinandergrenzende Grundstücke können unterschiedlichen Baugebieten angehören, wenn z.B. einem Steilhang oder anderen topographischen Gegebenheiten eine trennende Funktion zukommt.[111]

Bsp.: *K will seinen Gewerbebetrieb erweitern. Im Süden des Grundstücks schließen sich andere Betriebe an, die Bebauung geht in den Ort über. Im Osten und Westen befinden sich nur landwirtschaftlich genutzte Flächen. Auf dem nördlich angrenzenden Grundstück befinden sich die Zufahrt zu dem Betrieb des K und ein kleiner Parkplatz, der Rest wird landwirtschaftlich genutzt. Hier will K eine Ausstellungshalle errichten. Weitere Bebauung findet sich nördlich des Grundstücks nicht. Kommt § 34 BauGB zur Anwendung?*

Der Betrieb des K steht noch am Rand eines im Zusammenhang bebauten Ortsteils, da sich anschließend weitere Gewerbebetriebe befinden. Der Betrieb selbst könnte demnach noch ein Innenbereichsvorhaben darstellen.

Das bedeutet aber nicht automatisch, dass auch das angrenzende Vorhaben zum Innenbereich gehört. Der vorhandene Parkplatz wird ebenfalls noch vom Bebauungszusammenhang umfasst, der Rest des Grundstücks allerdings wird landwirtschaftlich genutzt.

Somit stellt der Parkplatz das Ende der Bebauung dar, an ihn angrenzend beginnt der Außenbereich. Die Abgrenzung ist nicht abhängig von (rechtlichen) Grundstücks- oder Parzellengrenzen, sondern nur von den (tatsächlichen) Bebauungsgrenzen. Der Außenbereich kann also auch mitten in einem Grundstück beginnen.[112]

hemmer-Methode: Gerade im Zusammenhang mit der Beurteilung von Bebauungsgrenzen (oft sogar anhand von Skizzen) ist § 34 BauGB beliebter Prüfungsgegenstand im Examen.
Die Abgrenzung von § 34 und § 35 BauGB ist dann ein zentrales Problem der Arbeit, bei dem einmal mehr abstraktes Lernen nicht zum Erfolg führt, sondern einzig und allein die genaue Würdigung des Einzelfalles.
Vergegenwärtigen Sie sich daher die Abgrenzungskriterien und beachten Sie vor allem die Wertung des Gesetzgebers: Liegt das Vorhaben im Außenbereich, so ist es i.d.R. nur dann zulässig, wenn es sich um ein privilegiertes Vorhaben handelt (§ 35 I BauGB). Fällt es dagegen in den unbeplanten Innenbereich, so gelten die Grundsätze des § 34 BauGB, die gegenüber § 35 BauGB bei nicht-privilegierten Vorhaben eine vereinfachte Zulassung ermöglichen.[113]

---

108 Grundlegend BVerwGE 31, 20 - 22 (21) = **juris**byhemmer, (Az. IV C 2.66); ebenso BVerwG, JuS 2001, 405 = **juris**byhemmer, (Az. 4 B 39/00); VGH Mannheim, NVwZ-RR 2000, 481 - 482 = **juris**byhemmer, (Az. 5 S 1916/97).

109 Vgl. BVerwG 4 B 28.15 = **juris**byhemmer, (Az. 4 B 28/15), Rn. 5 f.

110 BVerwG, NVwZ 1999, 527 - 528 = **juris**byhemmer, (Az. 4 C 7/98) = **Life&Law 1999, Heft 6, 389 - 396**.

111 Jäde/Dirnberger/Weiß, BauGB, § 34, Rn. 26.

112 BVerwG, BauR 1993, 435 - 438 = **juris**byhemmer, (Az. 4 C 33/90).

113 Zum Außenbereich und zu nichtprivilegierten Vorhaben anschließend ausführlich unter Rn. 170 ff.

Der VGH Mannheim lässt einen Bebauungskomplex aus neun Wohngebäuden mit Nebengebäuden, einem als Straußenwirtschaft und zu Lagerzwecken genutzten Gebäude und weiteren landwirtschaftlichen Nebengebäuden als Ortsteil im Sinne von § 34 I BauGB ausreichen.[114]

ggf. in Satzung festlegbar

Nach § 34 IV BauGB können die Gemeinden die Abgrenzung von Innen- und Außenbereich durch Satzung festsetzen. Während die Abgrenzungssatzung (Nr. 1) nur deklaratorischen Charakter hat, wirken Entwicklungs- (Nr. 2) und Abrundungssatzung (Nr. 3) konstitutiv.[115] *160*

bb) Zulässigkeit nach § 34 I BauGB

§ 34 I BauGB, BBauPl. ist vorrangig

Liegt im Innenbereich ein einfacher Bebauungsplan vor, so richtet sich die Zulässigkeit eines Vorhabens zunächst nach den Festsetzungen dieses Plans. *161*

Widerspricht es diesen Festsetzungen, so ändert auch das Vorliegen der Voraussetzungen des § 34 BauGB nichts an der Unzulässigkeit. Häufig wird es jedoch auch an einem einfachen Bebauungsplan fehlen.

hemmer-Methode: Achten Sie darauf, was Ihnen ein Klausursachverhalt mitteilt. Bebauungspläne müssen mit ihrem Inhalt erwähnt sein. Dann können Sie selbst einschätzen, ob es sich um einen qualifizierten Bebauungsplan nach § 30 I BauGB oder lediglich um einen einfachen Bebauungsplan nach § 30 III BauGB handelt, der die ergänzende Anwendung des § 34 (bzw. im Außenbereich des § 35) BauGB eröffnet.

Für § 34 I BauGB bietet sich folgendes Prüfungsschema an: *162*

Nach § 34 I BauGB ist ein Bauvorhaben zulässig, wenn:

1. es im Innenbereich (innerhalb eines im Zusammenhang bebauten Ortsteils) liegt;

2. es den Festsetzungen eines evtl. bestehenden einfachen Bebauungsplans (§ 30 III BauGB) nicht widerspricht;

3. es sich hinsichtlich

- ⇨ der Art der baulichen Nutzung,
- ⇨ des Maßes der baulichen Nutzung,
- ⇨ der Bauweise,
- ⇨ der Grundstücksfläche, die überbaut werden soll,

in die Eigenart der näheren Umgebung einfügt (vgl. anschließendes Schema);

4. die Erschließung gesichert ist;

5. die Anforderungen an gesunde Wohn- und Arbeitsverhältnisse gewahrt bleiben, § 34 I S. 2 BauGB;

6. das Ortsbild nicht beeinträchtigt wird, § 34 I S. 2 BauGB,

7. keine schädlichen Auswirkungen auf zentrale Versorgungsbereiche in der Gemeinde oder in anderen Gemeinden hat, § 34 III BauGB, und

8. die Gemeinde ihr Einvernehmen nach § 36 I S. 1 BauGB erteilt hat.[116]

---

114 VGH Mannheim, VBlBW 2004, 345 - 347 = **juris**byhemmer, (Az. 3 S 2298/02).

115 Jäde/Dirnberger/Weiß, BauGB, § 34, Rn. 39 ff.

116 Siehe dazu später unter Rn. 425 ff.

In Klausuren wie in der Praxis ist das „Einfügen" (Nr. 3) von zentraler Bedeutung.

Maßstabsbildend im Sinne des § 34 Abs. 1 Satz 1 BauGB ist die Umgebung, insoweit sich die Ausführung eines Vorhabens auf sie auswirken kann und insoweit, als die Umgebung ihrerseits den bodenrechtlichen Charakter des Baugrundstücks prägt oder doch beeinflusst;[117] d.h. je nach Auswirkungen des Vorhabens kann der Kreis der heranzuziehenden Umgebungsbebauung mal kleiner, mal größer sein. Maßgeblich ist eine konkrete, am tatsächlich Vorhandenen ausgerichtete Betrachtung.[118] Hinsichtlich des *Maßes* der baulichen Nutzung (für Nachbarklagen grds. nicht relevant), fügt sich ein Vorhaben dann in die Eigenart der näheren Umgebung ein, wenn es dort Referenzobjekte gibt, die bei einer wertenden Gesamtbetrachtung von Grundfläche, Geschosszahl und Höhe, bei offener Bebauung auch nach dem Verhältnis zur Freifläche, vergleichbar sind.[119]

Hinsichtlich des Punktes Nr. 3, dem „Einfügen in die nähere Umgebung" empfiehlt sich folgende Vorgehensweise:[120] 163

- ⇨ **Feststellung der Umgebung**
  (Bereich, auf den sich das Vorhaben auswirken kann und der andererseits selbst das Baugrundstück prägt)
- ⇨ **Feststellung der dortigen Bebauung**
  (anhand der oben genannten Kriterien: Art und Maß, Bauweise, überbaute Fläche; diesbzgl. ist die BauNVO als Auslegungshilfe heranzuziehen); **Fremdkörper** in der Umgebung bleiben dabei außer Betracht.
- ⇨ Prüfung, ob das **geplante Vorhaben** diesen Rahmen einhält.
- ⇨ Überprüfung des Vorhabens anhand des **Gebots der Rücksichtnahme** (Abwägung).
- ⇨ Sollte das Vorhaben sich nach diesen Kriterien als unzulässig erweisen, ist die Möglichkeit einer Abweichung nach § 34 III a BauGB zu prüfen (Ermessensentscheidung[121]).

Den vorletzten Prüfungsschritt (Gebot der Rücksichtnahme) folgert die Rechtsprechung[122] aus dem Tatbestandsmerkmal des „Einfügens".

abschließende Abwägung

Im Ergebnis bedeutet das, dass eine nach den ersten vier Prüfungsschritten festgestellte Zulässigkeit durch eine abschließende Abwägung nochmals zur Disposition gestellt wird. 164

Zu berücksichtigen ist in der Abwägung, wie empfindlich und schutzwürdig die Stellung derer ist, zu deren Gunsten Rücksicht genommen wird, und wie gewichtig andererseits das Interesse derer ist, die ein bauliches Vorhaben verwirklichen wollen.[123] 165

hemmer-Methode: Das Gebot der Rücksichtnahme ist ein Klassiker des Baurechts. Die Bedeutung dieses Instituts, das das ganze Baurecht betrifft, muss Ihnen bekannt sein. Eine sehr wichtige Rolle kommt dem Gebot der Rücksichtnahme bei der Beurteilung zu, ob eine Vorschrift nachbarschützende Wirkung aufweist.[124]

---

117 BVerwG, 4 B 38.13 = **juris**byhemmer, Rn. 7.

118 BVerwG, 4 B 12.14 = **juris**byhemmer, Rn. 3.

119 BVerwG, 4 C 7.15 = **juris**byhemmer, Rn. 20.

120 Vgl. auch Jäde/Dirnberger/Weiß, BauGB, § 34, Rn. 65 ff.

121 Finkelnburg/Ortloff/Kment, § 26 IV 3 e; zur Erweiterung des § 34 III a BauGB durch die BauGB-Novelle 2017 vgl. Bunzel, ZfBR 2017, 220, 225.

122 Ausgehend von BVerwGE 52, 122; Jäde/Dirnberger/Weiß, BauGB, § 29, Rn. 65 ff, Rn. 91 ff.

123 BVerwGE 52, 122 - 131 (126) = **juris**byhemmer, (Az. IV C 22.75).

124 Vgl. dazu Rn. 347 ff.

Bsp.: *Geplant ist im Innenbereich ein großflächiger Einzelhandelsbetrieb. In der Umgebung befinden sich Wohngrundstücke.*

Umgebung und die dortige Bebauung (der sog. Rahmen) sind hier vorgegeben. Zu überprüfen bleibt, ob das geplante Vorhaben diesen Rahmen einhält. Das ist hier eindeutig (Art der baulichen Nutzung) nicht der Fall.

Die Prüfung wäre damit beendet. Allerdings kann sich ein Vorhaben, das den Rahmen überschreitet, ausnahmsweise dennoch zulässig sein, § 34 III a BauGB.

Hier ist die Abweichung mit den nachbarlichen Belangen nicht vereinbar, § 34 III a Nr. 3 BauGB, so dass eine Genehmigung nicht in Betracht kommt.[125]

Abwandlung: *In der Umgebung des geplanten Vorhabens befinden sich bereits Einzelhandelsbetriebe. Das geplante Vorhaben lässt jedoch aufgrund besonders regen Zu- und Abfahrtsverkehrs wesentlich stärkere Belastungen für umliegende Anwohner erwarten.*

In diesem Fall scheint das Vorhaben den vorgegebenen Rahmen einzuhalten.

Zu prüfen bleibt, ob die Genehmigungserteilung auch das Gebot der Rücksichtnahme hinreichend berücksichtigen würde.[126] Abzuwägen sind die schutzwürdigen Interessen der Anwohner und die mit dem Vorhaben verfolgten Interessen des Bauwilligen. Kommt es zu erheblich höheren Belastungen benachbarter Wohngebiete durch Lärm und Abgase, so ist die Genehmigung zu versagen, vgl. auch § 34 I S. 2 BauGB.[127]

momentane Bebauung entscheidend

Entscheidend ist jeweils die tatsächlich momentan vorhandene Bebauung. 166

Bsp.: *N betreibt einen Bauernhof mit Viehhaltung. Momentan werden die Nachbargrundstücke durch Geruchsemissionen nicht belästigt. Gegen ein Vorhaben auf einem Nachbargrundstück wendet er sich mit der Begründung, eine Wohnbebauung dort würde es ihm unmöglich machen, seinen Betrieb zukünftig ganz auf Mast umzustellen. Er sei deshalb in der künftigen Nutzung des Grundstücks beeinträchtigt.*

Ein (Wohn-)Vorhaben kann auch dann nach § 34 I BauGB unzulässig sein, wenn es sich in der Umgebung bereits vorhandenen Immissionen aussetzt. Da in einer solchen Situation gerichtliche Auseinandersetzungen über die Zulässigkeit der Immissionen zu erwarten sind, verletzt das geplante Vorhaben u.U. das Gebot der Rücksichtnahme.[128] Problematisch ist hier allerdings, dass die Immissionen noch gar nicht vorliegen, sondern allenfalls von N geplant sind.

Grundsätzlich können künftige Entwicklungen nur insoweit berücksichtigt werden, als sie im vorhandenen baulichen Bestand ihren Niederschlag gefunden haben.

Die bloße Möglichkeit zukünftiger Betriebserweiterungen kann schon vollzogenen Änderungen nicht gleichgestellt werden. Andernfalls könnte jeder Nachbar durch bloße Absichtserklärungen die Bebaubarkeit der Grundstücke in seiner Umgebung beeinflussen.[129]

---

125 Jäde/Dirnberger/Weiß, BauGB, § 34, Rn. 103 ff.

126 Jäde/Dirnberger/Weiß, BauGB, § 29, Rn. 84.

127 Battis/Krautzberger/Löhr, BauGB, § 34, Rn. 42; allgemein zum Einfügungsgebot Vgl. Jäde/Dirnberger/Weiß, BauGB, § 34, Rn. 63 ff.

128 BGH, NJW 2001, 3054 - 3056 = **juris**byhemmer, (Az. III ZR 313/99).

129 BVerwG, BauR 1993, 445 - 452 = **juris**byhemmer, (Az. 4 C 19/90).

cc) Die Zulässigkeit nach § 34 II BauGB

§ 34 II BauGB i.V.m. BauNVO

Entspricht die Eigenart der näheren Umgebung einem der Baugebiete der BauNVO, so ist ein Vorhaben nach seiner Art nur zulässig, wenn es nach der BauNVO in dem Gebiet zulässig wäre (gemäß § 34 II Hs. 2 BauGB findet zudem § 31 BauGB entsprechende Anwendung auf nach der BauNVO ausnahmsweise zulässige Vorhaben). 167

Bleiben hinsichtlich der Zuordnung Zweifel, so ist allein § 34 I BauGB anzuwenden.

BauNVO nur bezüglich Art der baulichen Nutzung

Diese Bezugnahme auf die BauNVO gilt allerdings nur für die Art der baulichen Nutzung. Es bedarf insoweit keiner Prüfung, ob sich das Vorhaben einfügt oder nicht. Hinsichtlich der anderen in § 34 I S. 1 BauGB genannten Kriterien (insbesondere Maß der baulichen Nutzung, etwa Geschosshöhe) bleibt es bei der oben dargestellten Prüfung des Einfügens. 168

Gebot der Rücksichtnahme

Zu beachten ist, dass auch bei § 34 II BauGB das Gebot der Rücksichtnahme gilt. Das ergibt sich aus § 15 BauNVO, der eine Ausprägung des baurechtlichen Gebots der Rücksichtnahme ist und von der Bezugnahme des § 34 II BauGB mit umfasst wird.[130] 169

hemmer-Methode: § 34 II BauGB ist beliebtes Klausurthema, denn zum einen kann man so vorab die Abgrenzung von § 34 zu § 35 BauGB prüfen, zum anderen können Fragen der BauNVO einfließen. Weiterhin erfordert es weniger aufwendige Sachverhaltsausführungen als solche zu § 30 (Festsetzungen) beziehungsweise § 34 I (Einfügungsrahmen). Insbesondere die Vorschrift des § 15 BauNVO kann dann im Einzelfall ein eigentlich zulässiges Vorhaben wieder unzulässig werden lassen: Hier müssen Sie zeigen, dass Sie die Systematik des § 34 II BauGB verstanden haben.

d) Zulässigkeit von Vorhaben im Außenbereich, § 35 BauGB

aa) Allgemeines

Bauen im Außenbereich, § 35 BauGB

Der Begriff des Außenbereichs wird negativ dadurch definiert, dass keiner der in §§ 30 I, II, 34 BauGB genannten Bereiche einschlägig ist. 170

grds. keine Bebauung erwünscht

Von den drei „Gebietstypen" (§§ 30, 34, 35 BauGB) ist der Außenbereich *derjenige, in dem grundsätzlich nicht gebaut werden soll.*

hemmer-Methode: §§ 30, 34, 35 sind Gebietstypen, aber nur §§ 30, 34 sind Baugebietstypen! Dieser Grundsatz erleichtert Ihnen das Verständnis der §§ 30 ff. BauGB. Daraus folgt, dass die Zulässigkeit von Vorhaben nur unter strengeren Voraussetzungen als bei den §§ 30 I, II, 34 BauGB gegeben sein kann.

aber: privilegierte Vorhaben

Hinsichtlich bestimmter (sog. *privilegierter*) Vorhaben macht § 35 I BauGB hiervon Ausnahmen. 171

nicht: sonstige Vorhaben

Sonstige (nicht-privilegierte) Vorhaben sind nur in Einzelfällen zulässig (§ 35 II, III, IV BauGB). 172

öffentliche Belange, § 35 III BauGB

§ 35 III BauGB zählt (nicht abschließend, „insbesondere"!) die wichtigsten öffentlichen Belange auf, die gegen ein Vorhaben im Außenbereich sprechen können.[131] 173

[130] BVerwG, DÖV 1986, 571 - 572 = **juris**byhemmer, (Az. 4 C 19/82); vgl. auch Jäde/Dirnberger/Weiß, BauGB, § 34, Rn.120.

[131] BVerwGE 28, 148 - 153 (151) = **juris**byhemmer, (Az. IV C 86.66).

hemmer-Methode: Erkennen Sie die Systematik der Norm: § 35 III BauGB gilt nach dem Wortlaut („Beeinträchtigung") eigentlich nur für die Fälle des § 35 II BauGB („beeinträchtigen"). Die dort aufgeführten Belange sind aber grds. entsprechend für die Fälle des § 35 I BauGB heranzuziehen, weil auch dort von öffentlichen Belangen gesprochen wird. Nur müssen die Belange bei § 35 I BauGB ein größeres Gewicht haben: Erst wenn die Belange „entgegenstehen", wird ein privilegiertes Vorhaben unzulässig, nicht (lediglich) bei einer Beeinträchtigung von Belangen.

§ 35 IV BauGB bei bestimmten sonstigen Vorhaben

Für bestimmte sonstige Vorhaben nach § 35 II BauGB fingiert § 35 IV BauGB, dass einige öffentliche Belange, die derartige Vorhaben typischerweise beeinträchtigen, als nicht beeinträchtigt angesehen werden: „Vorhaben i.S.d. Absatzes 2" (sog. erleichterte Zulässigkeit nicht-privilegierter Vorhaben). 174

hemmer-Methode: In der Literatur werden die durch § 35 IV BauGB begünstigten Vorhaben als „teilprivilegierte" Vorhaben bezeichnet.[132] Dies darf jedoch nicht darüber hinwegtäuschen, dass es sich in Wirklichkeit dennoch nur um einen Unterfall „sonstiger" Vorhaben im Sinne von § 35 II BauGB handelt, die mit der Privilegierung in § 35 I BauGB nicht das Geringste zu tun haben.

Alle nach § 35 I-IV BauGB zulässigen Vorhaben müssen in einer flächensparenden und den Außenbereich schonenden Weise ausgeführt werden (§ 35 V BauGB).

bb) Zulässigkeit gemäß § 35 I BauGB

(1) Prüfungsschema zu § 35 I BauGB

Ein Vorhaben ist gemäß § 35 I BauGB zulässig, wenn:

1. es im Außenbereich liegt,
2. einer der Fälle des § 35 I Nr. 1-8 BauGB vorliegt,
3. öffentliche Belange (insb. i.S.v. § 35 III BauGB) nicht entgegenstehen,
4. es den Festsetzungen eines evtl. bestehenden einfachen BBauPl. (§ 30 III BauGB) nicht widerspricht,
5. die Erschließung gesichert ist
6. in den Fällen des § 35 I Nr. 2-6 BauGB die Erklärung nach § 35 V S. 2 BauGB abgegeben ist und
7. die Gemeinde ihr gemäß § 36 I S. 1 BauGB erforderliches Einvernehmen erteilt hat.

(2) Privilegierte Vorhaben

privilegierte Vorhaben; § 35 I BauGB abschließend

Die im Außenbereich privilegierten Vorhaben hat der Gesetzgeber enumerativ und abschließend in § 35 I BauGB geregelt. Damit wird dem Umstand Rechnung getragen, dass es für bestimmte Vorhaben gerade besondere Gründe für einen Standort im Außenbereich gibt. 175

Bsp. 1: A plant einen Schweinemastbetrieb im Außenbereich.

[132] Finkelnburg/Ortloff/Kment, § 27 VII.

Das Vorhaben könnte einem landwirtschaftlichen Betrieb i.S.d. § 35 I Nr. 1 BauGB[133] dienen.

Der Begriff der Landwirtschaft wird als Tätigkeit definiert, bei der der Boden planmäßig und eigenverantwortlich bewirtschaftet wird, um den Ertrag (pflanzliche und tierische Erzeugnisse) zu nutzen (vgl. die beispielhafte Aufzählung in § 201 BauGB).[134]

Ein landwirtschaftlicher Betrieb liegt somit nur vor, wenn das Futter überwiegend selbst erzeugt werden kann. Dies einmal (beim Schweinemäster ausnahmsweise) vorausgesetzt, müsste das Vorhaben dem landwirtschaftlichen Betrieb dienen.[135]

Ein Betrieb ist ein nachhaltiges, auf Dauer angelegtes und lebensfähiges Unternehmen mit einer bestimmten Organisation.[136] Davon ist bei dem Unternehmen des A auszugehen. Dafür spricht insbesondere die Möglichkeit und Absicht des A, einen Gewinn zu erzielen.

Beim Begriff des Dienens ist darauf abzustellen, ob ein „vernünftiger Landwirt", der die Entscheidung des Gesetzes, dass im Außenbereich grundsätzlich nicht gebaut werden soll, soweit wie möglich respektiert, für einen entsprechenden Betrieb das Vorhaben in etwa gleicher Weise errichten würde.[137] Da man vorliegend davon ausgehen kann, ist das Vorhaben des A bei eigener Fütterungsgrundlage privilegiert i.S.v. § 35 I Nr. 1 BauGB.

hemmer-Methode: § 35 I BauGB hat die Aufzählung der dort genannten Vorhaben bewusst gewählt; es geht im Wesentlichen um solche Vorhaben, die im Innenbereich und in der Nähe insbesondere zu Wohnbebauung unlösbare Konflikte erzeugen würden. Gleichwohl muss, wie die obige Subsumtion zeigt, auch bei den privilegierten Vorhaben, auch wenn sie zulässig sind, auf eine größtmögliche Schonung des Außenbereichs geachtet werden.

Sollte A das Futter nicht im eigenen Betrieb erzeugen können, fällt das Vorhaben jedenfalls unter § 35 I Nr. 4 BauGB. Aufgrund der von Mastbetrieben ausgehenden nachteiligen Wirkungen auf die Umgebung (Geruchs- und Geräuschbelästigungen) sollen derartige Vorhaben nur im Außenbereich ausgeführt werden.[138]

hemmer-Methode: Beachten Sie auch hier die Zusammenhänge! Landwirtschaftliche Gebäude sind häufig Gegenstand von Baurechtsklausuren, insbesondere auch in Drittbetroffenenkonstellationen, in denen sich der Dritte auf das „Gebot der Rücksichtnahme" beruft. Außerdem eröffnen sich bei landwirtschaftlichen Vorhaben sehr oft Fragen des Immissionsschutzrechts. Hier kann es sein, dass auch eine immissionsschutzrechtliche Genehmigung nach § 4 BImSchG erforderlich ist und damit nach § 13 BImSchG die Baugenehmigung entfällt (formelle Konzentrationswirkung). Andernfalls sind über § 58 I S. 1 LBO die §§ 22 ff. BImSchG zu prüfen.[139]

limitierte Generalklausel, § 35 I Nr. 4 BauGB

I.R.d. Privilegierungstatbestände kommt dem § 35 I Nr. 4 BauGB ganz allgemein die Funktion eines Auffangtatbestandes zu.[140] In Form einer limitierten Generalklausel fasst er alle Vorhaben zusammen, die auf einen Standort im Außenbereich angewiesen sind. 176

Die Voraussetzungen sind stets genau zu prüfen.

Wochenendhäuser

***Bsp. 2:** Im Außenbereich ist ein Wochenendhaus geplant. Argument: „Richtige Erholung ist nur im Grünen möglich."*

133 Voraussetzung für eine Privilegierung nach § 35 I Nr. 1 BauGB ist eine gewisse Nachhaltigkeit der landwirtschaftlichen Nutzung. Diese ist bei nur gepachtetem Land nicht gewährleistet, vgl. VGH München, BauR 1998, 1221 = **juris**byhemmer, (Az. 20 ZB 98.2402)

134 Vgl. BVerwG, DÖV 1983, 816 - 817 = **juris**byhemmer, (Az. 4 C 62/78); BVerwG, DÖV 1993, 869 = **juris**byhemmer, (Az. 4 B 15/93).

135 Jäde/Dirnberger/Weiß, BauGB, § 35, Rn. 4.

136 Vgl. BVerwG, NVwZ 1986, 916 = **juris**byhemmer, (Az. 4 C 67/82).

137 Vgl. BVerwG, DÖV 1986, 573 - 574 = **juris**byhemmer, (Az. 4 C 71/82); BVerwG, DÖV 1992, 73 - 75 = **juris**byhemmer, (Az. 4 C 2/89).

138 Vgl. Jäde/Dirnberger/Weiß, BauGB, § 35, Rn. 70 f.

139 Vgl. oben Rn. 96 ff.

140 Jäde/Dirnberger/Weiß, BauGB, § 35, Rn. 57 mit vielen Einzelfällen.

Wochenendhäuser müssen weder wegen der besonderen Anforderungen an die Umgebung, noch wegen ihrer besonderen Zweckbestimmung (auch wenn der Antragsteller dies häufig anders sehen wird) im Außenbereich gebaut werden, da es hierbei auf eine objektive Zweckbestimmung im Interesse der Allgemeinheit ankommt.

Sie dienen allein der individuellen Erholung und schließen gleichzeitig die Allgemeinheit von der Nutzung des Außenbereichs als Erholungsgebiet aus.[141] Das Tatbestandsmerkmal „soll" des § 35 I Nr. 4 BauGB ist daher nicht erfüllt.[142]

hemmer-Methode: Würde man tatsächlich Wochenendhäuser im Außenbereich zulassen, so gäbe es bald keine unberührte Natur mehr. In den Baurechtsbehörden werden sogar regelmäßig Luftbildaufnahmen herangezogen, um zu prüfen, wo ungenehmigte Wochenendhäuser gebaut wurden.[143] Ein klassisches Problem i.R.d. § 35 I Nr. 4 BauGB ist (gerade in Abgrenzung zu den Wochenendhäusern) die Zulässigkeit von Jagdhütten.[144] Diese können angesichts der Bedeutung der Jagd für die Pflege des Waldes durchaus privilegiert sein, dürfen aber nach Ausstattung und Einrichtung dann keine „verkappten" Wochenendhäuser sein.

Transportbeton

***Bsp. 3:** X plant ein Kiesabbauunternehmen mit Transportbetonanlage im Außenbereich.*

Bei dem Vorhaben des X könnte es sich um ein privilegiertes Vorhaben i.S.d. § 35 I Nr. 3 BauGB handeln. Dann müsste es einem ortsgebundenen gewerblichen Betrieb dienen. Ortsgebunden in diesem Sinne sind Betriebe, die aufgrund geologischer oder geographischer Gegebenheiten nur an einer bestimmten Stelle realisiert werden können, insbesondere Betriebe, die Bodenschätze abbauen. Das Kiesabbauunternehmen des X ist also ortsgebunden.

Allerdings ist fraglich, in welchem Umfang neben dem Abbau auch nichtortsgebundene Betriebszweige (Verarbeitung der abgebauten Rohstoffe) unter § 35 I Nr. 3 BauGB fallen.

Nach der Rechtsprechung des BVerwG ist die Transportbetonanlage weder selbst ein ortsgebundener Betrieb, weil sie nicht auf die geographische oder geologische Eigenart dieser Stelle angewiesen ist, noch dient sie einem solchen (dem Kiesabbau). „Dienen" heiße, dass es dem Betrieb zu- und untergeordnet sei, also im Hinblick auf ihn ähnlich wie Zubehör (vgl. § 97 I BGB) nur eine Hilfsfunktion habe. Dies sei bei der Transportbetonanlage nicht der Fall; sie habe mit dem unmittelbaren Vorgang des Kiesabbaus nichts zu tun.[145] Anders ist es dagegen bei der reinen Aufbereitung von Kies (Klassierung).

Biomasse

hemmer-Methode: Privilegierungstatbestand ist auch die „energetische Nutzung von Biomasse", soweit die entsprechende Anlage in unmittelbaren Zusammenhang mit einem Betrieb i.S.v. § 35 I Nr. 1, 2 oder 4 steht, § 35 I Nr. 6 BauGB.

Eine Grillhütte, die der Durchführung von Festen und anderen geselligen Veranstaltungen dient, ist grundsätzlich auch dann nicht gem. § 35 I Nr.4 BauGB privilegiert, wenn sie von der Gemeinde als kommunale Einrichtung betrieben wird.[146]

---

141 Vgl. z.B. BVerwG, NVwZ 2000, 1048 - 1050 = jurisbyhemmer, (Az. 4 C 5/99).

142 VGH München, BayVBl. 1988, 656 - 658 = jurisbyhemmer, (Az. 26 B 85 A.47).

143 Auch ein Golfplatz erfüllt regelmäßig nicht die Anforderungen des § 35 I Nr. 4 BauGB; BVerwG, NVwZ 1992, 476 - 477 = jurisbyhemmer, (Az. 4 B 209/91).

144 Jäde/Dirnberger/Weiß, BauGB, § 3, Rn. 77.

145 BVerwGE 50, 346 - 352.

146 VGH Mannheim, VBlBW 2004, 263 - 267 (264 f.) = jurisbyhemmer, (Az. 3 S 2436/02).

(3) Kein Entgegenstehen öffentlicher Belange

Belange müssen „entgegenstehen“

Zulässig sind privilegierte Vorhaben, wenn öffentliche Belange nicht *entgegenstehen*, § 35 I BauGB. 177

Die Formulierung „Entgegenstehen“ bringt zum Ausdruck, dass sich die privilegierten Vorhaben in der Regel gegen die berührten öffentlichen Belange durchsetzen werden, während sonstige Vorhaben i.S.d. § 35 II BauGB schon unzulässig sind, wenn sie öffentliche Belange nur *beeinträchtigen*. 178

hemmer-Methode: Die Privilegierung eines Außenbereichsvorhabens wirkt quasi wie ein Planersatz. Sonstige Vorhaben sind im Außenbereich regelmäßig unzulässig. Machen Sie sich diesen Unterschied zwischen privilegierten und sonstigen Vorhaben klar.

Belange in § 35 III BauGB

§ 35 III BauGB enthält einen (allerdings nicht abschließenden) Katalog („insbesondere“)[147] der in Betracht kommenden Belange. Die in § 35 III S.1 genannten Belange sind sowohl hinsichtlich der sonstigen Vorhaben gem. § 35 II BauGB („beeinträchtigt“) als auch bei den privilegierten Vorhaben des § 35 I BauGB („entgegenstehen“) heranzuziehen.[148] 179

Allerdings kann die Berührung eines Belanges i.S.d. Abs. 3 Satz 1 im Abs. 1 immer nur Ausgangspunkt für eine einzelfallbezogene Abwägung sein.[149] § 35 III S.2, 3 BauGB sind hingegen direkt auf privilegierte Vorhaben nach § 35 I BauGB anwendbar.

Nr. 1: Darstellungen des FlNPl.

Bei einem Widerspruch zu den Darstellungen des Flächennutzungsplanes (§ 35 III Nr. 1 BauGB) ist zu beachten, dass nur *sachlich konkrete, standortbezogene* Aussagen in einem Flächennutzungsplan der Zulässigkeit eines privilegierten Vorhabens entgegenstehen können. Der vorgesehene Standort muss sachlich und räumlich eindeutig einer anderen Nutzung vorbehalten sein. Der Standort muss in qualifizierter Weise anderweitig verplant sein.[150] Die bloße Darstellung von Flächen für die Landwirtschaft enthält im Allgemeinen keine solche qualifizierte Standortzuweisung.[151] 180

Bsp.: *Eine Gemeinde stellt in ihrem Flächennutzungsplan ein Baugebiet dar. Diese Darstellung kann als konkrete Standortaussage einem privilegierten Vorhaben entgegenstehen, das in diesem Bereich angesiedelt werden soll und dessen Realisierung die Baugebietsausweisung erschweren oder unmöglich machen würde.*

Nr. 3: Gebot der Rücksichtnahme

Der Belang in § 35 III S. 1 Nr. 3 BauGB („schädliche Umwelteinwirkungen“) ist eine gesetzliche Ausformung des Gebots der Rücksichtnahme. Darüber hinaus verankert die Rechtsprechung seit BVerwGE 52, 122 an diesem Punkt das Gebot der Rücksichtnahme als umfassenden öffentlichen Belang i.S.d. § 35 III BauGB; immissionsschutzrechtliche Vorschriften können hier als Maßstab herangezogen werden.[152] 181

Dabei ist lediglich aufgrund des konkreten Vorhabens zu beurteilen, ob schädliche Umwelteinwirkungen eintreten werden. Eine Folgebebauung ist auch dann unbeachtlich, wenn sie bereits konkret ins Auge gefasst wurde.[153]

---

147 Vgl. Rn. 185.

148 BVerwG, NVwZ 1998, 960 - 961 = **juris**byhemmer, (Az. 4 B 6/98) = **Life&Law 1998, Heft 12, 808 - 812**.

149 Jäde/Dirnberger/Weiß, BauGB, § 35, Rn. 249.

150 VGH Mannheim, VBlBW 2004, 144 - 146 = **juris**byhemmer, (Az. 8 S 2422/02).

151 Vgl. BVerwG, NuR 1990, 79 - 80 = **juris**byhemmer, (Az. 4 C 28/86).

152 Battis/Krautzberger/Löhr, § 35, Rn. 55; Finkelnburg/Ortloff/Kment, § 27 V 2 c.

153 VGH Mannheim, VBlBW 2004, 144 - 146 (145) = **juris**byhemmer, (Az. 8 S 2422/02).

Abwägung der öffentlichen Belange mit privaten Interessen notwendig

Bei der Beurteilung der Zulässigkeit ist eine Abwägung zwischen den privaten Interessen des Bauwilligen und den öffentlichen Belangen vorzunehmen. Im Gegensatz zu § 1 VII BauGB handelt es sich hierbei um eine „nachvollziehende, die allgemeine gesetzliche Wertung für den Einzelfall konkretisierende Abwägung".[154] 182

Dabei ist **zu beachten**, dass ein Vorhaben, dem bestimmte öffentliche Belange nach einer Abwägung entgegenstehen, auch nicht im Wege der Kompensation mit anderen öffentlichen Belangen, die für das Vorhaben sprechen mögen, genehmigt werden kann.[155]

ggf. Rechtsanspruch auf Genehmigung

Liegen die tatbestandlichen Voraussetzungen vor und ist auch die Erschließung gesichert, besteht jedenfalls bauplanungsrechtlich ein Rechtsanspruch auf Zulassung (der natürlich an anderen Rechtsvorschriften, etwa der LBO, im Genehmigungsverfahren scheitern kann, § 58 I LBO). 183

cc) Zulässigkeit gemäß § 35 II BauGB

(1) Prüfungsschema zu § 35 II BauGB

Ein Vorhaben ist gemäß § 35 II BauGB zulässig, wenn:

1. es im Außenbereich liegt

2. kein Fall des § 35 I BauGB gegeben ist (vgl. Wortlaut des § 35 II BauGB - „sonstige")

3. das Vorhaben öffentliche Belange („insbesondere" i.S.v. § 35 III BauGB) nicht beeinträchtigt

4. es den Festsetzungen eines evtl. bestehenden einfachen Bebauungsplans (§ 30 III BauGB) nicht widerspricht

5. die ausreichende Erschließung gesichert ist und

6. die Gemeinde ihr gemäß § 36 I S. 1 BauGB erforderliches Einvernehmen erteilt hat.

(2) Nichtprivilegierte Vorhaben

nicht-privilegierte Vorhaben nach § 35 II BauGB

Alle nicht nach § 35 I BauGB privilegierten Vorhaben sind sonstige Vorhaben i.S.d. § 35 II BauGB. 184

(3) Keine Beeinträchtigung öffentlicher Belange

für Unzulässigkeit ist Beeinträchtigung ausreichend

Während privilegierten Vorhaben öffentliche Belangen (lediglich) nicht entgegenstehen dürfen, dürfen sonstige Vorhaben öffentliche Belange bereits nicht beeinträchtigen. 185

Diese unterschiedliche Wertung ergibt sich aus dem Umstand, dass Vorhaben nach § 35 I BauGB ihrem Wesen nach in den Außenbereich gehören und deswegen privilegiert zulässig sind, sie also den öffentlichen Belangen gegenüber ein stärkeres „Durchsetzungsvermögen" haben.[156] Sonstige Vorhaben hingegen sollen nur im Einzelfall zugelassen werden.

---

154 Vgl. BVerwG, NVwZ 1988, 54 - 56 (56) = **juris**byhemmer, (Az. 4 C 57/84).

155 Jäde/Dirnberger/Weiß, BauGB, § 35, Rn. 250.

156 Vgl. Jäde/Dirnberger/Weiß, BauGB, § 35, Rn. 8.

hemmer-Methode: Anders als bei privilegierten Vorhaben findet i.R.d. Abs. 2 gerade keine (nachvollziehende) Abwägung zwischen den berührten Belangen und dem Vorhaben statt. Wenn öffentliche Belange beeinträchtigt sind, ist das Vorhaben unzulässig. Allerdings kann i.R.d. einzelnen, möglicherweise berührten Belange eine Abwägung notwendig sein. Ob bspw. durch das Vorhaben schädliche Umwelteinwirkungen i.S.d. § 35 III Nr. 3 BauGB hervorgerufen werden, richtet sich nach § 3 I BImSchG, in dessen Rahmen es wiederum auf die Erheblichkeit und somit die Zumutbarkeit der Beeinträchtigung ankommt.
Ob eine Beeinträchtigung aber noch zumutbar ist oder nicht, muss letztlich durch eine umfassende, nachvollziehende Abwägung aller relevanten Belange im Einzelfall festgestellt werden. Anders ausgedrückt: Nicht jede Berührung eines Belangs ist zugleich eine Beeinträchtigung.[157]

§ 35 III BauGB nicht abschließend

Bereits dem Wortlaut des § 35 III BauGB ist zu entnehmen, dass die Aufzählung der Belange nicht abschließend ist („insbesondere"). Es gibt über den Wortlaut des § 35 BauGB hinaus weitere, ungeschriebene Belange, bei deren Beeinträchtigung ein Vorhaben unzulässig sein kann.

Bsp.: *Ein Investor will im Außenbereich ein Fabrikverkaufszentrum (Factory-Outlet-Center, FOC) von bislang nicht gekannter Größe errichten.*

Nach BVerwG beeinträchtigt dieses Vorhaben den ungeschriebenen Belang des Planungserfordernisses. Durch ein solch überdimensionales Vorhaben werden Fragen aufgeworfen, die nur im Rahmen einer Abwägung nach § 1 VII BauGB, also durch einen Bebauungsplan, nicht aber im Rahmen einer Einzelfallgenehmigung geklärt werden können.[158]

(4) Kein Ermessen entgegen dem Wortlaut

entgegen Wortlaut kein Ermessen der Behörde

Dem Wortlaut nach („können") räumt § 35 II BauGB der Genehmigungsbehörde einen Ermessensspielraum ein. Der Bauwillige hätte somit lediglich Anspruch auf eine ermessensfehlerfreie Entscheidung. Nach h.M. besteht jedoch, liegen die Voraussetzungen vor, auch hier ein Rechtsanspruch auf Zulassung des Vorhabens.[159] **186**

keine Inhaltsbestimmung von Eigentum durch Behörde

Begründet wird dies damit, dass die Prüfung der Beeinträchtigung öffentlicher Belange die Entscheidung über einen unbestimmten Rechtsbegriff zum Gegenstand hat. Sind keine öffentlichen Belange beeinträchtigt, sei nach dem Gesetz kein Raum für weitere rechtliche Erwägungen, die eine Ablehnung zur Folge haben könnten. Ein zusätzlicher Ermessensspielraum in diesem Bereich brächte der Genehmigungsbehörde die Möglichkeit, den Inhalt des Eigentums zu bestimmen. Das jedoch sei dem Gesetzgeber vorbehalten (Art. 14 I S. 2 GG). Es wäre überdies unverhältnismäßig, eine Baugenehmigung auch dann zu versagen, wenn keinerlei Belange beeinträchtigt sind. Das Ermessen der Behörde ist quasi immer auf Null reduziert.[160] **187**

Es handelt sich somit um eine verfassungskonforme Auslegung des § 35 II BauGB.

(5) Gesicherte Erschließung

Erschließung notwendig

Auch hier muss eine ausreichende Erschließung gesichert sein. **188**

---

[157] Umfassend Jäde/Dirnberger/Weiß, BauGB, § 35, Rn. 249 ff.

[158] BVerwG, NVwZ 2003, 86 - 90 = **juris**byhemmer, (Az. 4 C 5/01) = **Life&Law 2003, Heft 4, 287 - 295**, bspr. v. Wurzel/Probst, DVBl. 2003, 197 - 201; Jäde/Dirnberger/Weiß, BauGB, § 35, Rn. 238 ff.

[159] BVerwGE 18, 247 - 254 = **juris**byhemmer, (Az. I C 30.62); Battis/Krautzberger/Löhr, § 35 BauGB, Rn. 43; a.A. Jäde/Dirnberger/Weiß, BauGB, § 35, Rn. 273.

[160] BVerwGE 18, 247 - 254 = **juris**byhemmer, (Az. I C 30.62); Battis/Krautzberger/Löhr, BauGB, § 35, Rn. 43.

dd) Erleichterte Zulässigkeit nicht-privilegierter Vorhaben

§ 35 IV BauGB

Einzelne Vorhaben i.S.d. § 35 II BauGB werden gemäß § 35 IV BauGB in ihrer Durchführung rechtlich dadurch begünstigt, dass ihnen bestimmte öffentliche Belange i.S.d. § 35 III BauGB nicht entgegengehalten werden können. 189

Gedanke des Bestandsschutzes

Gerechtfertigt wird diese gesetzgeberische Entscheidung dadurch, dass es in allen Fällen um schon im Außenbereich bestehende, zulässigerweise errichtete Anlagen geht. Es liegen also Gedanken des (aktiven) Bestandsschutzes zugrunde. 190

Wenn im Anwendungsbereich des § 35 III BauGB von einer so genannten ‚Teilprivilegierung' gesprochen wird, darf dies nicht darüber hinwegtäuschen, dass es sich gleichwohl um „sonstige" Vorhaben nach § 35 II BauGB handelt, die nichts mit § 35 I BauGB zu tun haben. Die Literatur spricht deshalb auch von „begünstigten sonstigen Vorhaben".[161]

e) Zulässigkeit nach § 33 BauGB

aa) Prüfungsschema zu § 33 BauGB

Ein Vorhaben ist gemäß § 33 I BauGB zulässig, wenn: 191

1. es nicht schon nach §§ 30 I, 34, 35 BauGB (gegenwärtige Rechtslage) zulässig ist
2. ein Beschluss zur Aufstellung eines Bebauungsplans gefasst ist (vgl. § 2 I BauGB)[162]
3. die formelle Planreife nach § 33 I Nr. 1 BauGB gegeben ist, (siehe aber auch § 33 II BauGB)
4. anzunehmen ist, dass das Vorhaben den künftigen Festsetzungen des Bebauungsplans nicht widerspricht (materielle Planreife)
5. der Antragsteller diese Festsetzungen für sich und seine Rechtsnachfolger schriftlich anerkennt
6. die Erschließung gesichert ist und
7. die Gemeinde ihr gemäß § 36 I S. 1 BauGB erforderliches Einvernehmen erteilt hat.

bb) Die Regelung im Einzelnen

§ 33 BauGB

Die Behandlung des § 33 BauGB an dieser Stelle, also nach den §§ 30, 34, 35 BauGB, weicht zwar von der gesetzlichen Reihenfolge ab, gleichwohl entspricht allein dies der materiellen Rechtslage. 192

hemmer-Methode: Hier schlägt sich wieder der klausurorientierte Aufbau dieses Skripts nieder. Sie müssen die §§ 30 ff. BauGB in der Klausur in derselben Reihenfolge prüfen und nacheinander abarbeiten. Erst wenn §§ 30, 34 und 35 BauGB (Zulässigkeit von Vorhaben nach gegenwärtiger Rechtslage) nicht greifen, das Vorhaben also unzulässig ist, kann § 33 BauGB zur Anwendung kommen, weil § 33 BauGB die Zulässigkeit eines Bauvorhabens nach zukünftiger (Plan-) Rechtslage regelt (Antizipation).

[161] Finkelnburg/Ortloff/Kment, § 27 VII.

[162] Rn. 531 ff.

Dass nach § 33 BauGB gefragt ist, werden Sie i.d.R. leicht am Sachverhalt erkennen können, denn dann werden dort Ausführungen darüber enthalten sein, dass ein Aufstellungsbeschluss für einen Bebauungsplan vorliegt und dass der Bauherr z.B. für sich und seine Rechtsnachfolger die Festsetzungen anerkennt (vgl. § 33 I Nr. 3 BauGB).

nur positiver Zulässigkeitstatbestand

Die Vorschrift schafft keinen zusätzlichen, neben §§ 30, 34, 35 BauGB bestehenden planungsrechtlichen Bereich, sondern enthält ausschließlich einen die zunächst negative Beurteilung nach §§ 30, 34 oder 35 BauGB aufhebenden *positiven Zulässigkeitstatbestand*.[163] 193

Stets ist also zuerst zu prüfen, ob ein Vorhaben nach §§ 30, 34, 35 BauGB zulässig ist. Ist dies der Fall, findet § 33 BauGB keine Anwendung.

§ 33 I BauGB bzgl. formeller und materieller Planreife
⇨ Anspruch

Liegen die Voraussetzungen des § 33 I BauGB vor (insbesondere die sog. formelle Planreife nach Nr. 1 – Ausnahme hiervon in Abs. 3 – und die materielle Planreife nach Nr. 2), so hat der Antragsteller einen Rechtsanspruch darauf, so behandelt zu werden, als ob die zu erwartenden Festsetzungen schon rechtswirksam wären. 194

Schematisches Beispiel für eine typische Klausurvariante zu § 33 BauGB: 195

1. § 30 BauGB scheitert, da bislang noch kein wirksamer Bebauungsplan vorhanden ist.

↓

2. § 34 BauGB scheitert, da Vorhaben nach ausführlicher Abgrenzung zu § 35 BauGB im Außenbereich liegt.

↓

3. § 35 I BauGB scheitert, da kein privilegiertes Vorhaben vorliegt. § 35 II BauGB scheitert, da öffentliche Belange beeinträchtigt sind.

↓

4. Vorhaben aber nunmehr nach § 33 BauGB zulässig bzw. nach §§ 34, 35 BauGB unzulässig (vgl. Punkte 2./3.)

bei § 33 II, III BauGB Ermessen

Beachte: Während § 33 I BauGB einen Anspruch auf Genehmigung begründet, sind § 33 II, III BauGB als Ermessensentscheidung ausgestaltet.[164]

Unzulässigkeit ergibt sich aus § 34 oder § 35 BauGB

Aus § 33 BauGB kann sich (mit dem Argument der Berücksichtigung der zukünftigen Rechtslage) nie die Unzulässigkeit eines Vorhabens ergeben. Ist ein Vorhaben nach gegenwärtiger Rechtslage der §§ 30 / 34 / 35 BauGB zulässig, aber wegen gegenläufiger Bauleitplanung (von der Gemeinde) unerwünscht, müssen zur Verhinderung des Vorhabens die Verfahren nach §§ 14, 16-18 bzw. nach § 15 BauGB durchgeführt werden[165], andernfalls bleibt das Vorhaben zulässig. 196-202

[163] BVerwGE 20, 127 - 136 (130) = **juris**byhemmer, (Az. I C 36.64).

[164] Letzteres ist str.; wie hier Finkelnburg/Ortloff/Kment, § 25 III, IV; vgl. Jäde/Dirnberger/Weiß, BauGB, § 33, Rn. 25 f.

[165] Vergleiche dazu Rn. 210 ff.

f) Einvernehmen der Gemeinde

gemeindliches Einvernehmen, § 36 BauGB

Zur Wahrung der gemeindlichen Planungshoheit ist bei Vorhaben im Außenbereich gem. § 36 I BauGB die Erteilung des gemeindlichen Einvernehmens notwendig. Nach der Rechtsprechung des BVerwG ist § 36 I BauGB (trotz seines Wortlauts) jedoch unanwendbar, wenn Baurechtsbehörde und Gemeinde identisch sind.[166] § 36 I BauGB kann also nur noch dort subsumiert werden, wo das Landratsamt (oder ausnahmsweise eine andere Landesbehörde) die Baugenehmigung erteilt. 203

hemmer-Methode: Das gemeindliche Einvernehmen spielt in der Baurechtsklausur vor allem dann eine Rolle, wenn die bereits existente Baugenehmigung ohne gemeindliches Einvernehmen von der zuständigen Baurechtsbehörde erteilt wurde. Aus diesem Grunde erfolgt eine ausführliche Darstellung der mit dem gemeindlichen Einvernehmen verbundenen Fragen in einem eigenen Kapitel. Die diesbezüglichen Ausführungen gelten aber hier i.R.d. Verpflichtungsklage auf Erteilung der Baugenehmigung entsprechend.[167]

g) Zustimmung der höheren Verwaltungsbehörde

Zustimmung höherer Behörde

Von dem nach § 36 I S. 4 BauGB eingeräumten Recht der Länder, durch Rechtsverordnung die Zustimmung der höheren Verwaltungsbehörde vorauszusetzen, wird in Baden-Württemberg (zur Zeit) kein Gebrauch gemacht.[168] 204

h) Erschließung

Erschließung

Alle Zulässigkeitstatbestände der §§ 30 ff. BauGB verlangen die (ggf. ausreichende) Sicherung der Erschließung des Grundstücks, auf dem gebaut werden soll. 205

Auch die Erschließung, geregelt in den §§ 123 ff. BauGB, gehört sachlich zur Verwirklichung (oder zu den Folgeaufgaben) der Bauleitplanung.[169]

aa) Zur Erschließung im umfassenden Sinn gehört, dass das Gebiet sowohl verkehrsmäßig und technisch als auch in sozialer Hinsicht (z.B. Grünanlagen) erschlossen ist.[170] 206

bb) Die Erschließung i.S.d. §§ 30 ff. BauGB erfordert zumindest den Anschluss des Baugrundstücks an das öffentliche Straßennetz, seine Versorgung mit Wasser und (zumindest im Innenbereich) mit Strom sowie eine Möglichkeit zur Abwasserbeseitigung. 207

im Zeitpunkt der Fertigstellung notwendig

cc) „Gesicherte“ Erschließung bedeutet nicht „Erschlossensein“. Es genügt, wenn aufgrund der objektiven Gegebenheiten (Finanzierung!) und des Standes der Erschließungsarbeiten damit gerechnet werden kann, dass die Erschließungsanlagen im Zeitpunkt der Fertigstellung des Bauvorhabens hergestellt sein werden,[171] vgl. auch § 123 II BauGB. 208

166 BVerwG, NVwZ 2005, 83 - 84 = **juris**byhemmer, (Az. 4 C 16/03).
167 Zum Einvernehmen ausführlich unten, Rn. 425 ff.
168 Vgl. dazu Ernst/Zinkahn/Bielenberg/Krautzberger, BauGB, § 36, Rn. 54.
169 Zum Ganzen Weyreuther, DVBl. 1970, 3 ff.
170 Vgl. Jäde/Dirnberger/Weiß, BauGB, § 123, Rn. 1; Battis/Krautzberger/Löhr, BauGB, vor § 123, Rn. 1.
171 BVerwG, DVBl. 1986, 685 - 686 = **juris**byhemmer, (Az. 4 C 10/83).

***Bsp.:** Das gemeindliche Kanalprojekt ist bereits in Bau. Es ist abzusehen, dass das geplante Vorhaben in etwa einem halben Jahr an die Kanalisation angeschlossen werden kann.*

kein Anspruch auf Erschließung

dd) Das Gesetz bürdet den Gemeinden zwar die Erschließungslast auf, ein Rechtsanspruch auf Erschließung wird dem Bauwilligen jedoch nicht eingeräumt (§ 123 I und III BauGB).[172] 209

i) Unzulässigkeit eines Vorhabens aufgrund Veränderungssperre und Zurückstellung von Baugesuchen

aa) Sinn und Zweck

Veränderungssperre

Veränderungssperre und Zurückstellung von Baugesuchen (§§ 14-18 BauGB) bezwecken die Sicherung der beabsichtigten bauplanerischen Festsetzungen im Zeitraum der Aufstellung, Änderung oder Aufhebung von Bebauungsplänen. Durch die Untersagung von Errichtung, Änderung oder Beseitigung baulicher Anlagen kann die mit einem Aufstellungsbeschluss eingeleitete Planung gesichert werden. 210

bb) Voraussetzung für eine Veränderungssperre

Voraussetzungen

Voraussetzung für eine Veränderungssperre ist das Vorliegen eines wirksamen Planaufstellungsbeschlusses (§ 2 I BauGB). Dieser muss nicht nur formell ordnungsgemäß gefasst worden sein, sondern auch bereits inhaltlich hinreichend bestimmt sein.[173] Eine Veränderungssperre, die einer Gemeinde erst die Zeit für die Erstellung eines bestimmten Plankonzepts geben soll, ist mangels eines beachtlichen Sicherungsbedürfnisses unwirksam.[174] 210a

hemmer-Methode: Denken Sie in Zusammenhängen! Da die Veränderungssperre als Satzung beschlossen wird, muss sie allen Anforderungen der GemO an die Beschlussfassung im Gemeinderat entsprechen! Hier ist insbesondere, wie auch beim Bebauungsplan, Raum für eine Prüfung der Befangenheit nach § 18 GemO: Sollen bestimmte Einzelhandelsbetriebe in einem Gewerbegebiet ausgeschlossen werden und wird zur Sicherung dieser Planung eine Veränderungssperre beschlossen, so führt dies nicht zu einem *unmittelbaren* Vor- oder Nachteil für Gemeinderatsmitglieder, die eben solche Einzelhandelsgeschäfte an anderer Stelle im Gemeindegebiet betreiben.[175] Zudem sind sie nur als Teil einer Berufs- oder Bevölkerungsgruppe berührt.[176]

Die Planung muss ein Mindestmaß dessen erkennen lassen, was Inhalt des zu erwartenden Bebauungsplans sein soll. Sie muss aber nicht einen Stand erreicht haben, der nahezu den Abschluss des Verfahrens ermöglicht. Ein detailliertes und abgewogenes Planungskonzept ist nicht zu fordern. Ausreichend ist, dass sich aus dem Planaufstellungsbeschluss oder weiteren Verfahrensschritten wenigstens ansatzweise ersehen lässt, was Inhalt des zukünftigen Bebauungsplans sein soll.[177]

172 Ausnahme siehe BVerwG, DVBl. 1982, 540 - 543 = **juris**byhemmer, (Az. 8 C 4/81).

173 BVerwG, NVwZ 2004, 858 - 861 = **juris**byhemmer, (Az. 4 CN 16/03) = **Life&Law 2004, Heft 10, 701 - 706**; Jäde/Dirnberger/Weiß, BauGB, § 14, Rn. 8.

174 BVerwG, NVwZ 2004, 858 - 861 = **juris**byhemmer, (Az. 4 CN 16/03) = **Life&Law 2004, Heft 10, 701 - 706**.

175 VGH Mannheim, VBlBW 2005, 385 - 386 = **juris**byhemmer, (Az. 3 S 1998/04).

176 VGH Mannheim a.a.O.

177 VGH Mannheim, VBlBW 2006, 142 - 144 = **juris**byhemmer, (Az. 3 S 1524/04).

cc) Auswirkung auf die Zulässigkeit eines Vorhabens

Rechtsfolge

(1) Der Erlass einer (wirksamen) Veränderungssperre hat nach § 14 I Nr. 1 BauGB zur Folge, dass die Baugenehmigung (§ 58 LBO) nicht erteilt werden darf.[178] Gleiches gilt für die Erteilung eines Vorbescheids (§ 57 LBO) oder einer Teilbaugenehmigung (§ 61 LBO).[179] 211

Bsp.: *Eine Baugenehmigung für ein Gebäude auf einem Grundstück, das im Gebiet einer Veränderungssperre liegt, wird abgelehnt, weil der in der Aufstellung befindliche Plan in diesem Gebiet vorhandene Grünflächen sichern soll.*

Die Verweigerung der Genehmigung erfolgte zu Recht, da das Vorhaben gemäß § 58 I 1 LBO maßgeblichen öffentlich-rechtlichen Vorschriften widerspricht. Die Veränderungssperre ist als Satzung eine öffentlich-rechtliche Vorschrift, die im Baugenehmigungsverfahren zu prüfen ist. Die Errichtung der baulichen Anlage, die i.S.v. § 29 BauGB bodenrechtliche Relevanz hat, ist aufgrund von § 14 I Nr. 1 BauGB i.V.m. der Satzung unzulässig.

(2) Von der Veränderungssperre können nach § 14 II BauGB Ausnahmen zugelassen werden, wenn überwiegende öffentliche Belange nicht entgegenstehen.

(3) Von der Veränderungssperre sind nach § 14 III BauGB bereits genehmigte Vorhaben ausgenommen. Gleiches gilt für verfahrensfreie Vorhaben nach § 50 LBO und Vorhaben im Kenntnisgabeverfahren nach § 51 LBO, wenn mit der Ausführung vor dem Inkrafttreten der Veränderungssperre begonnen werden durfte.

dd) Zurückstellungsantrag nach § 15 BauGB

vor Aufstellungsbeschluss Aussetzungsantrag möglich

Liegen die Voraussetzungen für den Erlass einer Veränderungssperre vor, wurde diese aber nicht beschlossen bzw. ist sie noch nicht in Kraft getreten, so ist die Entscheidung über die Zulässigkeit des Vorhabens auf Antrag der Gemeinde nach Maßgabe des § 15 I BauGB für einen Zeitraum von bis zu einem Jahr auszusetzen, wenn zu befürchten ist, dass die Durchführung der Planung durch das Vorhaben unmöglich gemacht oder wesentlich erschwert werden würde. 212

Die Gemeinden haben neben der Rückstellung von Baugesuchen auch die Möglichkeit, genehmigungsfreie Bauvorhaben zeitlich befristet zu verhindern, wenn sie einer künftigen Bebauungsplanung zuwider laufen, § 15 I S. 2 BauGB. 213

hemmer-Methode: Beachten Sie im Zusammenhang mit §§ 14 ff. BauGB auch § 36 I S. 3 BauGB. Nach dieser Regelung haben die Länder die Verpflichtung, dafür Sorge zu tragen, dass die Gemeinden bei Vorhaben im Geltungsbereich eines qualifizierten Bebauungsplans rechtzeitig vor Ausführung des Vorhabens unterrichtet werden, auch wenn das Vorhaben in der Landesbauordnung genehmigungsfrei gestellt wurde. In Baden-Württemberg ist dies über § 53 I LBO gewährleistet, wonach der Bauantrag bei der Gemeinde einzureichen ist. Die Gemeinden haben so die Möglichkeit, über Maßnahmen zur Sicherung der Bauleitplanung nach den §§ 14, 15 BauGB zu entscheiden.

---

[178] Erledigt sich ein Verpflichtungsantrag auf Erteilung einer Baugenehmigung durch Erlass einer Veränderungssperre, so kann einer Fortsetzungsfeststellungsklage nicht entgegengehalten werden, der Antrag auf Erteilung einer Baugenehmigung hätte von Anfang an zurückgewiesen werden müssen, wenn die Gemeinde die Veränderungssperre sofort aufgestellt hätte, vgl. BVerwG, NVwZ 1999, 523 = **juris**byhemmer, (Az. 4 B 72/98).

[179] Es sind alle Formen bauaufsichtlicher Genehmigungen erfasst, Battis/Krautzberger/Löhr, BauGB, § 14, Rn. 16.

Probleme ergeben sich aufgrund der Rechtsprechung des BVerwG zur Unanwendbarkeit des § 36 BauGB bei Behördenidentität.[180] Wenn die Gemeinde selbst Baurechtsbehörde ist, muss auf jeden Fall sichergestellt sein, dass der Gemeinderat, der die kommunale Planungshoheit ausübt und deshalb das für die Rückstellung von Baugesuchen und den Erlass von Veränderungssperren zuständige Gremium ist, diese Instrumente einsetzen kann, bevor die im eigenen Rathaus befindliche Baurechtsbehörde über die Baugenehmigung entscheidet. Da es hierzu keine gesetzlichen Regelungen gibt, ist dies in der Praxis alles andere als gewährleistet. Gemeinderäte tun also gut daran, sich über die Rechtslage zu informieren, bevor sie von der eigenen Kommunalverwaltung entmachtet werden.

4. Übersicht zu denkbaren Fallvarianten im Bauplanungsrecht[181]

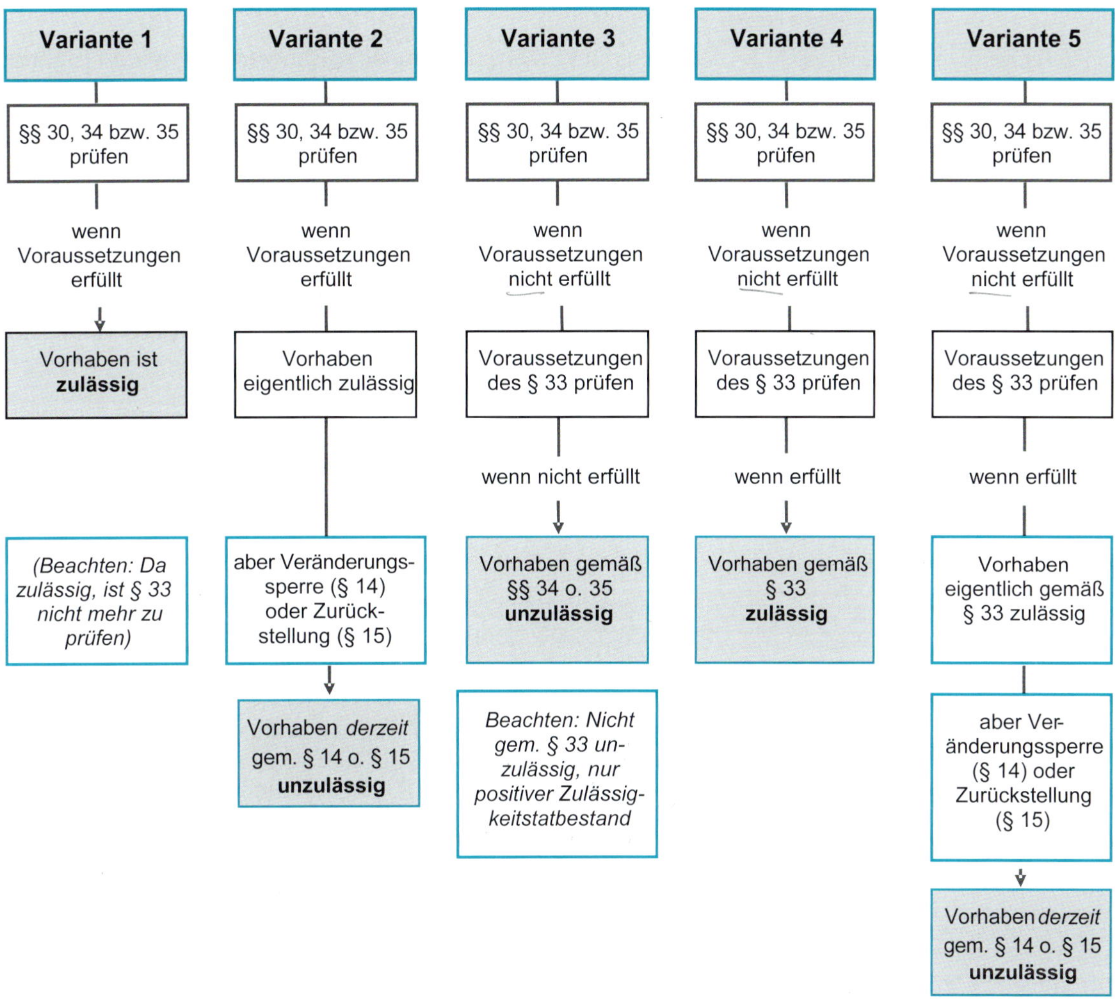

hemmer-Methode: Die bauplanungsrechtlichen Aspekte der Baurechtsklausur sind damit, bis auf die Inhaltskontrolle von Bebauungsplänen und Spezialfragen des § 36 BauGB (dazu unten), abgeschlossen. Während zuvor die Frage gestellt wurde, „wo" das Vorhaben gebaut werden soll, wird nachfolgend im Bauordnungsrecht die Frage zu beantworten sein, „wie" das konkrete Vorhaben gestaltet werden darf. Überschneidungen treten allerdings dann auf, wenn Fragen des „Wie" bereits in den Festsetzungen eines Bebauungsplans integriert sind (z.B. Abstandsflächen). Grundsätzlich ist dabei von einem Nebeneinander der Vorschriften auszugehen; ein Bebauungsplan darf jedoch keine Abstandsflächen festsetzen, die bauordnungsrechtlich (= gesetzlich) nicht zulässig sind.

180 BVerwG, NVwZ 2005, 83 - 84 = **juris**byhemmer, (Az. 4 C 16/03), vgl. oben Rn. 203.

181 Mit Ausnahme von Vorbescheid, Teilbaugenehmigung, etc., dazu schon oben, Rn. 78 ff.

5. Prüfung der bauordnungsrechtlichen Zulässigkeit

bauordnungsrechtliche Zulässigkeit

214 Ist das in Frage stehende Vorhaben bauplanungsrechtlich zulässig, so ist i.R.d. § 58 I 1 LBO weiterhin die bauordnungsrechtliche Zulässigkeit zu überprüfen.

a) Sinn und Zweck des Bauordnungsrechts

Zweck

215 Das Bauordnungsrecht regelt die ordnungsrechtlichen Anforderungen an die Errichtung, Änderung, Nutzung und den Abbruch von baulichen Anlagen, insbesondere von Gebäuden und dient damit im Wesentlichen der Gefahrenabwehr. Besonders deutlich wird dies an den Vorschriften zur Standsicherheit, zum Brandschutz und zur Verkehrssicherheit.[182]

einzelnes Bauwerk maßgeblich

Im Mittelpunkt steht das einzelne Bauwerk mit seinen Eigenschaften (z.B. Benutzbarkeit) sowie seine Beziehung zur unmittelbaren Nachbarschaft.

216 An einzelne Anlagen können dabei nach Maßgabe der LBO Anforderungen gestellt werden, die über diejenigen des Bauplanungsrechts hinausgehen.

> ***Bsp.:*** *Selbst wenn bauplanungsrechtlich eine Grenzbebauung zulässig sein sollte, kann bauordnungsrechtlich die Einhaltung von Grenzabständen verlangt werden.*

wichtig: Gefahrenabwehr

217 Zentrale Funktion des Bauordnungsrechts ist neben der Gefahrenabwehr (anlagenbezogenes Ordnungsrecht; Erhaltung der öffentlichen Sicherheit und Ordnung[183]) auch, Verunstaltungen vorzubeugen und Missstände bei der Benutzung der Gebäude zu verhindern.

maßgeblich: §§ 3 ff LBO

218 I.R.d. Genehmigungsfähigkeit eines Vorhabens interessieren allein die materiell-rechtlichen Anforderungen an bauliche Anlagen, die in den §§ 3 ff. LBO geregelt sind.

219 Eine Vielzahl dieser materiell-rechtlichen Anforderungen der LBO hat trotz großer praktischer Relevanz für das Examen keine herausragende Bedeutung, z.B. § 13 LBO (Standsicherheit), § 15 LBO (Brandschutz) oder §§ 17 ff. LBO (Bauprodukte). Die Darstellung ist aus diesem Grund auf das Wesentliche beschränkt.

b) Die Grundnorm des § 3 LBO

Grundnorm: § 3 LBO

220 § 3 LBO ist die materiell-rechtliche Grundnorm des gesamten *Bauaufsichtsrechts*, die klarstellt, welche allgemeinen Anforderungen bauliche Anlagen, andere Anlagen und Einrichtungen sowie Baugrundstücke i.S.v. § 1 I S. 2 LBO erfüllen müssen.

Rahmen für bauordnungsrechtliche Anforderungen

221 Die Vorschrift macht deutlich, dass Ziel des Bauordnungsrechts die anlagenbezogene Gefahrenabwehr ist. Dieses Ziel wird durch zahlreiche materielle Spezialnormen verwirklicht. Sind in diesen Vorschriften einzelne Anforderungen normiert, kann die Aufsichtsbehörde nicht mehr auf § 3 LBO zurückgreifen. Offensichtlich ist dies beim Brandschutz und der Standsicherheit (§§ 13, 15 LBO), aber auch bei der Stellplatzregelung (§ 37 LBO), die dem öffentlichen Interesse an der Entlastung öffentlicher Verkehrsflächen vom ruhenden Verkehr und damit der öffentlichen Sicherheit dient.[184]

---

[182] §§ 13, 15, 16 LBO.

[183] Vgl. die frühere Bezeichnung "Baupolizeirecht".

[184] VGH Mannheim, NVwZ-RR 2008, 600 - 601 = **juris**byhemmer, (Az. 3 S 2773/07).

Verdrängung durch Spezialregelungen

§ 3 LBO ist jedoch selbst keine Ermächtigungsgrundlage. Jenseits des Baugenehmigungsverfahrens, wenn die Behörde gegen ein bauordnungsrechtswidriges, bereits existentes Vorhaben einschreiten will, kann dies im Wesentlichen nur aufgrund der §§ 64, 65 LBO und subsidiär aufgrund der bauordnungsrechtlichen Generalklausel geschehen, § 47 I LBO.[185] 222

Bsp.: *Brandwände müssen nur in den in § 15 LBO aufgeführten Fällen errichtet werden. Die Baurechtsbehörde kann auch unter Berufung auf § 3 LBO keine darüber hinausgehenden Anforderungen stellen. Ist eine „rechtswidrige" Brandwand errichtet, kann die Behörde gem. § 65 S. 2 LBO die Nutzung der baulichen Anlage untersagen.*

„Schutzgut" des § 3 LBO sowie des Bauordnungsrechts insgesamt sind: 223

aa) Die öffentliche Sicherheit und Ordnung, § 3 I S. 1 LBO

Schutzgut: öffentliche Sicherheit und Ordnung

Diesen Begriffen kommt hier keine andere Bedeutung zu als im allgemeinen Sicherheitsrecht.[186] 224

Zur öffentlichen Sicherheit gehört die Erhaltung der Unversehrtheit von Leben, Gesundheit, Freiheit, Ehre und Vermögen sowie der Rechtsordnung und der grundlegenden Einrichtungen des Staates.

Unter der öffentlichen Ordnung ist die Gesamtheit jener ungeschriebenen Regeln für das Verhalten des Einzelnen in der Öffentlichkeit zu verstehen, deren Beachtung nach den jeweils herrschenden Anschauungen als unerlässliche Voraussetzung eines geordneten staatsbürgerlichen Gemeinschaftslebens betrachtet wird. Mit der Annahme des Begriffes ist jedoch im Bauordnungs- wie im Polizeirecht äußerste Zurückhaltung geboten, weil der Begriff sehr unbestimmt ist und in verfassungsrechtlich bedenklicher Weise der Behörde gestattet, ihre eigene Auffassung als die der Allgemeinheit darzustellen.[187] Zudem bedarf es eines Rückgriffs auch deshalb nicht, weil es auch im geschriebenen Recht (z.B. Verunstaltungsschutz, § 11 LBO) Vorschriften gibt, die die ungeschriebenen Regeln der Allgemeinheit tatbestandlich aufnehmen.[188] Der Rückgriff auf die „öffentliche Ordnung" ist also verzichtbar. 225

bb) Die natürlichen Lebensgrundlagen, § 3 I 1 LBO

Schutz natürlicher Lebensgrundlagen

§ 3 LBO stellt in Erfüllung der Staatszielaufträge aus Art. 20a GG, Art. 3a LV ausdrücklich klar, dass bauliche Anlagen die natürlichen Lebensgrundlagen nicht gefährden dürfen. 226-230

c) Einzelne materiell-rechtliche Vorschriften

aa) Abstandsflächen (§§ 5, 6 LBO)

§§ 5, 6 LBO bzgl. Abstandsflächen

Unter Abstandsflächen sind die Flächen vor den Außenwänden von Gebäuden zu verstehen, die von (oberirdischen) baulichen Anlagen freizuhalten sind (§ 5 I S. 1 LBO). 231

185 Sauter, LBO, § 3, Rn. 3.

186 Sauter, LBO, § 3, Rn. 8.

187 Lisken/Denninger, Handbuch des Polizeirechts, 2007, E Rn. 36 m.w.N.; Ruder, Polizeirecht Baden-Württemberg, G III 5.2

188 Nach der Rspr. des VGH Mannheim liegt eine Verunstaltung i.S.d. LBO dann vor, wenn die Anlage „einen hässlichen, das ästhetische Empfinden nicht bloß beeinträchtigenden, sondern verletzenden Zustand" darstellt. Maßgeblich ist dabei das „Empfinden des sogenannten gebildeten Durchschnittsbetrachters", wie er hoffentlich in den Senaten des VGH anzutreffen ist, VGH Mannheim, VBlBW 1992, 99 - 100 = **juris**byhemmer, (Az. 8 S 427/91); VGH Mannheim, = **juris**byhemmer, (Az. 3 S 1992/16), Rn. 10.

Wahrung nachbarlichen Wohnfriedens

Abstandsflächen dienen in erster Linie der ausreichenden Belichtung, Belüftung und Besonnung von Gebäuden sowie dem Brandschutz.[189] Sie schaffen Freiflächen für notwendige Nebenanlagen (z.B. Spielplätze, Stellplätze), bezwecken aber nicht, den nachbarlichen Wohnfrieden zu wahren.[190] 232

Die §§ 5, 6 LBO müssen im Zusammenhang mit bauplanungsrechtlichen Vorschriften gesehen werden: 233

Darf oder muss aus planungsrechtlichen Gründen an die Grundstücksgrenze gebaut werden, müssen keine Abstandsflächen eingehalten werden (§ 5 I S. 2 LBO – Vorrang des Planungsrechts). Ob § 5 I S. 2 LBO voraussetzt, dass das Vorhaben in seiner Gesamtheit planungsrechtlich zulässig ist, ist streitig. Systematisch erscheint es überzeugender, lediglich auf Kriterien abzustellen, die gerade die Zulässigkeit einer Grenzbebauung betreffen.[191] 234

Weiter **zu beachten** sind: 235

⇨ Die Grundregeln zur Berechnung des Abstands, § 5 IV LBO 236

⇨ Die Tiefenberechnung der Abstandsfläche in Abhängigkeit von der Wandhöhe, § 5 VII LBO

⇨ Nach § 6 I LBO sind untergeordnete oder unbedeutende Anlagen innerhalb der Abstandsflächen zulässig.

⇨ Unter besonderen örtlichen Gegebenheiten ist auch eine geringere Tiefe der Abstandsfläche hinreichend, § 6 III LBO.

hemmer-Methode: Auch im Bereich der Abstandsflächen gilt: Regelmäßig wird kein Einzelwissen verlangt, es genügt vielmehr, das System verstanden zu haben, sowie eine exakte Lektüre des Gesetzestextes, der wenig Fragen offen lässt.

bb) Baugestaltung (§ 11 LBO)

Verunstaltungsverbot, § 11 LBO

Die allgemeinen Anforderungen des § 3 I S. 3 LBO im Hinblick auf die Baugestaltung werden in § 11 LBO konkretisiert: 237

Bauliche Anlagen sind demnach (insb. hinsichtlich Form und Farbe) so zu gestalten, dass sie nicht verunstaltend wirken (Abs. 1).

ästhetisches Empfinden

Verunstaltend wirkt die Anlage nur, wenn wenn ein hässlicher, das ästhetische Empfinden des Beschauers nicht nur beeinträchtigender, sondern verletzender Zustand geschaffen würde. Dies ist dann der Fall, wenn die Störung erheblich, d.h. wesentlich ist. Maßgebend ist dabei das Empfinden des gebildeten Durchschnittsbetrachters, d.h. eines für ästhetische Eindrücke offenen, jedoch nicht besonders empfindsamen und geschulten Betrachters. Die bauliche Anlage muss zu einem Zustand führen, der als grob unangemessen empfunden wird, das Gefühl des Missfallens weckt sowie Kritik und den Wunsch nach Abhilfe herausfordert.[192] 238

Dass die Anlage als unschön empfunden wird, genügt nicht.

> ***Bsp.:*** *Verunstaltung des Giebels eines Baudenkmals durch eine großflächige Werbetafel.*

---

189 Sauter, LBO, § 5, Rn. 3.

190 VGH Mannheim, VBlBW 1999, 26 = **juris**byhemmer, (Az. 8 S 2137/98); Sauter, LBO, § 5, Rn. 4.

191 Vgl. VGH München, BauR 1992, 603 - 605 = **juris**byhemmer, (Az. 6 M 1995/92).

192 VGH Mannheim, = **juris**byhemmer, (Az. 3 S 1992/16), Rn. 10.

§ 11 LBO bzgl. Umgebung

Während § 11 II LBO sich nur auf die bauliche Anlage selbst bezieht, stellt § 11 I LBO auf die Auswirkungen der Anlage auf die Umgebung ab.[193] 239

Straßen-, Landschafts- und Ortsbild

Die Anlage steht dann mit ihrer Umgebung im Einklang, wenn der Gegensatz zwischen baulicher Anlage und der Umgebung „von dem für ästhetische Eindrücke offenen Betrachter nicht als belastend oder unlusterregend empfunden wird".[194] Maßstab ist das bestehende (oder beabsichtigte) Straßen-, Orts- oder Landschaftsbild. 240

> **Bsp.:** *Verunstaltung einer durch klassizistische Wohnhäuser geprägten Umgebung durch das Ersetzen der Stuckverzierung einer Fassade mit Glattputz.*[195]

cc) Baustellen (§ 12 LBO)

Baustellen

Baustellen sind Plätze, auf denen bauliche Anlagen errichtet, geändert oder abgebrochen werden.[196] 241

Die Baustellen sind so einzurichten, dass bauliche Anlagen ordnungsgemäß errichtet, geändert, abgebrochen oder instand gehalten werden können und dass keine Gefahren oder vermeidbaren erhebliche Belästigungen entstehen (§ 12 I LBO). 242

> **Bsp.:** *Hierunter fällt z.B. das Gebot, übermäßigen Baustellenlärm zu verhindern.*

ggf. Sicherheitsvorkehrungen

Nach § 12 II LBO sind für die Dauer der Arbeiten insbesondere die öffentlichen Verkehrsflächen zu schützen und, wenn erforderlich, unter den notwendigen Sicherheitsvorkehrungen zugänglich zu halten. 243

Zu beachten ist, dass manche Baustelleneinrichtungen selbst eine bauliche Anlage darstellen (z.B. Mischanlagen, die fest mit dem Erdboden verbunden sind) und daher ihrerseits den Anforderungen der LBO entsprechen müssen (§ 3 LBO, aber z.B. auch §§ 13, 15 oder 16 LBO). 244

dd) Garagen und Stellplätze

hemmer-Methode: Auch die Garagen- und Stellplatzregelungen sind im Verfahren der Genehmigungserteilung nach § 58 I 1 LBO zu prüfen! Die Vorschriften eignen sich außerdem hervorragend, um die Zulässigkeit von Nebenbestimmungen zu Baugenehmigungen nach § 36 I LVwVfG abzuprüfen.
Da in der LBO die Zulässigkeit von Nebenbestimmungen nicht ausdrücklich geregelt ist, ist eine Nebenbestimmung nach § 36 I Alt. 2 LVwVfG nur dann zulässig, wenn sie die Einhaltung der Genehmigungsvoraussetzungen sicherstellen soll. Da die Schaffung der erforderlichen Stellplätze zwingende Genehmigungsvoraussetzung ist, ist eine Nebenbestimmung hinsichtlich der erforderlichen Stellplätze i.d.R. zulässig.

Garagen und Stellplätze

Werden bauliche Anlagen oder andere Anlagen errichtet, bei denen ein Zu- oder Abfahrtsverkehr zu erwarten ist, so sind gemäß § 37 I S. 1, 2 LBO pro Wohnung ein notwendiger Kfz-Stellplatz sowie Stellplätze in ausreichender Zahl und Größe und in geeigneter Beschaffenheit herzustellen. Dasselbe gilt für Fahrräder, § 37 II LBO. Der Begriff des Stellplatzes ist wiederum in § 2 VIII LBO legal definiert. 245

---

193 Sauter, LBO, § 11, Rn. 25.

194 BVerwGE 2, 172 - 180 (177) = jurisbyhemmer, (Az. I C 146.53).

195 OVG Berlin, BauR 1984, 624 (Az. 2 B 98.82).

196 Sauter, LBO, § 12, Rn. 1.

Ob Stellplätze oder Garagen errichtet werden, kann grundsätzlich gem. § 37 I S. 3 LBO der Bauherr entscheiden. Anders ist dies, wenn die Anlage von Kinderspielplätzen entweder Stellplätze oder Garagen erfordert, vgl. den Verweis in § 37 I S. 3 a.E. auf Abs. 8. Auch bei Änderungen und Nutzungsänderungen von baulichen Anlagen sind nach Maßgabe des § 37 III LBO für den Mehrbedarf Stellplätze herzustellen.

drei Möglichkeiten

Folgende drei Möglichkeiten bestehen gem. § 37 V S. 1 LBO zur Erfüllung der Stellplatz- (oder Garagen-)pflicht: 246

- ⇨ auf dem Baugrundstück selbst, Regelfall der Nr. 1,
- ⇨ auf einem anderen Grundstück in zumutbarer Entfernung, Nr. 2,
- ⇨ mit Zustimmung der Gemeinde auf einem beliebigen Grundstück in der Gemeinde, Nr. 3,
- ⇨ Zahlung eines Geldbetrags (Ablöse), § 37 VI S. 1 LBO (jedoch nicht bei Wohnungen, § 37 VII S. 1 LBO; hier kommt als ultima ratio eine Abweichung in Betracht, § 37 VII S. 2 LBO).

Ermessensentscheidung der Gemeinde bzgl. Ablösung

Bei der Frage der Zustimmung der Gemeinde mit der Herstellung auf einem beliebigen Grundstück oder einer Ablösung handelt es sich grundsätzlich um eine Ermessensentscheidung.[197] Ausnahmsweise kann die Ablösung nach § 37 VI LBO verlangt werden, wenn die Gemeinde die „Realherstellung" durch einen Bebauungsplan oder durch örtliche Bauvorschriften ausgeschlossen hat.[198] 247

hemmer-Methode: § 37 V S. 1 Nr. 2 LBO sieht einen Rechtsanspruch des Bauherrn darauf vor, Stellplätze nicht auf dem Baugrundstück, sondern auf einem geeigneten Grundstück in dessen Nähe zu errichten, wenn dessen Benutzung für diesen Zweck gegenüber dem Rechtsträger der Baurechtsbehörde durch Bewilligung einer öffentlichen Baulast gesichert ist, vgl. § 37 V S. 2 i.V.m. §§ 71 f. LBO. 248
In Hinblick auf die Entfernung zum Nachbargrundstück kommt es auf die Häufigkeit der Nutzung an. So kann ein Firmenparkplatz durchaus weiter von der Firma entfernt sein, wenn die Angestellten nur einmal morgens und einmal abends den Weg vom bzw. zum Parkplatz zurücklegen müssen. Anders, wenn der Weg häufig zurückgelegt werden müsste: Dann ist bei größerer Entfernung davon auszugehen, dass der Parkplatz tatsächlich nicht genutzt wird.

6. Prüfung sonstigen öffentlichen Rechts

sonstiges öffentliches Recht

Nach Bejahung der bauplanungs- und bauordnungsrechtlichen Zulässigkeit ist i.R.d. § 58 I S. 1 LBO schließlich noch zu prüfen, ob das Vorhaben sonstigen öffentlich-rechtlichen Vorschriften widerspricht, die im bauaufsichtlichen Genehmigungsverfahren zu prüfen sind, § 58 I S. 2 LBO. 249

z.B. Straßen-, Naturschutz-, und Immissionsschutzrecht

Hier ist, je nach den Besonderheiten des Bauvorhabens, z.B. an Vorschriften des Straßen-, Immissionsschutz-, Naturschutz- und Denkmalschutzrechts zu denken. 250

hemmer-Methode: Hier liegen üblicherweise keine Klausurschwerpunkte. Sollte im Ersten Examen auf das sonstige öffentliche Recht einzugehen sein, ist ein ausdrücklicher Hinweis im Sachverhalt notwendig. Auf jeden Fall sollten Sie diesen Prüfungspunkt unter Hinweis auf § 58 I S. 2 LBO kurz ansprechen, um Ihre Arbeit abzurunden.

---

197 Finkelnburg/Ortloff/Otto, § 5 II 3 d.

198 In einer vergleichbaren Vorschrift des Bundeslandes Hamburg erblickte das BVerwG eine zulässige Sonderabgabe, BVerwG, NVwZ 2005, 215 - 218 = **juris**byhemmer, (Az. 4 C 5/03).

VI. Rechtsverletzung

Rechtsverletzung notwendig

Wenn nach eingehender Prüfung ein Anspruch aus § 58 I S. 1 LBO zu bejahen ist, ist die Klage wegen der rechtswidrigen Versagung der Baugenehmigung und der Verletzung des Klägers in seinem subjektiven Recht auf Genehmigungserteilung aus § 58 I S. 1 LBO begründet. Da die Sache spruchreif ist,[199] ergeht ein Vornahmeurteil i.S.d. § 113 V S. 1 VwGO. 251-252

VII. Entscheidungsrelevanter Zeitpunkt

maßgeblicher Zeitpunkt bei der Verpflichtungsklage i.d.R. letzte mündliche Verhandlung

Als Faustregel gilt für die Verpflichtungsklage: Der Anspruch auf Vornahme des VA bzw. erneute Bescheidung muss im Zeitpunkt der letzten mündlichen Verhandlung, bzw. wenn eine solche nicht stattfindet, im Zeitpunkt der Entscheidung des Gerichts bestehen. Entscheidet das Gericht also ohne mündliche Verhandlung gemäß § 84 VwGO durch Gerichtsbescheid, kommt es auf den Zeitpunkt der gerichtlichen Entscheidung an.[200] 253

Auch wenn im Zeitpunkt der letzten Behördenentscheidung der Anspruch noch möglich gewesen wäre, aber jetzt wegen Änderung der Rechtslage (z.B. eines zwischenzeitlich in Kraft getretenen, rechtmäßigen Bebauungsplans) nicht mehr realisierbar ist, gilt dieser Grundsatz.[201] Denn anderenfalls müsste die Behörde einen heute rechtswidrigen VA erlassen und würde gegen den Grundsatz der Gesetzmäßigkeit der Verwaltung verstoßen, Art. 20 III GG.

hemmer-Methode: Ein ursprünglich zulässiger und begründeter Antrag des Bauwerbers wird also bspw. durch Änderung des Bebauungsplans unbegründet. In diesen Fällen bleiben aber die Möglichkeiten einer Klageumstellung analog § 113 I S. 4 VwGO auf eine Fortsetzungsfeststellungsklage sowie die Geltendmachung evtl. Entschädigungs- und Staatshaftungsansprüche offen, vgl. u.a. § 39 BauGB (dazu ausführlich Hemmer/Wüst/Christensen, Verwaltungsrecht II, Rn. 126 ff.), aber auch § 54 V LBO: Wenn die Behörde schuldhaft gegen diese Vorschrift verstößt und trotz bestehender Frist nicht über den Bauantrag entscheidet, kann dies einen Amtshaftungsanspruch auslösen.

D. Vorläufiger Rechtsschutz, § 123 VwGO[202]

§ 123 VwGO i.d.R. (-)

Bei der Verpflichtungsklage als Hauptsache steht für den vorläufigen Rechtsschutz die einstweilige Anordnung nach § 123 VwGO zur Verfügung (zum Verhältnis zu §§ 80, 80a VwGO siehe § 123 V VwGO). 254

Es ist jedoch zu beachten, dass i.R.d. vorläufigen Rechtsschutzes die Hauptsache nicht vorweggenommen werden darf. Deshalb ist die Erteilung einer einstweiligen Baugenehmigung ausgeschlossen.[203] Eine Ausnahme ist unter dem Blickwinkel des Art. 19 IV GG insoweit denkbar, als der effektive Rechtsschutz ohne den Erlass einer einstweiligen Anordnung nicht ermöglicht werden kann. Dafür bedarf es jedoch ganz enger Voraussetzungen.[204]

---

199 Ausnahmefall in **Hemmer/Wüst/Christensen, Verwaltungsrecht II**, Rn. 56.

200 H.M.; Kopp/Schenke, VwGO, § 113, Rn. 217.

201 Das BVerwG stellt generell auf den Zeitpunkt der Entscheidung des Gerichts ab, vgl. BVerwG, DÖV 2003, 288 - 291 = **juris**byhemmer, (Az. 3 C 54/01), Kopp/Schenke, VwGO, § 113, Rn. 35 ff.; es sei denn, das materielle Recht schließt dies aus, was aber hier nicht ersichtlich ist.

202 Zur Prüfung des § 123 VwGO siehe **Hemmer/Wüst/Christensen, Verwaltungsrecht III**, Rn. 202 ff.

203 VGH Mannheim, VBlBW 1992, 179 - 180 = **juris**byhemmer, (Az. 3 S 2931/91); Finkelnburg/Ortloff/Otto, § 21 II.

204 Vgl. Schmitt Glaeser/Horn, Verwaltungsprozessrecht, Rn. 323 m.w.N.; Finkelnburg/Ortloff/Otto a.a.O.

Im Regelfall kann der Bauherr daher nicht mit Erfolg vorläufigen Rechtsschutz im Hinblick auf den Erlass einer Baugenehmigung beantragen. 255

E. Klausurfall zur Verpflichtungsklage[205]

Klausurfall zur Verpflichtungsklage

Bauherr B ist Eigentümer eines am Waldrand gelegenen Grundstücks in der kreisfreien Stadt K. Der für diesen Bereich erst vor kurzem erlassene Bebauungsplan enthält Festsetzungen über die bebaubaren Grundstücksflächen, die örtlichen Verkehrsflächen sowie Art und Maß der baulichen Nutzung. Das maßgebliche Gebiet ist als allgemeines Wohngebiet festgesetzt. 256

B will auf seinem Grundstück ein Haus mit einer Höhe über 30 m errichten, in dessen beiden obersten Geschossen er mit seiner Familie wohnen möchte. Im Erdgeschoss will er eine Schank- und Speisewirtschaft einrichten, die den übrigen Bewohnern des Hauses und den geplanten weiteren Wohnhäusern als Treffpunkt dienen soll. Die Erschließung des Grundstücks ist gesichert. Allerdings ist es nicht möglich, dort oder in der Nähe Stellplätze herzustellen. B bietet der Stadt K daher an, die Kosten für die Herstellung der erforderlichen Stellplätze zu übernehmen.

Die Stadt K lehnt dies jedoch ab. B beantragt daraufhin eine Baugenehmigung bei der Stadt K.

Diese lehnt den Erlass jedoch mit der Begründung ab, dass der Bebauungsplan wegen Widerspruchs zu den Darstellungen des Flächennutzungsplans, der für das fragliche Gebiet ein Industriegebiet vorgesehen hat, in einem Normenkontrollverfahren vor dem VGH für unwirksam erklärt worden ist. Zudem würden auch die nötigen Stellplätze fehlen. Nach ordnungsgemäßer und erfolgloser Durchführung des Vorverfahrens erhebt B Klage zum zuständigen Verwaltungsgericht mit dem Antrag, die Stadt K zur Erteilung der Baugenehmigung zu verurteilen.

Hat die Klage Erfolg?

A. Zulässigkeit der Klage

I. Verwaltungsrechtsweg

Im vorliegenden Fall handelt es sich um eine Streitigkeit auf dem Gebiet des öffentlichen Baurechts. Sie ist nicht-verfassungsrechtlicher Art, eine anderweitige Rechtswegzuweisung ist nicht ersichtlich. Der Verwaltungsrechtsweg ist daher nach § 40 I S. 1 VwGO eröffnet.

II. Klageart

B begehrt den Erlass einer Baugenehmigung. Da diese als Verwaltungsakt (VA) i.S.v. § 35 S. 1 VwVfG zu qualifizieren ist, ist die Verpflichtungsklage nach § 42 I Alt. 2 VwGO die richtige Klageart. Wegen der vorausgegangenen Ablehnung durch die Stadt K ist der Unterfall der Versagungsgegenklage einschlägig.

III. Klagebefugnis

Gemäß § 42 II VwGO muss B geltend machen, durch die Ablehnung des VA möglicherweise in subjektiv-öffentlichen Rechten verletzt zu sein. Klagebefugt i.S.d. § 42 II VwGO ist B, wenn ihm möglicherweise ein Anspruch auf die Baugenehmigung zusteht. Das Recht zur Bebauung des eigenen Grundstücks i.R.d. Gesetze ergibt sich aus § 58 I S. 1 LBO als Anspruchstatbestand und Ausprägung des von Art. 14 I GG geschützten Grundstückseigentums. B ist klagebefugt.

[205] Nach Häde, Der praktische Fall - Öffentliches Recht - Das Wirtshaus am Walde, JuS 1993, 225 - 229.

IV. Rechtsschutzbedürfnis

Da B einen Antrag auf Erlass der Baugenehmigung gestellt hat, ist kein einfacherer Weg als die Inanspruchnahme gerichtlicher Hilfe ersichtlich, um zu seinem Ziel zu kommen. Das allgemeine Rechtsschutzbedürfnis ist somit gegeben.[206]

V. Vorverfahren

Das gemäß § 68 II, I S. 1 VwGO erforderliche Widerspruchsverfahren wurde laut Sachverhalt ordnungsgemäß und erfolglos durchgeführt.

VI. Beteiligungs- und Prozessfähigkeit

B ist nach § 61 Nr. 1 VwGO beteiligungs- und gemäß § 62 I Nr. 1 VwGO prozessfähig.

Die Stadt K ist nach § 61 Nr. 1 VwGO als Gebietskörperschaft des öffentlichen Rechts (vgl. § 1 IV GemO) ebenfalls beteiligungsfähig. Für sie handelt gemäß § 62 III VwGO ihr gesetzlicher Vertreter, also gemäß § 42 I S. 2 GemO grundsätzlich der Oberbürgermeister (vgl. zur Amtsbezeichnung § 42 IV GemO).

Da weitere Zulässigkeitsprobleme nicht ersichtlich sind, ist die Klage zulässig.

B. Begründetheit der Klage

Die gem. § 78 I Nr. 1 VwGO gegen die Stadt K zu richtende[207] Verpflichtungsklage ist begründet, soweit die Ablehnung des VA rechtswidrig, der Kläger dadurch in seinen Rechten verletzt und die Sache spruchreif ist, § 113 V S. 1 VwGO. Dies ist der Fall, wenn der Kläger einen Anspruch auf die Erteilung der Baugenehmigung hat.

I. Anspruchsgrundlage

B steht ein Anspruch aus § 58 I 1 LBO auf Erteilung der Baugenehmigung zu, wenn die Voraussetzungen der Norm gegeben sind.

II. Formelle Genehmigungsvoraussetzungen

Die Stadt K ist zur Erteilung der Baugenehmigung gem. §§ 48 I, 46 I Nr. 3 LBO, 15 I Nr. 2 LVG zuständig.

III. Genehmigungsbedürftigkeit

Gemäß § 49 I LBO ist die Errichtung einer baulichen Anlage genehmigungspflichtig, soweit in §§ 50 f. LBO nichts anderes bestimmt ist. B beabsichtigt die Errichtung eines Wohn- und Geschäftshauses. Dieses ist zweifellos eine bauliche Anlage i.S.d. Legaldefinition des § 2 I LBO. Anzeichen für eine Verfahrensfreiheit gibt es nicht.

Das Vorhaben des B ist genehmigungspflichtig.

IV. Genehmigungsfähigkeit

Das Vorhaben ist gemäß § 58 I S. 1 LBO zu genehmigen, wenn keine von der Baurechtsbehörde zu prüfenden öffentlich-rechtlichen Vorschriften entgegenstehen. Dies sind gem. § 58 I S. 2 LBO solche anlagenbezogenen Vorschriften, über deren Einhaltung nicht eine andere Behörde in einem gesonderten Verfahren durch Verwaltungsakt entscheidet.

---

206 Dieser Prüfungspunkt kann auch wegbleiben; das allgemeine Rechtsschutzbedürfnis sollte man in Klausuren nur problematisieren, wenn es Anhaltspunkte dafür gibt, dass es fehlen könnte.

207 Die Stadt ist unproblematisch der Klagegegner; ansonsten kann der Prüfungspunkt „Passivlegitimation" breiter als eigener Abschnitt erörtert werden; zum Begriff Kopp/Schenke, VwGO, vor § 40, Rn. 28.

Problematisch erscheint vorliegend allein die bauplanungs- und bauordnungsrechtliche Zulässigkeit. Für Verstöße gegen sonstiges öffentliches Recht i.S.v. § 58 I S. 2 LBO ist nichts ersichtlich.

1. Bauplanungsrechtliche Zulässigkeit

a) Nach § 29 I BauGB gelten die §§ 30 bis 37 BauGB für Vorhaben, die die Errichtung baulicher Anlagen zum Inhalt haben.

Der Begriff der baulichen Anlage deckt sich nicht mit dem in § 2 I LBO verwendeten Begriff, wenngleich man in den meisten Fällen zum gleichen Ergebnis kommt. Vorausgesetzt wird eine auf Dauer mit dem Erdboden verbundene künstliche Anlage mit bodenrechtlicher Relevanz, also mit Bedeutung für die Planungshoheit der Gemeinde, vgl. § 1 VI BauGB. Daran ist bei dem Wohn- und Geschäftshaus des B nicht zu zweifeln. Die §§ 30 bis 37 BauGB sind demnach anwendbar.

b) Das Haus des B soll auf einem Grundstück errichtet werden, das im Geltungsbereich eines Bebauungsplanes liegt, der den Anforderungen des § 30 I BauGB entspricht. Die Zulässigkeit des Vorhabens richtet sich dann grundsätzlich nach § 30 I BauGB. § 30 BauGB kann aber nur dann Anwendung finden, wenn der zugrunde liegende Bebauungsplan rechtswirksam ist. Laut Sachverhalt wurde jedoch die Unwirksamkeit des Bebauungsplanes durch den VGH in einem Normenkontrollverfahren festgestellt. Diese Unwirksamkeitserklärung wirkt nach § 47 V S. 2 VwGO allgemein verbindlich (erga omnes). Als Folge der Nichtigkeit des Bebauungsplanes beurteilt sich die bauplanungsrechtliche Zulässigkeit des Vorhabens nicht nach § 30 BauGB, sondern nach den §§ 34, 35 BauGB.

hemmer-Methode: In diesem Punkt ist der vorliegende Fall vereinfacht. In einer schwierigeren Klausur werden Sie die Wirksamkeit des Bebauungsplanes im Wege einer Inzidentprüfung beurteilen müssen. Die dabei einzuhaltende Vorgehensweise wird unten zu § 4 ausführlich dargestellt.

c) Läge das Grundstück innerhalb der im Zusammenhang bebauten Ortsteile der Stadt K, käme § 34 BauGB zur Anwendung. Entspricht die Eigenart der näheren Umgebung einem der Baugebiete, die in der aufgrund des § 9 a BauGB erlassenen Verordnung (BauNVO) bezeichnet sind, dann beurteilt sich die Zulässigkeit des Vorhabens nach seiner Art gemäß § 34 II BauGB ausschließlich danach, ob es nach der BauNVO in dem Baugebiet allgemein zulässig wäre. Die entgegenstehenden Darstellungen des Flächennutzungsplanes sind insoweit unschädlich.

Im Sachverhalt ist von zahlreichen weiteren Wohnhäusern in der Umgebung die Rede; diese Gebäude sind jedoch bisher nur geplant. Daraus ist zu folgern, dass das Haus des B das erste in diesem Gebiet wäre. Damit liegt sein Grundstück nicht innerhalb der im Zusammenhang bebauten Ortsteile. Es liegt vielmehr im Außenbereich. Die Zulässigkeit seines Vorhabens richtet sich also nach § 35 BauGB.

d) § 35 BauGB unterscheidet zwischen privilegierten Vorhaben in Abs. 1, die der Gesetzgeber selbst dem Außenbereich zugewiesen hat und die dort regelmäßig zulässig sind, und den sonstigen Vorhaben in Abs. 2. Privilegierten Vorhaben können Darstellungen des Flächennutzungsplanes jedenfalls nur sehr eingeschränkt entgegengehalten werden. Die Errichtung eines Wohnhauses mit Speisewirtschaft gehört aber nicht zu den nach § 35 I BauGB privilegierten Vorhaben.

Nach § 35 II BauGB kann die Behörde sonstige Vorhaben zulassen, wenn sie öffentliche Belange nicht beeinträchtigen. Trotz dieser Formulierung besteht ein Rechtsanspruch auf Erteilung, wenn diese Voraussetzung erfüllt ist. § 35 III BauGB zählt beispielhaft auf, wann eine Beeinträchtigung öffentlicher Belange vorliegt. Dies ist nach § 35 III S. 1 Nr. 1 BauGB der Fall, wenn das Vorhaben den Darstellungen des Flächennutzungsplanes widerspricht. Der Flächennutzungsplan weist das fragliche Gebiet als Industriegebiet aus. Wegen des ausreichend konkret zum Ausdruck kommenden entgegenstehenden Planungswillens der Stadt ist daher das Vorhaben des B auch nicht gemäß § 35 II BauGB zulässig.

e) Somit kann das Vorhaben höchstens über den positiven Zulässigkeitstatbestand des § 33 BauGB planungsrechtlich zulässig sein. Gemäß § 33 I BauGB ist ein Aufstellungsbeschluss bzgl. des Bebauungsplanes Grundvoraussetzung. Die Stadt K hat zweifellos im Zusammenhang mit dem für nichtig erklärten Bebauungsplan einen entsprechenden Aufstellungsbeschluss gefasst. Allerdings führte dieser Beschluss nicht zur Verabschiedung eines rechtswirksamen Bebauungsplanes. Somit wurden auch die in § 33 I Nr. 1 BauGB für die sog. formelle Planreife erforderlichen Schritte für die Aufstellung eines neuen, wirksamen Planes nicht getroffen. Die Voraussetzungen des § 33 I Nr. 2 BauGB, wonach anzunehmen sein müsste, dass das Vorhaben den künftigen Festsetzungen des Bebauungsplanes nicht entgegensteht, sind auch nicht gegeben, da in keiner Weise ersichtlich ist, wie die Stadt K auf die Nichtigkeit des Planes reagieren wird. Auch § 33 BauGB führt nicht zur planungsrechtlichen Zulässigkeit.

f) Ein weiteres Problem könnte sich daraus ergeben, dass die Stadt K ihr bei Außenbereichsvorhaben gemäß § 36 I S. 1 BauGB erforderliches Einvernehmen nicht erteilt hat. Hier hat die Stadt K, die zugleich Baurechtsbehörde ist, den Antrag des B negativ beschieden.

Bei einer Gemeinde, die zugleich Baurechtsbehörde ist, bedarf es der formellen Erklärung des Einvernehmens nicht.[208]

hemmer-Methode: Schutzzweck des § 36 BauGB ist es, der Gemeinde auf einen Bauantrag, der ihren Planungsabsichten zuwiderläuft, eine Reaktionsmöglichkeit einzuräumen. Ist die Gemeinde selbst Baurechtsbehörde, ist diese Reaktionsmöglichkeit bereits durch das Genehmigungsverfahren gegeben. Einer weiteren „Beteiligung" der Gemeinde bedarf es nicht. Ihre Planungshoheit wird über die §§ 30-35 BauGB hinreichend geschützt.[209] Im vorliegenden Fall ist diese Problematik letztlich nicht entscheidend, da das Vorhaben ohnehin unzulässig ist, s.o.

2. Bauordnungsrechtliche Zulässigkeit

hemmer-Methode: Soweit diese Probleme aufwirft, müssen Sie in einem Gutachten auch dann zur bauordnungsrechtlichen Zulässigkeit Stellung nehmen, wenn Sie zuvor schon zur bauplanungsrechtlichen Unzulässigkeit gekommen sind. Eine Bezeichnung als Hilfsgutachten ist möglich, aber bei der gutachterlichen Prüfung kumulativer Voraussetzungen (wie diejenigen des Bauplanungs- und des Bauordnungsrechts) unüblich.

I.R.d. bauordnungsrechtlichen Zulässigkeit ist mangels anderer Angaben im Sachverhalt nur die Frage relevant, ob B seiner ihm gemäß § 37 LBO obliegenden Pflicht, Stellplätze in ausreichender Zahl und Größe und in geeigneter Beschaffenheit herzustellen, nachgekommen ist. Wegen der beabsichtigten Errichtung einer Speisewirtschaft durch B ist zu erwarten, dass ein relativ großer Zu- und Abfahrtsverkehr entsteht. Das hat gemäß § 37 I S. 2, III S. 1 LBO Einfluss auf die Höhe der Zahl der erforderlichen Stellplätze. Grundsätzlich hat die Erfüllung der Stellplatzpflicht gemäß § 37 V LBO real, entweder auf dem Baugrundstück oder auf einem geeigneten, in der Nähe befindlichen Grundstück, dessen Nutzung zu diesem Zweck rechtlich gesichert ist, zu erfolgen.

Diese Realherstellung ist laut Sachverhalt jedoch nicht möglich. In diesem Fall kommt die Stellplatzablösung nach § 37 VI, VII LBO in Betracht. Die Ablösung kann verlangt werden, wenn die Gemeinde die Realherstellung von Stellplätzen durch Bebauungsplan oder örtliche Bauvorschrift ausgeschlossen hat.

---

208 BVerwG, NVwZ 2005, 83 - 84 = **juris**byhemmer, (Az. 4 C 16/03).

209 BVerwG, NVwZ 2005, 83 - 84 = **juris**byhemmer, (Az. 4 C 16/03); vgl. dazu auch den interessanten Fall VGH Mannheim, VBlBW 2004, 56 - 60 = **juris**byhemmer, (Az. 5 S 2550/02): Widerspruchsbescheid, mit dem die Gemeinde zur Erteilung der Baugenehmigung verpflichtet wird trotz Versagung des Einvernehmens mit der Begründung, sie sei selbst Baurechtsbehörde.

Dies ist hier jedoch nicht der Fall. Daher liegt es im Ermessen der Stadt K, ob sie ihr Einverständnis mit der Ablösung erklärt.[210] Die Stadt darf die Ablösung auch dann verweigern, wenn das Vorhaben ansonsten baurechtlich zulässig wäre. Hier ist nichts dafür ersichtlich, dass die Stadt die Ablösung ermessensfehlerhaft verweigert hat.

Aber selbst wenn die Ablehnung rechtswidrig wäre, könnte B daraus keinen Anspruch auf Erteilung der Baugenehmigung herleiten. Der Beschluss der Stadt stellt eine für die Baugenehmigung vorgreifliche Entscheidung dar. Offen ist, ob die Zustimmung einen Verwaltungsakt darstellt oder nicht.[211] Jedenfalls hätte B zunächst das Einverständnis der Stadt mit der Verpflichtungs- oder der allgemeinen Leistungsklage erstreiten müssen. Da er dies nicht getan hat, kann er seine Verpflichtung aus § 37 LBO nicht erfüllen.

Das Vorhaben des B ist somit auch bauordnungsrechtlich unzulässig.

3. Anspruch auf Erteilung der Baugenehmigung

Da das Vorhaben des B maßgeblichen öffentlich-rechtlichen Vorschriften widerspricht, steht ihm kein Anspruch aus § 58 I S. 1 LBO auf Erteilung der Baugenehmigung zu.

IV. Ergebnis

Die Ablehnung der Baugenehmigung durch die Stadt K war somit rechtmäßig. Die zulässige Klage des B ist daher als unbegründet abzuweisen.

---

210 Finkelnburg/Ortloff/Otto, § 5 II 3 d.

211 Sauter, LBO, § 37, Rn. 93.

§ 3 WEITERE FÄLLE DER VERPFLICHTUNGSKLAGE

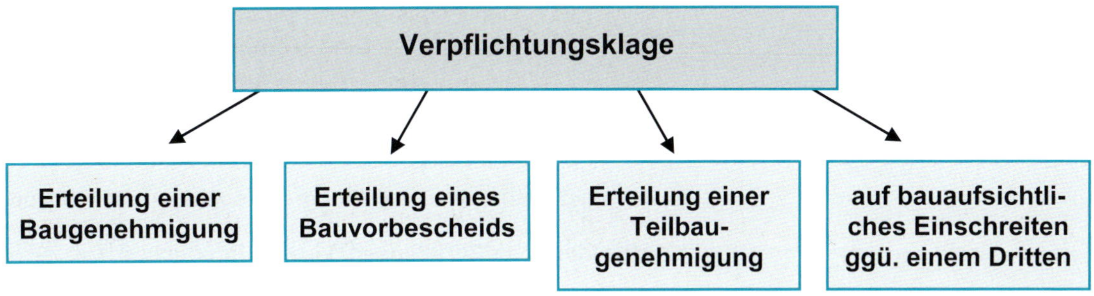

Hauptfall ist Baugenehmigung

257 Neben dem Hauptfall der Klage auf Erteilung einer Baugenehmigung sind noch weitere Verpflichtungsklagen im Baurecht denkbar. Im Folgenden werden einige typische Konstellationen hierfür angesprochen. Um Wiederholungen zu § 2 zu vermeiden, wird jedoch nur zu den spezifischen Problempunkten Stellung genommen. Es empfiehlt sich daher, zur Verdeutlichung die Schemata zu den Sachentscheidungsvoraussetzungen (Rn. 18) und zur Begründetheit (Rn. 41) der Klage auf Erteilung einer Baugenehmigung heranzuziehen.

A. Klage auf Vorbescheid oder Teilbaugenehmigung

Verwaltungsakte

258 Bauvorbescheid (§ 57 LBO) und Teilbaugenehmigung (§ 61 LBO) sind Verwaltungsakte i.S.d. § 35 VwVfG. Statthafte Klageart für das Begehren dieser Verwaltungsakte ist daher die Verpflichtungsklage.

hemmer-Methode: Zur rechtlichen Einordnung von Vorbescheid und Teilbaugenehmigung siehe bereits Rn. 23 ff.

I. Anspruch auf den Vorbescheid

Anspruchsgrundlage

259 Anspruchsgrundlage für die Erteilung des Vorbescheides ist § 57 I S. 1 i.V.m. § 58 I S. 1 LBO. Entgegen dem Wortlaut besteht für die Baurechtsbehörde kein Ermessensspielraum in der Frage, ob ein Vorbescheid zu erteilen ist.[212] Argument hierfür ist der Verweis in Abs. 2 auf den § 58 I S. 1 LBO. Das Wort „kann" bezieht sich vielmehr auf die Möglichkeit des Bauherrn, einen Vorbescheid zu beantragen (so genanntes Ermächtigungs-"Kann").[213]

formelle Voraussetzung

260 Für die formellen Anspruchsvoraussetzungen verweist § 57 II LBO auf die §§ 53, 54 LBO. Es sind die in §§ 15, 2 II, III, 3 LBOVVO genannten Bauvorlagen einzureichen.

Hauptfall des Vorbescheides

Der Hauptfall des Vorbescheides ist die so genannte „Bebauungsgenehmigung"[214], die die grundsätzliche Bebaubarkeit des Grundstücks unter planungsrechtlichen Gesichtspunkten klarstellt. Dementsprechend steht dann in einer Klausur die Prüfung der §§ 29 ff. BauGB im Mittelpunkt. Generell bestimmt jedoch der Antragsteller, zu welchen „einzelnen Fragen des Vorhabens" (§ 57 I LBO) er einen Verwaltungsakt beantragt. Dies muss nicht zwingend das Bauplanungsrecht sein.

---

212 VGH Mannheim, BWVPr 1990, 133 - 134 = **juris**byhemmer, (Az. 3 S 1986/88); Sauter, LBO, § 57, Rn. 7.

213 Sauter, LBO, § 57, Rn. 7.

214 BVerwGE 69, 1 - 5 = **juris**byhemmer, (Az. 4 C 39/82); Finkelnburg/Ortloff/Otto, § 8 VII b.

II. Anspruch auf die Teilbaugenehmigung

Anspruchsgrundlage

Anspruchsgrundlage der Teilbaugenehmigung ist § 61 I i.V.m. § 58 I S. 1 LBO. Der Erlass einer Teilbaugenehmigung ist eine echte Ermessensentscheidung. Eine Vornahmeklage kann somit erfolgreich nur bei einer Ermessensreduzierung auf Null erhoben werden. Anderenfalls hat nur die Bescheidungsklage (§ 113 V S. 2 VwGO) Aussicht auf Erfolg. 261

hemmer-Methode: Zur Prüfung eines Anspruchs aufgrund Ermessensreduzierung auf Null und zum Problem der Bescheidungsklage siehe Hemmer/Wüst/Christensen, Verwaltungsrecht II, Rn. 26, 55, 78 ff.

formelle Voraussetzung

Als formelle Voraussetzung muss ein den Anforderungen der §§ 52, 53 LBO entsprechender Bauantrag bereits eingereicht sein. 262

materielle Voraussetzung

Materiell ist die grundsätzliche Vereinbarkeit des Gesamtvorhabens (str., s.o. Rn. 29) mit dem im baurechtlichen Verfahren zu prüfenden öffentlichen Recht anspruchsbegründende Voraussetzung.[215] 263-274

B. Klage auf bauaufsichtliches Einschreiten gegenüber einem Dritten

bauaufsichtliche Befugnisse

Der Baurechtsbehörde stehen verschiedene Ermächtigungsgrundlagen zur Verfügung, um baurechtlichen Missständen entgegenzutreten. 275

Dazu gehören insbesondere:

- die bauordnungsrechtliche Generalklausel des § 47 I S. 2 LBO[216],
- die Anordnung der Einstellung von Arbeiten gemäß § 64 LBO,
- die Abbruchsanordnung gemäß § 65 S. 1 LBO,
- die Nutzungsuntersagungsanordnung gemäß § 65 S. 2 LBO.

Funktion als „Baupolizei“

Diese Befugnisse sind sicherheitsrechtlicher Natur (Stichwort „Baupolizei“). Auch in der Baurechtsklausur kann daher die aus dem Polizeirecht bekannte Problematik des Anspruchs auf sicherheitsbehördliches Tätigwerden relevant werden. 276

Hierbei ist zu beachten, dass die Befugnis der Baurechtsbehörde, auf die Einhaltung der öffentlich-rechtlichen Vorschriften hinzuwirken, nur ausnahmsweise verwirkt werden kann. Das tatenlose Hinnehmen baurechtswidriger Zustände durch die Baurechtsbehörde begründet in der Regel kein Hindernis, in Zukunft einzuschreiten.[217]

Problem bei Drittbeteiligung: subjektives Recht

Ein Problemschwerpunkt liegt in diesen Konstellationen wie in allen Drittbeteiligungsfällen bei der Herausarbeitung eines drittschützenden Rechts als möglicher Anspruchsgrundlage in der Klagebefugnis und in der Begründetheit. 277

hemmer-Methode: Die Probleme der einzelnen Ermächtigungsgrundlagen werden weiter unten (Rn. 437 ff.) im Zusammenhang mit der Anfechtung durch den Adressaten behandelt. Da sich im Kontext der Anfechtungsklage weitere vollstreckungsrechtliche Probleme einbauen lassen, ist dies eine typische Klausurvariante für bauordnungsrechtliche Maßnahmen.

---

215 Nach VGH Mannheim ist es aber möglich, bei Rechtswidrigkeit des Gesamtvorhabens eine Teilgenehmigung zu erteilen, wenn jedenfalls dieser Teil des Vorhabens den öffentlich-rechtlichen Vorschriften nicht widerspricht und die Teilbarkeit möglich ist, VGH Mannheim, NVwZ-RR 2006, 768 = **juris**byhemmer, (Az. 8 S 1737/05), www.landesrecht-bw.de, Rn. 34.

216 Hierhin gehören auch Duldungsverfügungen z.B. gegen den Eigentümer einer Anlage, eine Nutzungsuntersagung, die gegen den Betreiber ausgesprochen wurde, hinzunehmen, VGH Mannheim, DÖV 2007, 348 - 349 (349) = **juris**byhemmer, (Az. 3 S 2377/06).

217 Insbesondere entsteht kein Gewohnheitsrecht, dass ein „Schwarzbau“ unbegrenzt stehen bleiben darf, Finkelnburg/Ortloff/Otto, § 13 VII 4.

§ 4 DIE ANFECHTUNG VON VERWALTUNGSAKTEN

Anfechtungsklage im Baurecht

Anfechtungsvarianten im Bereich des Baurechts: 278

- ⇨ Anfechtung einer Baugenehmigung (bzw. eines Vorbescheides/einer Teilbaugenehmigung) durch den Nachbarn
- ⇨ Anfechtung eines Aufhebungsbescheides durch den Bauherrn (ggf. auch eines Widerspruchsbescheids nach erfolgreicher Drittanfechtung der Baugenehmigung)
- ⇨ Anfechtung der Baugenehmigung durch eine Gemeinde bei fehlendem Einvernehmen (ggf. auch Anfechtung der Ersetzung des fehlenden bzw. verweigerten Einvernehmens)
- ⇨ Anfechtung einer bauaufsichtlichen Maßnahme (z.B. Abbruchs-, Nutzungsuntersagungsanordnung)
- ⇨ isolierte Anfechtung von Nebenbestimmungen der Baugenehmigung

A. Die Nachbarklage

wichtigster Fall: Nachbarklage

Dass der Nachbar einen dem Bauwilligen gegenüber ergangenen VA (Baugenehmigung bzw. Vorbescheid) mit Rechtsbehelfen angreifen kann, ist heute unstreitig. Gleichwohl gibt es eine Fülle von Einzelfallproblemen, die mit der Drittanfechtung verbunden sind. 279

Ausgangsfall: *Der A beantragt bei der zuständigen Behörde eine Baugenehmigung. Diese wird ihm auch antragsgemäß erteilt, obwohl Nachbar N dem Vorhaben nicht zugestimmt hat. Nach erfolglosem Widerspruchsverfahren möchte N klagen.*

Kurzübersicht zu den Sachentscheidungsvoraussetzungen der Klage:

1. Verwaltungsrechtsweg
2. Klageart = Anfechtungsklage,
   da Aufhebung eines VA begehrt wird (§ 42 I Alt. 1 VwGO)
3. Klagebefugnis aus drittschützendem Recht (§ 42 II VwGO)
4. Vorverfahren ordnungsgemäß durchgeführt
5. Beteiligten- und Prozessfähigkeit
6. ggf. sonstige Voraussetzungen

I. Zulässigkeit der Nachbarklage

1. Eröffnung des Verwaltungsrechtsweges

§ 40 I S. 1 VwGO (+)

Die streitentscheidenden Normen sind dem BauGB und der LBO zu entnehmen, so dass der Verwaltungsrechtsweg (§ 40 I S. 1 VwGO) eröffnet ist. Anderweitige Zuweisungen sind nicht ersichtlich. 280

2. Klageart

da Aufhebung des VA begehrt
⇨ Anfechtungsklage

N begehrt hier die Beseitigung eines bereits erlassenen VA i.S.d. § 35 VwVfG, nämlich die Beseitigung der gegenüber dem A erteilten Baugenehmigung.[218] Es liegt ein bekannt gegebener und damit anfechtbarer VA vor (§§ 41 I, 43 I VwVfG). Richtige Klageart ist deshalb die Anfechtungsklage, § 42 I Alt. 1 VwGO. 281

Dass der angefochtene VA nicht an den N, sondern gegenüber dem A erlassen wurde, ist keine Frage der Klageart, sondern vielmehr der Klagebefugnis, § 42 II VwGO, sowie der Widerspruchs- und der Klagefrist, §§ 70 I, 74 I VwGO. 282

hemmer-Methode: Die richtige Klageart ist bei der Nachbarklage i.d.R. genauso unproblematisch wie die Eröffnung des Verwaltungsrechtsweges. Fassen Sie sich deshalb bei der Abhandlung dieser beiden Prüfungspunkte möglichst kurz. Längere Ausführungen können i.R.d. Klageart allerdings dann notwendig sein, wenn der Kläger beabsichtigt, die noch nicht erteilte, sondern lediglich „drohende" Baugenehmigung anzufechten. Dann käme wenigstens theoretisch die sog. vorbeugende Unterlassungsklage in Betracht.[219] Für sie fehlt es aber meist an dem dafür notwendigen besonderen Rechtsschutzbedürfnis, da die allgemeinen Rechtsbehelfe wie Widerspruch, Anfechtungsklage sowie der Eilantrag nach § 80a VwGO in aller Regel ausreichend Rechtsschutz gewähren.[220]

3. Klagebefugnis, § 42 II VwGO

Problem: Klagebefugnis, § 42 II VwGO

Eine der wichtigsten Fragen der Zulässigkeit ist bei der Nachbarklage das Bestehen der Klagebefugnis (§ 42 II VwGO). 283

a) Schutznormtheorie (drittschützende Vorschriften)[221]

Möglichkeit ausreichend

Die Klagebefugnis ist grds. dann gegeben, wenn der Kläger möglicherweise in eigenen subjektiv-öffentlichen Rechten verletzt ist, § 42 II VwGO. Umgekehrt kann eine Klagebefugnis nur dann nicht angenommen werden, wenn unter jedem Blickwinkel eine Verletzung subjektiv-öffentlicher Vorschriften des Klägers ausscheidet. 284

Adressatentheorie (-)

Die Anwendung der sog. *Adressatentheorie*[222] kommt bei der Nachbarklage nicht in Betracht, da der Nachbar nicht unmittelbarer Adressat der Baugenehmigung selbst (vergleiche §§ 41 I, 43 I VwVfG, jeweils 1. Alternative), sondern nur unter bestimmten Voraussetzungen eine Ausfertigung der Baugenehmigung erhält (§ 58 I S. 6 LBO). 285

hemmer-Methode: Dass die Adressatentheorie bei der Drittanfechtung nicht einschlägig ist, sollten Sie in der Klausur dennoch kurz erwähnen. Beachten Sie im Zusammenhang mit der Adressatentheorie außerdem noch, dass es sich bei einer Baugenehmigung für den *tatsächlichen* Adressaten (also den Bauherrn) grds. nicht um einen *belastenden*, sondern im Gegenteil um einen begünstigenden VA geht.
Dieser hat allerdings eine drittbelastende Doppelwirkung. Belastend für den Bauherrn wirken allenfalls Nebenbestimmungen (Hemmer-/Wüst/Christensen, Verwaltungsrecht I, Rn. 407 ff.).

---

218 Ebenso, wenn ein Vorbescheid angegriffen wird, § 57 LBO; zum Vorbescheid schon ausführlich oben Rn. 23 ff.

219 Dazu ausführlich **Hemmer/Wüst/Christensen, Verwaltungsrecht III**, Rn. 271 ff.

220 Pietzner/Ronellenfitsch, § 15, Rn. 14, sehen unter bestimmten Voraussetzungen die vorbeugende Unterlassungsklage des Nachbarn als zulässig an, z.B. bei einer Zusage der Verwaltung, das objektive Recht einzuhalten.

221 Hierzu statt vieler BVerwG, NVwZ 1987, 409 - 410 = **juris**byhemmer, (Az. 4 C 8/84).

222 Zur Adressatentheorie vgl. **Hemmer/Wüst/Christensen, Verwaltungsrecht I**, Rn. 115.

Verletzung drittschützender Norm prüfen; Schutznormtheorie

286 In Betracht kommt daher in erster Linie die Verletzung von drittschützenden Vorschriften des materiellen Baurechts. Ob eine Vorschrift des Baurechts dem betroffenen Nachbarn tatsächlich eigene Rechte gewährt, ist nach einhelliger Meinung[223] durch Auslegung der Norm zu ermitteln. Insbesondere der Wortlaut der Vorschrift, der systematische Zusammenhang sowie der Schutzzweck der Norm (man spricht insoweit auch von der *„Schutznormtheorie“*) sind heranzuziehen. Wichtig ist dabei vor allem, dass der Nachbarschutz nicht lediglich faktisch (bloßer Rechtsreflex) erfolgt, sondern auch ausdrücklich vom Normgeber beabsichtigt ist (Normschutzzweck).

> **Bsp.:** *Die Gemeinde G erlässt einen Bebauungsplan, in dessen Festsetzungen ein Mindestabstand von zehn Metern zwischen den verschiedenen Bauwerken eingehalten werden muss. Nach der Planbegründung soll diese Regelung eine offene Bauweise ermöglichen, die einen großzügigen Eindruck macht und damit vermögende Bauherren anlockt.*
>
> Auch wenn der Mindestabstand dem Nachbarn faktisch zugutekommt (Rechtsreflex), so ist die Festsetzung der Abstandsflächen hier nicht im Interesse der Nachbarn, sondern der Gemeinde selbst erfolgt (Normzweck). Nach der Schutznormtheorie sind damit die Festsetzungen speziell dieses Bebauungsplans nicht nachbarschützend.

bestimmbarer Kreis der Nachbarn notwendig

287 Weiter eingeengt wird dieser Kreis von Schutznormen durch das Erfordernis, dass der Kreis der geschützten Nachbarn aus der Norm heraus bestimmbar sein muss.[224] Aus den individualisierbaren Tatbestandsmerkmalen der jeweiligen Norm muss sich ein Personenkreis entnehmen lassen, „der sich von der Allgemeinheit unterscheidet“.[225]

- *Bauordnungsrecht oft (+)*

288 Anerkanntermaßen nachbarschützende Vorschriften ergeben sich vor allem aus dem Bauordnungsrecht, z.B.:

⇨ §§ 5, 6 LBO in Hinblick auf die Einhaltung von Abstandsflächen, soweit keine diesbezüglichen Festsetzungen in einem Bebauungsplan vorhanden sind.[226]

⇨ §§ 12, 14, 15, LBO in Hinblick auf Baustellen und sonstige mögliche Einwirkungen auf Grundstücke.

- *Bauplanungsrecht: Differenzieren!*

289 Ansonsten kommt den planungsrechtlichen Vorschriften der §§ 30, 31, 33, 34, 35 BauGB nicht grundsätzlich nachbarschützende Bedeutung zu.[227] Nachbarschutz ist jedoch i.V.m. dem Gebot der Rücksichtnahme sowie aus konkreten drittschützenden Festsetzungen eines Bebauungsplans anzunehmen.[228] Hier liegen sehr häufig Schwerpunkte in Examensklausuren.

- *jedenfalls einzelne Vorschriften*

⇨ Festsetzungen des Bebauungsplans, soweit diese Nachbarschutz beabsichtigen (insbesondere Art der baulichen Nutzung),

⇨ § 15 I S. 2 BauNVO als gesetzlich geregelter Fall des Gebots der Rücksichtnahme,

⇨ § 31 II BauGB in Hinblick auf die Würdigung nachbarlicher Interessen,

---

223 Ausführlich dazu Jäde/Dirnberger/Weiß, BauGB, § 29, Rn. 42.

224 Vgl. Jäde/Dirnberger/Weiß, BauGB, § 29, Rn. 42; Battis/Krautzberger/Löhr, BauGB, § 31, Rn. 56.

225 BVerwG, NVwZ 1987, 409 - 410 = **juris**byhemmer, (Az. 4 C 8/84).

226 vgl. VGH Mannheim, NVwZ 1998, 535 - 536 (536) = **juris**byhemmer, (Az. 5 S 2568/97).

227 Umfassend zum Drittschutz Jäde/Dirnberger/Weiß, BauGB § 29, Rn. 43 ff.; für § 35 BauGB ergibt sich dies bereits aus dem Wortlaut „öffentliche Belange“.

228 Jäde/Dirnberger/Weiß, BauGB, § 29, Rn. 75.

- § 34 I BauGB bzgl. des Merkmals „Einfügen",
- Das Gebot der Rücksichtnahme als ungeschriebener „öffentlicher Belang" i.S.v. § 35 III BauGB.

hemmer-Methode: Der Drittschutz kann daher stets nur aus einer Rechtsnorm abgeleitet werden, nie (lediglich) aus allgemeinen Grundsätzen. Vergleichen Sie zu den Einzelfällen später Rn. 347 ff. Eine Kurzübersicht finden Sie auch im Skript Hemmer/Wüst/Christensen, Verwaltungsrecht I, Rn. 125 ff.

Nach der Rspr. des VGH Mannheim können auch formelle Vorschriften drittschützend sein. Dies gilt beispielsweise für die Regelungen über die Anforderungen an die Bauvorlagen (§ 53 LBO), wenn die Bauvorlagen unvollständig sind und aus diesem Grund von Behörde und Nachbar gar nicht geprüft werden kann, ob in materielle drittschützende Rechtspositionen eingegriffen wird.[229] Dann hat die Klage des Nachbarn alleine schon wegen der Unvollständigkeit der Bauvorlagen Erfolg.

b) Gebot der Rücksichtnahme

ggf. i.V.m. Gebot der Rücksichtnahme

Das im Baurecht immer wieder angeführte Gebot der Rücksichtnahme ist nach der Rspr. des BVerwG nichts Isoliertes, sondern in einzelnen Vorschriften enthalten. Das BVerwG wörtlich: „Ein das gesamte Baurecht umfassendes – außergesetzliches – Rücksichtnahmegebot gibt es nicht; ein derartiges Gebot lässt sich auch nicht aus dem Verfassungsrecht ableiten. Vielmehr sind ... die einzelnen Vorschriften daraufhin zu prüfen, ob sie auch die individuellen Interessen Dritter schützen wollen".[230] 290

c) Grundrechte

Konkretisierung von Art. 14, 2 II GG

Subjektiv-öffentliche Rechte des Nachbarn sind vor allem noch die Grundrechte als Abwehrrechte gegen staatliche Eingriffe (insbes. Art. 14, 2 II GG),[231]. Da aber die drittschützenden Normen des Baurechts diese Abwehrrechte konkretisieren und verbessern, bedarf es keines Drittschutzes direkt aus Grundrechten mehr.[232] 291

hemmer-Methode: Die Frage, wie ausführlich der Drittschutz von Normen in der Zulässigkeit der Klage anzusprechen ist, richtet sich vor allem nach der Möglichkeitstheorie: Die Verletzung von drittschützenden Normen muss zu Lasten des Klägers möglich sein. Somit verlangt die Möglichkeit einer Rechtsverletzung in der Klagebefugnis die Prüfung und Feststellung des drittschützenden Charakters der einschlägigen Norm. Im Bauplanungsrecht ist die Zahl der drittschützenden Normen überschaubar, weshalb die Feststellung des drittschützenden Charakters auch unproblematisch gelingen sollte. Fehlerhaft ist demnach eine Klausurbearbeitung, welche eine Klage für zulässig erachtet, in der Begründetheit dann aber zum Ergebnis kommt, die geltend gemachte Norm habe nicht drittschützenden Charakter.
Darüber hinaus sollte man in der Klagebefugnis auch diejenigen Umstände darlegen, welche die Verletzung des subjektiven Rechts beziehungsweise des Gebots der Rücksichtnahme nach klägerischem Vortrag begründen sollen. (Schließlich müssen auch in einer Adressatenkonstellation die die Rechtsverletzung begründenden Umstände tatsächlicher Art in der Klagebefugnis ausgeführt werden[233]).

229 VGH Mannheim, VBlBW 2005, 480 = jurisbyhemmer, (Az. 3 S 1216/05).
230 BVerwG, NVwZ 1987, 409 - 410 = jurisbyhemmer, (Az. 4 C 8/84).
231 Rn. 366 f.
232 Finkelnburg/Ortloff/Otto, § 17 VII.
233 Dazu unten, Rn. 344 ff.

Nur wenn eine Rechtsverletzung des Klägers nach jeder denkbaren Betrachtungsweise ausgeschlossen ist (z.B. Kläger hat in Mecklenburg-Vorpommern ein Grundstück und rügt die Verletzung der Abstandsvorschriften durch den Bau in Baden-Württemberg), fehlt die Klagebefugnis.
In Drittschutzfällen liegt ein Klausurschwerpunkt daher regelmäßig bereits bei der Begründung der Klage-/Antragsbefugnis sowie in der Begründetheit bei der Rechtsverletzung des Klägers/Antragstellers.

d) Der „Nachbarbegriff" im Baurecht

Problem, ob Kläger = Nachbar i.S.d. Norm

Einen einheitlichen Nachbarbegriff gibt es im Baurecht nicht. Allenfalls der „Angrenzer" lässt sich dadurch definieren, dass er mit dem Bauherrn eine gemeinsame Grundstücksgrenze hat, § 55 I LBO. Eine Klagebefugnis scheidet aber dann aus, wenn der Kläger kein Nachbar bzw. Angrenzer i.S.d. nachbarschützenden Vorschrift ist. Zu fragen bleibt deshalb stets, welchen Kreis von Personen eine als drittschützend eingestufte Norm begünstigt: 292

aa) Räumliche Abgrenzung

räumlich i.d.R. Grundstücksnachbarn

Eine räumliche Abgrenzung nach festen Kriterien (z.B. Entfernung in Metern) ist nicht denkbar. Jeder einzelnen drittschützenden Norm kommt eine eigene räumliche Reichweite zu. Nachbarn sind jeweils all diejenigen, deren Grundstücke von den Auswirkungen des geplanten Vorhabens berührt werden können. 293

> ***Bsp.:*** *Geht es um einzuhaltende Abstandsflächen, so sind in der Regel nur die unmittelbar an das Baugrundstück angrenzenden Grundstücke betroffen (sog. Angrenzer, vgl. § 55 LBO).*
>
> *Die Vorschriften über den Schutz gegen Einwirkungen (§ 14 LBO), beispielsweise von Rauch oder Ruß, begünstigen hingegen eine ungleich größere Zahl Betroffener.*

hemmer-Methode: Der Nachbar im Baurecht ist gerade in Hinblick auf die räumliche Betroffenheit zusätzlich noch vom Nachbarn i.S.d. Immissionsschutzrechts (BImSchG) abzugrenzen. Bei letzterem liegen in der Regel durchaus größere Distanzen zwischen Baugrundstück und Nachbargrundstück, oder auch mehrere Nachbargrundstücke dazwischen liegen, ohne dass die Nachbareigenschaft verloren geht.[234] Im immissionsschutzrechtlichen Bereich ist aber ebenso der Kreis der personell Betroffenen weiter zu ziehen (vgl. anschließend). Noch weiter ist der räumliche und personale Nachbarschaftsbegriff im Atomrecht.

bb) Personelle Abgrenzung

personell i.d.R. dinglich Berechtigte

Geschützt sind zunächst grundsätzlich die Eigentümer der benachbarten Grundstücke, bei Miteigentum oder Wohnungseigentum jeder Rechtsinhaber. 294

Diesen Personen gleichgestellt sind die Inhaber beschränkt dinglicher Rechte, die in Bezug auf das Grundstück eine eigentümerähnliche Stellung haben (z.B. Erbbauberechtigte). 295

Auch der durch eine Vormerkung (§ 883 ff. BGB) gesicherte Käufer ist Nachbar in diesem Sinn[235], wenn der Übergang von Besitz, Nutzungen und Lasten stattgefunden hat.

[234] Zum Nachbarbegriff im Immissionsschutzrecht: **Hemmer/Wüst/Christensen, Verwaltungsrecht I**, Rn. 135 ff.

[235] BVerwG, NJW 1983, 1626 = **juris**byhemmer, (Az. 4 C 51/79).

Dagegen ist nicht Nachbar der durch ein dingliches Vorkaufsrecht gesicherte Käufer, da der Eintritt des Vorkaufsfalles ungewiss ist und damit die Rechtsstellung des Vorkaufsberechtigten nicht in der vergleichbaren Weise gesichert ist.[236]

Mieter u. Pächter (-)

Nach der einhelligen älteren Rspr. sind keine Nachbarn die nur obligatorisch Berechtigten (z.B. Mieter und Pächter). Diese Ansicht, die zwischenzeitlich aufgrund des Urteils des BVerfG, in dem die Position des Mieters als von Art. 14 GG geschützt angesehen wurde[237], in Frage gestellt wurde, ist nun auch heute wieder herrschend. Das BVerwG[238] hat entschieden, dass die Entscheidung des BVerfG ohne Auswirkungen auf das grundsätzlich grundstücksbezogene öffentliche Baurecht ist. 296

anders bei BImSchG, hier auch Mieter

Wird dagegen die Verletzung immissionsschutzrechtlicher Vorschriften (z.B. § 22 BImSchG) gerügt, so ist auch der Mieter anerkanntermaßen aufgrund der Nutzung des Grundstücks als Nachbar anzusehen.[239] 297

hemmer-Methode: Zur Erinnerung: Ist ein Vorhaben nach § 4 BImSchG genehmigungspflichtig, entfällt nach § 13 BImSchG das Erfordernis einer gesonderten Baugenehmigung (Zuständigkeits- und Verfahrenskonzentration). In einem solchen Fall sind die baurechtlichen Anforderungen nach § 6 I Nr. 2 BImSchG im immissionsschutzrechtlichen Verfahren zu prüfen. Ist keine immissionsschutzrechtliche Genehmigung erforderlich, sind die Kriterien der §§ 22 ff. BImSchG als sonstige öffentlich-rechtliche Vorschriften im Genehmigungsverfahren nach § 58 I S. 1 LBO zu prüfen.

Prüfungsschema bei nachbarschützenden Vorschriften:

I. Festlegung der nachbarschützenden Vorschrift:

- **1.** systematische und grammatische Auslegung der Norm
- **2.** ggf. Hinweis, dass in der Norm das Gebot der Rücksichtnahme enthalten ist

II. Anwendbarkeit der Norm auf den Kläger prüfen:

- **1.** räumlicher bzw. sachlicher Anwendungsbereich
- **2.** persönlicher Anwendungsbereich (bei BauGB und LBO: Eigentümer)

cc) Sonderfall: Eigentümer des Baugrundstücks als „Nachbar"

wenn Bauherr nicht Eigentümer, dann keine Klagebefugnis des Grundstückseigentümers gegenüber Bauherrn

Bauherr und Grundstückseigentümer brauchen nicht identisch zu sein. So kann z.B. der Pächter eines Grundstücks selbständig eine eigene Baugenehmigung auch ohne Mitwirken des Eigentümers beantragen. Wird diese dann ohne Zustimmung des Eigentümers erteilt, so hat dieser gleichwohl keine Klagebefugnis i.S.d. § 42 II VwGO: Zum einen hat der Eigentümer kein förmliches Beteiligungsrecht in Hinblick auf den Erlass der Baugenehmigung (§ 55 LBO), zum anderen wird die Baugenehmigung „unbeschadet privater Rechte Dritter" erteilt, vgl. § 58 III LBO. 298

236 VGH Mannheim, NJW 1995, 1308 - 1309 = **juris**byhemmer, (Az. 8 S 1198/94).

237 BVerfG, NJW 1993, 2035 - 2037 = **juris**byhemmer, (Az. 1 BvR 208/93).

238 BVerwG, DVBl. 1998, 899 - 900 = **juris**byhemmer, (Az. 4 B 22/98); vgl. auch OVG Lüneburg, NVwZ 1996, 918 - 919 = **juris**byhemmer, (Az. 1 L 1201/95).

239 Der Nachbarbegriff im Immissionsschutzrecht ist damit wesentlich weiter als im Bereich des Baurechts, vgl. m.w.N. **Hemmer/Wüst/Christensen, Verwaltungsrecht I**, Rn. 135 ff.

Schließlich ist auch eine Verletzung des Eigentumsrechts aus Art. 14 GG nicht möglich, da die Baugenehmigung lediglich einen rechtlichen Vorteil („es darf gebaut werden") für das Grundstück darstellt. Insoweit bleibt es dem Eigentümer allein vorbehalten, zivilrechtlich gegen die Verwirklichung der Baugenehmigung vorzugehen.[240] Zivilrechtlich kann er also den Vollzug der erteilten Baugenehmigung auf dem eigenen Grundstück verhindern.

e) Nachbarunterschrift nach § 55 I S. 2 Nr.1 LBO

Nachbarunterschrift

I.R.d. Klagebefugnis kann das Problem auftauchen, dass der Nachbar i.R.d. Angrenzerbenachrichtigungsverfahrens dem Bauvorhaben vor Erlass der Baugenehmigung bereits unterschriftlich zugestimmt hat (vgl. § 55 I S. 2 Nr.1 LBO). 299

***Bsp.:** Anders als im Ausgangsfall hat N den Bauantrag des A diesmal zuvor unterschrieben. Kann er trotzdem klagen?*

Eine öffentlich-rechtliche Verpflichtung, die Bauvorlagen zu unterschreiben, besteht für den Nachbarn grundsätzlich nicht. 300

bei Fehlen der Unterschrift Zustellung einer Ausfertigung notwendig

Das Fehlen der Unterschrift steht der Erteilung der Baugenehmigung auch nicht entgegen, vielmehr ist dem Angrenzer eine Ausfertigung der Baugenehmigung zuzustellen (§ 58 I S. 7 LBO).

wenn Unterschrift erfolgt, dann Klage unzulässig

Erfolgt allerdings die Unterschrift, so erteilt der Nachbar damit seine Zustimmung zum Bauvorhaben. Ein Verzicht ist darin jedoch noch nicht automatisch zu sehen. Zunächst hat die Unterschrift lediglich die verfahrensrechtliche Bedeutung, dass er im Verfahren beteiligt worden ist.[241] 301

Ob er damit auf die ihm zustehenden (materiellen) subjektiv-öffentlichen Rechte verzichtet (§ 55 I S. 2 Nr.1 LBO), ist eine andere Frage.[242] Rechtsbehelfe sind nach der Nachbarunterschrift jedenfalls nicht mehr möglich, da ansonsten ein widersprüchliches Verhalten des Nachbarn vorliegen würde. Widerspruch und Klage sind deshalb nach wohl h.M. entweder wegen fehlender Klagebefugnis oder wegen fehlenden Rechtsschutzinteresses unzulässig.[243]

aber ggf. Widerruf oder Anfechtung möglich

Die Zustimmung des Nachbarn kann jedoch bis zum Eingang bei der Baurechtsbehörde widerrufen werden (§ 130 BGB),[244] zudem besteht die Möglichkeit, die Zustimmung als Willenserklärung entsprechend §§ 119 ff. BGB gegenüber der Baurechtsbehörde anzufechten, so dass unter diesen Umständen die Klagebefugnis wieder auflebt.

hemmer-Methode: Weniger entscheidend ist, ob Sie die Klage wegen fehlenden Rechtsschutzbedürfnisses oder aber wegen fehlender Klagebefugnis als unzulässig abweisen. Wichtig ist vielmehr, dass Sie das Problem überhaupt als Frage der Zulässigkeit erkennen und diskutieren.
Beachten Sie schließlich noch, dass die Nachbarunterschrift noch im Hinblick auf die zivilrechtlichen Abwehransprüche des Nachbarn von Bedeutung ist.

240 So auch Kopp/Schenke, VwGO, § 42, Rn. 81.

241 Sauter, LBO, § 55 Rn. 16 und Rn. 22.

242 VGH Mannheim, VBlBW 1983, 75 - 77 (Az. 5 S 278/82); VGH Mannheim, VBlBW 1991, 218 - 219 (Az. 8 S 1714/90); Sauter, LBO, § 55, Rn. 23.

243 Sauter, LBO, § 55, Rn. 22. Man kann in der Unterschrift auch einen vorweggenommenen Rechtsmittelverzicht sehen. Im Einzelnen ist hier die genaue Rechtsfolge strittig, vgl. OVG Münster, BauR 1980, 56 - 58 = **juris**byhemmer, (Az. XI B 1528/78), der entgegen der ganz h.M. sogar die Klage zulässig, aber unbegründet sein lassen will.

244 Sauter, LBO, § 55, Rn. 19; a.A.: Widerrufbar bis zum Erlass des Genehmigungsbescheids (Arg.: § 183 BGB); allgemein zur Rechtsnatur der Nachbarunterschrift Reidt, Die Bedeutung nachbarlicher Erklärungen im baurechtlichen Genehmigungsverfahren und ihre zivilrechtliche Relevanz - BayObLGZ 90, 204, JuS 1993, 20 - 23.

Zwar wird nach § 58 III LBO die Genehmigung unbeschadet der Rechte Dritter erteilt, so dass zivilrechtliche Abwehransprüche des Nachbarn grds. erhalten bleiben, allerdings kann es ein widersprüchliches Verhalten darstellen, wenn der Nachbar einerseits unterschreibt, dann aber nachträglich zivilrechtlich gegen das Vorhaben vorgehen will (venire contra factum proprium, § 242 BGB).[245]

f) Materielle Präklusion nach § 55 II S. 2 LBO

Nach § 55 I LBO ist die Gemeinde verpflichtet, die Eigentümer angrenzender Grundstücke von dem Bauvorhaben zu benachrichtigen. 302 Gem. § 55 I S. 3 LBO kann sie zudem auch „sonstige Nachbarn" benachrichtigen, deren Grundstücke nicht direkt angrenzen. Nach § 55 II S. 2 LBO sind die so benachrichtigten Nachbarn mit Einwendungen, die sie i.R.d. Verfahrensbeteiligung hätten vorbringen können, aber nicht fristgemäß vorgebracht haben, ausgeschlossen, soweit sie auf diese Rechtsfolge hingewiesen wurden (vgl. § 55 II S. 3 LBO). Soweit hiernach Einwendungen ausgeschlossen sind, können ein Widerspruch oder eine Anfechtungsklage des Nachbarn keinen Erfolg mehr haben.

Die materielle Präklusion ist zwar eine deutliche Rechtsschutzverkürzung, begegnet im Baurecht aber mittlerweile ebenso wenig verfassungsrechtlichen Bedenken wie in anderen Rechtsgebieten (examensrelevant im Schwerpunktbereich noch § 10 III S. 4 BImSchG).[246] Sie ist ein zulässiges Instrument zur Beschleunigung, Konzentration und Ökonomie des Genehmigungsverfahrens auch in materiell-rechtlicher Hinsicht.[247]

Dabei ist erforderlich, dass das Verfahren fehlerfrei war und keine Behinderung des Nachbarn bei der Möglichkeit, Einwendungen vorzubringen, erfolgte. Die Präklusion ist auch dann ausgeschlossen, wenn die Bauvorlagen unvollständig sind. Umfang des Vorhabens und Betroffenheit des Angrenzers müssen aus den Unterlagen erkennbar und für den Nachbarn verständlich sein.[248]

Denn die Präklusionsfrist wird nur dann in Lauf gesetzt, wenn insbesondere eine Baubeschreibung die konkrete Nutzung des Vorhabens erläutert. Denn der Angrenzer soll entscheiden können, ob er ggf. Einsicht in die Antragsunterlagen nimmt und Einwendungen gegen das Vorhaben erhebt, um sich die Möglichkeit späterer Rechtsbehelfe zu erhalten oder nicht. Deshalb muss das Vorhaben in der Angrenzerbenachrichtigung so eindeutig bezeichnet sein, dass davon eine **Anstoßwirkung** auf den Angrenzer ausgeht.[249]

> ***Bsp.:***[250] *Das Vorhaben wird in den Unterlagen als „Wintergarten" bezeichnet, tatsächlich handelte es sich um eine Wohngebäude-Erweiterung mit Außenwand in massiver Bauweise.*

Nur soweit der Angrenzer gegenständlich Einwendungen erhoben hat, ist er nicht in einem nachfolgenden Rechtsmittelverfahren ausgeschlossen. Aspekte, die seine Einwendungen nicht umfassten, sind demgegenüber präkludiert.[251]

245 Maßgeblich ist diesbezüglich die vorherige Erkennbarkeit für den Nachbarn, dazu informativ Reidt, Die Bedeutung nachbarlicher Erklärungen im baurechtlichen Genehmigungsverfahren und ihre zivilrechtliche Relevanz - BayObLGZ 90, 204, JuS 1993, 20 - 23; zu den möglichen zivilrechtlichen Ansprüchen des Nachbarn vgl. Palandt-Bassenge, BGB, § 903, Rn. 9 ff.

246 VGH Mannheim, VBlBW 1998, 464 - 466 = **juris**byhemmer, (Az. 8 S 722/98); zu diesem Problemkreis auch BVerfGE 61, 82 - 118 (109 ff.) = **juris**byhemmer, (Az. 2 BvR 1187/80).

247 Sauter, LBO, § 55, Rn. 28a.

248 VGH Mannheim, BauR 2003, 373 - 375 = **juris**byhemmer, (Az. 5 S 1280/02); Sauter, LBO, § 55, Rn. 28e.

249 VGH Mannheim, BWGZ 2002, 186 = **juris**byhemmer, (Az. 3 S 781/01).

250 Vgl. Sauter, LBO, § 55, Rn. 28e.

251 VGH Mannheim, VBlBW 2002, 445 - 447 = **juris**byhemmer, (Az. 5 S 629/02).

Bsp.: *Der Angrenzer erhebt lediglich Einwendungen wegen Nichteinhaltung von Abstandsflächen. Im Rechtsmittelverfahren will er dann aber geltend machen, von dem Vorhaben gingen unzumutbare Lärmimmissionen aus.*[252]

Bei einer nachträglichen Änderung des Baugesuchs, die dann auch zu einer nochmaligen Angrenzerbenachrichtigung führt, kann der Nachbar nach einer eingetretenen Präklusion nur noch Einwendungen hinsichtlich der Änderungen des Bauvorhabens erheben.[253]

M.a.W.: Eine einmal eingetretene Präklusion hinsichtlich eines bestimmten Vorhabens bleibt auch dann bestehen, wenn das Vorhaben geändert wird, sofern sich die Änderungen nicht auf einwendungsrelevante Aspekte des ursprünglichen Vorhabens beziehen.

Ob § 55 II S. 2 LBO in der Zulässigkeit (Klagebefugnis § 42 II VwGO) oder in der Begründetheit (Rechtsverletzung § 113 I S. 1 VwGO) zu prüfen ist, wird unterschiedlich beurteilt. In einer älteren Entscheidung hat der VGH Mannheim die Präklusion nach dem Atomrecht als Zulässigkeitsfrage angesehen.[254] Er scheint dies zu bestätigen, wenn er formuliert, dass der Präkludierte mit Ablauf der Frist seine Rechte „endgültig" verliere.[255]

Eine Klage ist jedenfalls dann unzulässig, wenn die die Präklusion begründenden Tatsachen unstreitig vorliegen.

Um die Präklusion zu verhindern, genügt es nicht, dass der Angrenzer mitteilt, er erhebe „Einspruch". Sein Vorbringen muss vielmehr erkennen lassen, in welcher Hinsicht aus seiner Sicht Bedenken gegen das Bauvorhaben bestehen. Dies erfordert die Bezeichnung des verletzten Rechtsguts und eine wenigstens grobe Darlegung der im Einzelnen befürchteten Beeinträchtigungen.[256]

g) Unzulässige Rechtsausübung

Kauf von Sperrgrundstück problematisch

Ein weiteres Sonderproblem ist die Klagebefugnis in den Fällen, in denen der Kläger sich erst ein Grundstück kauft, um dann als „frischgebackener" Nachbar mit einem *Sperrgrundstück* gegen eine Baugenehmigung klagen zu können. **304**

Bsp.: *Das Möbelhaus S plant den Bau einer neuen Filiale mit 50.000 qm Verkaufsfläche. Da keiner der Nachbarn dem Vorhaben widersprechen will, kauft sich der Konkurrent, Möbelhändler K – der um seine Existenz fürchtet – ein unmittelbar angrenzendes Nachbargrundstück, dessen Nutzung er aber gar nicht anstrebt. Anschließend erhebt er Nachbarklage.*

Fraglich ist, ob K hier klagebefugt sein kann. Das BVerwG[257] wie ein Teil der Literatur hält in den Fällen „erkaufter Klagebefugnis" eine Geltendmachung des (Nachbar-) Rechts wegen Rechtsmissbrauchs (analog §§ 226, 242 BGB) für unzulässig.[258]

Je nach Einzelfall ist die Klage somit als unzulässig abzuweisen.

hemmer-Methode: Die erkaufte Klagebefugnis spielt auch bei der Klage gegen einen Planfeststellungsbeschluss eine Rolle (hier gibt es kein Vorverfahren, vgl. §§ 74 I, 69, 70 VwVfG!).

252 Nach VGH Mannheim, VBlBW 2002, 445 - 447 = **juris**byhemmer, (Az. 5 S 629/02).

253 VGH Mannheim, NVwZ-RR 2005, 160 = **juris**byhemmer, (Az. 8 S 2273/04).

254 VGH Mannheim, DVBl. 1977, 345 - 347 = **juris**byhemmer, (Az. X 1408/76).

255 VGH Mannheim, NVwZ-RR 2005, 160 = **juris**byhemmer, (Az. 8 S 2273/04).

256 VGH Mannheim, NVwZ-RR 1998, 771 - 773 = **juris**byhemmer, (Az. 5 S 1585/95); VGH Mannheim, VBlBW 1998, 464 - 466 (Az. 8 S 722/98); VGH Mannheim, VBlBW 2000, 115 - 116 = **juris**byhemmer, (Az. 3 S 1358/99).

257 BVerwG, NVwZ 2001, 427 - 429 = **juris**byhemmer, (Az. 4 A 10/99).

258 Vgl. **Hemmer/Wüst/Christensen, Verwaltungsrecht I**, Rn. 145 m.w.N.

h) Rechtsmittelverzicht

Verzicht gegen Entgelt

Verzichtet der Nachbar[259] z.B. gegen Entgelt auf die ihm möglichen „Rechtsmittel“, so ist i.d.R. nicht erst die Klage, sondern bereits das Vorverfahren unzulässig, wenn dieser Verzicht gegenüber der Behörde erklärt wird. Wird er nur dem Bauherrn gegenüber erklärt, muss dieser Verzicht vom Bauherrn als Einrede erhoben werden.[260] 305

Allerdings kann ein Verzicht auf Rechtsmittel nicht *vor* Bekanntgabe des betreffenden VA erfolgen. Insoweit ist der Rechtsmittelverzicht vom Verzicht auf materielle Einwendungen zu unterscheiden, der sehr wohl vor Bekanntgabe des VA möglich ist, wie die Ausführungen oben zur materiellen Präklusion bei der Angrenzerbenachrichtigung nach § 55 LBO zeigen.[261]

Problem, wenn dennoch Widerspruchsbescheid ergeht

Ergeht trotz „Rechtsmittelverzichts“ gegenüber der Behörde ein Widerspruchsbescheid, so ist strittig, ob eine darauf basierende Anfechtungsklage zulässig ist.[262]

bei nicht erbrachter Gegenleistung u.U. Rücktritt u. ggf. Wiedereinsetzung

Erfolgt die mit dem Verzicht vereinbarte Gegenleistung (z.B. Geldzahlung) durch den Bauherrn nicht, so ist der nur außergerichtlich erklärte Verzicht nach den Vorschriften des BGB angreifbar (§ 323 BGB). Dem Nachbarn ist ggf. Wiedereinsetzung nach §§ 70 II, 60 VwGO zu gewähren.

Wurde der Verzicht der Behörde gegenüber erklärt, ist er als Prozesshandlung unwiderrufbar und auch nicht anfechtbar. Der Nachbar ist dann auf die Geltendmachung von Schadensersatzansprüchen zu verweisen.[263]

4. Vorverfahren

Vorverfahren notwendig
Problem: Frist

Bei der Anfechtungsklage ist grds. das nach §§ 68 ff. VwGO erforderliche Vorverfahren durchzuführen. 306

Probleme können sich dabei besonders in Hinblick auf die Einhaltung der Widerspruchsfrist ergeben (§§ 70, 57, 58 VwGO, 187 ff. BGB).

a) Widerspruchsfrist bei unterbliebener Zustellung

Bsp.: *A beantragt ohne Wissen und Kenntnis seines Nachbarn N eine Baugenehmigung. Eine Ausfertigung der Baugenehmigung wird N nicht zugestellt.*

Als er schließlich fünf Monate nach Erteilung der Baugenehmigung von dem Bauvorhaben erfährt, legt er dagegen Widerspruch ein. Dieser wird als unzulässig, weil verfristet, zurückgewiesen. N klagt daraufhin vor dem Verwaltungsgericht.

Zustellung an die beteiligten Dritten

Den Angrenzern und sonstigen Nachbarn (§ 55 I S. 3 LBO) ist eine Ausfertigung der Baugenehmigung zuzustellen, wenn ihren Einwendungen nicht entsprochen wurde (§ 58 I S. 7 LBO). 307

---

259 Zu den prozessualen Konsequenzen, wenn statt des Nachbarn der Bauherr selbst während des Prozesses auf die Ausübung seiner Baugenehmigung verzichtet, vgl. BVerwG, NVwZ-RR 1992, 276 - 277 = **juris**byhemmer, (Az. 4 C 27/90).

260 Kopp/Schenke, VwGO, § 69, Rn. 11.

261 Ein Rechtsbehelf ist damit dann zwar zulässig, wohl aber unbegründet, Pietzner/Ronellenfitsch, § 36, Rn. 5; hier erfolgt auch eine Bindung gegenüber dem Rechtsnachfolger.

262 Für die Zulässigkeit der Klage BVerwG, NJW 1960, 1781 (Az. IV C 182.59); dagegen Kopp/Schenke, VwGO, § 69, Rn. 11.

263 Kopp/Schenke, VwGO, § 69, Rn. 11; § 74, Rn. 21 f.

⇨ LVwZG

Die Zustellung richtet sich dabei nach den Vorschriften des LVwZG. Erst die ordnungsgemäße Zustellung setzt die Einmonatsfrist nach §§ 70, 57 VwGO für mögliche Rechtsbehelfe des Nachbarn in Lauf. *308*

hemmer-Methode: Beachten Sie stets das Regel-Ausnahme-Prinzip von Bekanntgabe (§ 41 I, II LVwVfG) und Zustellung nach dem LVwZG (§ 41 V LVwVfG; 3-5 LVwZG). Eine förmliche Zustellung muss nach § 1 II LVwZG dann erfolgen, wenn dies - wie hier wegen § 58 I S. 7 LBO - gesetzlich vorgeschrieben ist.
Der Widerspruchsbescheid wird dagegen, anders als der Erstbescheid (die Baugenehmigung), nach dem VwZG des Bundes zugestellt (§ 73 III S. 1 u. 2 VwGO i.V.m. VwZG; § 1 I LVwZG ist insoweit verdrängt). In Hinblick auf die Ausfertigung der Genehmigung läuft aber die Frist vor Beginn des Widerspruchsverfahrens nach wie vor nach dem LVwZG!

Übersicht zur Bekanntgabe und Zustellung nach VwVfG, Landes-VwZG und Bundes-VwZG

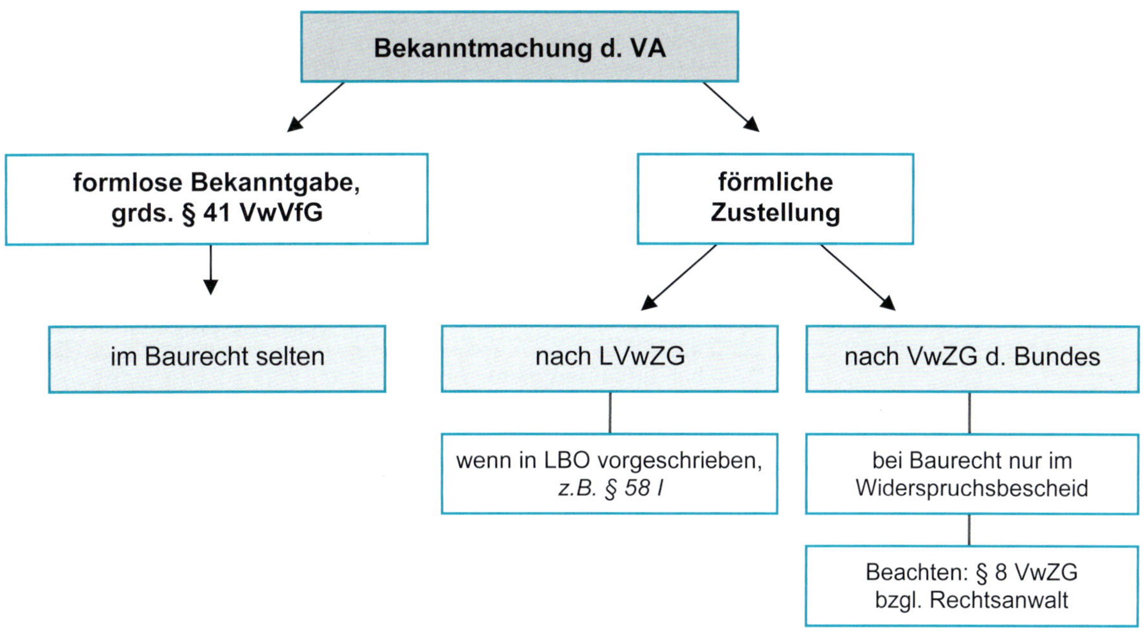

aa) Fehlende Zustellung an den Nachbarn

Heilung, § 9 LVwZG

Ist die Zustellung (bspw. nur ein einfacher Brief verschickt worden) unterblieben oder liegt ein Zustellungsmangel (bspw. Verstoß gegen § 7 I S. 2 LVwZG) vor, ist der Bescheid dem Nachbarn gegenüber nicht wirksam geworden. *309*

Allerdings ist eine Heilung nach § 9 LVwZG in Betracht zu ziehen, wenn der Zustellungsmangel behoben wird, bspw. in den Fällen des § 7 I S. 2 LVwZG das Schreiben vom Mandanten an den Anwalt weitergeleitet wird.

hemmer-Methode: Wird die Baugenehmigung nur mittels einfachem Brief durch die Behörde dem Nachbarn gegenüber bekannt gegeben, so beginnt keine gesetzliche Frist, gleichwohl hat der Nachbar zuverlässig von dem Vorhaben Kenntnis erlangt. Gleiches gilt für den Fall, dass die Behörde dem Nachbarn vor Erlass der Genehmigung von ihrer Absicht, die Baugenehmigung zu erlassen, eine Mitteilung gemacht hat. Die Kenntnis des Nachbarn kann aber nicht ganz folgenlos bleiben:

aber mit sicherer Kenntnis beginnt Jahresfrist

Hat der Nachbar sichere Kenntnis von der erteilten Genehmigung erlangt oder hätte er von ihr zuverlässige Kenntnis haben müssen, so läuft nach h.M. von diesem Zeitpunkt an die Jahresfrist entsprechend der Regelung des § 58 II VwGO (Rechtsgedanke der Verwirkung).[264] *310*

> **Bsp.:** *Die dem A gegenüber erteilte Genehmigung wird N nicht zugestellt. Später erfährt N vom Baubeginn.*
>
> Für den Beginn der Frist hätte eine Ausfertigung der Genehmigung an N zugestellt werden müssen (§ 58 I S. 7 LBO).
>
> Der Akt der tatsächlichen Ausnutzung der Genehmigung durch den Bauherrn kann, auch wenn der Nachbar davon Kenntnis nimmt, nicht als Zustellung der Baugenehmigung (hoheitliche Willenserklärung) fingiert werden. Da es an den Voraussetzungen des § 57 I VwGO fehlt, wäre die Baugenehmigung durch N dem Grunde nach unbegrenzt anfechtbar.
>
> Dies würde allerdings zu einer unzumutbaren Rechtsunsicherheit auf Seiten des Bauherrn führen. Deshalb verpflichtet die tatsächliche Kenntnisnahme den Nachbarn aufgrund des nachbarschaftlichen Gemeinschaftsverhältnisses[265] dazu, baldmöglichst festzustellen, ob und mit welchem Inhalt eine Genehmigung erteilt wurde. Dementsprechend ist nach h.M. davon auszugehen, dass wenigstens ab dem Zeitpunkt, in dem der N von dem Bauvorhaben erfährt, die Frist des § 58 II VwGO[266] entsprechende Anwendung findet. N hätte danach ein Jahr lang nach Kenntnisnahme Zeit, die Baugenehmigung anzufechten.

hemmer-Methode: Wird eine Baugenehmigung tatsächlich einmal Monate nach Erlass erfolgreich angefochten, weil die Behörde die Zustellung an den Nachbarn vergessen hat, so ist dies zwar für den Bauherrn denkbar unbefriedigend. Als Ausgleich können ihm jedoch Amtshaftungsansprüche zustehen.
Für die Behörde hat die unterlassene Zustellung aber noch eine wichtige Bedeutung, denn solange eine Baugenehmigung noch anfechtbar ist, kann die Behörde diesen VA nach §§ 48, 49, 50 VwVfG selbständig zurücknehmen, ohne ausgleichspflichtig zu sein.

bb) Verwirkung

daneben auch Verwirkung möglich ⇨ Vertrauen des Bauherrn berechtigt?

Der Nachbar kann seine Abwehrrechte aber auch anderweitig verlieren – durch Verwirkung. Dieser auf Treu und Glauben beruhende Grundsatz bedeutet, dass ein Recht nicht mehr ausgeübt werden kann, wenn seit der Möglichkeit der Geltendmachung eine längere Zeit verstrichen ist *und* besondere Umstände hinzutreten, die eine verspätete Geltendmachung als treuwidrig erscheinen lassen.[267] *311*

Das ist dann der Fall, wenn der Bauherr aufgrund des Verhaltens des Nachbarn darauf vertrauen konnte, dass dieser von möglichen Abwehrrechten keinen Gebrauch macht und sich darauf eingerichtet hat. Maßgebend sind die Umstände des Einzelfalles.[268]

---

264 Kopp/Schenke, VwGO, § 70, Rn. 8; § 57, Rn. 17: Kopp/Schenke lehnen zwar eine analoge Anwendung des § 58 II VwGO ab, gestehen aber zu, dass nach einem Jahr eine Verwirkung regelmäßig eintreten wird, so dass die Ergebnisse die gleichen sind wie bei einer analogen Anwendung des § 58 II VwGO.

265 Aus diesem Grund sind die hier ausgeführten Grundsätze über das Baurecht hinaus nicht allgemein auf VA mit Doppelwirkung zu verallgemeinern; die hier gefundene Regelung des BVerwG beruht in erster Linie auf dem nachbarschaftlichen Gemeinschaftsverhältnis, das eine Erkundigungspflicht nach Treu und Glauben gebietet, vgl. Pietzner/Ronellenfitsch, § 33, Rn. 11 ff.

266 Kopp/Schenke, VwGO, § 70, Rn. 8; § 57, Rn. 17: Kopp/Schenke kommen bei Ablehnung der analogen Anwendung über die Verwirkung zum gleichen Ergebnis, s.o.

267 BVerwGE 44, 339 - 345 (343) = **juris**byhemmer, (Az. III C 115.71); BGH, NJW 2003, 824 = **juris**byhemmer, (Az. VII ZR 23/02); BVerwG, NVwZ-RR 2004, 314 - 315 = **juris**byhemmer, (Az. 3 B 101/03).

268 Troidl, Verwirkung von Nachbarrechten im öffentlichen Baurecht, NVwZ 2004, 315 - 317.

Bsp.: *Ein Nachbar, dem keine Genehmigung zugestellt wurde, wartet sechs Monate, bis der Rohbau weitgehend fertig gestellt ist, um dem Bauherrn mit der nunmehr erfolgenden Anfechtung einen möglichst großen Schaden zuzufügen. In diesen sechs Monaten unterhält er sich mehrfach mit dem Bauherrn im wohlwollenden Ton über dessen schönen Neubau.*

Da es an der Zustellung einer Ausfertigung der Baugenehmigung fehlt, würde nach den obigen Ausführungen für die Dauer der Anfechtbarkeit die Regelung des § 58 II VwGO *entsprechend* heranzuziehen sein. N hätte also prinzipiell ein Jahr Zeit für die Anfechtung.

Wartet er allerdings mit der Anfechtung besonders lange, um den Nachbarn gezielt zu schädigen und/oder erweckt er durch sein Verhalten anderweitig ein besonderes Vertrauen des Bauherrn[269], so handelt N treuwidrig, da nach den Umständen des konkreten Falles von N zu erwarten war, dass er unverzüglich Widerspruch einlegt, wenn er von Art und Ausmaß des Bauvorhabens Kenntnis erlangt.[270]

Unverzüglich kann aber nicht bedeuten, dass der Nachbar schneller reagieren muss, als das Gesetz dies bei ordnungsgemäßer Zustellung vorschreibt (vgl. §§ 57 I, 70, 74 VwGO, also einen Monat). Der Zeitraum von einem Monat ist hier jedoch bei weitem überschritten.

N hat somit seine Anfechtungsberechtigung (§ 42 II VwGO) verwirkt. Die Klage ist wegen fehlender Klagebefugnis als unzulässig abzuweisen.[271]

hemmer-Methode: Diese Fallvariante ist aufbautechnisch besonders schwierig in den Griff zu bekommen, denn einerseits fehlt es dem Kläger schon an der Klagebefugnis (§ 42 II VwGO), andererseits sollte man im vorliegenden Fall auch das Problem der Widerspruchsfrist darstellen, die i.d.R. erst nach der Klagebefugnis zu prüfen ist.
Am ehesten empfiehlt es sich, die beiden Prüfungspunkte i.R.d. Klagebefugnis zusammenzuziehen nach dem Motto: „Zwar ist die Baugenehmigung noch zeitlich anfechtbar ..., N könnte jedoch seine Klagebefugnis verwirkt haben ...“. Vgl. im Übrigen Hemmer/Wüst/Christensen, Verwaltungsrecht I, Rn. 210 und 186 a.E.

b) Heilung des verspäteten Widerspruchs

verspäteter Widerspruch grds. heilbar, da Widerspruchsbehörde „Herrin des Verfahrens“

Wird ein Widerspruch verspätet eingelegt, so kann die Widerspruchsbehörde als „Herrin des Vorverfahrens“ i.d.R. dennoch in der Sache entscheiden.[272] Zwar berechtigt das Verstreichenlassen der Widerspruchsfrist (§§ 57 I, 70 VwGO) die Behörde, diesen als unzulässig abzuweisen, gleichwohl ist die Behörde nicht dazu verpflichtet. 312

aber nicht bei Vertrauen Dritter

Anders ist dies allerdings in den Fällen, in denen ein Dritter bereits auf die Unanfechtbarkeit eines VA vertrauen durfte. 313

Bsp.: *Nachbar N bekommt eine Ausfertigung der Baugenehmigung am 13.05. zugestellt. Am 20.06. legt N gegen die Genehmigung Widerspruch ein. Die Behörde weist daraufhin den Widerspruch als unbegründet zurück. N erhebt nun Klage.*

Problemschwerpunkt ist hier die Frage, ob der Widerspruchsbescheid überhaupt noch ergehen durfte. Zwar ist die Widerspruchsbehörde nach h.M. „Herrin des Vorverfahrens“, so dass sie grds. auch über einen verfristeten Widerspruch entscheiden kann, gleichwohl gilt dies nicht in den Fällen, in denen ein Dritter auf die Unanfechtbarkeit des VA vertrauen durfte.[273]

---

269 Hieran fehlt es jedenfalls dann, wenn der Bauherr ohne Rücksicht auf das Verhalten des Nachbarn mit dem Bau beginnt, BVerwG, NVwZ 1991, 1182 - 1185 = **juris**byhemmer, (Az. 4 C 4/89).

270 Hierfür wird aber das bloße Untätigbleiben grundsätzlich nicht ausreichen, da dann nach dem Rechtsgedanken des § 58 II VwGO von einer Verwirkung erst nach Ablauf der Jahresfrist auszugehen ist, Kopp/Schenke, VwGO, § 74, Rn. 20.

271 Denkbar wäre hier auch eine Abweisung als *unbegründet*, wenn man davon ausgeht, dass der N damit seine *materiell-rechtlichen* Ansprüche verwirkt hat; dies ist für den Bauherrn insbesondere in Hinblick auf die endgültige Rechtskraft eines abweisenden *Sachurteils* von Bedeutung.

272 Str., vgl. **Hemmer/Wüst/Christensen, Verwaltungsrecht I**, Rn. 198; zur Gegenansicht Kopp/Schenke, VwGO, § 70, Rn. 9.

273 st. Rspr. des BVerwG; vgl. BVerwG, ZOV 1998, 215 - 216 = **juris**byhemmer, (Az. 7 B 30/98) sowie grundlegend BVerwG, NVwZ 1983, 285 = **juris**byhemmer, (Az. 4 C 42/79).

Hier musste der Bauherr mit Ablauf der Widerspruchsfrist von der Unanfechtbarkeit der Genehmigung (zumindest durch N) ausgehen. Der Widerspruch war folglich als unzulässig abzuweisen, die Anfechtungsklage des N hat damit wegen verfristeten Vorverfahrens keinen Erfolg. Sie ist als unzulässig abzuweisen.

hemmer-Methode: Diese Problematik muss bekannt sein. Achten Sie allerdings darauf, dass diese Fallvariante nur dann als Problem i.R.d. Nachbarklage auftaucht, wenn der Nachbarwiderspruch als unbegründet zurückgewiesen wird.
Hat der Nachbarwiderspruch nämlich Erfolg, so kann sich allenfalls der Bauherr selbst gegen den Widerspruchsbescheid wenden (§§ 68 I S. 2 Nr. 2, 79 I Nr. 2 VwGO) und seinerseits Anfechtungsklage erheben.
Die Variante der ausnahmsweise nicht zulässigen Heilung wird besonders gerne im Anwendungsbereich des § 50 VwVfG geprüft: Dann ist der Rechtsbehelf des Nachbarn nämlich unzulässig, § 50 VwVfG kann keine Anwendung finden.

5. Sonstige Zulässigkeitsvoraussetzungen

sonstige Zulässigkeits-Voraussetzungen

Zu den sonstigen Zulässigkeitsvoraussetzungen sollten nur dann größere Ausführungen gemacht werden, wenn diesbezüglich Probleme in der Klausur angelegt sind.[274] Die Beteiligtenfähigkeit und die örtliche Zuständigkeit des Gerichts (bei realen Ortsangaben, AGVwGO, LVG) sollten unter Nennung der einschlägigen Normen jedoch stets erwähnt werden. 314

II. Beiladung, § 65 VwGO

wichtig: Beiladung, § 65 VwGO

Insbesondere im Bereich der Nachbarklage liegt stets ein Fall der notwendigen Beiladung vor (§ 65 II VwGO), da der Bauherr durch die Gerichtsentscheidung unmittelbar betroffen ist und die Entscheidung auch ihm gegenüber erfolgen muss: Streitgegenstand ist die ihm erteilte Baugenehmigung, welche im Falle einer erfolgreichen Nachbarklage aufgehoben wird. Der Bauherr ist damit ebenfalls Beteiligter des Rechtsstreits, §§ 63 Nr. 3, 65 II, 121 Nr. 1 VwGO. 315

hemmer-Methode: Dass bei der Nachbarklage stets ein Fall der notwendigen Beiladung vorliegt, müssen Sie sich unbedingt einprägen! Die Konstellation der Drittbetroffenen-Anfechtungsklage ist ausnahmslos ein Fall notwendiger Beiladung, auch außerhalb des Baurechts. Zeigen Sie dem Korrektor außerdem durch den Aufbau der Klausur, dass Sie die Systematik der VwGO im Bereich der Drittanfechtung verstanden haben: Die Beiladung ist keine Frage der Zulässigkeit, sondern ein separater Prüfungspunkt, den Sie als solchen auch von Zulässigkeit und Begründetheit abheben und nach erfolgter Zulässigkeits-, und vor beginnender Begründetheitsprüfung einordnen sollten.

III. Begründetheit der Klage

Prüfungsschema der Begründetheit: a

1. Obersatz

2. Rechtswidrigkeit der Baugenehmigung

- **a)** Rechtsgrundlage
- **b)** Formelle Rechtmäßigkeit
  - **aa)** Zuständigkeit
  - **bb)** Verfahren

---

[274] Dazu schon oben, Rn. 37 bei der Verpflichtungsklage, wo die Problematik der Partei- und Prozessfähigkeit in Hinblick auf das Landratsamt bereits ausgeführt wurde.

c) Materielle Rechtmäßigkeit
aa) Bauplanungsrechtliche Zulässigkeit des Vorhabens
bb) Bauordnungsrechtliche Zulässigkeit des Vorhabens

3. Rechtsverletzung des Klägers, § 113 I S. 1 VwGO: Verletzung nachbarschützender Vorschrift(en) des Baurechts

1. Obersatz

§ 113 I S. 1 VwGO

316 Die Nachbarklage ist begründet, wenn die erteilte Baugenehmigung rechtswidrig und der Kläger dadurch in Rechten verletzt ist, § 113 I S. 1 VwGO. Spätestens an den Anfang der Begründetheit gehört auch die Bezeichnung des Klagegegners, § 78 Abs. 1 VwGO (Prüfung auch am Ende der Zulässigkeitsprüfung möglich).

317

2. Rechtswidrigkeit der Baugenehmigung

a) Festlegung der Rechtsgrundlage

Rechtsgrundlage festlegen ⇨ i.d.R. § 58 I S. 1 LBO

318 Rechtsgrundlage für die Baugenehmigung ist § 58 I S. 1 LBO. Wird ein Vorbescheid oder eine Teilbaugenehmigung angefochten, so ist die Rechtsgrundlage entweder § 57 I LBO (beim Vorbescheid) oder aber § 61 LBO (bei der Teilbaugenehmigung).

b) Formelle Rechtmäßigkeit

formelle Rechtmäßigkeit: Zuständigkeit und Verfahren

319 Anders als bei der Verpflichtungsklage ist die formelle Rechtmäßigkeit im Bereich der Drittanfechtung der Baugenehmigung Rechtmäßigkeitsvoraussetzung, da der VA bereits bekannt gegeben wurde.

320 Prüfungspunkte der formellen Rechtmäßigkeit sind im Bereich des Baurechts insbesondere die sachliche und örtliche Zuständigkeit (§§ 46 I Nr. 3, 48 I LBO, 15 LVG, § 3 I Nr. 1 VwVfG), besondere Verfahrensvorschriften, insbesondere die Angrenzerbeteiligung (§ 55 LBO), die Begründung des VA (§ 39 VwVfG, § 58 I 4, 5 LBO) und ggf. die Unbeachtlichkeit von Fehlern nach §§ 45, 46 VwVfG.

aa) Sachliche Zuständigkeit

321 **Zuständige Baurechtsbehörden** sind:

1. gem. § 46 I Nr. 3, 48 I LBO die untere Verwaltungsbehörde gem. § 15 I Nr. 1 LVG, d.h. in den Landkreisen die Landratsämter sowie die Großen Kreisstädte, sowie außerhalb der Landkreise gem. § 15 I Nr. 2 LVG die kreisfreien Städte (vgl. § 12 LVG), zudem (seltener) Verwaltungsgemeinschaften i.S.d. § 17 LVG;

2. sehr selten die in Abs. 2 und Abs. 5 des § 46 LBO genannten Gemeinden und Verwaltungsgemeinschaften.

allgemeiner Behördenaufbau

Für die Bauaufsicht als eine der klassischen Sparten der staatlichen Verwaltung gilt der nach §§ 7, 10, 15 LVG typische dreistufige Verwaltungsaufbau (vgl. § 46 I LBO): 322

1. Oberste Baurechtsbehörde (Wirtschaftsministerium, § 46 I Nr. 1 LBO) 323
2. Höhere Baurechtsbehörde (Regierungspräsidien, § 46 I Nr. 2 LBO)
3. Untere Baurechtsbehörde (untere Verwaltungsbehörde, § 46 I Nr. 3, sehr selten § 46 II LBO)

bb) Örtliche Zuständigkeit

§ 3 I Nr. 1 LVwVfG

Da die örtliche Zuständigkeit in der LBO nicht geregelt ist, gilt allgemeines Verwaltungsrecht. Zuständig ist danach grundsätzlich die Baurechtsbehörde, in deren Bezirk das Baugrundstück liegt (§ 3 I Nr. 1 LVwVfG).[275] 324

Bei Verstoß Nichtigkeit, § 44 II Nr. 3 VwVfG

Wird die Baugenehmigung von einer örtlich unzuständigen Behörde erlassen, greift nicht die Unbeachtlichkeitsregelung des § 46 LVwVfG. Die Baugenehmigung ist vielmehr nach § 44 II Nr. 3 LVwVfG sogar nichtig![276]

cc) Das Genehmigungsverfahren

Verfahrensablauf

Häufig ist bei der Nachbarklage auf den Ablauf des Genehmigungsverfahrens einzugehen. Dieses stellt sich i.d.R. wie folgt dar: 325

Das baurechtliche Genehmigungsverfahren:

1. Antrag des Bauherrn
2. Nachbarbeteiligung
3. Vorlage bei Unzuständigkeit der Gemeinde
4. Schriftlicher Erlass der Baugenehmigung
5. Begründung der Baugenehmigung
6. Zustellung

(1) Antrag

Antrag notwendig

Das Baugenehmigungsverfahren ist ein Antragsverfahren (§§ 53 I LBO, 22 LVwVfG). Der Bauantrag ist schriftlich und unterschrieben (vom Bauherrn[277] und vom Planverfasser - Abs. 2) bei der Gemeinde einzureichen. 326

hemmer-Methode: Denken Sie in Zusammenhängen! Die Baugenehmigung ist damit ein sog. mitwirkungsbedürftiger VA. Bedeutung kann dieser Umstand dann gewinnen, wenn ein beantragter Bauantrag nur unter einer sog. modifizierten Auflage[278] gestattet wird: Hier liegt eine vollständige Ablehnung des Antrags nach dem Motto „zwar nicht so, aber dafür anders" vor, so dass für das neue Angebot der Behörde eigentlich auch ein neuer Antrag des Bauwerbers notwendig wäre.

275 Sauter, LBO, § 48, Rn. 25.

276 Sauter, LBO, § 48, Rn. 4.

277 Der Bauherr muss nicht zwingend der Eigentümer des Grundstücks sein, Sauter, LBO, § 42, Rn. 3.

278 Vgl. **Hemmer/Wüst/Christensen, Verwaltungsrecht I**, Rn. 426 ff.

Mit dem Antrag sind alle für die Beurteilung des Verfahrens erforderlichen Unterlagen einzureichen (vgl. § 2 LBOVVO). 327-328

(2) Nachbarbeteiligung

wichtig: Nachbarbeteiligung

§ 55 I LBO begründet die Pflicht, die Angrenzer zwingend zu benachrichtigen und in Satz 3 die Möglichkeit der Behörde, auch andere Eigentümer benachbarter Grundstücke zu beteiligen, die nicht direkt angrenzen. Es handelt sich dabei um eine Sondervorschrift zur Anhörung nach § 28 LVwVfG. 329

Der Nachbar soll die Möglichkeit haben, seine öffentlich-rechtlich geschützten Belange im Baugenehmigungsverfahren zu vertreten, weshalb es notwendig ist, ihn von einem Vorhaben rechtzeitig und ausreichend in Kenntnis zu setzen. 330

rein verfahrensrechtliche Bedeutung

§ 55 I S. 1 LBO ist nachbarschützend. Der Nachbar kann eine Genehmigung mit dem Hinweis angreifen, er sei im Genehmigungsverfahren nicht beteiligt worden.[279] 331

Ggf. zwingende Zustellung, § 58 I S. 7 LBO

Dem Nachbarn, dessen Einwendungen gegen das Vorhaben nicht entsprochen wurde, ist eine Ausfertigung der Baugenehmigung zuzustellen (§ 58 I S. 7 LBO).[280]

keine Bindung bei Verzicht

Die Baurechtsbehörde wird durch eine Verzichtserklärung des Nachbarn rechtlich nicht gebunden.[281] Trotz Unterschrift des Nachbarn muss sie also die Genehmigung gegebenenfalls ablehnen. 332

(3) Vorlage des Antrags durch die Gemeinde bei der Baurechtsbehörde

Antrag bei Gemeinde einzureichen

Der Antrag ist bei der Gemeinde einzureichen (§ 53 I S. 1 LBO). 333

Ist die Gemeinde selbst nicht untere Baurechtsbehörde (also i.d.R. bei der kreisangehörigen Gemeinde, die keine Große Kreisstadt ist, § 15 I Nr. 1 Alt. 1 LVG), so ist der Antrag gem. § 53 III LBO der zuständigen Baurechtsbehörde (also dem Landratsamt) vorzulegen.

Die Gemeinde wird gem. § 53 IV 1 LBO zum Bauantrag gehört; weiterleiten muss sie den Antrag aber auch dann, wenn sie das Vorhaben für unzulässig hält.

Wichtig § 36 BauGB

Die Einreichung des Bauantrags bei der Gemeinde soll v.a. die Rechte der Gemeinde aus § 36 BauGB sicherstellen. Das Mitwirkungsrecht der Gemeinden aus § 36 BauGB bezieht sich dabei aber allein auf das Planungsrecht, vgl. § 36 II S.1 BauGB. 334

hemmer-Methode: Die Problematik des gemeindlichen Einvernehmens (§ 36 BauGB) ist häufig Klausurgegenstand. Beachten Sie dabei den wichtigen Unterschied zwischen dem seltenen Fall gänzlich unterlassener Beteiligung der Gemeinde (nur dann formeller Fehler) und dem häufigen Fall, dass die Gemeinde zwar beteiligt wird, sie aber ihr Einvernehmen verweigert.
Da der Bauantrag bei der betroffenen Gemeinde selbst eingereicht wird, erscheint die Variante des formellen Fehlers praktisch kaum möglich, es sei denn das Landratsamt wartet nicht ab, wie sich die Gemeinde äußert.

[279] VGH Mannheim, BRS 17 Nr. 222 = **juris**byhemmer, (Az. I C 19.65); Sauter, LBO, § 55, Rn. 49.

[280] Zu den sich daraus ergebenden Problemen bei der Zulässigkeit vgl. oben, Rn. 299 ff.

[281] Sauter, LBO, § 55, Rn. 25.

(4) Schriftlicher Erlass

schriftlicher Erlass

Die Baugenehmigung wird schriftlich erteilt (§ 58 I S. 3 LBO). Mündliche Zusagen, die Genehmigung zu erteilen, sind keine rechtlich wirksamen, die Behörde bindenden Zusicherungen (§ 38 I S. 1 LVwVfG). Ebenso wenig gibt es stillschweigende Baugenehmigungen oder die „Ersitzung" einer Genehmigung (wenn z.B. eine widerrechtliche Anlage ausdrücklich oder stillschweigend geduldet wird).[282] 335

Zustellung

Die Baugenehmigung ist dem Bauherrn gemäß § 58 I S. 6 LBO zuzustellen.

(5) Begründung

eingeschränkte Begründungspflicht

Die Genehmigung ist zu begründen, wenn von nachbarschützenden Vorschriften befreit wurde und der Nachbar der Befreiung nicht zugestimmt hatte (§ 58 I S. 5 LBO). 336

c) Materielle Rechtmäßigkeit

aa) Genehmigungspflicht und Genehmigungsfähigkeit

Genehmigungspflicht

Die Baugenehmigung ist gem. § 58 I S. 1 LBO zu erteilen, wenn dem genehmigungspflichtigen Vorhaben keine von der Baurechtsbehörde zu prüfenden öffentlich-rechtlichen Vorschriften entgegenstehen. Erste logische Voraussetzung der Baugenehmigung ist somit die Genehmigungspflicht, § 49 I LBO.[283] 337

Genehmigungsfähigkeit

Besteht eine Genehmigungspflicht, so darf die Baugenehmigung nur dann erteilt werden, wenn diese nicht gegen öffentlich-rechtliche Vorschriften verstößt, über die nicht in einem anderen Verfahren durch Verwaltungsakt entschieden wird, § 58 I S. 2 LBO. Hierzu gelten die diesbezüglichen Ausführungen i.R.d. Verpflichtungsklage entsprechend (oben Rn. 95 ff.). Zu überprüfen sind danach bei baulichen Anlagen von entsprechender Bedeutung neben der bauplanungsrechtlichen (§§ 29 ff. BauGB) und bauordnungsrechtlichen Zulässigkeit (LBO) des Vorhabens auch mögliche Verstöße gegen sonstiges öffentliches Recht, insbesondere Immissionsschutzrecht (§§ 22 ff.) und Naturschutzrecht.

hemmer-Methode: Immissionsschutzrecht und Naturschutzrecht gehören nicht zum Pflichtstoff des Ersten Staatsexamens, jedoch des Zweiten! Im Ersten Examen sollten Sie es also im Wesentlichen mit Bauplanungsrecht und Bauordnungsrecht zu tun bekommen. Im Zweiten Staatsexamen ist es, insbesondere wenn ein Urteil verlangt wird, vertretbar, sich i.R.d. materiellen Rechtmäßigkeit auf die drittschützenden Vorschriften zu beschränken oder die Verletzung von nicht-drittschützenden Vorschriften mit einem Verweis auf deren Irrelevanz offen zu lassen.

bb) Bauvorbescheid, § 57 LBO

Besondere Probleme ergeben sich, wenn ein Bauvorbescheid gem. § 57 LBO erteilt worden ist. Dieser kann Einfluss auf die Rechtmäßigkeit der Baugenehmigung haben. 338

---

[282] Zur Bindungswirkung vgl. schon oben i.R.d. Verpflichtungsklage Rn. 78 ff.

[283] Vgl. zur Verortung in der formellen oder materiellen Rechtmäßigkeit oben Rn. 320.

Der Vorbescheid wird zu einzelnen baurechtlichen Fragen des Vorhabens erteilt. Seine Regelung besteht demzufolge darin, die Vereinbarkeit des Vorhabens mit diesen einzelnen, geprüften Fragen zu bejahen. Diejenigen Vorschriften, zu denen der Bauvorbescheid eine Regelung enthält, werden dann in der Baugenehmigung nicht mehr geprüft. Die Baugenehmigung kann also nicht rechtswidrig sein wegen Verstoßes gegen solche Vorschriften, die Gegenstand des Vorbescheids sind.

Wurde ein Vorbescheid über die bauplanungsrechtliche Zulässigkeit des Vorhabens erteilt (häufigster Fall, sog. Bebauungsgenehmigung), ist das Vorhaben aber in Wirklichkeit planungsrechtlich unzulässig, so ist die später erteilte Baugenehmigung nicht wegen Verstoßes gegen Bauplanungsrecht rechtswidrig. Solange der Bauvorbescheid wirksam ist, fingiert er aufgrund seiner Bestandskraft die planungsrechtliche Zulässigkeit des Vorhabens. Die Baugenehmigung ist dann rechtmäßig (sofern keine Verstöße gegen Bauordnungsrecht oder sonstiges öffentliches Recht vorliegen).

Demnach könnte ein erteilter Vorbescheid auch für die Anfechtungsklage des Nachbarn von Bedeutung sein, wenn der Vorbescheid die Rechtmäßigkeit der Baugenehmigung begründet. 339

Voraussetzung hierfür ist jedoch, dass der Bauvorbescheid auch gegenüber dem Nachbarn wirksam ist. Dies erfordert grundsätzlich die Bekanntgabe des Vorbescheids an den Nachbarn, da der Verwaltungsakt gem. **§ 43 I LVwVfG** nur gegenüber demjenigen wirksam ist, der ihm **bekannt gegeben** wurde. Dies ist die **relative Wirksamkeit** des Verwaltungsakts.

Bsp.: *Der Vorbescheid wird dem Nachbarn N am 1.4. mit ordnungsgemäßer Rechtsbehelfsbelehrung zugestellt. Im Juni wird die Baugenehmigung erteilt, die der N vor Ablauf der Rechtsbehelfsfristen angreift.*

Gem. § 43 I LVwVfG ist der Vorbescheid gegenüber dem Nachbarn wirksam, da er ihm bekannt gegeben worden ist. Wenn nun das Vorhaben nur gegen solche Vorschriften verstößt, die in dem Bauvorbescheid geregelt sind (z.B. aus dem Bauplanungsrecht), dann ist zwar der Bauvorbescheid rechtswidrig. Solange der Bauvorbescheid aber wirksam ist, ist die Baugenehmigung rechtmäßig. Da im Bsp. der N den Bauvorbescheid wegen Ablauf der Rechtsbehelfsfrist nicht mehr erfolgreich anfechten kann, wird er die Anfechtungsklage gegen die Baugenehmigung verlieren. Er kann nur noch darauf hoffen, dass die Behörde den Vorbescheid aufhebt, wozu sie auch nach § 48 LVwVfG regelmäßig befugt ist. Erzwingen kann er dies allerdings nicht.

Der Nachbar kann allerdings den **Bauvorbescheid** mit Rechtsbehelfen **angreifen** und dadurch dessen Wirkung auf die Baugenehmigung beseitigen. Wird der Vorbescheid infolge erfolgreicher Rechtsbehelfe aufgehoben, dann regelt er nicht mehr die Vereinbarkeit des Vorhabens mit den dort geprüften Vorschriften. 340

Bsp.: *Der Vorbescheid über das Bauplanungsrecht wird dem Nachbarn N am 1.4. zugestellt. N erhebt nach erfolglosem Vorverfahren fristgemäß Anfechtungsklage. Auch die später erteilte Baugenehmigung greift N vor Ablauf von Rechtsbehelfsfristen an. Das Gericht entscheidet über die beiden Anfechtungsklagen in einem Verfahren, §§ 93, 146 II VwGO.*

Ist das Vorhaben in Wirklichkeit nicht mit dem Bauplanungsrecht vereinbar, so ist der Bauvorbescheid rechtswidrig. Die Anfechtungsklage wird Erfolg haben, und das Gericht gem. § 113 I S. 1 VwGO die Aufhebung des Vorbescheids aussprechen. Ist damit der Vorbescheid infolge dieser gerichtlichen Aufhebung nicht mehr wirksam (§ 43 II LVwVfG), gibt er nicht mehr die Vereinbarkeit des Vorhabens mit dem Bauplanungsrecht vor. Dann ist auch die Baugenehmigung rechtswidrig, so dass die Anfechtungsklage auch gegen die Baugenehmigung erfolgreich sein wird.

hemmer-Methode: Solange der Vorbescheid wirksam ist, ist die Baugenehmigung rechtmäßig, solange sie nicht an anderen Fehlern leidet, die den Bauvorbescheid nicht betreffen. Mit der Aufhebung des Vorbescheids durch das Gericht gem. § 113 I S. 1 VwGO (Gleiches gilt bei einer Aufhebung durch die Behörde) ist die Baugenehmigung rechtswidrig.

Vertreten wurde hierzu, dass der Vorbescheid keine Wirkung auf die Baugenehmigung habe, wenn sie vor Unanfechtbarkeit des Bauvorbescheids erteilt wurde.

Dann entscheidet die Baugenehmigung vollständig über alle Fragen des Vorhabens so, als wäre niemals ein Vorbescheid erteilt worden.[284]

Diese Auffassung hat das BVerwG allerdings in einer späteren Entscheidung aufgegeben.[285] Offen und umstritten ist, ob damit die Wirkung des Vorbescheids lediglich von seiner Wirksamkeit abhängt, und der Ablauf von Rechtsbehelfsfristen dann für diese Frage keine Rolle mehr spielt. Dafür sprechen jedenfalls die allgemeinen Regeln über die Wirksamkeit des Verwaltungsakts gem. § 43 I LVwVfG sowie der Schutz des Bauherrn, der auf Bauvorbescheid und dessen Aussagegehalt vertraut.

hemmer-Methode: Würde die Wirkung des Vorbescheids auf die Baugenehmigung tatsächlich von dem Ablauf von Rechtsbehelfsfristen abhängig gemacht, so würde dies auch im Verhältnis nur zwischen Behörde und Bauherrn bedeuten, dass der Vorbescheid keine Wirkung hat, wenn nur die Baugenehmigung vor der Unanfechtbarkeit des Vorbescheids erteilt wird – auch dann, wenn überhaupt kein Nachbar Rechtsbehelfe einlegt. Dann allerdings ist das Rechtsinstitut des Vorbescheids und sein Zweck – gem. § 57 I LBO Rechtssicherheit des Bauherrn hinsichtlich einzelner Fragen – weitgehend entwertet.

Wenn der Nachbar Rechtsbehelfe nur gegen die Baugenehmigung einlegt, nicht aber gegen den Vorbescheid, würde er demzufolge die Anfechtungsklage gegen die Baugenehmigung verlieren. In dieser Situation können Widerspruch und Anfechtungsklage gegen die Baugenehmigung nach § 88 VwGO gleichwohl nicht zugleich als zusätzlicher Widerspruch bzw. Anfechtungsklage *gegen den Vorbescheid* ausgelegt werden, da die Bindung an den Antrag nach § 88 VwGO auch die Bindung an den vom Kläger vorgegebenen Streitgegenstand impliziert (Verbot des „ultra petita") Allenfalls ist dem Gericht ein Hinweis nach § 86 III VwGO gestattet, nach anderer Ansicht auch geboten. 341

***Bsp.:** Zwei Wochen nach Zustellung des Vorbescheids wird auch die Baugenehmigung erteilt. Eine Woche später legt Nachbar N Widerspruch ein, allerdings nur gegen die Baugenehmigung, da er der Auffassung ist, letztlich entscheidend sei ja die Baugenehmigung. Nach Zurückweisung des Widerspruchs erhebt er Anfechtungsklage, allerdings wiederum ausdrücklich nur gegen die Genehmigung.*

In Praxis und Klausur sehr häufig sind die Fälle, dass der Bauvorbescheid dem Nachbarn überhaupt **nicht bekannt gegeben** wird. Dies bedeutet zunächst, dass der Vorbescheid auch keinerlei Wirkung gegenüber dem Nachbarn entfaltet, § 43 I LVwVfG. 342

***Bsp.:** Der Vorbescheid über das Bauplanungsrecht wird nur dem Bauherrn B bekannt gegeben, nicht aber dem Nachbarn N. Er greift demgemäß auch nur die später erteilte Baugenehmigung an.*

Da der Vorbescheid nicht gegenüber dem N wirksam ist, ist bei der Anfechtungsklage des N die Rechtmäßigkeit der Baugenehmigung ohne Rücksicht auf den Vorbescheid zu entscheiden. Verstößt das Vorhaben gegen Bauplanungsrecht, so ist die Baugenehmigung rechtswidrig.

[284] BVerwGE 68, 241 - 245 (244) = jurisbyhemmer, (Az. 4 C 44/80); so auch Sauter, LBO, § 57, Rn. 8.

[285] BVerwG, NVwZ 1995, 894 - 895 = jurisbyhemmer, (Az. 4 C 23/94). Vorsicht: In Sauter, LBO, a.a.O. wird diese Entscheidung übersehen; vgl. dazu z.B. Degenhart, SächsBO, § 66, Rn. 50.

Die Anfechtungsklage wird demnach erfolgreich sein. Zu Lasten des N kann sich der Vorbescheid nicht auswirken, es sei denn, dass er später von der Bekanntgabe des Vorbescheids erfährt; dann gilt das oben zu Rn. 309 Ausgeführte sinngemäß; vergleiche auch Rn. 344.

hemmer-Methode: Die personelle Reichweite des Verwaltungsakts beschränkt sich auf diejenigen Personen, denen er bekannt gegeben wurde, §§ 41 I, 43 I LVwVfG. Die relative Wirksamkeit hat zur Folge, dass der Vorbescheid im Verhältnis zwischen Bauherrn und Behörde zu beachten ist, nicht aber zwischen Behörde und Nachbar (oder anderen Personen), wenn dieser nichts davon erfahren hat.

Regelmäßig wird es allerdings so sein, dass der Bauvorbescheid dem Nachbarn entweder **bekannt gegeben** wird, oder er jedenfalls über dessen Existenz **informiert** wird.

hemmer-Methode: Unterscheiden Sie zwischen der Bekanntgabe eines Verwaltungsakts und der bloßen Information über einen Verwaltungsakt! Nicht jede Benachrichtigung über einen in der Vergangenheit an jemanden ergangenen Verwaltungsakt ist eine Bekanntgabe dieses Verwaltungsakts!

Die (nachträgliche) *Bekanntgabe* des Vorbescheids führt wie jede Bekanntgabe eines Verwaltungsakts gem. § 43 I LVwVfG dazu, dass dieser ab dem Zeitpunkt der Bekanntgabe gegenüber dieser Person auch gegenüber dieser Person wirksam ist. 343

Dies hat zur Folge, dass die Baugenehmigung nunmehr rechtmäßig ist, da der Vorbescheid die beschriebene Wirkung jetzt auch im Verhältnis zwischen Behörde und Nachbarn entfaltet.

Es schadet insbesondere auch nicht, wenn der Nachbar schon Widerspruch eingelegt und Klage erhoben hat, bevor der Bauvorbescheid auch an ihn bekannt gegeben wurde:

Denn statthaft sind Widerspruch und Klage bereits, wenn der Verwaltungsakt an irgendeine Person (vorliegend den Bauherrn als Adressaten) bekannt gegeben wurde![286] Eine Bekanntgabe gerade an den Rechtsbehelfsführer ist nicht erforderlich.

Bsp.: *Der Vorbescheid über das Bauplanungsrecht wird am 01.04. zunächst nur dem Bauherrn zugestellt. Die später erteilte Baugenehmigung wird dann auch dem Nachbarn N bekannt gegeben, der daraufhin am 19.05. Widerspruch und, nach dessen Zurückweisung, am 01.07. Anfechtungsklage erhebt. Als die Behörde ihr Versehen bemerkt, stellt sie den Bauvorbescheid nunmehr auch dem N am 20.07. zu.*

Der Bauvorbescheid ist wirksam auch gegenüber dem N und hat zur Folge, dass die Baugenehmigung rechtmäßig ist, obwohl das Vorhaben gegen Bauplanungsrecht verstößt. Unter dieser Voraussetzung würde N die Anfechtungsklage gegen die Baugenehmigung verlieren. Daher muss N nunmehr auch Rechtsbehelf gegen den Vorbescheid einlegen, §§ 44, 86 III VwGO. Dieser ist auch statthaft, denn ein Verwaltungsakt lag bei Einlegung des Widerspruchs am 19.05. und bei Klageerhebung am 01.07. vor. Der Verwaltungsakt war jedenfalls dem Bauherrn am 01.04. bekannt gegeben worden, aus diesem Grund rechtlich existent und daher als solcher angreifbar.

Wird der Bauvorbescheid dem Nachbarn nicht bekannt gegeben, sondern erhält dieser lediglich auf irgendeine Weise Kenntnis von der Existenz eines Vorbescheids, so bedeutet dies zunächst noch keine Wirkung gegen den Nachbarn. 344

[286] Dies wird bisweilen auch als sog. rechtliche Existenz des Verwaltungsakts bezeichnet.

Allerdings kann **Verwirkung** eintreten. Diese hat zum einen zur Folge, dass der Nachbar nicht mehr zulässigerweise mit Rechtsbehelfen gegen den Bauvorbescheid vorgehen kann. Darüber hinaus wird allgemein angenommen, dass ab dem Zeitpunkt der Verwirkung der Verwaltungsakt in gleicher Weise gegenüber dem Betroffenen wirksam ist, als sei eine Bekanntgabe erfolgt.[287]

Der Zeitraum für eine Verwirkung im dreipoligen Rechtsverhältnis von Baubehörde, Bauherr und Nachbar wird dabei in Anlehnung an den Rechtsgedanken des § 58 II VwGO häufig ein Jahr betragen. Da die Rechtsstreitigkeit nach der Kenntnis des Nachbarn aber regelmäßig noch länger als ein Jahr dauert, kann es auch in diesen Fällen zu der Bindungswirkung des Vorbescheids auf die Baugenehmigung kommen mit der Folge, dass die Baugenehmigung rechtmäßig ist.

Bsp.: *Der Vorbescheid über das Bauplanungsrecht wird nur dem Bauherrn, nicht aber dem Nachbarn zugestellt. Der Bauherr teilt dem Nachbarn am 10.02. mit, dass ihm ein Vorbescheid erteilt worden ist. Erst im März des Folgejahres wird die Baugenehmigung erteilt, die der Nachbar dann mit Rechtsbehelfen angreift.*

Der Nachbar hat hier seine Rechtsbehelfe gegen den Bauvorbescheid verwirkt, da über ein Jahr verstrichen ist, ohne dass er den Vorbescheid angegriffen hat. Unter diesen Umständen ist er zudem auch an die Regelung des Vorbescheids gebunden, der die Vereinbarkeit des Vorhabens mit dem Bauplanungsrecht regelt. Daher ist die nunmehr erteilte Baugenehmigung rechtmäßig und die Rechtsbehelfe des N werden keinen Erfolg haben.

d) Subjektive Rechtsverletzung des Klägers

Hauptproblem: Verletzung eigener Rechte

Letzte Voraussetzung für die Begründetheit der Klage ist, dass der Nachbar in seinen eigenen Rechten verletzt ist. Der Verwaltungsrechtsschutz der VwGO dient (mit Ausnahme des Verfahrens nach § 47 VwGO) vorrangig der Gewährleistung von Individualrechten. 345

Der Nachbar kann nur dann in seinen Rechten verletzt sein, wenn er durch das Bauvorhaben überhaupt beeinträchtigt wird und wenn er sich auf eine drittschützende Vorschrift berufen kann.

hemmer-Methode: Vermeidung typischer Fehlerquellen! Der Prüfungspunkt „Verletzung eigener Rechte des Klägers“ wird in der Klausur von vielen Bearbeitern in Drittbetroffenenkonstellationen gänzlich übersehen. Häufig geben sich - auch außerhalb des Baurechts - die Klausurbearbeiter mit der Frage der Rechtswidrigkeit des zugrunde liegenden VA zufrieden. Dabei gehen wertvolle Punkte verloren, da die Anfechtungsklage nach dem Wortlaut des § 113 I S. 1 VwGO nur dann begründet ist, wenn über die Rechtswidrigkeit hinaus gleichzeitig eine Verletzung eigener Rechte des Klägers vorliegt. Dass dies so sein muss, zeigt schon die Notwendigkeit der Klagebefugnis als solcher (§ 42 II VwGO). Die für die Zulässigkeit der Klage ausreichende Möglichkeit der Rechtsverletzung wird dann aber in der Begründetheit durch die genaue Prüfung der Rechtsverletzung ergänzt.

Dient verletzte Norm öffentlichen oder Nachbarinteressen?

Es ist im Einzelfall jeweils zu prüfen, ob die Vorschrift, von der der VA zum Nachteil des Nachbarn abweicht, nicht lediglich öffentlichen Interessen dient, sondern gerade auch nachbarschützenden Charakter hat, dem Nachbarn also eine eigene Rechtsposition einräumt, und ob der klagende Nachbar in den sachlichen und personellen Schutzbereich dieser Vorschrift fällt.

287 Kopp/Ramsauer, VwVfG, § 43, Rn. 11.

aber kein „Planverfolgungsanspruch“

Einen allgemeinen „Planverfolgungsanspruch“, der allen im Plangebiet gelegenen Grundstückseigentümern das subjektiv-öffentliche und damit klagbare Recht gegen alle den Plan nicht einhaltenden Maßnahmen gewährt, gibt es nicht.

Begründet wird diese Ablehnung damit, dass es von einem solchen Planverfolgungsanspruch zu einem allgemeinen Gesetzesbefolgungsanspruch und von diesem zur (unzulässigen) Popularklage nur Schritte wären.

hemmer-Methode: Erhebt ein Nachbar Verpflichtungsklage auf bauaufsichtliches Einschreiten, stellt sich dieselbe Frage. Kann er sich auf eine Vorschrift berufen, die gerade auch zu seinem Schutz besteht (ihm also einen Anspruch einräumt, der gerichtlich durchsetzbar ist)?

In Fällen, in denen der Nachbar selbst rechtswidrig gebaut hat, kann 346
es ihm auch bei einer Verletzung drittschützender Vorschriften verwehrt sein, sich auf diese Verletzung zu berufen (Verstoß gegen den Grundsatz von Treu und Glauben).

Hier verbietet sich allerdings eine pauschale Beurteilung, maßgeblich ist jeweils die Art des eigenen Rechtsverstoßes und der Zusammenhang mit der rechtswidrigen Beeinträchtigung durch den Nachbarn.

e) Wichtige nachbarschützende Vorschriften

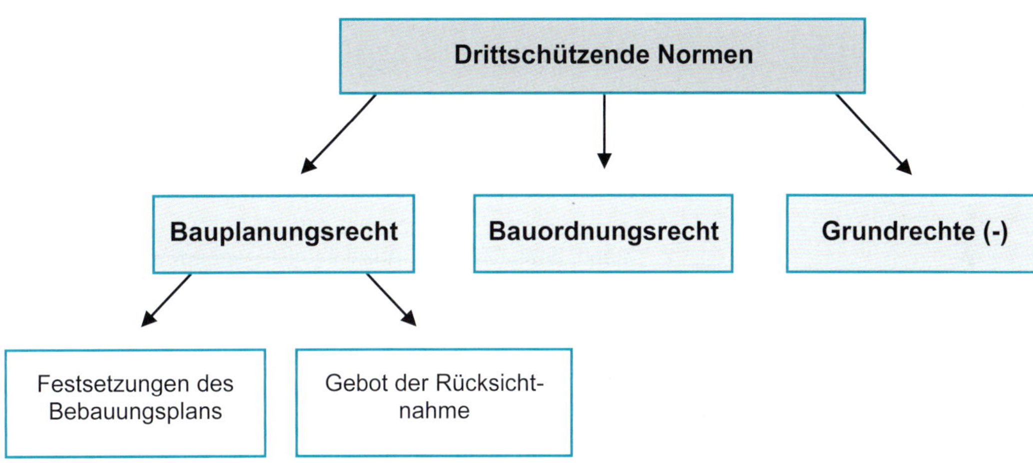

aa) Drittschützende Normen im Bauplanungsrecht

nachbarschützende Vorschriften im Bauplanungsrecht:

Im Planungsrecht ergibt sich der Kreis der nachbarschützenden Vor- 347
schriften vor allem aus den Festsetzungen der Bebauungspläne selbst und darüber hinaus auch aus dem Gebot der Rücksichtnahme:

hemmer-Methode: Ein häufiges Problem ist die Frage, wie ausführlich die Prüfung einzelner nachbarschützender Vorschriften bereits i.R.d. Zulässigkeit zu problematisieren ist. Beachten Sie dabei folgende Faktoren:

- **Die Prüfung nachbarschützender Vorschriften i.R.d. Zulässigkeit darf nicht zur Vorwegnahme der Begründetheit ausarten; bei der Zulässigkeit reicht die Möglichkeit der Verletzung tatsächlich nachbarschützender Vorschriften anhand der Darstellung der Anhaltspunkte im Sachverhalt bereits aus.**
- **In der Zulässigkeit müssen ggf. verschiedene Alternativen des Nachbarschutzes durch §§ 30, 34 oder 35 BauGB evtl. i.V.m. dem Gebot der Rücksichtnahme, geprüft werden, falls der Gebietstyp streitig/ungewiss ist.**

- **Nur dann, wenn unter jedem auch nur denkbaren Blickwinkel eine Rechtsverletzung ausgeschlossen erscheint, darf die Klage als unzulässig abgewiesen werden - das ist fast nie der Fall, es sei denn, es liegt eine nicht-drittschützende Norm, ein Rechtsmittelverzicht, ein Fall der Verwirkung oder des Rechtsmissbrauchs vor, oder eine drittschützende Norm ist unstreitig nicht verletzt, was klausuratypisch ist.**

Ob nachbarschützende Vorschriften des Bauplanungsrechts verletzt sind, prüfen Sie in der Begründetheit in diesem letzten Punkt des Klageaufbaus - anders als bei § 42 II VwGO, wo Sie regelmäßig von mehreren Alternativen ausgehen müssen - nur noch anhand des im Einzelfall einschlägigen Gebietstyps. Dazu muss bei der vorrangigen Frage der Rechtmäßigkeit des VA der Gebietstyp ermittelt werden.

(1) Im Bereich eines (einfachen oder qualifizierten) Bebauungsplans

(a) Festsetzungen eines Bebauungsplans

bei qualifiziertem BBauPl. nur einzelne Festsetzungen

§ 30 BauGB selbst kann nach der Rspr. keinen Nachbarschutz vermitteln, sondern immer nur einzelne Festsetzungen des Bebauungsplans als Satzung und damit als Rechtsnorm, § 10 I BauGB.[288] Maßstab ist bei Festsetzungen über die Art der baulichen Nutzung dann der Wortlaut der BauNVO, deren Vorschriften gem. § 1 III S. 2 BauNVO Bestandteil des Bebauungsplans werden. *348*

Ob Drittschutz vermittelt wird, ist nach denselben Grundsätzen zu ermitteln wie bei förmlichen Gesetzen.[289] Entscheidend ist in erster Linie der Wille des Orts-"gesetzgebers", der Plan ist also (unter Berücksichtigung seiner Begründung) zu interpretieren.

> ***Bsp.:*** *Der BP setzt eingeschossige Bebauung fest. Begründet wird dies mit dem Schutz der Aussicht für andere Wohnhäuser. Ein Nachbar klagt gegen eine für ein mehrgeschossiges Gebäude erteilte Genehmigung.*
>
> Grundsätzlich gewährt das öffentliche Recht keinen Schutz dahin gehend, dass eine freie Aussicht nicht verbaut wird. Dem widerspricht nicht, dass Festsetzungen eines Bebauungsplans, die eine schöne Aussicht schützen, dem Nachbarn ein Recht auf Erhaltung einräumen, wenn der Begründung des Plans entnommen werden kann, dass gerade dies die Norm bezweckt.[290] Der Nachbar ist hier somit in eigenen Rechten verletzt.

Auslegung maßgeblich

Ebenso durch Auslegung zu ermitteln ist, ob der Nachbarschutz an den Grenzen des Plangebietes enden soll oder ob auch angrenzende Zonen eingeschlossen sind (sog. plangebietsüberschreitender Nachbarschutz).[291] *349*

> ***Bsp.:*** *Wie oben; geschützt werden soll aber gerade auch die Aussicht von Wohnhäusern, die sich außerhalb des Plangebietes befinden.*

bzgl. Art der baulichen Nutzung (+), bodenrechtliche Schicksalsgemeinschaft im selben Gebiet

Festsetzungen über die Art der baulichen Nutzung (vgl. §§ 1 ff. BauNVO) sind nach h.M. auch ohne besondere Begründung nachbarschützend, weil sie die Grundstückseigentümer wechselseitig vor baugebiets-atypischen Auswirkungen schützen wollen.[292] *350*

---

288 BVerwG, NVwZ 1985, 748 - 749 = **juris**byhemmer, (Az. 4 B 202/84); Jäde/Dirnberger/Weiß, BauGB, § 29, Rn. 43.

289 BVerwG, NVwZ 1993, 1100 = **juris**byhemmer, (Az. 4 B 38/93).

290 Jäde/Dirnberger/Weiß, BauGB, § 29, Rn. 49, 55.

291 BVerwGE 44, 244 - 250 = **juris**byhemmer, (Az. IV C 71.71); BVerwG, IBR 2003, 452 = **juris**byhemmer, (Az. 1 Cs 02.1673).

292 BVerwG, DVBl. 1994, 284 - 288 = **juris**byhemmer, (Az. 4 C 28/91); BVerwG IBR 2003, 452 = **juris**byhemmer, (Az. 1 Cs 02.1673); Jäde/Dirnberger/Weiß, BauGB, § 29, Rn. 44.

Dabei ist der Nachbar, der mit dem Bauherrn im selben Gebiet (z.B. beide im selben Allgemeinen Wohngebiet) sein Grundstück hat, besser geschützt als derjenige, dessen Eigentum in einem angrenzenden Gebiet oder gänzlich außerhalb des Bebauungsplanes liegt: Eigentümer im selben *Plangebiet* (und nur diese!) befinden sich nach der Rechtsprechung des BVerwG in einer „bau- und bodenrechtlichen Schicksalsgemeinschaft“[293], die durch eine Beschränkung der Nutzungsmöglichkeiten am eigenen Grundstück gekennzeichnet ist. Der Nachbar im selben Gebiet kann deshalb eine gebietswidrige Nutzung selbst dann verhindern, wenn er durch sie selbst nicht unzumutbar beeinträchtigt wird (genereller Drittschutz[294]). **In allen anderen Fällen** ist das Gebot der Rücksichtnahme heranzuziehen; falls ein Bebauungsplan vorliegt, über § 15 I BauNVO,[295] und auf die Unzumutbarkeit abzustellen.

> **Bsp.:** *Der Eigentümer eines Grundstückes in einem „reinen Wohngebiet“ kann erfolgreich gegen die Baugenehmigung für einen (gem. §§ 1 III S. 2, 3 BauNVO) dort unzulässigen großen Gewerbebetrieb vorgehen (sog. Anspruch auf Bewahrung des Gebietscharakters), egal ob der Gewerbebetrieb Immissionen verursacht oder nicht.*

Ebenfalls grundsätzlich nachbarschützend sind Festsetzungen zum Schutz vor schädlichen Umwelteinwirkungen (§ 9 I Nr. 24 BauGB). Demgegenüber sind Festsetzungen über das Maß der baulichen Nutzung (§§ 16-21a BauNVO) grundsätzlich nicht drittschützend. Eine Ausnahme gilt für den Fall einer „erdrückenden Wirkung“.[296] 351

352

(b) § 30 BauGB i.V.m. § 15 I BauNVO (Gebot der Rücksichtnahme)

§ 15 BauNVO als gesetzlich normiertes Gebot der Rücksichtnahme

353 Gem. §§ 2 bis 14 BauNVO an sich zulässige Vorhaben sind dann unzulässig, wenn sie nach Anzahl, Lage, Umfang oder Zweckbestimmung der Eigenart des Baugebiets widersprechen (§ 15 I S. 1 BauNVO) oder wenn von ihnen für das Baugebiet selbst oder dessen Umgebung unzumutbare Belästigungen oder Störungen ausgehen oder sie solchen Belästigungen ausgesetzt werden können (§ 15 I S. 2 BauNVO).

In § 15 I BauNVO sieht das BVerwG die gesetzliche Normierung des *Gebots der Rücksichtnahme* (im Folgenden mit GdR abgekürzt) für den beplanten Innenbereich.[297] Daher ist § 15 BauNVO drittschützend.[298]

GdR in § 15 BauNVO enthalten

354 Sowohl in § 15 I S. 1 als auch in § 15 I S. 2 BauNVO ist das GdR enthalten. Die drittschützende Wirkung ist aber nur dann zu bejahen, wenn nach den Umständen des konkreten Einzelfalles in qualifizierter und zugleich individualisierter Weise auf schutzwürdige Interessen eines sich von der Allgemeinheit unterscheidenden Personenkreises Rücksicht zu nehmen ist.[299]

Das ist insbesondere dann der Fall, wenn die tatsächlichen Umstände handgreiflich ergeben, auf wen Rücksicht zu nehmen ist, und eine besondere rechtliche Schutzwürdigkeit des Betroffenen anzuerkennen ist.

---

293 Grundlegend BVerwG, NVwZ 2008, 427 - 428 (428) = **juris**byhemmer, (Az. 4 B 55/07).

294 Finkelnburg/Ortloff/Otto, § 18 I 2 b.

295 BVerwG, NVwZ 2008, 427 - 428 (428) = **juris**byhemmer, (Az. 4 B 55/07).

296 Battis/Krautzberger/Löhr, BauGB, § 31, Rn. 69.

297 BVerwGE 67, 334 - 341 = **juris**byhemmer, (Az. 4 C 96/79); BVerwGE 68, 369 - 378 = **juris**byhemmer, (Az. 4 C 17/82), Jäde/Dirnberger/Weiß, BauGB, § 29, Rn. 87 f.

298 Battis/Krautzberger/Löhr, BauGB, § 31, Rn. 65.

299 BVerwG, NVwZ 1985, 37 - 38 = **juris**byhemmer, (Az. 4 B 181/84); BVerwG, DVBl. 1987, 476 - 478 (477) = **juris**byhemmer, (Az. 4 C 8/84).

Die Anwendungsfälle des § 15 BauNVO führen im Ergebnis zu einer Unzulässigkeit des Vorhabens, obwohl es mit dem Bebauungsplan übereinstimmt!

hemmer-Methode: Die angegebene Definition, die klarstellt, wann das GdR nachbarschützende Wirkung aufweist, sollten Sie beherrschen. Sie ist derart anerkannt, dass der Korrektor sie in einer guten Klausur erwartet. Beachten Sie, dass diese Einschränkung nicht nur bei § 15 I BauNVO, sondern immer dann zu beachten ist, wenn es um das GdR geht. In der Begründetheitsprüfung ist in der Anwendung des GdR letztlich die Situation des betroffenen Dritten nach Erteilung der Baugenehmigung zu ermitteln und zu fragen, ob er unzumutbar in seiner legalen Grundstücksnutzung beeinträchtigt wird (Abwägung).

(c) § 31 BauGB

Dispensierung, § 31 BauGB

Sofern es im Einzelfall um die Abweichung von Festsetzungen eines Bebauungsplans geht, ist zwischen einer im Bebauungsplan vorgesehenen Ausnahme nach § 31 I BauGB und einer Befreiung nach § 31 II BauGB zu unterscheiden. Eine Ausnahme („ausnahmsweise") muss im Bebauungsplan ausdrücklich vorgesehen sein. Der Bebauungsplan macht dann von den Möglichkeiten der BauNVO Gebrauch, bestimmte Nutzungen ausnahmsweise zuzulassen (z.B. § 5 III BauNVO). Bei einer Befreiung i.S.v. § 31 II BauGB dagegen muss der Bauherr den Bebauungsplan nicht einhalten; er wird von der Einhaltung der Festsetzung (z.B.: Art der baulichen Nutzung) „befreit". Bei Befreiungen sind Nachbarkonflikte daher sehr naheliegend. 355

(aa) In den Fällen des § 31 I BauGB kann Drittschutz grundsätzlich nur über den Rechtsgedanken des § 15 I BauNVO hergeleitet werden.[300]

(bb) Auch im Fall des § 31 II BauGB ist der Drittschutz unproblematisch, wenn von einer drittschützenden Vorschrift befreit wird.[301]

In den sonstigen Fällen entnimmt das BVerwG mittlerweile aus dem Wortlaut des § 31 II BauGB, wonach bei der Befreiung auch nachbarliche Interessen zu würdigen sind, dass die Norm auch die Interessen der Nachbarn schützen will.[302] 356

Nachbarschutz ergibt sich dann aus § 31 II BauGB i.V.m. dem GdR, wenn die unter Rn. 354 genannten Voraussetzungen erfüllt sind.

(2) Der nicht qualifiziert beplante Innenbereich, § 34 BauGB

ansonsten § 34 BauGB

(a) Als unbeplanten Innenbereich bezeichnet das BVerwG eine aufeinanderfolgende Bebauung, „die trotz vorhandener Baulücken den Eindruck der Geschlossenheit (Zusammengehörigkeit) vermittelt".[303] Sofern dort ein einfacher Bebauungsplan besteht, ist - wegen des in § 30 III BauGB enthaltenen Vorrangs der Festsetzungen dieses BP - zunächst wie beschrieben vorzugehen. Nur soweit der einfache Bebauungsplan bestimmte Festsetzungen nicht enthält, ist auf § 34 BauGB zurückzugreifen, wenn das Vorhaben im Innenbereich in diesem Sinne liegt. Besteht kein BP für das fragliche Gebiet, so kommt im Innenbereich allein § 34 BauGB zur Anwendung. 357

300 Jäde/Dirnberger/Weiß, BauGB, § 29, Rn. 58.

301 Jäde/Dirnberger/Weiß, BauGB, § 29, Rn. 59, Rn. 89.

302 BVerwG, BauR 1987, 70 - 73 (73) = **juris**byhemmer, (Az. 4 C 8/84).

303 VGH Mannheim, NVwZ-RR 2000, 481 - 482 = **juris**byhemmer, (Az. 5 S 1916/97) unter Bezugnahme auf BVerwGE 75, 34 - 45 = **juris**byhemmer, (Az. 4 C 15/84).

(b) § 34 I BauGB

Nach der Rspr. des BVerwG ist § 34 I BauGB insoweit nachbarschützend, als die Vorschrift mit dem Gebot des „Einfügens" in qualifizierter und individualisierter Weise Rücksichtnahme auf schutzwürdige Interessen eines erkennbar sich von der Allgemeinheit unterscheidenden Kreises Dritter verlangt und diese damit vor unzumutbaren Beeinträchtigungen schützt.[304] 358

Die Rspr. sieht damit das GdR im „Einfügen" verwirklicht, damit ist es Tatbestandsmerkmal des § 34 I BauGB.

hemmer-Methode: Auf jeden Fall müssen Sie an dieser Stelle die beim GdR gebräuchliche Definition bringen, um festzustellen, ob Nachbarschutz zu bejahen ist.

Bsp.: Ein Nachbar legt gegen eine Baugenehmigung Widerspruch ein, weil diese gegen § 34 I BauGB verstößt.

Fraglich ist, ob der Nachbar in seinen Rechten verletzt ist. § 34 BauGB kommt im Grundsatz keine nachbarschützende Wirkung zu.[305] Wäre dies der Fall, würde die Vorschrift einen nicht mehr übersehbaren Kreis von angeblich Berechtigten schützen, der keineswegs auf die Nachbarn im eigentlichen Sinn beschränkt wäre, das Risiko für den Bauherrn wäre nicht kalkulierbar.

Allerdings entnimmt die Rspr. dem Wort „einfügen", dass das (allgemeine baurechtliche) GdR auch Tatbestandsmerkmal des § 34 I BauGB sei. Nachbarschutz ist gegeben, wenn in „qualifizierter und individualisierter Weise" auf schutzwürdige Interessen eines erkennbar unterscheidbaren Kreises Dritter Rücksicht zu nehmen ist. Das ist eine Frage des Einzelfalles.

Im Vergleich zum beplanten Gebiet bedeutet dies reduzierten Drittschutz. Erforderlich ist stets eine Einzelfallbeurteilung und damit ein Vergleich, wie es dem benachbarten Grundstückseigentümer vor und nach der geplanten Bebauung hinsichtlich der Nutzungsmöglichkeit seines Grundeigentums ergeht.[306]

(c) § 34 II BauGB

§ 34 II BauGB
⇨ wie bei BBauPl.

Soweit das Vorhaben in einem Gebiet durchgeführt werden soll, das dem § 34 II BauGB unterfällt, gilt bzgl. des Nachbarschutzes nach der Rspr.[307] dasselbe wie bei einer Festsetzung des Baugebietes durch BP.[308] Bzgl. der Art der baulichen Nutzung, für die § 34 II BauGB ja auf §§ 2-14 BauNVO verweist, besteht Drittschutz wie im Geltungsbereich eines BP. Für das Maß der baulichen Nutzung (etwa Geschossflächen) ist die BauNVO allerdings nicht einschlägig, hier muss weiterhin mit dem Begriff des „Einfügens" gearbeitet werden. Auch hier ist zu berücksichtigen, dass über das Maß der baulichen Nutzung grundsätzlich kein Nachbarschutz gewährt wird.[309] 359

360

(3) Vorhaben im Außenbereich, § 35 BauGB

Außenbereich

Im Außenbereich lässt sich der Drittschutz zunächst nicht direkt aus § 35 BauGB („öffentliche Belange")[310] oder aus den einzelnen Privilegierungstatbeständen ableiten.[311]

304 Z.B. BVerwG, DÖV 1981, 672 - 675 = **juris**byhemmer, (Az. 4 C 1/78); Jäde/Dirnberger/Weiß, BauGB, § 29, Rn. 65, Rn. 90.
305 Vgl. Jäde/Dirnberger/Weiß, BauGB, § 29, Rn. 65; Battis/Krautzberger/Löhr, BauGB, § 34, Rn. 77.
306 Finkelnburg/Ortloff/Otto, § 17 VI 3.
307 BVerwG, DVBl. 1994, 284 - 288 = **juris**byhemmer, (Az. 4 C 28/91).
308 Vgl. oben, Rn. 348; Jäde/Dirnberger/Weiß, BauGB, § 29, Rn. 68.
309 so bei Bebauungsplänen, Finkelnburg/Ortloff/Otto, § 18 I 2 c.
310 Jäde/Dirnberger/Weiß, BauGB, § 29, Rn. 71.
311 Jäde/Dirnberger/Weiß, BauGB, § 29, Rn. 73.

Gebot der Rücksichtnahme

Die Aufzählung der öffentlichen Belange ist in § 35 III BauGB jedoch nicht abschließend („insbesondere"). Die Rspr. zählt deshalb das GdR zu den öffentlichen Belangen i.S.d. § 35 III BauGB. Enthalten ist das Rücksichtnahmegebot insbesondere in § 35 III S. 1 Nr. 3 BauGB („schädliche Umwelteinwirkungen").[312] § 35 III S. 1 Nr. 3 BauGB beschreibt damit einen Ausschnitt aus dem ansonsten ungeschriebenen Belang des GdR, da das GdR über die schädlichen Umwelteinwirkungen hinaus auch alle sonstigen nachteiligen Wirkungen erfasst.[313] 361

Unmaßgeblich ist, ob der Dritte selbst nach § 35 I BauGB privilegiert ist oder nicht, weil dem Privilegierten nicht in erhöhtem Umfang subjektiv-öffentliche Rechte zustehen sollen.[314] Auch der Privilegierungstatbestand wird im Außenbereich von der Rechtsordnung „nur" (§ 35 I S. 1 BauGB) geduldet. Dennoch muss in die Abwägung der Umstand eingestellt werden, dass der Privilegierte eine gewisse Schutzposition hat. Einen allgemeinen Schutzanspruch auf Erhaltung des Außenbereichs gibt es jedoch nicht.[315] Das GdR kann also auch einem privilegierten Außenbereichsvorhaben entgegenstehen, erst recht einem nichtprivilegierten Vorhaben. Natürlich ist auch hier das GdR aber nur dann nachbarschützend, wenn in qualifizierter und individualisierter Weise auf schutzwürdige Interessen eines erkennbar sich von der Allgemeinheit unterscheidenden Kreises Dritter Rücksicht zu nehmen ist. 362

Bsp.: *Der privilegiert im Außenbereich Ansässige (typischer Fall: die stark emissionsträchtige Schweinemästerei, § 35 I Nr. 4 BauGB) kann sich gegen eine heranrückende Wohnbebauung, die ihn zu Einschränkungen seines Betriebes zwingen würde, zur Wehr setzen. Die i.R.d. GdR nach § 35 III S. 1 Nr. 3 BauGB vorzunehmende Interessenabwägung geht hier also regelmäßig zu Lasten des Neubaus.*[316]

Das vage und ungewisse Interesse eines Landwirts, seinen Betrieb um einen Schweinestall im Außenbereich zu erweitern, genügt für einen Abwehranspruch gegen Wohnbebauung jedoch nicht.[317]

(3) Erschließung

Die §§ 30, 33, 34 und 35 BauGB erfordern für die bauplanungsrechtliche Zulässigkeit die Sicherung der Erschließung.[318] Die Erschließung dient regelmäßig nur dem Allgemeininteresse. 363

Ihr kommt ausnahmsweise dann Nachbarschutz zu, wenn ein Bauvorhaben ohne ausreichende straßenmäßige Erschließung zugelassen wird und der Nachbar deshalb mit der Geltendmachung des Notwegerechts nach § 917 BGB durch den Bauherrn rechnen muss, damit dieser von seinem Grundstück zu den öffentlichen Straßen gelangen kann.[319]

Abschließender Überblick: Das GdR im Bauplanungsrecht (teilweise als Tatbestandsmerkmal):

- ⇨ Festsetzungen des Bebauungsplans, insbesondere über die Art der baulichen Nutzung, §§ 2-14 BauNVO
- ⇨ § 30 BauGB i.V.m. § 15 I BauNVO („Belästigung, Störung")

---

312 Schrödter, BauGB, § 35, Rn. 168.

313 BVerwG, BauR 1994, 354 - 358 = **juris**byhemmer, (Az. 4 C 5/93); Jäde/Dirnberger/Weiß, BauGB, § 29, Rn. 93.

314 BVerwG, NVwZ 2000, 552 - 553 = **juris**byhemmer, (Az. 4 B 38/99) = **Life & Law 2000, Heft 9, 659 - 663**.

315 BVerwG, NVwZ 2000, 552 - 553 = **juris**byhemmer, (Az. 4 B 38/99) = **Life & Law 2000, Heft 9, 659 - 663**.

316 VGH München, GewArch 2001, 499 - 500 = **juris**byhemmer, (Az. 26 ZS 01.1413).

317 BVerwG, DÖV 2001, 251 - 252 = **juris**byhemmer, (Az. 4 B 56/00).

318 Siehe dazu oben, Rn. 205 ff.

319 Jäde/Dirnberger/Weiß, BauGB, § 29, Rn. 96 (wobei dies mit Art. 14 GG begründet wird).

- ➩ § 31 II BauGB („nachbarliche Interessen")
- ➩ § 34 I BauGB („einfügen")
- ➩ § 35 III S. 1 Nr. 3 BauGB („schädliche Umwelteinwirkungen") bzw. ungeschriebener öffentlicher Belang i.S.v. § 35 III BauGB

bb) Nachbarschutz im Bauordnungsrecht

Im Bereich des Bauordnungsrechts hat sich eine nicht mehr übersehbare kasuistische Rechtsprechung entwickelt. *364*

Eine Norm ist grundsätzlich dann nachbarschützend, wenn sie gerade darauf abzielt, eine Baumaßnahme zu verhindern, die typischerweise die Nachbargrundstücke beeinträchtigt.

Nachbarschützend sind die Vorschriften über *365*

- ➩ **Abstandsflächen** (§§ 5, 6 LBO): Es soll gerade auch die ausreichende Besonnung, Belichtung und Belüftung der Nachbargebäude gewährleistet werden.
- ➩ **Baustellen** (§ 12 LBO): Gefahren, Nachteile oder Belästigungen für die Nachbargrundstücke sollen vermieden werden.[320]
- ➩ **Schutz gegen Einwirkungen** (§ 14 LBO): Nach Sinn und Zweck der Vorschrift wird hierdurch auch der Nachbar geschützt.[321]
- ➩ **Brandschutz** (§ 15 LBO): Es soll die Ausbreitung von Feuer auf Nachbargrundstücke vermieden werden.[322]
- ➩ sowie die §§ 3[323], 13 I[324], 26 II[325], 37 VIII[326] LBO.

hemmer-Methode: Eine umfassende Erörterung aller nachbarschützender Vorschriften des Bauordnungsrechts ist im Rahmen dieses Skriptes nicht möglich. Ohnehin genügt das bloße Auswendiglernen nachbarschützender Vorschriften zum Schreiben einer guten Klausur nicht! Wichtig ist vielmehr, dass Sie in der Klausurbearbeitung gerade bei der Frage, ob eine Rechtsnorm Drittschutz verleiht, gut argumentieren. Leitlinie für Ihre Argumentation sind dabei stets die Schutznormtheorie[327] und die damit verbundene Auslegung der Norm.

cc) Grundrechte

(1) Art. 14 I GG

Dadurch, dass der bauplanungsrechtliche Nachbarschutz – insbesondere in den Fällen des Gebotes der Rücksichtnahme – schon gewährt wird, bevor die Schwelle der Eigentumsbeeinträchtigung erreicht ist, bedarf es keines Drittschutzes aus Art. 14 I GG mehr. Seine ursprünglich gegenteilige Auffassung hat das BVerwG schon länger aufgegeben.[328] *366*

---

[320] Sauter, LBO, § 12, Rn. 5.

[321] Sauter, LBO, § 14, Rn. 2 (mit Ausnahme des Wärmeschutzes).

[322] Sauter, LBO, § 15, Rn. 9.

[323] VGH Mannheim, NVwZ-RR 1992, 348 - 349 (Az. 8 S 112/91); VGH Mannheim, NVwZ-RR 1995, 561 - 562 = **juris**byhemmer, (Az. 3 S 3407/94).

[324] Dürr, Baurecht Baden-Württemberg, Rn. 279.

[325] VGH Mannheim, VBlBW 1992, 103 - 104 = **juris**byhemmer, (Az. 3 S 2000/91).

[326] VGH Mannheim, NVwZ-RR 2008, 600 – 601 = **juris**byhemmer, (Az. 3 S 2773/07).

[327] Dazu schon ausführlich i.R.d. Zulässigkeit der Klage, oben, Rn. 284 ff.

[328] BVerwG, NVwZ 1992, 977 - 980 = **juris**byhemmer, (Az. 4 C 5/87).

Bei den bauplanungsrechtlichen Normen handelt es sich um verfassungsmäßige Inhalts- und Schrankenbestimmmungen i.S.v. Art. 14 I 2 GG, die es nicht zulassen, den Nachbarschutz eigenständig aus der Verfassung zu begründen. Ebenso wenig wie Art. 14 I GG zur Klagebefugnis bei einer Verpflichtungsklage auf Baugenehmigung herangezogen werden kann, kann er somit zur Klagebefugnis einer Drittbetroffenenklage verwendet werden.

(2) Art. 2 II GG

Ein Abwehranspruch aus Art. 2 II GG ist in der Klausurrealität bedeutungslos[329]. Über immissionsschutzrechtliche Vorschriften (§§ 22 ff. BImSchG bei nicht genehmigungsbedürftigen Anlagen) kann auch ein Nachbar, der nicht Eigentümer ist, gegen schädliche Umwelteinwirkungen geschützt sein. Eines Rückgriffs auf das Grundrecht bedarf es nicht. 367

Einen auf die Verletzung der körperlichen Unversehrtheit abstellenden Nachbarschutz hat das BVerwG[330] in seiner früheren Rechtsprechung einmal anerkannt. Gleichwohl müssen auch bei Art. 2 II GG die das Grundrecht konkretisierenden einfachgesetzlichen Normen herangezogen werden. 368

hemmer-Methode: Eine durchaus häufige Klausurvariante i.R.d. Nachbarklage ist das fehlende Einvernehmen der Gemeinde, § 36 BauGB.[331] Damit ist dann zwar die Baugenehmigung ggf. rechtswidrig, dennoch fehlt es an der Verletzung eigener subjektiver Rechte des Klägers, da das gemeindliche Einvernehmen Ausfluss der gemeindlichen Planungshoheit ist und damit allein ein Recht der betroffenen Gemeinde darstellt.
Anders stellt sich die Situation nur dann dar, wenn statt eines Nachbarn die Gemeinde selbst gegen die erteilte Baugenehmigung Klage erhebt, denn diese kann tatsächlich in eigenen Rechten verletzt sein.[332]

B. Einstweiliger Rechtsschutz des Nachbarn gegen die Baugenehmigung[333]

einstweiliger Rechtsschutz des Nachbarn

Widerspruch und Anfechtungsklage des Nachbarn haben gemäß § 212a BauGB *keine aufschiebende Wirkung*. Es fehlt also am sog. Suspensiveffekt, der nach § 80 I S. 2 VwGO auch grds. bei der Anfechtung von VA mit Doppelwirkung eintritt. § 212a BauGB ist damit ein Ausnahmefall i.S.d. § 80 II S. 1 Nr. 3 VwGO. 369

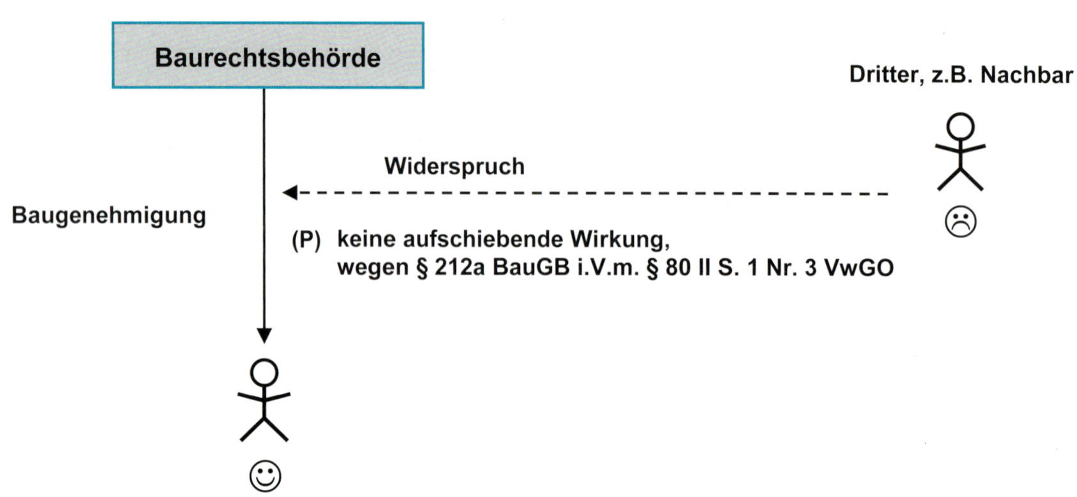

---

329 Und in der Praxis ebenfalls, Finkelnburg/Ortloff/Kment, § 18 IV 2.

330 In BVerwGE 54, 211 - 225 (222 ff.) = **juris**byhemmer, (Az. IV C 51.75).

331 Zu den Einzelheiten dieser Problematik Rn. 425 ff.

332 Dazu Rn. 429.

333 Umfassend zum Rechtsschutz gemäß §§ 80a, 80 V VwGO siehe **Hemmer/Wüst/Christensen, Verwaltungsrecht III**, Rn. 73 ff.

Bsp. 1: A beantragt die Baugenehmigung für ein Wohnhaus. Diese wird ihm vom LRA erteilt. Nachbar N, der dem Vorhaben nicht zugestimmt hat, überlegt sich, wie er gegen den unmittelbar bevorstehenden Baubeginn vorgehen kann.

Bsp. 2: Die Gemeinde G hat Probleme mit der zügigen Entsorgung von organischen Abfällen aus der sog. Biotonne. Eine Baugenehmigung für Z, der eine Kompostieranlage im Außenbereich errichten will, wird deshalb antragsgemäß erteilt. Nachbar N, dessen Haus je nach Windrichtung von starken Immissionen betroffen ist, will auch hier den drohenden Baubeginn verhindern.

wichtig, wenn Suspensiveffekt fehlt

In diesen Fällen hat die Erhebung von Widerspruch oder Anfechtungsklage entgegen der Regel des § 80 I S. 2 VwGO zur Folge, dass während des laufenden Widerspruchsverfahrens mit dem Bau begonnen werden darf, weil dem Rechtsbehelf des Dritten der Suspensiveffekt fehlt. Für Beispiel 2 gilt dies nur, falls die Anlage nicht nach dem Anhang der 4. BImSchVO i.V.m. §§ 4 I, 6, 10, 13 BImSchG genehmigungspflichtig ist, da dann ein immissionsschutzrechtliches Verfahren, nicht ein baurechtliches Verfahren vorliegt. 370

A (aus Beispiel 1) und Z (aus Beispiel 2) könnten somit trotz Anfechtung mit dem Bau ihrer Vorhaben beginnen. Das hätte aber zur Folge, dass Nachbar N vor vollendete Tatsachen gestellt werden könnte, bevor in einem möglicherweise langjährigen Prozess eine gerichtliche Entscheidung getroffen wird.

Verzögerung des Baubeginns

In diesen Fällen muss der Nachbar einstweiligen Rechtsschutz vor Gericht suchen und die Anordnung der aufschiebenden Wirkung des Widerspruchs beantragen, um einen ansonsten drohenden Baubeginn hinauszuzögern (§§ 80 V, 80a III VwGO). In der Klausur muss diese Möglichkeit bzw. Notwendigkeit erkannt und in ihren Aussichten untersucht werden. 371

hemmer-Methode: Das Antragsverfahren nach §§ 80, 80a VwGO ist speziell im Baurecht besonders examensrelevant. Fundierte Kenntnisse der damit verbundenen Problemkreise sind deshalb unverzichtbar.
Die Regelung des § 212a BauGB dient der schnelleren Verwirklichung von Bauvorhaben. Der Bauherr soll mit dem Bauen nicht erst solange warten müssen, bis ein (oft absehbar aussichtsloser) Nachbarprozess gewonnen ist.
Eine Baueinstellungsverfügung bzw. Nutzungsuntersagung (§§ 64, 65 S. 2 LBO) kann also während des laufenden Prozesses mit dem Nachbarn nicht erfolgen, da die Baugenehmigung bereits vollziehbar und das Bauen damit formell rechtmäßig ist. Die Gefahr für den Bauherrn besteht allerdings dann darin, dass er bei einem verlorenen Prozess ein möglicherweise formell und materiell baurechtswidriges Haus erstellt hat - mit den sich daraus ergebenden, insbesondere wirtschaftlichen Konsequenzen.[334]
Dieses Risiko ist allerdings kalkulierbar, da bei dem Verfahren nach §§ 80 V, 80a VwGO bereits eine summarische Prüfung der Hauptsache erfolgt, was den letztendlichen Ausgang eines Prozesses i.d.R. vorhersehbar sein lässt.

Prognose der Erfolgsaussichten

Soweit ein Antrag nach §§ 80 V, 80a III VwGO in Betracht gezogen wird, ist der Erfolg dieses Antrags zu prüfen. 372

I. Zulässigkeit eines Antrags nach §§ 80 V, 80a III VwGO

häufig wiederkehrende Probleme i.R.d. Zulässigkeit

I.R.d. Zulässigkeit bestehen speziell im Bereich des Baurechts immer wiederkehrende Problemfelder, die bei den meisten Verfahren eine wichtige Rolle spielen. 373

[334] Zur Abbruchsanordnung später, Rn. 440 ff.

Prüfungsschema zur Zulässigkeit des Verfahrens nach §§ 80 V, 80a III VwGO:

1. Eröffnung des Verwaltungsrechtsweges, § 40 I VwGO
2. Statthaftigkeit des Antrags mit Abgrenzung zu § 123 VwGO (Einstiegsnorm § 123 V VwGO)
3. Antragsbefugnis, § 42 II VwGO analog
4. Zuständigkeit, § 80 V VwGO (evtl. i.V.m. § 80a III VwGO)
5. Rechtsschutzbedürfnis
   - ⇨ Einlegung von Widerspruch notwendig?
   - ⇨ Antrag bei Behörde notwendig?
6. Sonstige Zulässigkeitsvoraussetzungen

1. Eröffnung des Verwaltungsrechtsweges

§ 40 I VwGO

Hierbei kann auf die obigen Ausführungen zur Anfechtungsklage verwiesen werden.[335] 374

2. Statthaftigkeit des Antrags

Abgrenzung zu § 123 VwGO

In Abgrenzung zum Rechtsschutz nach § 123 VwGO, vgl. § 123 V VwGO, greift der Rechtsschutz nach §§ 80 V, 80a III VwGO nur in den Fällen, in denen es um die aufschiebende Wirkung von Widerspruch und Anfechtungsklage geht, anders formuliert, wenn es um die Vollziehung eines Verwaltungsaktes geht, der noch nicht bestandskräftig ist und sich noch nicht erledigt hat.[336] Da der Nachbar regelmäßig die Baugenehmigung als sofort vollziehbaren, noch nicht bestandskräftigen VA anfechten will, ist hier das Verfahren nach §§ 80 V, 80a III VwGO einschlägig. 375

VA mit Doppelwirkung → § 80a VwGO

Da es sich bei der Baugenehmigung um einen VA mit Doppelwirkung handelt, richtet sich der einstweilige Rechtsschutz nach § 80a VwGO. Konkret statthaft ist der Antrag nach § 80a III, I Nr. 2, 80 V S. 1 Alt. 1 VwGO, da der Widerspruch gegen die Baugenehmigung kraft Gesetzes keine aufschiebende Wirkung hat, § 80 II Nr. 3 VwGO i.V.m. § 212a BauGB. 376

Der Antrag ist somit gerichtet auf die Anordnung der aufschiebenden Wirkung des (ggf. noch einzulegenden, vgl. u. Rn. 379 f.) Widerspruchs, also darauf, den VA „außer Vollzug zu setzen“.

hemmer-Methode: Versäumen Sie nicht, in der Klausur den Antrag exakt zu bezeichnen! - Die Baugenehmigung ist nicht der einzige VA im Baurecht, bei dem der Nachbar Eilrechtsschutz beantragen kann. Denkbar ist dies auch bei bauaufsichtlichen Maßnahmen nach § 65 S.2 LBO. Wird gegenüber dem Bauherrn eine Nutzungsuntersagung verfügt, hat der Nachbar ein evidentes Interesse an deren Sofortvollzug, um die Schaffung vollendeter Tatsachen zu verhindern. Zu diesem Zweck kann der Nachbar, wenn der VA gegen den Bauherrn schon ergangen ist, einen Eilantrag nach § 80a II VwGO stellen. Der Eilrechtsschutz des Bauherrn als Adressat eines belastenden Verwaltungsakts richtet sich hingegen direkt nach § 80 VwGO. Will der Nachbar dagegen die Behörde, die noch keinen VA erlassen hat, dazu zwingen, erstmals gegen den Bauherrn einen solchen zu erlassen, ist § 123 VwGO einschlägig.

335 § 83 VwGO gilt auch im Eilverfahren, vgl. VGH München, NVwZ-RR 2003, 74 - 75 = jurisbyhemmer, (Az. 20 A 02.40066, 20 A 02.40068).

336 Schenke, Verwaltungsprozessrecht, § 25 II 8 a bb.

3. Antragsbefugnis, § 42 II VwGO analog

Antragsbefugnis notwendig

Da auch im Hauptverfahren eine Klagebefugnis notwendig ist, muss diese ebenfalls – als Antragsbefugnis – für das Verfahren nach §§ 80 V, 80a III VwGO vorliegen.[337] Da es sich (i.d.R.) um einen Antrag des Nachbarn handelt, ist die Antragsbefugnis nur zu bejahen, wenn die Verletzung einer drittschützenden Vorschrift möglich ist. Diesbezüglich gelten die obigen Ausführungen.[338] 377

hemmer-Methode: Achten Sie auf die genaue Wortwahl! Verwenden Sie hier i.R.d. Zulässigkeit nur den Begriff der Antragsbefugnis, da es sich um ein Antragsverfahren, nicht um eine Klage handelt. § 42 II VwGO gilt auch nicht direkt, sondern nur analog, weil es sich nicht um eine Anfechtungs- oder Verpflichtungsklage handelt. Fehlt es an einer möglichen Verletzung einer drittschützenden Vorschrift (selten), scheitert der Eilantrag nicht erst in der Begründetheit, sondern bereits in der Zulässigkeit.

4. Zuständigkeit

zuständig ist Gericht der Hauptsache

Zuständig ist das Gericht der Hauptsache, §§ 80a III, 80 V i.V.m. §§ 45, 52 Nr. 1 VwGO, 1 II AGVwGO, 12 LVG (bei realen Ortsangaben). 378

5. Rechtsschutzbedürfnis

a) Vorheriger Widerspruch in der Hauptsache

Problem, ob Rechtsbehelf in der Hauptsache notwendig ist.

I.R.d. Eilantrags nach § 80a I, III VwGO ist streitig, ob gleichzeitig mit dem Antrag nach §§ 80a III, 80 V VwGO ein Widerspruch als Rechtsbehelf in der Hauptsache eingelegt werden muss, da auch nur *dessen Suspensiveffekt* hergestellt werden kann (vgl. Wortlaut von § 80 I VwGO).[339] 379

Für die Notwendigkeit der gleichzeitigen Einlegung eines Widerspruchs lässt sich der Wortlaut des § 80a I VwGO anführen „legt ein Dritter". Dagegen spricht der Charakter als Eilrechtsschutz, der in § 80 V S. 2 VwGO als allgemeiner Rechtsgedanke Anklang gefunden hat, sowie der Umstand, dass Widerspruch und vorläufiger Rechtsschutz unterschiedliche Ziele verfolgen: Mit Hilfe des Widerspruchs wird im Erfolgsfall der VA insgesamt beseitigt, mit dem Antrag nach §§ 80 V, 80 a VwGO nur seine Vollziehbarkeit. Folglich kann die Einlegung des Widerspruchs keine „echte" Zulässigkeitsvoraussetzung für den Antrag auf vorläufigen Rechtsschutz sein. Ratsam ist die Widerspruchseinlegung gleichwohl, um auf jeden Fall die Bestandskraft des VA zu verhindern, denn man kann nicht damit rechnen, dass das VG vor Ablauf der Widerspruchsfrist entscheidet. Zudem wäre der Nachbar dann auch im Hauptsacheverfahren schutzlos.

Somit fehlt die Statthaftigkeit des Antrags (vertretbar auch: das Rechtsschutzbedürfnis) für einen Antrag nach §§ 80a III, 80 V VwGO, wenn die Widerspruchs- bzw. Klagefrist in der Hauptsache abgelaufen, der VA also schon unanfechtbar geworden ist.[340] 380

---

337 Kopp/Schenke, VwGO, § 80, Rn. 134.

338 Rn. 283 ff.

339 Vgl. **Hemmer/Wüst/Christensen, Verwaltungsrecht III**, Rn. 142.

340 **Hemmer/Wüst/Christensen, Verwaltungsrecht III**, Rn. 141.

Hier eröffnen sich Möglichkeiten, Zustellungs- und Fristprobleme in die Klausur einzubauen.

hemmer-Methode: Der Eilantrag selbst ist zwar nicht befristet, es fehlt aber bereits an der Statthaftigkeit des Antrags, wenn in der Hauptsache aufgrund der eingetretenen Unanfechtbarkeit ein Erfolg des Antragstellers undenkbar ist.

b) Vorheriger Antrag an die Behörde nach § 80a I VwGO

Sehr lange streitig war, wie die Verweisung des § 80 a III S. 2 VwGO auf § 80 VI VwGO zu verstehen ist, ob also vor dem Eilantrag an das Gericht nach §§ 80a III, 80 V VwGO zwingend ein Eilantrag an die Behörde nach § 80a I VwGO gestellt werden muss. Sieht man in der Verweisung eine Rechtsfolgenverweisung, wäre dieses Erfordernis zu bejahen. Die ganz h.M. sieht in der missverständlichen Formulierung jedoch ein Redaktionsversehen und fordert einen vorherigen Antrag an die Behörde nur im Falle des § 80 II Nr. 1 VwGO und damit nicht im Baurecht.[341] 380a

II. Beiladung

Beiladung

Die Vorschrift des § 65 VwGO gilt ebenfalls i.R.d. Verfahrens nach §§ 80a III, 80 V VwGO. Der Bauherr ist damit notwendig beizuladen, § 65 II VwGO.[342] 381

III. Begründetheit des Antrags

1. Prüfungsmaßstab

Interessenabwägung bzgl. aufschiebender Wirkung; summarische Prüfung

In den Verfahren nach §§ 80a III, 80 V VwGO erfolgt in der Realität der Verwaltungsgerichte keine abschließende Beurteilung der Rechtmäßigkeit des verfahrensgegenständlichen Verwaltungsakte (in Prüfungsklausuren ist dies anders, dazu gleich unten). 382

Vielmehr erfolgt eine Abwägung bzgl. der Interessen des Antragstellers und des Antragsgegners im Hinblick auf die Vollziehung des Verwaltungsaktes, also darauf, ob vom VA Gebrauch gemacht werden kann. Der Antrag ist folglich auch nur dann begründet, wenn die Interessen des Antragstellers an der Anordnung der aufschiebenden Wirkung die Interessen des Bauherrn an der Möglichkeit des Vollzugs überwiegen. Dabei ist in der hier vorliegenden Abwehrsituation (Nachbar will Baugenehmigung abwehren) in einer „summarischen Prüfung" die Rechtmäßigkeit des VA und die Rechtsverletzung des Drittbetroffenen zu untersuchen. Das Gericht trifft damit eine originäre Ermessensentscheidung ohne vollständige Beweisaufnahme.

hemmer-Methode: Erkennen Sie, dass Sie in der Klausur die Begriffe „summarische Prüfung" und „Interessenabwägung" auf jeden Fall verwenden müssen, auch wenn Sie die Rechtmäßigkeit des VA und die Rechtsverletzung des Dritten voll und ganz durchzuprüfen haben. Erkennen Sie zudem, dass es im Fall des § 80 a I VwGO auch Verpflichtungs- und nicht nur Anfechtungssituationen geben kann.

---

[341] Lesenswert dazu **Hemmer/Wüst/Christensen, Verwaltungsrecht III**, Rn. 191.

[342] Kopp/Schenke, VwGO, § 80a, Rn. 20.

Prüfungsschema für die Begründetheit eines Antrags nach §§ 80a III, 80 V VwGO

1. Ggf. formelle Voraussetzungen der Anordnung der sofortigen Vollziehung i.S.d. § 80 II S. 1 Nr. 4 VwGO (= § 80 III VwGO; nicht bei der Baugenehmigung, § 212 a BauGB, da entfällt dieser Prüfungspunkt)

2. „Interessenabwägung“

a) Textbaustein zur Interessenabwägung: „summarische Prüfung“, ob das Aussetzungsinteresse des Antragstellers das Vollzugsinteresse des Antragsgegners überwiegt

b) Dies ist der Fall, wenn der VA „offensichtlich“ rechtswidrig ist *und* den Antragsteller in seinen Rechten verletzt

aa) Rechtsgrundlage der Baugenehmigung, § 58 I LBO

bb) Formelle Rechtmäßigkeit der Baugenehmigung

cc) Materielle Rechtmäßigkeit der Baugenehmigung

dd) Rechtsverletzung des Klägers

2. Ggf. formelle Voraussetzungen der Anordnung des Sofortvollzugs nach § 80 II S. 1 Nr. 4 VwGO (§ 80 III VwGO)

hemmer-Methode: Dieser Punkt spielt - soweit es um die Baugenehmigung selbst geht - keine Rolle, da hier die aufschiebende Wirkung bereits kraft Gesetzes entfällt, § 80 II S. 1 Nr. 3 VwGO i.V.m. § 212a BauGB. Es gibt hier keine behördliche Anordnung, die formell rechtswidrig sein könnte. Anders ist dies, wenn es bspw. um eine Abbruchsanordnung geht.

bei § 80 II S. 1 Nr. 4 VwGO Begründung notwendig (Abs. 3)

Beruht der Ausschluss der aufschiebenden Wirkung nicht auf Gesetz, sondern auf einer behördlichen Anordnung nach § 80 II S. 1 Nr. 4 VwGO, so ist insbesondere zu prüfen, ob die formellen Voraussetzungen des § 80 III VwGO eingehalten sind.[343] 383

Andernfalls ist die Anordnung der sofortigen Vollziehung schon aus diesen Gründen aufzuheben. Daneben wäre die Zuständigkeit für die Anordnung des Sofortvollzugs sowie die Problematik der Anhörung zu prüfen.[344] 384

3. Interessenabwägung

a) Abwägung der Interessen 385

Abwägung der Interessen

In einer Prüfungsklausur ist es hinreichend, wenn Sie darauf hinweisen, dass eine Interessenabwägung zwischen dem Aussetzungsinteresse des Antragstellers und dem Vollziehungsinteresse des Antragsgegners vorzunehmen ist. Zugunsten wessen die Interessenabwägung ausfällt, hängt von der Rechtswidrigkeit des VA ab: Ist der VA nach der „summarischen Prüfung“ (die in der Klausur aber anders als bei den Verwaltungsgerichten grundsätzlich eine volle Prüfung ist!) rechtswidrig *und* verletzt den Antragsteller in seinen Rechten (also in drittschützenden Normen, die ihm die Antragsbefugnis gegeben haben), dann überwiegt das Aussetzungsinteresse, in allen anderen Fällen das Vollzugsinteresse (also z.B. auch dann, wenn der VA zwar rechtswidrig ist, aber keine drittschützenden Normen verletzt). 386

343 **Hemmer/Wüst/Christensen, Verwaltungsrecht III**, Rn. 163 ff.

344 **Hemmer/Wüst/Christensen, Verwaltungsrecht III**, Rn. 108.

hemmer-Methode: Weiter müssen Sie hier wiederum auf die Besonderheit des Nachbarrechtsschutzes achten: Die objektive Rechtswidrigkeit der Baugenehmigung reicht nicht aus, um Erfolg in der Hauptsache zu haben. Hinzu muss die subjektive Rechtsverletzung des Nachbarn treten. Ein typisches Beispiel für eine erfolglose Nachbarklage und damit auch einen erfolglosen vorläufigen Rechtsschutz ist eine Baugenehmigung, die gegen die Einvernehmensregelung des § 36 BauGB verstößt, aber ansonsten gegen keine weiteren Vorschriften: Der rechtswidrige VA bleibt in der Welt.

Im Falle des gesetzlich vorgesehenen Wegfalls der aufschiebenden Wirkung gemäß § 80 II S. 1 Nr. 3 VwGO ergibt sich die Berücksichtigung der Erfolgsaussichten aus der Wertung des § 80 IV S. 3 VwGO. *387*

b) Summarische Prüfung der Erfolgsaussichten der „Hauptsache“

Indiz: Prognose bzgl. Hauptsache

Anders als bei § 123 VwGO gibt es im vorläufigen Rechtsschutz nach §§ 80, 80 a VwGO keine echte „Hauptsache“, da das Ziel, den VA aufzuheben (Anfechtungsklage!) durch den vorläufigen Rechtsschutz nicht erreicht werden kann. In der Abwehrsituation ist gleichwohl zu prüfen, ob eine Anfechtungsklage Erfolg hätte, d.h. Sie prüfen, ob die Baugenehmigung rechtswidrig ist und den Antragsteller in seinen Rechten verletzt. Ist dies zu bejahen, dann hat die summarische Prüfung ergeben, dass der Antragsteller in der Hauptsache Erfolg hätte, und der Antrag nach §§ 80 V, 80 a VwGO ist begründet. Ist der VA rechtmäßig oder verstößt er zumindest gegen keine drittschützenden Vorschriften, dann ist der Antrag unbegründet. *388*

Aufgrund der summarischen Prüfung ist die Bearbeitung in der Praxis, anders als in Klausuren, vereinfacht (es findet z.B. keine umfangreiche Beweiserhebung statt). Für die Klausur spielt das jedoch keine Rolle, da Ihnen entweder ein unstreitiger Sachverhalt vorliegt (1. Examen) oder ein umfangreicher Sachverhalt vorgelegt wird (2. Examen).

C. Klage des Bauherrn gegen Aufhebungsbescheid der Ausgangsbehörde

Klage vom Bauherrn gegen Aufhebungsbescheid

Nimmt die Ausgangsbehörde eine einmal erteilte Baugenehmigung wieder zurück, so stellt sich für den Bauherrn die Frage, mit welchem Rechtsbehelf er seine Baugenehmigung wiedererlangen kann. *389*

> ***Bsp.:*** *Die Stadt S erteilt dem B eine Baugenehmigung. Daraufhin erhebt Nachbar N erfolglos Widerspruch. Als N daraufhin gegen die Baugenehmigung klagt, nimmt die Stadt S während des laufenden Prozesses die Baugenehmigung wieder zurück, weil sie nunmehr der Auffassung ist, dass die Genehmigung zu Unrecht erteilt wurde. B ist entsetzt und geht zu seinem Rechtsanwalt, um nach Rat zu fragen.*

Grobgliederung des Klausurtyps bei Aufhebung durch die Ausgangsbehörde: *390*

1. Zulässigkeit der Klage
- **a)** Klageart
- **b)** Klagebefugnis
- **c)** Vorverfahren
- **d)** sonstige Zulässigkeitsvoraussetzungen

2. Begründetheit der Klage
- **a)** Rechtsgrundlage der Aufhebung: § 48 oder § 49 VwVfG?
  - **aa)** Rechtsgrundlage der Baugenehmigung: § 58 I LBO
  - **bb)** formelle Rechtmäßigkeit der Baugenehmigung
  - **cc)** materielle Rechtmäßigkeit der Baugenehmigung ⇨ Genehmigung rechtswidrig*

b) Rücknahme nach § 48 VwVfG*

aa) formelle Rechtmäßigkeit des Aufhebungsbescheids

bb) materielle Rechtmäßigkeit des Aufhebungsbescheids

⇨ Ausschluss des Vertrauensschutzes wg. § 50 VwVfG?

⇨ summarische Prüfung von:

(1) Zulässigkeit des Nachbarwiderspruchs

(2) Begründetheit des Nachbarwiderspruchs

(3) wenn evident unzulässig oder unbegründet, ggf. Ermessensprüfung

c) ggf. Rechtsverletzung des Klägers

*alternativ: rechtmäßig/§ 49 VwVfG

Hier muss erkannt werden, dass es ausreicht, wenn der Bauherr isoliert gegen die Aufhebung Anfechtungsklage erhebt, damit die „alte" Baugenehmigung wieder aufleben kann.

hemmer-Methode: Diese Klausurvariante ist vor allem aufbautechnisch besonders anspruchsvoll und setzt darüber hinaus ein vertieftes Verständnis vom Sinn und Zweck des Widerspruchsverfahrens voraus. Sie ist aber streng von der Möglichkeit abzugrenzen, dass die Baugenehmigung durch den Widerspruchsbescheid aufgehoben wird:[345] Dann muss der Bauherr isoliert gegen den Widerspruchsbescheid klagen, § 79 I Nr. 2 VwGO. Hier hat jedoch die Ausgangsbehörde, also die Stadt S als untere Baurechtsbehörde, gehandelt. Wichtig ist dieser Unterschied auch im Hinblick auf den Aufbau der Klausur, den richtigen Beklagten (§ 78 VwGO) und die Anwendbarkeit von § 50 VwVfG.

I. Zulässigkeit der Klage

1. Eröffnung des Verwaltungsrechtsweges

Der Verwaltungsrechtsweg ist eröffnet. Zur Formulierung vergleiche Rn. 19, 280. 391

Hinweis: Unproblematische Prüfungspunkte werden im Folgenden nicht mehr ausgeführt. Um die Übersichtlichkeit des Prüfungsablaufes zu wahren, werden diese jedoch durch Überschriften kenntlich gemacht.

2. Klageart

Abgr. Verpflichtungs- zu Anfechtungsklage

Einerseits wäre die Verpflichtungsklage in Betracht zu ziehen (§ 42 I Alt. 2 VwGO), wenn B eine neue Baugenehmigung begehrt. Andererseits würde einer Verpflichtungsklage das Rechtsschutzbedürfnis fehlen, wenn B sein Ziel (Erteilung der Baugenehmigung) einfacher bereits mit der Anfechtungsklage erreichen könnte, § 42 I Alt. 1 VwGO. Fraglich ist deshalb, ob hier eine Anfechtungsklage ausreicht. 392

wichtig: § 43 VwVfG

Soweit sie sich gegen den Aufhebungsbescheid richtet, ist die Anfechtungsklage statthaft, da der Aufhebungsbescheid ein VA i.S.v. § 35 VwVfG ist. Da bei erfolgreicher Anfechtung die ursprünglich erteilte Baugenehmigung auch weiter wirksam ist (vgl. § 43 II S. 3 VwVfG) bzw. wieder auflebt, weil die Regelungswirkung des Aufhebungsbescheids entfällt, reicht die Anfechtungsklage für das Ziel des B aus. 393

[345] Z.B. dann, wenn die Ausgangsbehörde dem Widerspruch nicht abhilft, § 72 VwGO, dann aber die Widerspruchsbehörde als höhere Baurechtsbehörde die Baugenehmigung für rechtswidrig hält und aufhebt. Zur diesbezüglichen Variante sind in den nachfolgenden Ausführungen Exkurse enthalten.

Richtige Klageart ist demnach die Anfechtungsklage, § 79 I Nr. 1 VwGO.

3. Klagebefugnis, § 42 II VwGO

§ 42 II VwGO

Diese ergibt sich bereits aus Art. 2 I GG i.V.m. der sog. Adressatentheorie. Als Adressat muss der Bauherr keinen rechtswidrigen VA hinnehmen, da er dadurch zumindest in seiner allgemeinen Handlungsfreiheit beeinträchtigt ist, vorliegend auch in seinem Recht auf Ausnutzung der Baugenehmigung, § 58 I LBO. 394

4. Widerspruchsverfahren

Vorverfahren, § 68 ff. VwGO

Ein solches ist im Ausgangsfall vor Erheben der Anfechtungsklage durchzuführen. 395

hemmer-Methode: Anders bei Aufhebung durch den Widerspruchsbescheid. Da B dann erstmals durch den Widerspruchsbescheid (also nicht durch den zugrunde liegenden VA der Baugenehmigung) beeinträchtigt ist, muss ausnahmsweise kein Widerspruchsverfahren durchgeführt werden, § 68 I S. 2 Nr. 2 VwGO. Gerade dann, wenn B sich von seinem Rechtsanwalt in Hinblick auf Rechtsbehelfe beraten lässt, müssen Sie von selbst auf diese Ausnahme kommen! Dem B darf in diesem Fall daher nicht geraten werden, dass er zuerst Widerspruch einlegen solle. 396

5. Richtiger Beklagter, § 78 I Nr. 1 VwGO

§ 78 VwGO

Der Aufhebungsbescheid erging durch die Stadt S selbst. Diese ist damit richtiger Beklagter, § 78 I Nr. 1 VwGO. 397

II. Begründetheit der Klage

Als Einstieg in die Begründetheitsprüfung ist ein Obersatz i.S.d. § 113 I S. 1 VwGO zu formulieren.

1. Rechtsgrundlage für den Aufhebungsbescheid

Rechtsgrundlage festlegen

Nach dem Vorbehalt des Gesetzes bedarf der Aufhebungsbescheid einer Rechtsgrundlage. Diese könnte in den §§ 48 ff. LVwVfG liegen. 398

Abgrenzung von Abhilfe zu §§ 48 ff. VwVfG

Zuvor ist jedoch zu fragen, ob nicht nach wie vor die Möglichkeit der Abhilfe (§ 72 VwGO) für die Ausgangsbehörde bestanden hat. 399

Diese ist eine Sonderregelung gegenüber den Rücknahmevorschriften der §§ 48 ff. LVwVfG, da einerseits im Abhilfeverfahren die Einschränkungen des § 48 I S. 2, II bis IV LVwVfG nicht gelten, andererseits im Abhilfeverfahren die subjektive Rechtsverletzung des Widerspruchsführers notwendig ist.

keine Abhilfe nach Erlass des Widerspruchsbescheids möglich

Allerdings endet die Möglichkeit der Abhilfe nach allen Ansichten spätestens in dem Zeitpunkt, in dem die Widerspruchsbehörde den Widerspruchsbescheid erlassen hat.[346] Rechtsgrundlage der Aufhebung können deshalb nur die §§ 48 ff. LVwVfG sein.

346 Vgl. Kopp/Schenke, VwGO, § 72, Rn. 2 f.; allerdings war früher strittig, ob die Abhilfeentscheidung nach Weitergabe an die Widerspruchsbehörde noch möglich ist: Die h.M. (so auch Kopp/Schenke aaO) geht allerdings davon aus, dass die Ausgangsbehörde auch dann noch abhelfen kann, wenn die Sache der Widerspruchsbehörde vorliegt. Ist der Widerspruchsbescheid allerdings erlassen - wie hier -, ist nach beiden Ansichten keine Abhilfe mehr möglich.

hemmer-Methode: Ist das Widerspruchsverfahren noch nicht abgeschlossen, hat die Ausgangsbehörde nach h.M. die Wahl, ob sie einen Abhilfe- oder einen Rücknahmebescheid erlassen will.

Problem, ob VA rechtswidrig oder rechtmäßig

Fraglich ist allerdings, ob es sich bei der Baugenehmigung um einen rechtswidrigen VA (dann § 48 LVwVfG) oder um einen rechtmäßigen VA handelt (dann § 49 LVwVfG). Die Baugenehmigung muss folglich auf ihre Rechtmäßigkeit hin überprüft werden. 400

a) Rechtsgrundlage, Formelle Rechtmäßigkeit der Baugenehmigung[347]

b) Materielle Rechtmäßigkeit der Baugenehmigung[348]

hemmer-Methode: Hier findet eine komplette Inzidentprüfung der Rechtmäßigkeit der ursprünglichen Baugenehmigung statt, die in einer Klausur sehr umfassend sein kann. Beachten Sie: Wenn diese Inzidentprüfung zu Ende ist, haben Sie erst die Antwort auf die Frage gefunden, ob die Aufhebung auf § 48 oder § 49 VwVfG beruht. Sehr häufig wird die Baugenehmigung rechtswidrig sein, so dass § 48 VwVfG zur Anwendung kommt.

Vorbescheid

An dieser Stelle kann ein Bauvorbescheid (§ 57 LBO) relevant werden. Denn dieser kann maßgeblich sein dafür, ob die Baugenehmigung rechtmäßig oder rechtswidrig ist. 401

Wenn das genehmigte Vorhaben nicht den baurechtlichen Vorschriften entspricht, jedoch ein Bauvorbescheid zu genau dieser Frage ergangen ist, so ist die Baugenehmigung nicht rechtswidrig, sondern rechtmäßig. Denn der wirksame Bauvorbescheid enthält dann die Regelung, dass das Vorhaben in diesem Punkt mit dem geltenden Recht vereinbar ist.

> ***Bsp.:*** *E hat ein Grundstück in einem Bereich, für den der Bebauungsplan ein Allgemeines Wohngebiet (vgl. § 4 BauNVO) festsetzt. E beantragt einen Vorbescheid zu der Frage, ob auf diesem Grundstück eine mit erheblichen Lärmbelästigungen verbundene Schreinerei nach BauGB zulässig ist. Die Stadt erteilt daraufhin den Vorbescheid wie beantragt, da sie die Schaffung von Arbeitsplätzen begrüßt. Später beantragt der E die Baugenehmigung, die ihm auch erteilt wird. Danach schaut der zuständige Sachbearbeiter etwas genauer hin und erkennt die bauplanungsrechtliche Unzulässigkeit der Schreinerei. Er hebt daher die Genehmigung auf, der Widerspruch des E gegen die Aufhebung bleibt erfolglos.*
>
> § 48 LVwVfG ist Rechtsgrundlage für die Aufhebung der Baugenehmigung, wenn diese rechtswidrig ist. Zwar ist das Vorhaben mit dem Bebauungsplan nicht vereinbar. Jedoch wird eben diese Frage durch den Vorbescheid geregelt, der als wirksamer Verwaltungsakt (§ 43 I LVwVfG) die Zulässigkeit der Schreinerei verbindlich vorgibt.
>
> Daher ist die Baugenehmigung in dieser Situation rechtmäßig. Ermächtigung für eine Aufhebung kann daher nur § 49 LVwVfG sein. Dessen Voraussetzungen, insbesondere ein Widerrufsgrund nach § 49 II LVwVfG, werden aber in aller Regel gerade nicht vorliegen. Demgegenüber könnte in einem anderen Fall eine rechtswidrige Baugenehmigung in aller Regel gem. § 48 I, II LVwVfG zurückgenommen werden.

Erst wenn der Vorbescheid seinerseits aufgehoben und aus diesem Grund nicht mehr wirksam ist (§ 43 II LVwVfG), entfällt die Regelung, dass das Vorhaben in dieser Frage (z.B. BauGB) mit dem geltenden Recht vereinbar ist.

[347] Vgl. ausführlich oben, Rn. 319 ff.

[348] Vgl. ausführlich oben, Rn. 337 ff.

Eine Aufhebung des Vorbescheids kann durch die Behörde, aber auch gem. § 113 I S. 1 VwGO durch ein Gericht erfolgt sein, wenn der Nachbar gegen den Vorbescheid geklagt hat.

Eine Aufhebung des Bauvorbescheids muss jedenfalls wirklich erfolgen. Die Möglichkeit einer konkludenten Aufhebung bereits deshalb abzulehnen, weil die Behörde sich über die Ermächtigungsgrundlage im Klaren sein muss.

Wurde allerdings der Bauvorbescheid aufgehoben, so ist die Baugenehmigung rechtswidrig. Rechtsgrundlage für ihre Aufhebung ist dann § 48 LVwVfG.

c) Festlegen der Rechtsgrundlage

⇨ i.d.R. rechtswidrig, so dass § 48 VwVfG einschlägig

Ist die Baugenehmigung nach dem Sachverhalt rechtswidrig, so ist hier § 48 LVwVfG Rechtsgrundlage. Ist die Baugenehmigung aber rechtmäßig, so ist § 49 LVwVfG einschlägig. Da der Aufhebungsbescheid Gegenstand der Anfechtungsklage ist, muss nunmehr die formelle und materielle Rechtmäßigkeit des Aufhebungsbescheides überprüft werden. 402

2. Formelle Rechtmäßigkeit des Aufhebungsbescheides

formelle Rechtmäßigkeit

Hier geht es nur um die formelle Rechtmäßigkeit des Aufhebungsbescheides, also ob diesbezüglich Zuständigkeit (§§ 3, ggf. 48 V LVwVfG) und Verfahren eingehalten sind.[349] Da die Aufhebung ein belastender VA ist, muss eine Anhörung durchgeführt werden, § 28 I LVwVfG. Allerdings besteht die Heilungsmöglichkeit nach § 45 I, II LVwVfG. 403

hemmer-Methode: Zuständig für die Rücknahme eines Verwaltungsaktes ist grundsätzlich die Erlassbehörde. War diese allerdings für den Erlass überhaupt nicht zuständig, ist nach dem Rechtsgedanken des § 48 V LVwVfG auch die für den Erlass eigentlich zuständige Behörde für die Rücknahme zuständig.

3. Materielle Rechtmäßigkeit

I.R.d. materiellen Rechtmäßigkeit muss nun geprüft werden, ob die Voraussetzungen der § 48 oder § 49 LVwVfG vorliegen. Falls eine teilweise Aufhebung der Baugenehmigung vorliegt, ist weiter zu prüfen, ob diese teilbar ist.

Die für die Teilrücknahme einer rechtswidrigen Baugenehmigung erforderliche Teilbarkeit setzt voraus, dass zum einen der herauszulösende Teil eindeutig beschrieben wird und vom Gesamtvorhaben abgegrenzt werden kann und zum anderen, dass ohne den zurückgenommenen Teil noch eine rechtmäßige Baugenehmigung für ein sinnvoll nutzbares Vorhaben verbleibt. Diese Teilbarkeit muss sowohl im Zeitpunkt, auf den sich die Rücknahme bezieht, als auch in den Zeitpunkt des Erlasses des Rücknahmebescheides bestehen.

[349] Vgl. auch **Hemmer/Wüst/Christensen, Verwaltungsrecht I**, Rn. 293 ff.

a) Vertrauensschutz, § 50 LVwVfG

Prüfung d. Rücknahmeermessens nicht notwendig, wenn § 50 VwVfG (+)

Da die Baugenehmigung nicht unter § 48 II LVwVfG fällt, ist der Vertrauensschutz nur i.R.d. Ermessensausübung nach § 48 I LVwVfG zu berücksichtigen. Soweit dabei überhaupt keine Vertrauensschutzerwägungen gemacht werden, liegt ein Ermessensfehler vor, § 114 S. 1 Alt. 2 VwGO. 404

Allerdings spielt der Vertrauensschutz dann keine Rolle, wenn ein Fall des § 50 LVwVfG vorliegt. Der Wortlaut der Vorschrift schließt die Anwendung der Vertrauensschutzvorschriften in § 48 wie in § 49 VwVfG aus. Voraussetzung ist, dass die Baugenehmigung von einem Dritten angefochten worden ist, denn hier muss der Bauherr nämlich nach wie vor (spätestens in einem verwaltungsgerichtlichen Prozess) mit einer Aufhebung rechnen, da seine Genehmigung noch nicht unanfechtbar geworden ist.

⇨ dessen Erfolgsaussichten müssen geprüft werden

Nach dem Wortlaut von § 50 VwVfG entfällt der Vertrauensschutz aber nur dann, wenn dem Widerspruch oder der Klage des Dritten „abgeholfen" wird. Strittig ist, was unter „Abhelfen" zu verstehen ist. Nach h.M. reicht es aus, wenn der Rechtsbehelf des Dritten zulässig und nicht offensichtlich unbegründet ist.[350]

aa) Zulässiger Nachbarrechtsbehelf

Hier stellt sich v.a. das Problem der Widerspruchsbefugnis. Der Nachbar muss sich auf eine drittschützende Vorschrift berufen können. Ein verfristeter Widerspruch des Nachbarn führt zudem zur Bestandskraft und damit Unanfechtbarkeit der Baugenehmigung.

bb) Nicht offensichtlich unbegründeter Nachbarrechtsbehelf

Ob neben der Zulässigkeit des Drittrechtsbehelfs auch zu fordern ist, dass dieser nicht offensichtlich unbegründet ist, ist strittig. Letztlich kann dies aber meist offen bleiben. Wenn der Drittrechtsbehelf zulässig ist, wird er nur in den seltensten Fällen offensichtlich unbegründet sein. 405

hemmer-Methode: Die Vorschrift des § 50 LVwVfG ist der absolute Clou dieser Klausurvariante! Er stellt eine Ausnahme zu den strengen Rücknahmevoraussetzungen der §§ 48, 49 LVwVfG dar. Der aufbautechnische Trick der Klausur besteht nunmehr darin, dass Sie die Erfolgsaussichten des Nachbarwiderspruchs i.R.d. Rechtmäßigkeit des Aufhebungsbescheides summarisch prüfen müssen.

b) Ggf. Ermessensprüfung

wenn § 50 LVwVfG (+), Vertrauensschutz (-)

Ist der Nachbarwiderspruch zulässig und nicht offensichtlich unbegründet, so scheitert die Aufhebung der Baugenehmigung jedenfalls nicht am entgegenstehenden Vertrauensschutz. Es kommt dann nur noch auf die fehlerfreie Ermessensentscheidung der Behörde nach §§ 48 I, 49 I LVwVfG an. 406

[350] BVerwGE 105, 354 - 362 (360) = **juris**byhemmer, (Az. 3 C 33/96); im Einzelnen ist hier vieles strittig, vgl. Kopp/Ramsauer, VwVfG, § 50, Rn. 22 ff.

wenn § 50 LVwVfG (-), dann i.R.d. Ermessensprüfung Vertrauensschutz, außerdem Aufhebungfrist

Hat der Nachbarwiderspruch allerdings evident keine Aussicht auf Erfolg, z.B. weil es an der Verletzung eigener Rechte fehlt, so muss i.R.d. Ermessensausübung nach § 48 I S. 1 LVwVfG weiterhin geprüft werden, ob die nach § 48 III LVwVfG zu zahlende Entschädigung für die Sicherstellung des schutzwürdigen Vertrauens ausreicht und ob nicht die Jahresfrist nach § 48 IV LVwVfG entgegensteht.[351]

4. Rechtsverletzung des Klägers[352]

ggf. Rechtsverletzung des Klägers

Ist der Aufhebungsbescheid rechtswidrig, so ist der Kläger (Bauherr) auch in seinem Recht aus § 58 I S. 1 LBO verletzt. 407

hemmer-Methode: Diese Klausurvariante ist deshalb besonders tückisch, weil Gegenstand der Klage nur der Aufhebungsbescheid ist und nicht die Baugenehmigung und auch nicht der Nachbarwiderspruch! Die Baugenehmigung ist erst i.R.d. Rechtsgrundlage zu prüfen, der Nachbarwiderspruch dagegen erst i.R.d. § 50 LVwVfG.
Wer diese Elemente dann durcheinander wirft und den Aufbau der Klausur damit unlogisch werden lässt, zeigt, dass er das Verwaltungs-(gerichts-)verfahren nicht richtig verstanden hat. Passen Sie deshalb ganz besonders auf die richtige Gliederung der Klausur auf, die Ihnen die Skizze unter Rn. 390 noch einmal anschaulich verdeutlichen kann.

Exkurs: Aufhebung der Genehmigung i.R.d. Abhilfe (§ 72 VwGO) oder durch den Widerspruchsbescheid (§ 73 VwGO)

a) Abhilfe und Aufhebung nach den §§ 48 ff. LVwVfG

§§ 48, 49 LVwVfG

In der obigen Ausgangslage (Rn. 389) konnte die Ausgangsbehörde die Baugenehmigung nur nach den §§ 48 ff. LVwVfG aufheben, da das Widerspruchsverfahren bereits abgeschlossen war. 408

wahlweise daneben: Abhilfe, § 72 VwGO

Neben der Aufhebung der Baugenehmigung aufgrund der §§ 48 ff. LVwVfG kommt nach Einlegung des Widerspruchs aber noch die Möglichkeit der Aufhebung i.R.d. Abhilfe nach § 72 VwGO in Betracht. Die beiden Möglichkeiten bestehen parallel nebeneinander.[353] Im Zweifel ist jedoch eine Abhilfeentscheidung anzunehmen.[354]

bei §§ 48 ff. LVwVfG ist § 50 LVwVfG zu beachten

Wird der VA dennoch erkennbar nach §§ 48 ff. LVwVfG aufgehoben, so ist zu überprüfen, ob die Voraussetzungen des § 50 LVwVfG vorliegen (wie oben Rn. 407).

351 Vgl. ausführlich **Hemmer/Wüst/Christensen, Verwaltungsrecht I**, Rn. 482.

352 Rn. 344.

353 Kopp/Schenke, VwGO, § 72, Rn. 8; das Wahlrecht darf aber nicht zu einer willkürlichen Umgehung der Kostentragungspflicht der Behörde im Fall des Erlasses eines Abhilfe- oder Widerspruchsbescheides führen.

354 Kopp/Schenke, VwGO, § 72, Rn. 8.

Übersicht 1:

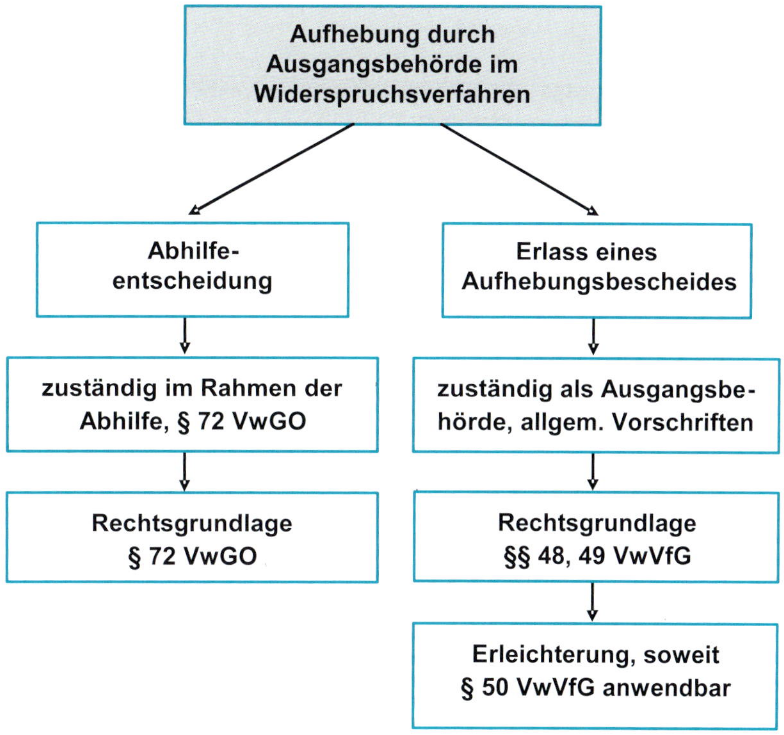

b) Aufhebung nach Weitergabe an Widerspruchsbehörde

Doppelzuständigkeit von Ausgangs- und Widerspruchsbehörde

Eine Abhilfe kommt nach h.M. aber auch dann noch in Betracht, wenn zunächst keine Abhilfeentscheidung erfolgt ist und der Widerspruch an die Widerspruchsbehörde weitergegeben wurde. Es entsteht dann eine sog. Doppelzuständigkeit von Ausgangs- und Widerspruchsbehörde.[355] 409

<u>**Die Ausgangsbehörde kann damit entweder:**</u>

- ⇨ nach § 72 VwGO abhelfen oder
- ⇨ nach §§ 48 ff. LVwVfG die Baugenehmigung aufheben, wenn nicht bereits die Voraussetzungen der Abhilfe vorliegen.

bzgl. Widerspruchsbehörde gilt § 73 VwGO

Gleichzeitig hat die Widerspruchsbehörde die Möglichkeit, die Baugenehmigung durch den Widerspruchsbescheid aufzuheben. Sie stützt sich damit nach h.M. in Hinblick auf die Rechtsgrundlage unmittelbar auf § 73 VwGO.[356] 410

aber nur bei: Rechtswidrigkeit <u>und</u> subj. Rechtsverletzung

Allerdings kann die Widerspruchsbehörde die Baugenehmigung nur dann durch den Widerspruchsbescheid aufheben (bzw. die Ausgangsbehörde nur dann einen Abhilfebescheid erlassen), wenn der Widerspruch zulässig und begründet ist. Für die Begründetheit müssen zwei Voraussetzungen kumulativ vorliegen (vgl. § 113 I S. 1 VwGO analog):

---

355 Ausführlich dazu **Hemmer/Wüst/Christensen, Verwaltungsrecht III**, Rn. 11.

356 Str., aber wohl h.M.: so Pietzner/Ronellenfitsch, § 25, Rn. 6 ff. m.w.N.; a.A. wohl Erichsen/Martens, Allgem. Verwaltungsrecht, § 18, Rn. 10 ff., wonach dem Bund diesbezüglich die Gesetzgebungskompetenz fehle und §§ 72, 73 VwGO nur verfahrensrechtliche Bedeutung hätten.

- ⇨ Der angefochtene VA muss rechtswidrig sein und

- ⇨ der Widerspruchsführer muss in eigenen Rechten verletzt sein.[357]

ansonsten Abweisung

Ist die Baugenehmigung also nur rechtswidrig und der Wider- 411
spruchsführer nicht in eigenen Rechten verletzt, so muss jedenfalls der Widerspruch mittels Widerspruchsbescheid als unbegründet zurückgewiesen werden.

Aufhebung nach §§ 48 ff. LVwVfG durch Widerspruchsbehörde grds. (-)

Die Widerspruchsbehörde (das Regierungspräsidium, §§ 73 I S. 2 412
Nr. 1 VwGO, 46 I Nr. 2 LBO) hat das Recht, den Widerspruch zum Anlass zu nehmen, um den angegriffenen VA auf die allgemeine Recht- und Zweckmäßigkeit hin zu überprüfen, § 68 I S. 1 VwGO. Sie kann zudem in ihrer Eigenschaft als Fachaufsichtsbehörde (§§ 20 II S. 1, 21 II LVG) die Ausgangsbehörde anweisen, eine rechtswidrige Baugenehmigung aufzuheben, § 47 V S. 1 LBO.[358] Sie kann aber – außer im seltenen Fall des § 47 V S. 2 LBO – die Baugenehmigung nicht selbst nach §§ 48 ff. LVwVfG zurücknehmen.[359] Diesbezügliche Kompetenzen verleihen die §§ 68, 73 VwGO nicht.

ausnahmsweise (+), wenn Selbsteintrittsrecht vorliegt

Im Falle des § 47 V S. 2 LBO muss das Regierungspräsidium die 413
Baugenehmigung in Form eines Rücknahmebescheides aufheben; der Widerspruch ist, weil es dem Widerspruchsführer an der Verletzung eigener Rechte fehlt, kostenpflichtig zurückzuweisen.

Übersicht 2:

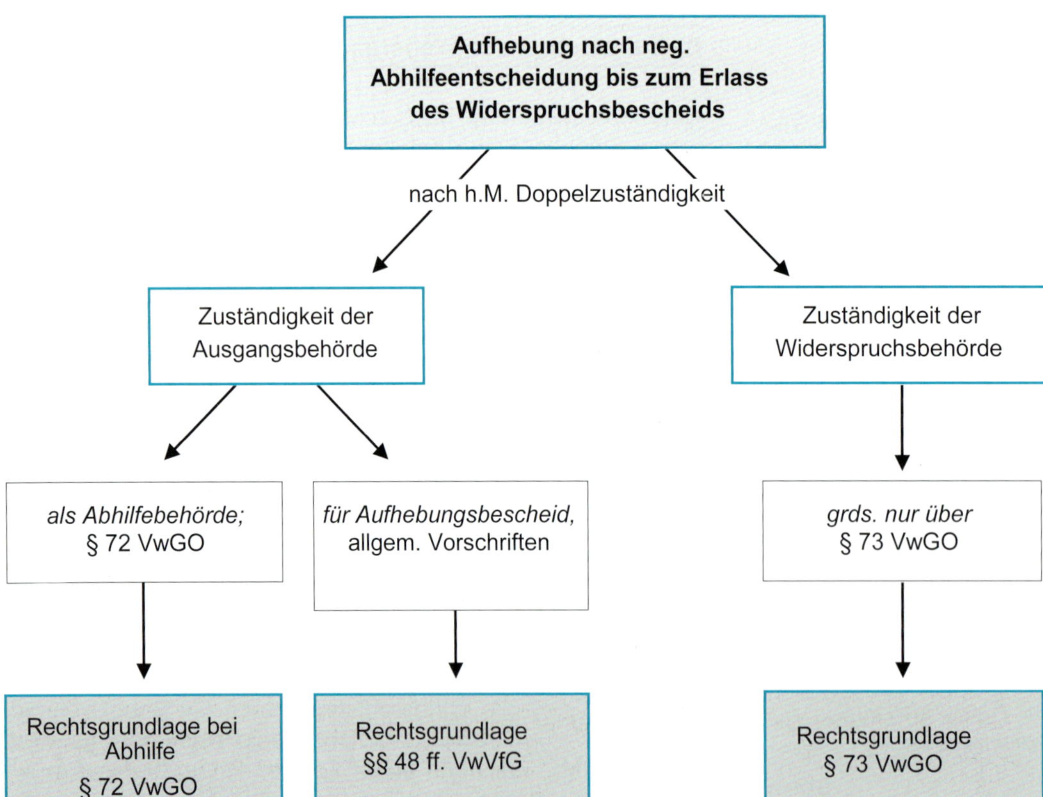

357 Pietzner/Ronellenfitsch, § 38, Rn. 1 f.; ebenso Kopp/Schenke, VwGO, § 68, Rn. 12.

358 Pietzner/Ronellenfitsch, § 27, Rn. 11.

359 BVerwG, NVwZ 1983, 32 - 35 (33) = jurisbyhemmer, (Az. 7 C 42/80); BVerwG, DÖV 1969, 142 (Az. IV B 7.68); vgl. auch Kopp/Ramsauer, VwVfG, § 48, Rn. 165.

hemmer-Methode: Achten Sie also besonders auf das Regel-Ausnahme-Verhältnis bei der Aufhebung von Verwaltungsakten. Ist der Widerspruch wegen fehlender Verletzung subjektiver Rechte zurückzuweisen, so kommt eine Aufhebung durch die Widerspruchsbehörde nur ausnahmsweise in Betracht. Hebt die Widerspruchsbehörde die Baugenehmigung trotz fehlender Rechtsverletzung im Widerspruchsbescheid auf, so ist dieser allein schon aus diesem Grunde rechtswidrig.

c) Nach Erlass des Widerspruchsbescheides

nach Erlass von Widerspruchsbescheid nur noch Ausgangsbehörde zuständig

Nach allen vertretenen Auffassungen endet die Kompetenz der Widerspruchsbehörde zur Aufhebung der Baugenehmigung jedenfalls spätestens mit Erlass des Widerspruchsbescheides.[360] Nach diesem Zeitpunkt kann also allein die Ausgangsbehörde die Baugenehmigung aufheben.[361] 414

Sonderfall bei Anfechtung von Widerspruchsbescheid

Bei der Aufhebung der Baugenehmigung durch den Widerspruchsbescheid ist nicht der Träger der Ausgangsbehörde (die Stadt S), sondern der Träger der Widerspruchsbehörde zu verklagen (dann das Land Baden-Württemberg als Träger des Regierungspräsidiums). Dies deshalb, weil der Widerspruchsbescheid als alleiniger Klagegegenstand nicht von der Ausgangs-, sondern der Widerspruchsbehörde erlassen wurde, vgl. §§ 79 I Nr. 2, 78 II VwGO. 415

Wird der Widerspruchsbescheid angefochten, so ist Prüfungsmaßstab i.R.d. Begründetheit §§ 115, 113 I S. 1 VwGO. 416

Exkurs Ende

D. Klage der Gemeinde gegen die Baugenehmigung

Klage der Gemeinde

Wird eine Baugenehmigung ohne gemeindliches Einvernehmen erteilt, so wird die betroffene Gemeinde die erteilte Baugenehmigung regelmäßig anfechten wollen. 417

> ***Bsp.:*** *F beantragt eine Baugenehmigung für ein Vorhaben im Außenbereich. Obwohl die Gemeinde G, in deren Gebiet das Grundstück liegt, ihr Einvernehmen (§ 36 BauGB) verweigert hat, erteilt das LRA als Baurechtsbehörde die Baugenehmigung, ohne die Gemeinde zuvor nochmals anzuhören. Die Gemeinde G will nun gegen die Baugenehmigung vorgehen.*

<u>Gliederungsübersicht zu der gemeindlichen Klage:</u>

I. Zulässigkeit der Klage
- **1.** Verwaltungsrechtsweg
- **2.** Klageart = Anfechtungsklage
- **3.** Klagebefugnis wegen § 36 BauGB
- **4.** sonstige Zulässigkeitsvoraussetzungen

II. Beiladung

III. Begründetheit der Klage
- **1.** Passivlegitimation, § 78 I VwGO
- **2.** Rechtmäßigkeit der Baugenehmigung
- **3.** Rechtsverletzung der Gemeinde

[360] Strittig ist, inwieweit die Widerspruchsbehörde isoliert den Widerspruchsbescheid aufheben kann; Kopp/Ramsauer, VwVfG, § 48, Rn. 164.

[361] Aufgehoben wird damit die Baugenehmigung in Gestalt des Widerspruchsbescheides, vgl. BVerwG, DVBl. 2002, 1045 - 1046 = **juris**byhemmer, (Az. 7 C 17/01).

I. Zulässigkeit der Klage[362]

1. Klageart

- *bei fehlendem Einvernehmen*

Die Gemeinde G begehrt im Ausgangsfall die Aufhebung der Baugenehmigung, mithin eines VA i.S.d. § 35 VwVfG. Richtige Klageart ist damit die Anfechtungsklage, § 42 I Alt. 1 VwGO. 418-419

2. Klagebefugnis

§ 42 II VwGO

Die Gemeinde G rügt das Fehlen des gemeindlichen Einvernehmens, § 36 BauGB. Dieses ist ein gesetzliches Recht der Gemeinde zur Sicherung der gemeindlichen Planungshoheit (Art. 71 I LV BW, 28 II GG).[363] Die G könnte möglicherweise in diesem Recht verletzt sein, so dass sie gemäß § 42 II VwGO klagebefugt ist. 420

hemmer-Methode: Wenn eine Gemeinde gegen eine Baugenehmigung klagt, muss sich ihre Klagebefugnis stets auf Art. 28 II GG zurückführen lassen, zumeist in Verbindung mit einfachgesetzlichen Ausprägungen. Solche sind z.B. § 35 III Nr. 1 BauGB, wenn das Vorhaben möglicherweise dem Flächennutzungsplan widerspricht, oder auch § 74 I LBO, wenn das Vorhaben u.U. gegen von der Gemeinde selbst erlassene örtliche Bauvorschriften verstößt, denn auch hinter § 74 I LBO steht das Selbstverwaltungsrecht der Gemeinde.[364]

3. Vorverfahren

4. Sonstige Voraussetzungen

hemmer-Methode: Auf Zusammenhänge achten! Klagt eine Gemeinde, so werden sich in den allermeisten Fällen auch Fragen der Beteiligten- und Prozessfähigkeit und i.R.d. ordnungsgemäßen Klageerhebung der Vertretungsmacht ergeben. Beteiligte ist die Gemeinde selbst als juristische Person des öffentlichen Rechts, § 61 Nr. 1 Alt. 2 VwGO. Vertreten wird sie vom Bürgermeister, § 62 III VwGO i.V.m. § 42 I S. 2 GemO.

II. Beiladung

F als Inhaber der angefochtenen Genehmigung ist notwendig beizuladen, § 65 II VwGO. 421

III. Begründetheit der Klage[365]

§ 113 I S. 1 VwGO

Die gegen das Land Baden-Württemberg (§ 78 I Nr. 1 VwGO) zu richtende Klage ist begründet, soweit die Baugenehmigung rechtswidrig und die Gemeinde dadurch in ihren eigenen Rechten verletzt ist, § 113 I S. 1 VwGO. 422

1. Rechtsgrundlage und formelle Rechtmäßigkeit

formeller Fehler, wenn Gemeinde nicht beteiligt wurde

Rechtsgrundlage der Baugenehmigung ist § 58 I LBO. Die Zuständigkeit zur Erteilung der Baugenehmigung ergibt sich aus §§ 48 I, 46 I Nr. 3 LBO, 15 LVG.[366] 423

---

[362] Beschränkt auf die wichtigsten Elemente.

[363] Näher dazu unter Rn. 430.

[364] VGH Mannheim, = **juris**byhemmer (Az. 5 S 2427/15), Rn. 14.

[365] Beschränkt auf die wichtigsten Elemente.

[366] Zu Einzelfragen oben, Rn. 319 ff.

Verfahrensrechtlich ist das Einvernehmen der Gemeinde – also ihre positive Zustimmung – zwingend erforderlich, wenn, wie hier, Baurechtsbehörde und Gemeinde nicht identisch sind[367] und es sich um ein Vorhaben nach § 29 I BauGB handelt, über das materiell nach den §§ 31, 33 bis 35 BauGB entschieden wird, § 36 I BauGB.

Das hier vorliegende (seltene) gänzliche Übergehen der Gemeinde (das von der Ersetzung des Einvernehmens durch die Behörde und der Einvernehmensfiktion des § 36 II Satz 2 BauGB strikt zu trennen ist, dazu sogleich unten), stellt einen Verfahrensfehler dar, der nach § 45 I Nr. 5 VwVfG heilbar ist, indem das erforderliche Einvernehmen nachgeholt wird. Unterbleibt diese Heilung, ist der Verwaltungsakt formell rechtswidrig, jedoch nicht nichtig, § 44 III Nr. 4 VwVfG[368] und der Verfahrensfehler nach § 46 VwVfG beachtlich.

2. Materielle Rechtmäßigkeit

a) Prüfungsrahmen des § 58 I LBO[369]

BauGB und LBO prüfen

424 Hier gelten die allgemeinen Grundsätze. Handelt es sich allerdings um ein Vorhaben im Außenbereich und erteilt die Gemeinde ihr Einvernehmen nicht, so ist i.d.R. noch danach zu fragen, ob die gemeindliche Planungshoheit ein (ungeschriebener) öffentlicher Belang i.S.d. § 35 III BauGB ist. Dagegen spricht jedoch, dass die Möglichkeiten zur Sicherung der Bauleitplanung für die Gemeinde ausreichend sind, vgl. §§ 14, 15, 36 BauGB. Andererseits lässt sich bereits § 35 III S. 1 Nr. 1 BauGB entnehmen, dass die Planungsabsichten der Gemeinde durchaus relevant sein können. Die wohl h.M. berücksichtigt Planungsabsichten dann, wenn sie (bspw. durch einen entsprechenden Bebauungsplanaufstellungsbeschluss) hinreichend konkretisiert sind.[370]

b) Gemeindliches Einvernehmen, § 36 BauGB

Kernproblem: gemeindliches Einvernehmen

425 Die Gemeinde stützt sich hier konkret darauf, dass sie ihr Einvernehmen nach § 36 BauGB nicht erteilt habe.[371] Da das Vorhaben im Außenbereich liegt (§ 35 BauGB), war ein Einvernehmen jedoch notwendig.

aa) Sinn und Zweck des Einvernehmens

Zweck: Mitwirkungsrecht der Gemeinde

426 Sinn und Zweck des § 36 BauGB ist es, der Gemeinde bei der Genehmigung von Bauvorhaben durch die Baurechtsbehörde die Mitwirkung zu sichern.[372]

---

367 Bei Identität von Gemeinde und Baurechtsbehörde ist § 36 BauGB nach der Rspr. des BVerwG unanwendbar, BVerwGE 121, 339 - 344 = **juris**byhemmer, (Az. 4 C 16/03).

368 Kopp/Ramsauer, VwVfG, § 44, Rn. 59.

369 Die Ausführungen unter Rn. 337 f., 122 ff. gelten auch hier entsprechend.

370 Battis/Krautzberger/Löhr, BauGB, § 35, Rn. 101.

371 Eine Gemeinde, die ihr Einvernehmen nicht fristgerecht versagt hat, hat jedoch kein Klagerecht gegen die Baugenehmigung für das entsprechende Vorhaben, vgl. OVG Lüneburg, NVwZ 1999, 1003 - 1005 = **juris**byhemmer, (Az. 1 L 6696/96). Da es sich bei der Versagung des Einvernehmens um eine empfangsbedürftige Willenserklärung handelt, ist für die Einhaltung der Frist der Zugang bei der Baurechtsbehörde entscheidend, vgl. VGH München, DÖV 2001, 257 - 258 = **juris**byhemmer, (Az. 1 ZS/CS 00.2727).

372 Ist die Gemeinde selbst Baurechtsbehörde, fallen die (verwaltungsinterne) Mitwirkung und die Entscheidung über den Antrag (Außenwirkung) zusammen.

Sicherung d. Planungshoheit

Da in der Zulassung von Vorhaben nach §§ 33-35 BauGB stets eine Präjudizierung gemeindlicher Planung liegen kann, die Planungshoheit jedoch bei den Gemeinden liegt, stellt § 36 I BauGB letztendlich ein sich unmittelbar aus der verfassungsrechtlichen Stellung der Gemeinden (Art. 71 I LV BW, 28 II GG) ergebendes Beteiligungsrecht dar.[373]

nicht, wenn BP (+), nur bei Dispens

Daraus ergibt sich, dass das Einvernehmen der Gemeinde bei Entscheidungen nach § 30 BauGB nicht notwendig ist: In diesen Fällen ist der Maßstab für die Zulässigkeit durch den gemeindlichen Bebauungsplan bereits vorgegeben. *427*

Nach § 36 I S. 3 BauGB soll jedoch sichergestellt werden, dass die Gemeinde rechtzeitig vor Ausführung des Vorhabens über Maßnahmen zur Sicherung nach §§ 14, 15 BauGB entscheiden kann. Da auch Befreiungen und Ausnahmen (§ 31 BauGB) in dieses Gefüge eingreifen, ist auch insoweit ein Einvernehmen erforderlich.

andere Verfahren

Nach § 36 I S. 2 BauGB ist die Gemeinde auch zu beteiligen, wenn über die Zulässigkeit eines Vorhabens nach §§ 31, 33-35 BauGB in einem anderen Verfahren entschieden wird (z.B. nach § 8 AtomG oder §§ 4 ff. BImSchG).[374] *428*

hemmer-Methode: Ein Einvernehmen für eine Baugenehmigung ist auch dann erforderlich, wenn in einem mit gemeindlichem Einvernehmen erteilten Vorbescheid einzelne von der Gemeinde nach § 36 I S. 1, II S. 1 BauGB zu prüfende bauplanungsrechtliche Fragen offen geblieben sind.[375]

bei §§ 29, 38 BauGB (-)

Da in den Fällen des § 38 BauGB sowie bei Fehlen der Voraussetzungen des § 29 BauGB die §§ 30 ff. BauGB nicht Prüfungsmaßstab sind,[376] findet auch § 36 BauGB keine Anwendung.

nur bzgl. Bauplanungsrecht

Das Mitwirkungsrecht der Gemeinde ist auf das Bauplanungsrecht beschränkt. Das Einvernehmen darf nur aus den in §§ 31, 33-35 genannten Gründen versagt werden (§ 36 II S. 1 BauGB). Dabei ist die Gemeinde aber nicht auf eine Prüfung derjenigen Tatbestandsmerkmale beschränkt, die einen unmittelbaren Bezug zu ihrer eigenen kommunalen Planung haben.[377] *429*

kein Ermessen d. Gemeinde

Daraus ergibt sich, dass der Gemeinde in diesem Zusammenhang kein Ermessen oder eine sonstige Entscheidungsfreiheit zusteht. Soweit nach diesen Vorschriften ein Rechtsanspruch auf Zulassung des Vorhabens besteht, ist die Gemeinde zur Erteilung ihres Einvernehmens verpflichtet.[378]

hemmer-Methode: Dies gilt z.B. nicht in den Fällen der Befreiung nach § 31 II BauGB; hier hat der Bauherr keinen Anspruch, weil die Befreiung eine Ermessensentscheidung darstellt. Hier darf die Gemeinde die Versagung ihres Einvernehmens mit vertretbaren Ermessenserwägungen begründen.

---

373 Jäde/Dirnberger/Weiß, BauGB, § 36, Rn. 10; vgl. auch BVerwG, NVwZ 2000, 1048 - 1050 = **juris**byhemmer, (Az. 4 C 5/99).

374 Zum Erfordernis eines gemeindlichen Einvernehmens im Rahmen einer nach § 18 II AEG erteilten Plangenehmigung vgl. VGH München, NuR 1999, 648 - 649 (649) = **juris**byhemmer, (Az. 20 A 98.40022); vgl. hierzu auch Jäde/Dirnberger/Weiß, BauGB, § 36, Rn. 13.

375 VGH Mannheim, NVwZ 1999, 442 - 444 = **juris**byhemmer, (Az. 5 S 465/98).

376 Vgl. Rn. 585.

377 Battis/Krautzberger/Löhr, BauGB, § 36, Rn. 13, m. Rspr.nachw.

378 Jäde/Dirnberger/Weiß, BauGB, § 36 Rn. 42.

Die Gemeinde kann ihr Einvernehmen auch nicht von bestimmten Gegenleistungen des Antragstellers abhängig machen. 430

kein VA ⇨ Klage direkt auf Baugenehmigung notwendig

Die Erklärung des Einvernehmens oder ihre Verweigerung ist kein Verwaltungsakt, sondern im Rahmen eines mehrstufigen VA ein verwaltungsinterner Rechtsvorgang. Einvernehmenserteilung oder Verweigerung sind nicht i.S.v. § 35 VwVfG auf unmittelbare Rechtswirkung nach außen gerichtet.

Damit scheidet bei Versagung des Einvernehmens eine Verpflichtungsklage speziell auf Erteilung des Einvernehmens aus. Für eine theoretisch mögliche Leistungsklage fehlt das Rechtsschutzbedürfnis. Der Bauherr muss daher unmittelbar auf Erlass der Baugenehmigung klagen. Die Gemeinde ist dabei notwendig beizuladen.[379]

wichtig: Fiktion des Einvernehmens

Von besonderer Bedeutung ist die Fiktion des Einvernehmens nach Fristablauf (§ 36 II S. 2 BauGB). Ist nicht binnen zwei Monaten nach Eingang des Ersuchens das Einvernehmen verweigert worden, so gilt es als erteilt (Grund: Verfahrensbeschleunigung). 431

Die Frist beginnt mit der Antragstellung bei der Gemeinde (§ 36 II S. 2 a.E. BauGB).[380]

bb) Rechtsfolge des fehlenden Einvernehmens

Fehlendes Einvernehmen ⇨ Rechtswidrigkeit der Baugenehmigung

Wird eine Baugenehmigung ohne das erforderliche gemeindliche Einvernehmen erteilt, ist diese Baugenehmigung rechtswidrig und die Gemeinde in ihrem aus § 36 BauGB i.V.m. Art. 71 I LV BW, 28 II GG folgenden Beteiligungsrecht verletzt. Die Anfechtungsklage der Gemeinde hat Erfolg; einer materiellen Prüfung der Rechtslage bedarf es nicht.[381] 432

Wird (bspw. im Außenbereich) ein Schwarzbau errichtet, hat die Gemeinde mangels Durchführung des Genehmigungsverfahrens keine Möglichkeit, die Erteilung der Genehmigung über § 36 BauGB zu verhindern. Konsequenz daraus ist, dass der Gemeinde ein Anspruch auf eine Baubeseitigung zusteht, so dass das nach § 65 S. 1 LBO eigentlich bestehende Ermessen also auf Null reduziert ist.[382]

(1) Möglichkeit der Ersetzung

Möglichkeit der Ersetzung!

Allerdings besteht nach § 36 II S. 3 BauGB für die Baurechtsbehörde die Möglichkeit, das fehlende gemeindliche Einvernehmen zu ersetzen. Von dieser Ermächtigung hat Baden-Württemberg in § 54 IV LBO Gebrauch gemacht. 433

Diese Konstellation ergibt sich ausschließlich dort, wo Baurechtsbehörde und Gemeinde nicht identisch sind, also dann, wenn das Landratsamt als untere Baurechtsbehörde (§§ 46 I Nr. 3, 48 I LBO) die Genehmigung erteilt; bei Behördenidentität ist, wie ausgeführt, § 36 BauGB nach der Rspr. des BVerwG unanwendbar, es gibt kein Einvernehmen und folglich auch keine Ersetzung.

379 Kopp/Schenke, VwGO, § 65, Rn. 18 c.

380 Allerdings müssen die Unterlagen vollständig sein bzw. die Gemeinde muss in der Lage sein, die Vervollständigung herbeizuführen, vgl. BVerwG, NVwZ 2005, 213 - 215 = **juris**byhemmer, (Az. 4 C 7/03) = **Life&Law 2005, Heft 4, 263 - 267**; hierzu auch Jäde/Dirnberger/Weiß, BauGB, § 36, Rn. 33.

381 BVerwG, NVwZ 2008, 1347 - 1349 = **juris**byhemmer, (Az. 4 B 25/08).

382 VGH München, NVwZ-RR 2005, 56 - 58 = **juris**byhemmer, (Az. 26 B 02.873).

(2) Voraussetzungen für die Ersetzung

Verweigert die Gemeinde das nach § 36 I S. 1 BauGB erforderliche Einvernehmen, hat die Baurechtsbehörde es gem. § 54 IV LBO zu ersetzen. Dass der Baurechtsbehörde hier kein Ermessen zukommt, wurde durch die LBO-Novelle von 2014 gesetzgeberisch geklärt.[383] 434

Zuvor muss die Gemeinde angehört werden, § 54 IV S. 6 LBO, und es ist ihr eine Frist einzuräumen, erneut über das Einvernehmen zu entscheiden, § 54 IV S. 7 LBO. Ist beides erfolglos geblieben, ersetzt die Baurechtsbehörde mit Erteilung der Baugenehmigung das fehlende Einvernehmen. Die Baugenehmigung gilt zugleich als kommunalrechtliche Ersatzvornahme, § 54 IV S. 3 LBO. § 54 IV LBO stellt damit eine Spezialregelung zu § 123 GO dar, § 54 IV S. 2 LBO.

Damit scheidet eine „konkludente" Ersetzung des Einvernehmens durch die Baurechtsbehörde aus, da sie an das speziell vorgeschriebene Verfahren gebunden ist und die Ersetzung des Einvernehmens begründet werden muss, § 54 IV S. 4 LBO. 435

3. Rechtsverletzung

Rechtsverletzung

Wenn das Einvernehmen in der Baugenehmigung nach dem Verfahren des § 54 IV LBO formell oder materiell rechtswidrig ersetzt wurde, so ist die darauf beruhende Baugenehmigung rechtswidrig und die Gemeinde in ihren Rechten aus § 36 BauGB i.V.m. Art. 71 I LV BW, 28 II GG verletzt (§ 113 I S. 1 VwGO). Die Anfechtungsklage der Gemeinde gegen die in der Baugenehmigung erfolgte Ersatzvornahme ist begründet.[384] Allerdings wird es für die Gemeinde ratsam sein, vorläufigen Rechtsschutz nach §§ 80 V, 80 a VwGO anzustrengen, da Widerspruch und Anfechtungsklage keine aufschiebende Wirkung haben, § 54 IV S. 5 LBO. Nach Auffassung des VGH Mannheim kann die Gemeinde die Ersetzung des Einvernehmens nicht isoliert anfechten, sondern wegen § 44 a VwGO nur zusammen mit der Baugenehmigung (str.).[385] 436

E. Die Anfechtung einer bauordnungsrechtlichen Maßnahme

Anfechtung einer Abbruchsanordnung

Ebenfalls prüfungs- bzw. examensrelevant sind Fragen im Zusammenhang mit einer Baubeseitigungs- bzw. Baueinstellungsanordnung. Neben dem Fall, dass ein solcher Bescheid von Dritten beantragt wird,[386] kommt es in der Klausur vor allem vor, dass der von der Anordnung Betroffene oder auch Dritte den Bescheid anfechten wollen. Wegen der engen Verbindung zu Fragen der Vollstreckung von Verwaltungsakten ist diese Klausurvariante besonders beliebt. 437

> ***Bsp.:*** *A ist Eigentümer eines nicht genehmigten Wochenendhauses im Außenbereich der kreisangehörigen Gemeinde G. Das zuständige LRA erlässt gegenüber dem A einen Bescheid, in dem er aufgefordert wird, das Wochenendhaus abzureißen.*
>
> *Für den Fall der Zuwiderhandlung wird dem A ein Zwangsgeld angedroht. A will sich gegen den Bescheid zur Wehr setzen.*

---

383 LT-Drs. 15/5294, S. 24.

384 Vertiefend zu einer solchen Konstellation OVG Lüneburg, ZfBR 2008, 366 = **juris**byhemmer, (Az. 12 LB 22/07).

385 VGH Mannheim, = **juris**byhemmer, (Az. 3 S 1748/14), Rn. 31.

386 Dazu oben i.R.d. Verpflichtungsklage, Rn. 275 ff.

Widerspruch, Anfechtungsklage und einstw. Rechtsschutz

Hier sind i.d.R. die Möglichkeiten des Widerspruchs (§§ 68 ff. VwGO) und der Anfechtungsklage zu problematisieren. Ist der Bescheid für sofort vollziehbar erklärt (§ 80 II S. 1 Nr. 4, III VwGO) oder bereits von Gesetzes wegen sofort vollziehbar (Einstellung von Arbeiten, § 64 I S. 3 LBO), so ist, je nach Fallfragestellung, oft auch auf Fragen des einstweiligen Rechtsschutzes einzugehen. 438

hemmer-Methode: Beachten Sie, dass in derartigen Klausuren meist mehrere Verwaltungsakte bestehen, die jeweils durch einen eigenen Rechtsbehelf angegriffen werden müssen! So ist die Androhung des Zwangsmittels ein eigenständiger VA. Ein weiterer Problempunkt kann sein, dass Bauherr und Grundstückseigentümer nicht dieselbe Person sind, so dass gegen den Eigentümer eine Duldungsanordnung ausgesprochen werden muss (Rn. 446). Wer dann nicht die verschiedenen Streitgegenstände erkennt, lässt viele Fragen unbeantwortet.

I. Zulässigkeit der Klage

Zulässigkeit i.d.R. kein Problem

Die Zulässigkeit einer Anfechtungsklage gegen bauordnungsrechtliche Maßnahmen weist keine besonderen Probleme auf.

Lösung Ausgangsfall: Bezüglich der Abbruchsanordnung ergeben sich in dieser Hinsicht kaum Probleme. Die Anfechtungsklage ist richtige Klageart (§ 42 I VwGO), A ist klagebefugt (§ 42 II VwGO i.V.m. der Adressatentheorie, Art. 2 I GG), und auch vom Vorliegen der sonstigen Zulässigkeitsvoraussetzungen ist auszugehen. 439

II. Begründetheit der Klage

1. Obersatz, § 113 I S. 1 VwGO

2. Rechtmäßigkeit der bauordnungsrechtlichen Maßnahmen

a) Rechtsgrundlage

Verschiedene Rechtsgrdl. möglich

Nach dem Vorbehalt des Gesetzes bedarf es für bauordnungsrechtliche Maßnahmen einer Rechtsgrundlage. 440

aa) Rechtsgrundlagen für bauordnungsrechtliche Maßnahmen

§ 65 LBO ist spezieller als § 47 I S. 2 LBO

Speziell im Bereich des Baurechts gilt Folgendes: § 47 I S. 2 LBO ist die Generalklausel des Bauaufsichtsrechts. 441

Nach § 47 I S. 2 LBO können die Baurechtsbehörden, um ihre Aufgaben zu erfüllen, die erforderlichen Maßnahmen treffen. § 47 I S. 2 LBO als allgemeine Vorschrift ist jedoch gegenüber den spezielleren Ermächtigungsgrundlagen der §§ 64, 65 S. 1 und S. 2 LBO subsidiär.[387]

387 Neben den genannten Vorschriften finden sich in der LBO noch weitere, eher unbedeutende Ermächtigungsgrundlagen wie etwa § 10 Nr. 1 LBO, vgl. VGH Mannheim, = **juris**byhemmer, (Az. 11 S 266/13), Rn. 65.

Bauaufsichtliche Eingriffsgrundlagen:

„Minusmaßnahmen:"

Abbruchsanordnung, § 65 S. 1 LBO

- Anordnung von Auskünften ⇨ soweit Auskunft zum Erlass der Abbruchsanordnung erforderlich
- Duldungsanordnung ⇨ ggf. gegen Miteigentümer/Mitberechtigte erforderlich

⇨ *formelle* und *materielle* Baurechtswidrigkeit notwendig

Nutzungsuntersagung, § 65 S. 2 LBO

⇨ *formelle* Baurechtswidrigkeit (fehlende Genehmigung) ausreichend (str.)

Einstellung von Arbeiten, § 64 LBO

⇨ *formelle* Baurechtswidrigkeit ausreichend

Generalklausel, § 47 I S. 2 LBO

⇨ Eingriffsgrundlage für sonstige Maßnahmen zur Durchsetzung der öffentlich-rechtlichen Anforderungen an bauliche Anlagen

hemmer-Methode: Beachten Sie, dass es in der Klausur regelmäßig auf die genaue Abgrenzung der verschiedenen Rechtsgrundlagen ankommt! Grenzen Sie alle in Betracht kommenden Rechtsgrundlagen exakt voneinander ab![388] Erkennen Sie z.B., dass § 65 S. 1 LBO und § 65 S. 2 LBO zwei verschiedene Ermächtigungsgrundlagen darstellen! Letztendlich werden Sie zwar fast immer bei § 65 LBO, § 64 LBO oder § 47 I 2 LBO landen. Zeigen Sie dabei aber, dass Sie das System verstanden haben.

bb) insbesondere Maßnahmen nach § 65 LBO

(1) Abbruch von Anlagen

§ 65 S. 1 LBO ⇨ Anlagenabbruch

Nach dem Wortlaut des § 65 S. 1 LBO kann der teilweise oder vollständige Abbruch von Anlagen gefordert werden. Damit sind nicht nur bauliche Anlagen gemeint (§ 2 I LBO), sondern alle Anlagen, die die LBO erfasst, vgl. insbes. § 2 I S. 3 LBO (Fiktionen) und § 2 IX LBO (Anlagen der Außenwerbung). 442

(2) Nutzungsuntersagung

Nutzungsuntersagung

Darüber hinaus kann die Nutzung eines Grundstücks nach § 65 S. 2 LBO untersagt werden. 443

Beseitigung von Gegenständen?

Fraglich ist, ob mit der Nutzungsuntersagung auch das Entfernen von Gegenständen verlangt werden kann, die der rechtswidrigen Nutzung dienen. Dies ist deshalb problematisch, da die Nutzungsuntersagung dann der Baubeseitigung entspricht, für beide Maßnahmen aber unterschiedliche Tatbestandsvoraussetzungen notwendig sind.[389]

---

388 Ein Klausurbeispiel findet sich bei Jahn, Der praktische Fall - Das nicht genehmigte Wochenendhaus, JuS 1990, 219 - 222; ebenfalls zur Abgrenzung: Pesch, Der praktische Fall - Die Altlasten-Sanierungsverfügung im vereinigten Deutschland, JuS 1994, 50 - 56.

389 S. unten Rn. 448 ff.

Dennoch hat der VGH Mannheim eine solche Anordnung als von der Befugnis zur Nutzungsuntersagung nach § 65 S. 2 LBO umfasst angesehen.[390]

Bsp.: *Besteht die rechtswidrige Nutzung in einer Ablagerung von Gegenständen, kann die Entfernung dieser Gegenstände über § 65 S. 2 LBO verlangt werden. Ist hingegen nicht die Ablagerung der Gegenstände, bspw. von Baumaterialien, rechtswidrig, sondern nur deren Verwendung zum Bau, kann die Entfernung der Materialien nur über § 65 S. 1 LBO angeordnet werden.*

Erfolgt eine Nutzung gegenwärtig noch nicht, ist allerdings in naher Zukunft mit einer unzulässigen Nutzung zu rechnen, so kommt eine **vorbeugende** Nutzungsuntersagung in Betracht (in Form der Untersagung der Nutzungsaufnahme), für die die formelle Baurechtswidrigkeit ausreicht.[391] Rechtsgrundlage hierfür ist aber nicht § 65 S. 2 LBO, sondern die bauordnungsrechtliche Generalklausel gem. § 47 I S. 2 LBO.[392]

(3) Auskunftsansprüche

Auskunft: a maiore ad minus

Auf § 65 S. 1 LBO lassen sich, zumindest nach der Rechtsprechung, auch Auskunftsansprüche stützen, z.B. in Hinblick auf die Benutzer des Grundstücks zur Störerfeststellung.[393] 444

Bsp.: *A hat ein Grundstück an den B verpachtet. Bei einer Baukontrolle stellt das LRA fest, dass auf dem Grundstück nicht genehmigungsfähige Anlagen errichtet wurden. Auf diesen Vorfall angesprochen, entgegnet der A, dass er das Grundstück verpachtet habe, Namen und Adresse des B will A allerdings nicht preisgeben.*

Eine allgemeine Auskunftspflicht gegenüber Behörden gibt es nicht. An einer spezialgesetzlichen Regelung, z.B. § 52 BImSchG, fehlt es hier ebenfalls. Ein Auskunftsanspruch der Behörde ergibt sich allerdings aus einem A-maiore-ad-minus-Schluss unmittelbar aus § 65 S. 1 LBO,[394] wenn A selbst als Zustandsstörer herangezogen werden könnte. Naheliegender erscheint es jedoch, den Auskunftsanspruch auf § 47 I S. 2 LBO zu stützen, der als Ermächtigungsgrundlage für atypische Maßnahmen zur Verfügung steht.

(4) Beseitigung von Abrissschutt

Abrissschuttbeseitigung

Wird eine Abbruchsanordnung rechtmäßig vollzogen, so stellt sich regelmäßig das Folgeproblem der Schuttbeseitigung. 445

Bsp.: *Da A trotz angedrohter Zwangsmittel sein Wochenendhaus nicht abgerissen hat, erfolgt der Abriss mittels Ersatzvornahme (§ 25 LVwVG) durch das LRA. Den Bauschutt lässt das LRA ebenfalls entfernen.*

Mit dem Abriss ist der baurechtswidrige Zustand i.d.R. beseitigt. Allerdings muss der Bauschutt seinerseits aufgrund einer Rechtsgrundlage beseitigt werden. In Betracht kommt dafür die Generalnorm des § 47 I S. 2 LBO. Nach dem Sinn und Zweck der Norm ist hier allerdings davon auszugehen, dass die Beseitigung ebenfalls von § 65 S. 1 LBO erfasst ist.

---

390 VGH Mannheim, VBlBW 1985, 457 - 459 (Az. 3 S 1606/84); Sauter, LBO, § 65, Rn. 97.

391 VGH Mannheim, VBlBW 2011, 28-29 = **juris**byhemmer, (Az. 8 S 708/10), Rn. 6.

392 VGH Mannheim, NVwZ-RR 1995, 8 - 9 = **juris**byhemmer, (Az. 5 S 1992/93); VGH Mannheim, BWVPr 1996, 257 - 258 = **juris**byhemmer, (Az. 5 S 1211/96); Sauter, LBO, § 65, Rn. 95.

393 VGH München, BayVBl. 1993, 22 - 24 = **juris**byhemmer, (Az. 20 CS 91.2453) zur entsprechenden Norm des bayerischen Landesrechts; zur Störerauswahl vgl. unten, Rn. 454.

394 VGH München, BayVBl. 1993, 22 - 24 = **juris**byhemmer, (Az. 20 CS 91.2453).

hemmer-Methode: Denken Sie in Zusammenhängen! Hier wird i.d.R. das Zusatzproblem bestehen, ob die Zwangsmittel rechtmäßig angedroht wurden und damit auch die Vollstreckung ihrerseits rechtmäßig erfolgen konnte.
Kenntnisse des LVwVG sind in dieser Klausurvariante unabdingbar. Besonders wichtig ist dabei zu wissen, dass auch ein rechtswidriger VA vollstreckt werden kann, vgl. § 2 LVwVG.[395] Wird eine Ersatzvornahme durchgeführt, so kann die Behörde außerdem die dafür entstandenen Mehrkosten nach § 25 LVwVG nachfordern, vgl. auch § 31 V LVwVG.

(5) Duldungsanordnungen

Duldungsanordnungen gegenüber Dritten

Gehört das Grundstück, auf dem das zu beseitigende Gebäude steht, mehreren Personen gemeinsam, so kann einer der Eigentümer allein die Beseitigung ohne Zustimmung der anderen i.d.R. nicht vollziehen. 446

a maiore ad minus

Die Duldungsanordnung gegen den Miteigentümer, der nicht selbst Bauherr und somit lediglich Zustandsstörer ist, beruht ebenfalls auf § 65 S. 1 LBO. Die Duldungsanordnung ist ein weniger einschneidendes Mittel als die Abbruchsanordnung (a maiore ad minus). Die Anordnung ist erforderlich und geboten, um zu gewährleisten, dass der zur Beseitigung Verpflichtete seiner Pflicht nachkommen kann. Ohne den gleichzeitigen Erlass einer Duldungsanordnung stünde der Durchsetzung der Abbruchsanordnung im Wege des Verwaltungszwangs ein Vollstreckungshindernis entgegen.[396] 447

hemmer-Methode: Vorsicht! Anders ist es dann, wenn die Abbruchsanordnung an eine Miteigentümergemeinschaft (also nicht an eine Einzelperson) adressiert wird, der Bescheid aber nur an einen der Eigentümer zugestellt wird: Hier liegt das Problem nicht in der fehlenden Duldungsanordnung, sondern in dem Umstand, dass ein Bekanntgabemangel vorliegt, der allerdings nach § 9 LVwZG geheilt werden kann.

b) Rechtmäßigkeit der bauordnungsrechtlichen Maßnahmen nach §§ 64, 65 LBO

aa) Formelle Rechtmäßigkeit

Neben der Zuständigkeit ist i.R.d. Verfahrens vor allem die Anhörung zu erwähnen (§ 28 LVwVfG), deren Unterbleiben aber ggf. geheilt werden kann (§ 45 LVwVfG).[397] 448

bb) Materielle Rechtmäßigkeit

(1) Materielle Rechtmäßigkeit der Baueinstellungsverfügung

Materielle Rechtmäßigkeit der Baueinstellungsverfügung, § 64 LBO

Voraussetzung für eine Verfügung zur Einstellung von Arbeiten ist nach § 64 I S. 1 LBO, dass das Vorhaben im Widerspruch zu öffentlich-rechtlichen Vorschriften errichtet oder abgebrochen wird. 448a

[395] VGH Mannheim, NVwZ-RR 2016, 557-559 = **juris**byhemmer, (Az. 8 S 2187/15), Rn. 11.

[396] vgl. zur Problematik VGH Mannheim, NuR 2001, 583 - 586 = **juris**byhemmer, (Az. 8 S 314/00).

[397] Umfassend **Hemmer/Wüst/Christensen, Verwaltungsrecht I**, Rn. 306 ff.

Formelle Baurechtswidrigkeit ausreichend

Ein Widerspruch zu öffentlich-rechtlichen Vorschriften in diesem Sinne liegt bereits dann vor, wenn mit dem Vorhaben ohne die erforderliche Genehmigung begonnen wird (sog. formelle Baurechtswidrigkeit), vgl. § 64 I S. 2 Nr. 1 LBO. Materielle Baurechtswidrigkeit ist für eine Baueinstellungsverfügung nicht erforderlich.[398]

hemmer-Methode: Durch eine Baueinstellungsverfügung soll die Behörde die Zeit gewinnen können, die sie für eine umfassende und sorgfältige Prüfung der materiellen Baurechtmäßigkeit benötigt.

Aber: auch materielle Baurechtswidrigkeit denkbar

Selbstverständlich erfüllt aber auch die materielle Baurechtswidrigkeit den Tatbestand des § 64 I S. 1 LBO.[399] Die materielle Baurechtswidrigkeit ist für eine Baueinstellung nicht erforderlich, aber ausreichend.

Dies ist v.a. dann wichtig, wenn das Vorhaben nach § 50 LBO verfahrensfrei ist, eine formelle Baurechtswidrigkeit also nicht denkbar ist. Da die Genehmigungsfreiheit die materiellen Anforderungen nicht berührt, vgl. § 50 V S. 1 LBO, kann die Baubehörde auch bei materieller Baurechtswidrigkeit die Einstellung des Vorhabens verfügen.[400] Die Verfügung über die Einstellung von Arbeiten ist gem. § 64 I S. 3 LBO von Gesetzes wegen sofort vollziehbar; dem Adressaten ist also anzuraten, gegen die Einstellungsverfügung gem. § 80 V VwGO im Wege des vorläufigen Rechtsschutzes vorzugehen.

(2) Materielle Rechtmäßigkeit der Abbruchsanordnung

(a) Doppelte Baurechtswidrigkeit bei Abbruchsanordnung

doppelte Baurechtswidrigkeit

Für die Abbruchsanordnung nach § 65 S. 1 LBO sind zwei Voraussetzungen notwendig: 449

⇨ Der Anlage fehlt die erforderliche Genehmigung (falls sie eine benötigt, formelle Baurechtswidrigkeit).

⇨ Die Anlage ist materiell-baurechtlich unzulässig, so dass rechtmäßige Zustände nicht auf andere Art und Weise, nämlich durch Erteilung einer Genehmigung, hergestellt werden können, § 65 S. 1 Hs. 2 LBO (materielle Baurechtswidrigkeit). Diese Voraussetzung gehört zum Tatbestand, nicht zur Ermessensseite des § 65 S. 1 LBO.[401]

⇨ formelle u. materielle Rechtswidrigkeit notwendig

Die Anlage muss also *formell und materiell* rechtswidrig sein, es muss also die sog. *doppelte Baurechtswidrigkeit* vorliegen. Die Notwendigkeit der doppelten Baurechtswidrigkeit ergibt sich aus dem Wortlaut des Tatbestandes von § 65 S. 1 LBO: Ist nämlich die Anlage (lediglich) formell baurechtswidrig, weil keine Genehmigung vorliegt, so können auf andere Weise – insbesondere durch Nachholung des Genehmigungsverfahrens und bis dahin durch eine Nutzungsuntersagung nach § 65 S. 2 LBO – rechtmäßige Zustände hergestellt werden. 450

Handelt es sich um ein verfahrensfreies Vorhaben, beispielsweise eine Grillhütte, die nicht standsicher ist (vgl. Ziff. 1 i Anhang LBO i.V.m. § 13 LBO), so kann auch hier die Abbruchsanordnung ergehen. Eine Prüfung der formellen Baurechtswidrigkeit kann nicht vorgenommen werden, da die Hütte verfahrensfrei ist.

---

398 Sauter, LBO, § 64, Rn. 4.

399 Ist das Vorhaben genehmigt, schließt die Bindungswirkung der Baugenehmigung die Annahme der materiellen Baurechtswidrigkeit aus.

400 Sauter, LBO, § 64, Rn. 4 f.

401 VGH Mannheim, VBlBW 2004, 263 - 267 = jurisbyhemmer, (Az. 3 S 2436/02).

Gleichwohl verstößt die Anlage gegen baurechtliche Vorschriften (§ 13 LBO), und es kann nicht auf andere Weise ein rechtmäßiger Zustand hergestellt werden. Schließt sich an eine Abbruchsanordnung ein gerichtliches Verfahren an, so ist der entscheidungserhebliche Zeitpunkt der der gerichtlichen Entscheidung:[402] Das materielle Recht spricht davon, dass die Abbruchsanordnung ergeht, wenn nicht auf andere Weise rechtmäßige Zustände ergehen *„können"* und stellt damit auf die Gegenwart ab.

Bsp.: *A hat ohne Baugenehmigung im Außenbereich ein Wochenendhaus gebaut und Anfechtungsklage gegen die Abbruchsanordnung erhoben. Als das VG verhandelt, hat die Gemeinde zwischenzeitlich einen Bebauungsplan für ein „Wochenendhausgebiet" erlassen.*

Da für das Haus trotz Genehmigungspflicht die Baugenehmigung fehlt, ist es im Widerspruch zu öffentlich-rechtlichen Vorschriften errichtet. Da auch im Außenbereich grds. Wochenendhäuser als sonstige Vorhaben i.S.d. § 35 II BauGB unzulässig sind, konnte in der Vergangenheit auch keine Baugenehmigung erteilt werden.

Heute, zum Zeitpunkt der Entscheidung des Gerichts, können „auf andere Weise" rechtmäßige Zustände hergestellt werden, indem die Baugenehmigung erteilt wird. Das Vorhaben liegt im Geltungsbereich eines Bebauungsplanes (§ 30 BauGB) und nicht mehr im Außenbereich. Die Anfechtungsklage ist begründet.[403]

(b) Bestandsschutz

Schon seit längerem wird der Bestandsschutz in der Rspr. des BVerwG nicht mehr auf Art. 14 I GG gestützt, sondern direkt aus dem einfachen Recht abgeleitet.[404] Dies gilt insbesondere dann, wenn Bestandsschutznormen herangezogen werden können, wie z.B. § 35 IV Nr. 1 und Nr. 2 BauGB. Der VGH Mannheim schließt sich dieser Rechtsprechung an.[405] 451

Bestandsschutz

Stand die Anlage früher einmal im Einklang mit dem materiellen Baurecht, so genießt sie *Bestandsschutz*, wenn dieser Zeitraum nicht unerheblich gewesen ist. Die formelle Baurechtswidrigkeit spielt keine Rolle, denn das BVerfG lässt es genügen, dass der Bestand zu irgendeinem Zeitpunkt genehmigt wurde oder jedenfalls genehmigungsfähig gewesen ist.[406]

Ist eine bestandskräftige Baugenehmigung vorhanden, ergibt sich hieraus auf jeden Fall Bestandsschutz, auch wenn der Eigentümer die Nutzung unterbricht, solange kein dauernder Verzichtswille zugrunde liegt, der unmissverständlich und unzweifelhaft zum Ausdruck gebracht worden ist.[407] Der Bestandsschutz gewährleistet damit das Recht, das Bauwerk weiterhin so zu nutzen, wie es seinerzeit errichtet wurde.

hemmer-Methode: Konsequenz dieses passiven Bestandsschutzes ist, dass Sie bei der materiellen Baurechtswidrigkeit nicht nur danach fragen, ob die Anlage heute mit der Rechtslage in Einklang steht, sondern auch, ob sie irgendwann in der Vergangenheit rechtmäßig war. Klausurtaktisch erkennen Sie das Problem im Sachverhalt daran, dass eine Änderung der baurechtlichen Rechtslage geschildert wird!

---

402 BVerwGE 106, 141 - 146 (143 f.) = **juris**byhemmer, (Az. 3 C 6/97); sowie BVerwG, (Az. 8 C 12/10), Rn. 15 = **juris**byhemmer.

403 Vgl. auch Kopp/Schenke, VwGO, § 113, Rn. 35 und Rn. 45.

404 BVerwG, NVwZ 1998, 842 - 845 = **juris**byhemmer, (Az. 4 C 10/97).

405 VGH Mannheim, DVBl. 2011, 434 - 439 = **juris**byhemmer, (Az. 5 S 875/09), anders noch VGH Mannheim, VBlBW 2004, 263 - 267 (264) = **juris**byhemmer, (Az. 3 S 2436/02).

406 BVerfG, NVwZ 2001, 424 = **juris**byhemmer, (Az. 1 BvR 151/99), Hauth, BauR 2015, 774.

407 VGH Mannheim NVwZ 2014, 1597 ff. = **juris**byhemmer, (Az. 8 S 1071/13).

Eine Abbruchsanordnung scheidet demnach für eine genehmigte, aber dem materiellem Baurecht widersprechende Anlage aus, solange die Feststellungswirkung der bestandskräftigen Genehmigung gilt. Hier ist die tatsächliche materielle Baurechtswidrigkeit ohne Auswirkung, da das Vorhaben bis zur Aufhebung der Genehmigung (i.d.R. nach § 48 VwVfG) als materiell rechtmäßig gilt.[408] 452

ggf. Teilabbruch und Nutzungsuntersagung

Reicht zur Herstellung rechtmäßiger Zustände ein Teilabbruch oder eine Nutzungsuntersagung aus, so sind nur diese nach dem Grundsatz der Verhältnismäßigkeit und des geringsten Eingriffs zulässig. 453

hemmer-Methode: Ob eine Anlage tatsächlich doppelt baurechtswidrig ist, prüfen Sie nach den allgemeinen Grundsätzen, die auch i.R.d. § 58 I S. 1 LBO gelten (oben Rn. 95 ff.). Dieser Teil der Klausur ist damit spezifisch baurechtlich.
Beim nachfolgenden Problem der Störerauswahl handelt es sich indessen um Fragen aus dem allgemeinen Polizeirecht, die aber i.R.d. Klausur in aller Regel ebenso wie Fragen des LVwVG zu beantworten sind, wenn der Sachverhalt dazu Anlass gibt.

(3) Materielle Rechtmäßigkeit einer Nutzungsuntersagung

Formelle Illegalität

Wie bei der Baueinstellung und der Abbruchsanordnung ist ein Widerspruch der Anlage zu öffentlich-rechtlichen Vorschriften erforderlich, § 65 S. 2 LBO, jedoch nur hinsichtlich der Nutzung. Damit ist jedenfalls die formelle Illegalität der Nutzung Voraussetzung für eine Nutzungsuntersagung. Dies gilt auch bei einer vorläufigen Nutzungsuntersagung, wenn die Behörde die genaue Beschreibung der in Aussicht genommenen Nutzung noch nicht kennt.[409] 453a

Materielle Illegalität str.

Strittig ist, ob für eine Nutzungsuntersagung daneben auch die materielle Illegalität des Vorhabens zu fordern ist. Nach Auffassung des VGH Mannheim ist nicht nur die formelle, sondern (wie bei der Abbruchsanordnung) auch die materielle Baurechtswidrigkeit für die Nutzungsuntersagung erforderlich[410].

Man sollte sich dabei darüber klar sein, dass es sich bei einer Nutzungsuntersagung um einen Dauerverwaltungsakt handelt, der die Besonderheit aufweist, dass seine Wirkung nicht zu einem bestimmten Zeitpunkt, sondern während eines bestimmten Zeitraums eintritt.[411]

Ist eine Nutzungsuntersagung Klausurgegenstand, so sollte man sich zunächst vergewissern, ob sie sozusagen „für alle Ewigkeit" oder nur vorläufig (etwa unter der auflösenden Bedingung der Erteilung einer Baugenehmigung) ausgesprochen wurde. Im ersteren Fall muss sich die Behörde sicher sein, dass die Nutzung (bei gleich bleibender Rechtslage; von anderem kann die Behörde ohne Anhaltspunkte nicht ausgehen, da sie der Gesetzmäßigkeit der Verwaltung verpflichtet ist, Art. 20 III GG) dauerhaft – also formell und materiell – rechtswidrig sein wird (z.B. nicht genehmigungsfähige gewerbliche Nutzung im Außenbereich). Im zweiten Fall (Genehmigungsfähigkeit) reicht die formelle Illegalität aus; ein weitergehender Verwaltungsakt als nur eine vorübergehende Nutzungsuntersagung wäre nicht erforderlich und damit unverhältnismäßig (ermessensfehlerhaft). Damit relativiert sich der dargestellte Streitstand.

---

[408] BVerfG NVwZ 2001, 424 = **juris**byhemmer, (Az. 1 BvR 151/99).

[409] VGH Mannheim, DÖV 2007, 569 = **juris**byhemmer, (Az. 8 S 2606/06).

[410] VGH Mannheim, GewArch 2003, 496 - 498 = **juris**byhemmer, (Az. 5 S 149/01), ebenso Finkelnburg/Ortloff/Otto, § 14 II.

[411] BVerwG, NVwZ 2012, 510-512 = **juris**byhemmer, (Az. 8 B 62/11), Rn.13.

hemmer-Methode: Problematisch ist in Fällen einer dauerhaften Nutzungsuntersagung die Anfechtung. Wird im obigen ersten Beispiel die gewerbliche Nutzung im Außenbereich nach mehreren Jahren durch einen Bebauungsplan legalisiert, dann ist die Anfechtungsfrist gegen die Nutzungsuntersagung längst abgelaufen. In der Literatur wird für solche Fälle die absolut seltene Konstruktion eines Anspruchs auf Aufhebung der Nutzungsuntersagung für die Zukunft (ex nunc) favorisiert, da der VA jetzt gem. § 48 VwVfG rechtswidrig geworden ist.[412] Es dürften aber auch die Voraussetzungen des Wiederaufgreifens des Verfahrens gegeben sein (§ 51 I Nr. 1 VwVfG).

(4) Ermessen und Störerauswahl bei einer bauordnungsrechtlichen Maßnahme

intendiertes Ermessen

Innerhalb von § 64 und § 65 LBO sind an das Ermessen keine besonderen Anforderungen zu stellen, da es sich um einen Anwendungsbereich des sog. *Regelermessens* handelt.[413] Eine besondere Stellungnahme zu entgegenstehenden Rechten des Betroffenen ist nur erforderlich, wenn dieser vom Normalfall abweichende Gründe vorbringen kann. Ansonsten führt die Erfüllung des Tatbestandes zum Erlass der Anordnung.[414] 454

Bei einem Vorgehen gegen mehrere Schwarzbauten verlangt der VGH Mannheim die systematische Erfassung des rechtswidrigen Baubestands und die Verfolgung eines Konzepts beim Einschreiten gegen rechtswidrige Bauten. Ansonsten ist eine im Einzelfall ergehende Abbruchsanordnung willkürlich und damit ermessensfehlerhaft.[415]

Problem: Störerauswahl

Schwierig kann die Frage zu beantworten sein, ob die Abbruchsanordnung überhaupt an den richtigen Adressaten gerichtet wurde. Die spezielle bauordnungsrechtliche Verantwortlichkeit der am Bau Beteiligten wird durch die allgemeinen sicherheitsrechtlichen Grundsätze ergänzt. 455

Bsp.: A hat sein Grundstück an B vermietet. Dieser errichtet auf dem Grundstück einen nicht genehmigten Anbau. Die zuständige Behörde erlässt deshalb einen Bescheid gegenüber A, das Gebäude zu beseitigen.

Fraglich ist, ob A hier Störer ist. Zwar ist der Anbau durch B erfolgt, B ist demzufolge ein sog. Handlungsstörer, allerdings ist der A hier als Eigentümer des Grundstücks Zustandsstörer.

(5) Duldungsanordnung als Vollstreckungsvoraussetzung

Bsp.: A und B sind Miteigentümer eines im Außenbereich stehenden Grundstücks. Darauf hatte A zuvor eine Hütte erstellt. Diese soll abgerissen werden, weshalb dem A eine ausschließlich an ihn adressierte Abbruchsanordnung zugestellt wird. Eine Duldungsanordnung gegenüber dem im Ausland wohnenden B ergeht nicht. 456

§ 1004 BGB

Da A nicht allein über das Grundstück verfügen kann, ist dem Miteigentümer gegenüber eine Duldungsanordnung auszusprechen. Anderenfalls ist dem A privatrechtlich nicht erlaubt (§ 1004 BGB), was ihm öffentlich-rechtlich auferlegt wird.

---

412 Kopp/Schenke, VwGO, § 113, Rn. 41.

413 Z.B. BVerwGE 72, 1 - 8 (6) = **juris**byhemmer, (Az. 8 C 22/83); kritisch zu dieser Ansicht Maurer, Allgemeines Verwaltungsrecht, § 7, Rn. 7.

414 Einen solchen Sonderfall behandelt bspw. BVerfG, NVwZ 2005, 203 - 204 = **juris**byhemmer, (Az. 1 BvR 1860/02): Wird bei einer geduldeten Anlage eine Änderung vorgenommen, wäre es unverhältnismäßig, die komplette Beseitigung zu verlangen. Zulässig ist nur eine Rückbauanordnung.

415 VGH Mannheim = **juris**byhemmer, (Az. 8 S 2187/15), Rn. 13.

Exkurs: Besonderheiten im § 80 V VwGO-Verfahren

besonderes Vollzugsinteresse

Das allgemeine öffentliche Interesse, das den Erlass eines VA rechtfertigt, genügt regelmäßig noch nicht, um ein Vollzugsinteresse i.S.d. § 80 II S. 1 Nr. 4, III VwGO zu begründen. Anderenfalls würde das Regel-Ausnahme-Verhältnis zwischen § 80 I und § 80 II S. 1 Nr. 4 VwGO umgekehrt. 457

Bei der Einstellung von Arbeiten (§ 64 I LBO), der Versiegelungsanordnung (§ 64 II LBO) und der Nutzungsuntersagung (§ 65 S. 2 LBO) ist die Vollziehung jedoch wesensmäßig eilbedürftig. Dem hat der Gesetzgeber hinsichtlich der Einstellung von Arbeiten, § 64 I S. S. 3 LBO, nicht jedoch hinsichtlich der Nutzungsuntersagung, Rechnung getragen. Doch auch hier können Erlass und Vollzugsinteresse zusammenfallen, so dass an die formale Begründung des § 80 III VwGO geringere Anforderungen zu stellen sind.[416] So sind jedenfalls vorläufige (z.B. bis zur Vorlage des Bauantrages, also keine endgültigen!) Nutzungsuntersagungen regelmäßig für sofort vollziehbar zu erklären, um zu verhindern, „dass sich der rechtsuntreue Bürger Nutzungsvorteile gegenüber dem rechtstreuen Bürger verschafft".[417]

Exkurs Ende

F. Klage des Bauherrn gegen Nebenbestimmungen zur Baugenehmigung

beachte: Interessenlage

Das Problem der gesonderten Anfechtung von belastenden Nebenbestimmungen kann im Baurecht relativ häufig auftauchen. Wegen der komplexen baurechtlichen Materie sind diese zur Sicherung des Rechts oft angezeigt. Der Bauherr wiederum ist regelmäßig bestrebt, diese Belastungen zu beseitigen, ohne seine Begünstigung – die Baugenehmigung – zu verlieren. Zu diesem Problem siehe ausführlich Hemmer/Wüst/Christensen, Verwaltungsrecht I, Rn. 407 bis 451. 458

hemmer-Methode: Die Rechtmäßigkeit einer Nebenbestimmung setzt, da die Baugenehmigung ein gebundener VA ist, nach § 36 I Alt. 2 VwVfG voraus, dass durch die Nebenbestimmung die Einhaltung der gesetzlichen Genehmigungsvoraussetzungen sichergestellt werden soll. Wurden z.B. bei dem Bauantrag nicht genügend Stellplätze i.S.d. § 37 LBO vorgesehen, kann die Baugenehmigung mit der Auflage erteilt werden, die erforderlichen Stellplätze zu errichten.

Exkurs: Verhältnis zwischen öffentlich-rechtlichem und privatrechtlichem Nachbarschutz

Die Baugenehmigung ergeht unbeschadet der Rechte Dritter (§ 58 III LBO). Dem Nachbarn bleibt der Anspruch aus § 1004 BGB. 459

Problematisch ist, dass zur Beantwortung der Frage, was ein Nachbar zu dulden hat, im privaten und öffentlichen Recht unterschiedliche Maßstäbe herangezogen werden können: 460

> ***Bsp.:***[418] *Der Eigentümer eines Grundstücks im Mischgebiet klagt auf Unterlassung des Spielbetriebs auf einer unmittelbar neben dem Grundstück gelegenen Tennisanlage. Im Bebauungsplan sind die Tennisplätze als Sonderbebauung ausgewiesen.*

---

416 Kopp/Schenke, VwGO, § 80, Rn. 86.

417 VGH Mannheim, DÖV 2007, 569 - 571 = **juris**byhemmer, (Az. 8 S 1056/05).

418 BGH, NJW 1983, 751 – 752 = **juris**byhemmer, (Az. V ZR 55/82).

Der BGH hat die von der Anlage ausgehenden Emissionen als nicht ortsüblich (§ 906 BGB) angesehen, wobei er allein die tatsächlichen Verhältnisse berücksichtigt hat, nicht jedoch die baurechtlichen Gegebenheiten.

Die Trennung der beiden Rechtskreise führt hier dazu, dass ein Vorhaben, das öffentlich-rechtlich zulässig ist, nach zivilrechtlichem Maßstab als widerrechtliche Beeinträchtigung angesehen wird.

Das Gericht verkennt hier Aufgabe und Wirkung der Bauleitplanung, die Gebiete gestalten und umgestalten kann.

Das Auseinanderfallen von öffentlichen und privaten Abwehrmöglichkeiten wird vermieden durch eine angemessene Auslegung der jeweiligen Vorschriften: Ein Nachbar soll privatrechtlich nicht mehr erreichen können, als nach öffentlichem Recht möglich ist.

Im vorliegenden Fall wäre die Ortsüblichkeit anhand der planerischen Festsetzungen des Bebauungsplans zu bestimmen gewesen.

Dogmatisch lässt sich das damit begründen, dass das BauGB spezifische, dem § 906 BGB als Spezialvorschrift vorgehende Duldungspflichten des Nachbarn begründet.[419]

Exkurs Ende

[419] Näher Finkelnburg/Ortloff/Otto, § 17 II.

§ 5 RECHTSSCHUTZ GEGEN BAULEITPLÄNE

Standardkonstellation des Examens

Neben der Verpflichtungsklage des Bauwilligen und der Anfechtungsklage des Nachbarn stellt die beantragte Überprüfung eines Bebauungsplans eine weitere typische Klausurkonstellation dar, die sich sowohl im Rahmen eines Normenkontrollverfahrens als auch im Rahmen der Inzidentprüfung bei einer Anfechtungs- oder Verpflichtungsklage stellen kann. Dabei ist der Begriff „Bauleitplan" der Oberbegriff für Flächennutzungspläne (FNP), die typischerweise für das Territorium einer Gemeinde erstellt werden und Bebauungspläne (BP), die für wenige oder u.U. auch nur für ein einziges Grundstück aufgestellt werden, vgl. §§ 1 II, 5 I, 8 II BauGB. 461

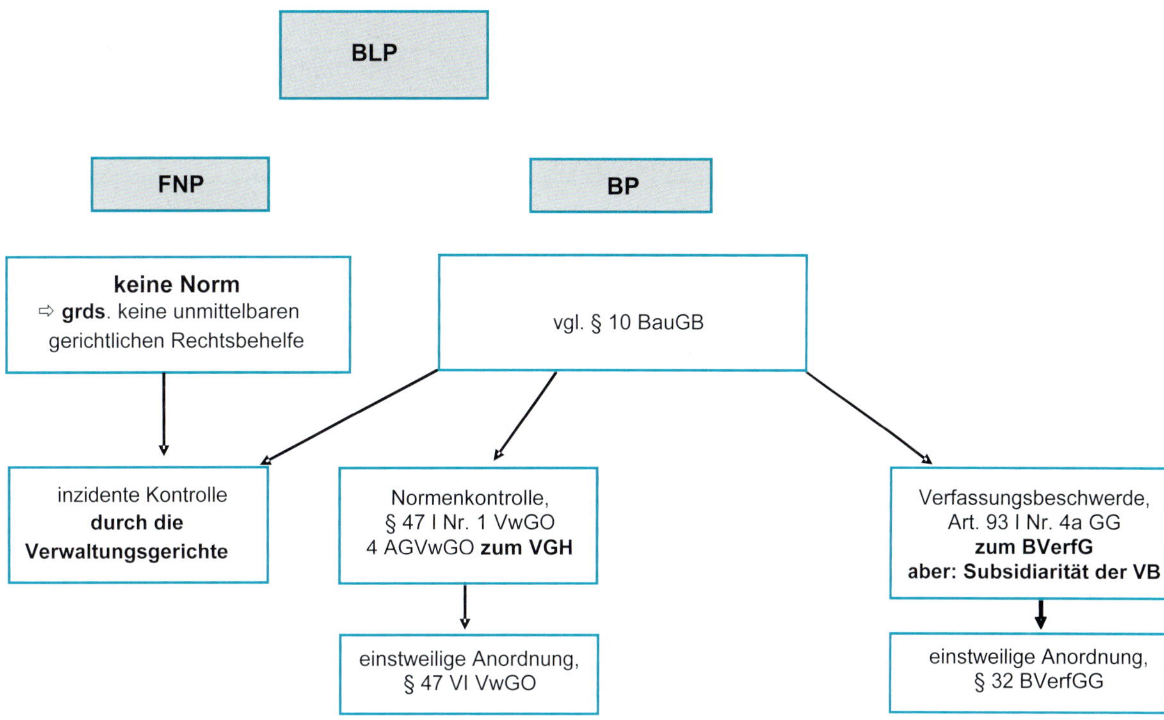

A. Das Normenkontrollverfahren (§§ 47 VwGO 4 AGVwGO)[420]

Gültigkeit des BP ist Hauptsache

Auch bei der Verpflichtungs- und Anfechtungsklage kommt es, soweit vorhanden, auf die Gültigkeit eines Bebauungsplans an. Während es sich dort jedoch nur um eine Vorfrage hinsichtlich der eigentlichen Entscheidung handelt (sog. Inzidentprüfung), ist i.R.d. § 47 VwGO die Gültigkeit der Rechtsnorm als solche Gegenstand des Verfahrens (prinzipale Normenkontrolle).[421] Die Frage der Gültigkeit eines Bebauungsplans kann jedoch auch einmal im Hinblick auf ein mögliches Außerkrafttreten wegen Funktionslosigkeit eine Rolle spielen.[422] 462

Wie stets in verwaltungsrechtlichen Klausuren gilt auch hier: Der Antrag ist erfolgreich, wenn er zulässig und begründet ist. 463

---

[420] Umfassend hierzu Stüer, BauNVO - Normenkontrolle - Rechtsprechungsübersicht, DVBl 2004, 83 - 95 (87 ff.).

[421] Ausführlich zum Normenkontrollverfahren **Hemmer/Wüst/Christensen, Verwaltungsrecht II**, Rn. 350 ff.

[422] BVerwG, NVwZ 1999, 986 - 987 = **juris**byhemmer, (Az. 4 CN 3/97).

Übersicht über die Zulässigkeitsvoraussetzungen der Normenkontrolle gemäß §§ 47 VwGO, 4 AGVwGO

1. Statthaftigkeit, §§ 47 I VwGO, 4 AGVwGO
2. Entscheidung des VGH im Rahmen seiner Gerichtsbarkeit
3. Antragsberechtigung, § 47 II S. 1 VwGO
4. Antragsbefugnis, § 47 II S. 1 VwGO
5. Antragsfrist, § 47 II S. 1 VwGO
6. (Landesverfassungsrechtlicher Vorbehalt, § 47 III VwGO)
7. Antragsgegner, § 47 II S. 2 VwGO
8. Ordnungsgemäße Antragstellung
9. ggf. Allgemeines Rechtsschutzbedürfnis

I. Zulässigkeit des Normenkontrollantrages

1. Statthaftigkeit

a) Tauglicher Prüfungsgegenstand (§ 47 I Nr. 1 und 2 VwGO)

Gegenstand: BauGB-Satzungen

Der Normenkontrollantrag ist statthaft gegen Satzungen, die nach den Vorschriften des BauGB erlassen worden sind, sowie gegen andere im Rang unter dem Landesgesetz stehende Rechtsvorschriften, sofern das Landesrecht dies bestimmt. 464

Merksatz: Gegenstand können stets nur sog. untergesetzliche Rechtsvorschriften des Landesrechts sein.

Im Bereich des Baurechts kommen damit in erster Linie in Betracht:

aa) Der Bebauungsplan (§§ 8 ff. BauGB)

§ 10 BauGB: BBauPl. ist Satzung

Der Bebauungsplan ergeht gemäß § 10 I BauGB als Satzung und ist damit tauglicher Prüfungsgegenstand. 465

bb) Grds. nicht hingegen der Flächennutzungsplan (§§ 5 ff. BauGB)

Flächennutzungsplan grds. keine Rechtsnorm

Dem Flächennutzungsplan kommt grundsätzlich *keine Rechtsnormqualität* zu. Er enthält anders als der Bebauungsplan keine Festsetzungen, sondern lediglich Darstellungen. 466

In Ausnahmefällen § 47 VwGO analog

Es handelt sich weder um eine Satzung (obwohl der Plan den formalen Anforderungen einer Satzung entsprechen muss, wie der Vergleich mit dem Bebauungsplan zeigt) noch um eine sonstige Rechtsvorschrift. Er unterliegt grundsätzlich nicht der Normenkontrolle.[423] Anders ist es jedoch, wenn der Flächennutzungsplan verbindliche Darstellungen enthält, die wie die Festsetzungen eines Bebauungsplans wirken. In diesen Fällen bejaht das BVerwG, um effektiven Rechtsschutz zu bewirken, in analoger Anwendung von § 47 VwGO die Statthaftigkeit der Normenkontrolle.[424]

423 Allerdings kommt dem FNP über § 35 III Nr. 1 BauGB Wirkung auch gegenüber dem Bürger zu, so dass es einige Stimmen gab, die § 47 I Nr. 1 VwGO auch auf FNPe anwenden wollen, m.w.N. Kment, Die unmittelbare Außenwirkung des Flächennutzungsplans, NVwZ 2004, 314 - 315.

424 BVerwGE 128, 382 - 392 = **juris**byhemmer, (Az. 4 CN 3/06); BVerwG, BauR 2009, 475 - 476 = **juris**byhemmer, (Az. 4 BN 16/08).

hemmer-Methode: In Examensklausuren ist die Inhaltskontrolle eines Flächennutzungsplans (außer im Schwerpunktbereich) tendenziell eher nicht zu erwarten, wohl aber die Problematik, ob ein Bebauungsplan aus dem Flächennutzungsplan entwickelt wurde (§ 8 II BauGB) oder ob einem Außenbereichsvorhaben Darstellungen des Flächennutzungsplans entgegenstehen (§ 35 III Nr. 1 BauGB).

Exkurs: Inhalt der Bauleitpläne

Der Flächennutzungsplan

beabsichtigte Bodennutzung

Gemäß § 5 I BauGB ist im Flächennutzungsplan für das *gesamte Gemeindegebiet*[425] die sich aus der beabsichtigten städtebaulichen Entwicklung ergebende Art der Bodennutzung nach den voraussehbaren Bedürfnissen (Prognose- und damit Planungshorizont im Allgemeinen ca. 10-15 Jahre[426]) der Gemeinde in den *Grundzügen* darzustellen. 467

grds. für gesamtes Gemeindegebiet

Einzelne Flächen können ausnahmsweise ausgegliedert werden (§ 5 I S. 2 BauGB).

Die verschiedenen Möglichkeiten der Darstellung ergeben sich aus dem Katalog des § 5 II BauGB. Diese Aufzählung ist jedoch nicht abschließend.[427] 468

Erläuterungsbericht

Nach §§ 5 V, 2a BauGB ist dem Flächennutzungsplan eine Begründung beizufügen. Insbesondere die wesentlichen Elemente und Aussagen des Plans, seine Ziele und ihre Begründung müssen verständlich und nachvollziehbar dargelegt werden.[428]

Der Bebauungsplan

Festsetzungen für die Bebauung verbindlich

Auf der Grundlage des Flächennutzungsplans trifft dann der Bebauungsplan *verbindliche* (§ 8 I S. 1 BauGB) Festsetzungen für die Bebauung. 469

Im Gegensatz zum Flächennutzungsplan bezieht er sich meist nur auf Teile des Gemeindegebiets (§ 9 VII BauGB)[429] und ist ebenfalls zu begründen (§ 9 VIII, 2a BauGB).

abschließender Katalog in § 9 BauGB

Zudem ist der Katalog der Festsetzungsmöglichkeiten (§ 9 I BauGB) abschließend.[430] Eine Ausnahme gilt nach § 12 III S. 2, Hs. 1 BauGB für den vorhabenbezogenen Bebauungsplan, hier besteht keine Bindungswirkung an den Festsetzungskatalog des § 9 BauGB und an die BauNVO. 470

Eine Verpflichtung für die Gemeinde, alle nach dem Katalog möglichen Festsetzungen zu treffen, ergibt sich daraus nicht.[431]

Welche Festsetzungen die Gemeinde im Einzelnen trifft, richtet sich vielmehr nach § 1 III BauGB, der also nicht nur für das „Ob", sondern auch für das „Wie" der Planung gilt. Jede einzelne Festsetzung ist nur zulässig, wenn sie auch erforderlich ist.[432] 471

[425] Zum Problem des Fortbestehens von FNP bei kommunalen Gebietsänderungen BVerwG, NJW 1974, 1578 = jurisbyhemmer, (Az. IV C 6.73).
[426] Battis/Krautzberger/Löhr, BauGB, § 5, Rn. 6; gl. Jäde/Dirnberger/Weiß, BauGB, § 5, Rn. 3.
[427] Vgl. "insbesondere", Jäde/Dirnberger/Weiß, BauGB, § 5, Rn. 10.
[428] Jäde/Dirnberger/Weiß, BauGB, § 5, Rn. 35.
[429] Zur Beplanung eines einzigen Grundstücks BVerwG, NJW 1969, 1076 (Az. IV B 47.68).
[430] Jäde/Dirnberger/Weiß, BauGB, § 9, Rn. 2.
[431] Jäde/Dirnberger/Weiß, BauGB, § 9, Rn. 2.
[432] Jäde/Dirnberger/Weiß, BauGB, § 9, Rn. 3.

BauNVO ergänzt § 9 BauGB

Der Festsetzungskatalog enthält u.a. nähere Bestimmungen darüber, wie die bauliche Nutzung von Grundstücken festgesetzt werden kann. § 9 I Nr. 1 und 2 BauGB werden durch die BauNVO ergänzt.

besonders wichtig: §§ 1-15 BauNVO

Die §§ 1-15 BauNVO regeln den Rahmen für Festsetzungen über die Art der baulichen Nutzung, die §§ 16-21a BauNVO über das Maß der baulichen Nutzung und seine Berechnung, die §§ 22, 23 BauNVO schließlich über die Bauweise sowie die überbaubaren Grundstücksflächen. 472

Bsp.: *Im Bebauungsplan wird eine bestimmte Fläche als reines Wohngebiet dargestellt. Der Antragsteller möchte eine Tankstelle errichten.*

Die Gemeinde hat im Plan eines der in § 1 II BauNVO bezeichneten Baugebiete festgesetzt. Durch diese Festsetzung wurden die §§ 2-14 BauNVO Bestandteil des Bebauungsplans (vgl. § 1 III S. 2 BauNVO). Nach § 3 BauNVO sind Tankstellen in einem reinen Wohngebiet nicht möglich.

Abweichungen im Einzelfall von §§ 2 ff. BauNVO möglich

Zu beachten ist: Der Gemeinde ist es in den Grenzen des § 1 IV-X BauNVO erlaubt, gegenüber der grundsätzlichen Typisierung der Baugebiete in den jeweiligen Vorschriften der BauNVO aus städtebaulichen Gründen im Einzelfall abweichende Bestimmungen zu treffen (vgl. auch § 12 IV und § 14 I S. 3 BauNVO). 473

Die allgemeine Zweckbestimmung des Baugebiets muss jedoch gewahrt bleiben. Die Anforderungen (besonders im Hinblick auf eine sachgerechte Abwägung) an eine Planung mit derartigen Differenzierungen steigen erheblich.[433]

§ 9 IV BauGB i.V.m. § 74 VII LBO

Hinzuweisen ist noch auf § 9 IV BauGB. Danach haben die Länder die Möglichkeit zu bestimmen, dass auch auf Landesrecht beruhende Vorschriften in den Bebauungsplan als Festsetzungen aufgenommen werden können. In Baden-Württemberg wurde von dieser Möglichkeit durch § 74 VII LBO für örtliche Bauvorschriften Gebrauch gemacht. Festsetzungen, die auf § 74 LBO fußen, ergehen als Satzung und sind damit Ausfluss der kommunalen Planungshoheit. 474

Die Gemeinden können so durch örtliche Bauvorschriften ein eigenes Ortsbaurecht schaffen, das die allgemeinen gesetzlichen Anforderungen ergänzt und modifiziert.

Bei dem Erlass der örtlichen Bauvorschriften unterliegen die Gemeinden nicht den Weisungen der übergeordneten Baurechtsbehörden. Die Tätigkeit der Gemeinde aufgrund des § 74 LBO ist keine Weisungsaufgabe (wenngleich sich die Ermächtigungsgrundlage im weisungsabhängigen Bauordnungsrecht befindet), sondern Selbstverwaltungsangelegenheit.[434] Sie unterliegt insoweit lediglich der Rechtsaufsicht nach den kommunalrechtlichen Vorschriften, nicht aber der Fachaufsicht.[435]

Exkurs Ende

433 So Jäde/Dirnberger/Weiß, BauNVO, § 1, Rn. 18.

434 Sauter, LBO, § 74, Rn. 7.

435 Unverständlich in diesem Zusammenhang Sauter, LBO, § 74, Rn. 8, es handele sich weder um weisungsfreie noch um Weisungsangelegenheiten.

Weitere Prüfungsgegenstände können sein:

cc) Sonstige Satzungen nach BauGB

Veränderungssperre

Klausurrelevant ist insbesondere die Veränderungssperre (§§ 14 ff. BauGB), die gemäß § 16 BauGB als Satzung beschlossen wird. 475

Aber auch die Satzungen nach §§ 34 IV, V, 132, 142 I, III, 162 II und 172 BauGB können i.R.d. Normenkontrolle geprüft werden.

dd) Örtliche Bauvorschriften i.S.v. § 74 LBO

unterscheide § 74 I-III LBO von § 74 VII LBO

Schließlich ist nach § 47 I Nr. 2 VwGO i.V.m. § 4 AGVwGO auch die Überprüfung örtlicher Bauvorschriften (§ 74 I-III LBO) statthaft, die nicht durch einen Bebauungsplan erlassen worden sind (§ 74 VII LBO, s.o. Rn. 474). 476

b) Rechtswirksame Vorschriften

Da in dem Verfahren nach § 47 VwGO „über die Gültigkeit" von Rechtsvorschriften entschieden wird, ist stets Voraussetzung, dass diese schon und noch Geltung beanspruchen. 477

aa) Vorschriften, die „erlassen worden" sind

„erlassen worden"

Eine zu überprüfende Satzung muss damit bereits „erlassen" sein (§ 47 I Nr. 1 VwGO). 478

Erlass = Inkrafttreten

Für Bebauungspläne bedeutet dies, dass sie in Kraft getreten sein müssen (§ 10 III 4 BauGB). Ein Verfahren nach § 47 VwGO kann also erst dann angestrengt werden, wenn der Bebauungsplan aus der Sicht des Normgebers nach Abs. 3 S. 4 rechtsverbindlich geworden ist.[436]

> **Bsp.:** *Die Gemeinde veröffentlicht einen genehmigungspflichtigen Bebauungsplan (§ 10 II BauGB), bevor sie die erforderliche Genehmigung eingeholt hat, und geht von der Gültigkeit der Vorschrift aus.*
>
> Entscheidend ist hier, dass die Norm mit der Bekanntmachung (§ 10 III 4 BauGB) aus Sicht der Gemeinde rechtsverbindlich geworden ist. Von diesem Augenblick an muss gerichtlicher Schutz beansprucht werden können. Dass die Satzung aufgrund des Verstoßes rechtsfehlerhaft ist, ist ohne Bedeutung, rechtsunverbindlich ist sie deswegen gerade nicht. Die Satzung kann somit nach §§ 47 VwGO, 4 AGVwGO überprüft werden.

bb) Planreife Bebauungspläne

vorbeugende Normenkontrolle?

Früher umstritten war, ob sich das Normenkontrollverfahren auch auf planreife, aber noch nicht erlassene Bebauungspläne i.S.d. § 33 BauGB erstreckt, da in diesem Fall auch schon Baugenehmigungen auf der Grundlage planreifer Bebauungspläne erlassen werden können.[437] Sind diese Baugenehmigungen einmal unanfechtbar, werden sie von der später festgestellten Nichtigkeit des Plans nicht mehr berührt - soweit nicht eine Rücknahme der Genehmigung in Frage kommt. Daher könnte einem Normenkontrollantrag, welcher nach Inkrafttreten des Plans aber eben auch erst nach der Unanfechtbarkeit der Baugenehmigung angestrengt wird, das Rechtsschutzbedürfnis fehlen. 479

---

436 Battis/Krautzberger/Löhr, BauGB, § 14, Rn. 14 mwN.

437 Vgl. hierzu BVerwG, NVwZ-RR 2002, 256 = **juris**byhemmer, (Az.: 4 BN 48/01).

Gleichwohl gebietet Art. 19 IV GG keine Anwendung des § 47 VwGO auf planreife Bebauungspläne. Denn dem Gebot des effektiven Rechtsschutzes ist durch die individuellen Rechtsschutzmöglichkeiten der VwGO - hier also durch mögliche Anfechtungsklagen gegen die gem. § 33 BauGB erlassenen Baugenehmigungen - Genüge getan.[438]

Weiter besteht auch bei planreifen Bebauungsplänen noch die Möglichkeit von Änderungen, welche nach dem Grundsatz der Gewaltenteilung gerade nicht durch die Rechtsprechung eingefügt werden sollen.[439]

Sollte es im Einzelfall unzumutbar sein, eine Vielzahl von Baugenehmigungen, die auf Grundlage des § 33 BauGB erlassen werden, anzugreifen, ist auch eine vorbeugende Unterlassungsklage gegen den Erlass des Bebauungsplans denkbar.[440]

cc) Fehlendes Rechtsschutzbedürfnis

nicht mehr gültige Normen nur ausnahmsweise

Schließlich muss die Vorschrift *noch gültig* sein. Ist sie bereits vor Erhebung der Normenkontrollklage außer Kraft getreten, findet § 47 VwGO nur in Ausnahmefällen Anwendung:[441] 480

- ⇨ Wenn entweder die Vorschrift trotz Aufhebung noch wirkt, weil ein in der Vergangenheit liegender Sachverhalt nach ihr zu entscheiden ist[442] oder
- ⇨ der Antragsteller noch ein Interesse analog § 113 I S. 4 VwGO an der Feststellung hat, dass die Vorschrift rechtswidrig und ungültig war (z.B. weil diese präjudizielle Wirkung für die Frage der Rechtmäßigkeit eines auf diese Norm gestützten behördlichen Verhaltens und damit für eventuelle Schadensersatzansprüche haben kann[443]).

Dogmatisch fehlt es ansonsten am Rechtsschutzbedürfnis. Die Frage kann aber aus prüfungsökonomischen Gründen bereits im Zusammenhang der Statthaftigkeit abgehandelt werden. 481

hemmer-Methode: Davon zu unterscheiden ist der Fall, dass die Vorschrift erst außer Kraft trat, nachdem der Normenkontrollantrag bereits erhoben war. In diesen Fällen soll der Antrag schon aufgrund des § 47 II VwGO (Wortlaut) zulässig bleiben. Ein Normenkontrollantrag ist auch dann zulässig, wenn es gerade um die Frage geht, ob ein Bebauungsplan durch Funktionsloswerden außer Kraft getreten ist.[444]

Exkurs: Die Aufhebung von Bauleitplänen

(1) § 1 VIII BauGB

Aufhebungsverfahren

Durch die Aufhebung tritt ein wirksamer Bauleitplan außer Kraft. 482

Nach § 1 VIII BauGB gelten die formellen und die materiellen Vorschriften über die Aufstellung von Bauleitplänen auch für die Aufhebung (actus contrarius – Lehre).

---

438 OVG Bautzen, NVwZ 1998, 527 - 528 = **juris**byhemmer, (Az. 1 S 770/97) = **Life&Law 1998, 536**.

439 VGH München, BayVBl. 1986, 497 - 499 = **juris**byhemmer, (Az. 1 N 85 A.774, 1 NE 85 A.775) m. Anmerkung Jäde; ausführlich **Hemmer/Wüst/Christensen, Verwaltungsrecht III**, Rn. 283 ff.

440 Jäde/Dirnberger/Weiß, BauGB, § 30, Rn. 50.

441 Kopp/Schenke, VwGO, § 47, Rn. 90; Jäde/Dirnberger/Weiß, BauGB, § 30, Rn. 77.

442 BVerwG, NVwZ-RR 2002, 152 - 153 = **juris**byhemmer, (Az. 6 CN 1/01).

443 BVerwGE 68, 12 - 16 = **juris**byhemmer, (Az. 4 N 1/83).

444 Unten Rn. 487 ff.

selbständiger Beschluss

Die Gemeinde kann demnach durch selbständigen Aufhebungsbeschluss einen Bauleitplan ersatzlos aufheben. 483

oder konkludent

Ein solcher Beschluss ist nicht notwendig, wenn der Plan lediglich durch einen neuen ersetzt werden soll. Der neue Plan löst als neues Ortsrecht den bisherigen ab, ohne dass dieser ausdrücklich aufgehoben werden müsste.[445]

Bsp.:[446] *Die Gemeinde beschließt die Aufhebung des alten Bebauungsplans. Ein kurze Zeit später neu aufgestellter Plan erweist sich als unwirksam. Was gilt?*

Da die Gemeinde den ersten Plan ausdrücklich aufgehoben hat, ist dieser unabhängig von der Unwirksamkeit des zweiten Plans außer Kraft getreten. Die Zulässigkeit von Vorhaben wäre nach den §§ 34, 35 BauGB zu beurteilen.

Da dies unter Umständen nicht den Interessen der Gemeinde entspricht, kann hier eventuell (entgegen dem oben Gesagten) der frühere Plan berücksichtigt werden (§ 30 BauGB). Voraussetzung hierfür ist allerdings, dass die Gemeinde im Aufhebungsbeschluss klarstellt, was für den Fall der Unwirksamkeit eines neuen Plans gelten soll.

Fehlt eine solche Klarstellung, ist davon auszugehen, dass zunächst der alte Plan fortbestehen soll.[447]

Aufhebung nichtiger Pläne

Auch nichtige Bebauungspläne können von der Gemeinde aufgehoben werden. 484

Bsp.: *Die Gemeinde stellt die Nichtigkeit eines Bebauungsplans wegen eines Fehlers fest, der nicht nach § 214 IV BauGB behoben werden kann, und fragt, was zu tun sei.*

Die Ansicht, nichtige Bebauungspläne könnten nicht aufgehoben werden, ist zu begrifflich und daher abzulehnen.

Tatsächlich entfaltet ein nichtiger Bebauungsplan einen gewissen Rechtsschein. Die Gemeinde kann aus Gründen der Rechtssicherheit diesen Rechtsschein beseitigen. Hierfür ist ein einfacher Beschluss, der die Nichtigkeit feststellt, nicht ausreichend. Vielmehr soll der Schein der Rechtsgeltung, den auch ein nichtiger Bebauungsplan erzeugt, nur durch einen „Gegenakt der Normsetzung“ beseitigt werden können.[448]

Die Gemeinde kann somit den Plan förmlich (§ 1 VIII BauGB) aufheben.

(2) Gewohnheitsrecht

keine Entstehung durch Gewohnheitsrecht

Unstreitig kann ein Bebauungsplan nicht durch Gewohnheitsrecht entstehen. 485

Bsp.:[449] *Auch die langjährige Anwendung eines unerkannt nichtigen Bebauungsplans kann diesem nicht zur Rechtswirksamkeit verhelfen.*

Festsetzungen eines Bebauungsplans können aber auch außerhalb des dafür vorgesehenen Verfahrens (§ 1 VIII BauGB) außer Kraft treten, wenn sich entgegenstehendes Gewohnheitsrecht gebildet hat. 486

Bsp.:[450] *Von gewissen Festsetzungen im Bebauungsplan wurden ständig in bestimmter Hinsicht Befreiungen erteilt.*

445 Battis/Krautzberger/Löhr, BauGB, § 2, Rn. 9.

446 Nach BVerwGE 85, 289 - 294 = **juris**byhemmer, (Az. 4 C 3/90).

447 BVerwG a.a.O.

448 BVerwG, UPR 1987, 188 - 189 = **juris**byhemmer, (Az. 4 C 60/84).

449 BVerwGE 55, 369 - 388 (377) = **juris**byhemmer, (Az. IV C 9.77).

450 BVerwGE 26, 282 - 286 (Az. IV C 87.65); Jäde/Dirnberger/Weiß, BauGB, § 1, Rn. 118.

(3) Funktionslosigkeit

aber Funktionsloswerden

Die tatsächlichen Verhältnisse im Gebiet eines Bebauungsplans können sich so sehr verändern, dass die Festsetzungen im Plan ihre Funktion verlieren. 487

Damit dieses „Funktionsloswerden" dazu führt, dass einzelne Festsetzungen außer Kraft treten, müssen folgende *Voraussetzungen* erfüllt sein:[451]

- ⇨ Die Verhältnisse, auf die sich die jeweiligen Festsetzungen beziehen, müssen tatsächlich einen Zustand erreicht haben, der eine Verwirklichung dieser Festsetzungen auf nicht absehbare Zeit ausschließt.
- ⇨ Dies muss zudem so offenkundig sein, dass ein Bürger auf diese Festsetzungen des Plans kein schutzwürdiges Vertrauen mehr setzen kann.

§ 139 BGB

Der Plan insgesamt wird dadurch nicht ohne weiteres betroffen. Werden einzelne Festsetzungen des Plans funktionslos, so gelten die Grundsätze über die Teilnichtigkeit, die in § 139 BGB, § 44 IV und § 59 III VwVfG festgelegt sind und auch für Rechtsnormen sinngemäß herangezogen werden können.[452] 488

Auch bei Nichtigkeit einzelner Festsetzungen bleibt ein Plan grundsätzlich wirksam, sofern der wirksame Bestandteil für sich einen dem § 1 BauGB genügenden Sinn ergibt und angenommen werden kann, dass dieser auch ohne den nichtigen Teil wirksam bleiben soll. 489

Führt die Nichtigkeit einzelner Festsetzungen zu einem insgesamt völlig unvollständigen Planungskonzept, welches nicht geeignet ist, die städtebauliche Entwicklung im Plangebiet zu ordnen, so sind auch die übrigen Festsetzungen des Bebauungsplans nichtig.[453]

Normenkontrolle statthaft

Ob die Voraussetzungen für ein Funktionsloswerden vorliegen, kann im Rahmen eines Normenkontrollantrags überprüft werden.[454] 490

(4) Antrag der Gemeinde selbst nach § 47 VwGO

Antragsrecht gemäß § 47 II?

Ein Antragsrecht der Gemeinde als Behörde gemäß § 47 II VwGO gegen ihren eigenen Bebauungsplan ist zu verneinen.[455] Sie kann durch ihren eigenen Bebauungsplan nicht in eigenen Rechten verletzt sein, zudem steht ihr mit der Aufhebung ein effektiveres Mittel zur Verfügung, um den Bebauungsplan außer Kraft zu setzen. Unproblematisch zulässig ist jedoch ein Normenkontrollverfahren gegen einen Bebauungsplan der Nachbargemeinde, falls sich die klagende Gemeinde in ihrer Planungshoheit beeinträchtigt fühlt.[456] 491

Exkurs Ende

---

[451] BVerwGE 54, 5 - 11 (11) = **juris**byhemmer, (Az. IV C 39.75) sowie Jäde/Dirnberger/Weiß, BauGB, § 30, Rn. 39 ff.; Bestätigung der Rechtsprechung durch BVerwG, NVwZ 2001, 1055 - 1056 = **juris**byhemmer, (Az. 4 B 33/01).

[452] Strittig, vgl. Palandt-Ellenberger, BGB, § 139 Rn. 4 sowie für Bebauungspläne BVerwG, NVwZ 1990, 159 - 161 (160) = **juris**byhemmer, (Az. 4 NB 2/89).

[453] Jäde/Dirnberger/Weiß, BauGB, § 30, Rn. 39 ff.

[454] Vgl. BVerwG, NVwZ 1999, 986 - 987 = **juris**byhemmer, (Az. 4 CN 3/97); OVG Lüneburg, IBR 2003, 47 = **juris**byhemmer, (Az. 1 K 1948/00).

[455] Battis/Krautzberger/Löhr, BauGB, § 10, Rn. 12.

[456] Kopp/Schenke, VwGO, § 47, Rn. 79.

2. „I.R.d. Gerichtsbarkeit"

I.R.d. Gerichtsbarkeit

Der Antrag auf Normenkontrolle ist nur i.R.d. Gerichtsbarkeit des VGH zulässig. 492

Der Obersatz in der Klausur lautet in etwa:

„Der Normenkontrollantrag gem. §§ 47 VwGO, 4 AGVwGO ist zulässig hinsichtlich der Überprüfung von Rechtssätzen, zu deren Vollzug im Verwaltungsrechtsweg anfechtbare oder mit Verpflichtungsklagen erzwingbare Verwaltungsakte ergehen können oder aus deren Anwendung sonstige öffentlich-rechtliche Streitigkeiten entstehen können, für die der Verwaltungsrechtsweg gegeben ist."[457]

hemmer-Methode: Im Prinzip läuft dies auf die Prüfung des § 40 I S. 1 VwGO hinaus. Zeigen Sie jedoch dem Korrektor, dass Sie die kleinen Unterschiede kennen. Halten Sie sich an den Wortlaut des Gesetzes. Der Prüfungspunkt lautet eben nicht „Eröffnung des Verwaltungsrechtsweges", sondern „I.R.d. Gerichtsbarkeit".

im Baurecht unproblematisch

Im Bereich des Baurechts (z.B. Überprüfung eines Bebauungsplans) ist dies nie ein Problem. 493

In der Klausur reicht daher (auch im Gutachten) der Satz:

> „Der Antrag ist insoweit zulässig, da mit dem Bebauungsplan ein Rechtssatz überprüft werden soll, zu dessen Vollzug im Verwaltungsrechtsweg anfechtbare oder mit der Verpflichtungsklage erzwingbare Verwaltungsakte ergehen können."

in Baden-Württemberg: VGH statt OVG!

Zuständig ist gemäß §§ 47 I VwGO, 4 AGVwGO das jeweilige Oberverwaltungsgericht des entsprechenden Landes, in Baden-Württemberg gemäß § 184 VwGO, § 1 I AGVwGO der Verwaltungsgerichtshof (VGH) mit Sitz in Mannheim. 494

3. Antrag, Antragsberechtigung, Antragsbefugnis

a) Antrag

wie Klageschrift § 81 VwGO

Der Antrag muss den Vorschriften zur Klageerhebung (§§ 81, 82 VwGO) entsprechen. Anwaltschaftliche Vertretung ist gemäß § 67 I S. 1 VwGO erforderlich. 495

b) Antragsberechtigung

§ 47 II VwGO: Antragsberechtigung

Den Antrag stellen kann jede natürliche oder juristische Person (auch des öffentlichen Rechts), jede Personenmehrheit, die im Rechtsverkehr durch Gesetz oder gewohnheitsrechtlich hinsichtlich der Beteiligtenfähigkeit juristischen Personen gleichgestellt ist (z.B. OHG, § 124 HGB) oder die gemäß § 61 Nr. 2 VwGO beteiligungsfähig ist, sowie jede Behörde (des Landes, des Bundes oder anderer Länder). 496

hemmer-Methode: Beachten Sie, dass in Baden-Württemberg Behörden außer in Fällen des § 47 II VwGO grundsätzlich nicht beteiligtenfähig sind, da es keine landesrechtlichen Vorschriften gibt, die dies bestimmen (vgl. § 61 Nr. 3 VwGO).

[457] Kopp/Schenke, VwGO, § 47, Rn. 17.

c) Antragsbefugnis[458]

aa) natürlicher und juristischer Personen

Verletzung eigener Rechte

§ 47 II S. 1 VwGO fordert, dass der Antragsteller geltend machen muss, durch die Rechtsvorschrift oder deren Anwendung in seinen Rechten verletzt zu sein oder in absehbarer Zeit verletzt zu werden. 497

hemmer-Methode: Der wesentliche Unterschied zwischen § 42 II VwGO und § 47 II VwGO ist u.a., dass i.R.d. Normenkontrolle auch eine künftige Rechtsverletzung ausreicht, und nicht schon der Verfahrensgegenstand selbst (die Rechtsvorschrift), sondern auch erst deren Anwendung zur Rechtsverletzung führen müssen.

Insbesondere bei juristischen Personen (Verbände, Vereine, Gemeinden) müssen Sie darauf achten, ob sie selbst oder lediglich ihre Mitglieder beeinträchtigt sind. Die Antragsberechtigung ist nur dann gegeben, wenn die Verletzung eigener Rechte plausibel behauptet ist. Auch Personen, die außerhalb des Bebauungsplangebietes wohnen, können antragsbefugt sein, wenn sich die nachteiligen Wirkungen der Norm über das Plangebiet hinaus erstrecken.[459] 498

Einziger Anknüpfungspunkt für die Antragsbefugnis **jeder** Privatperson ist § 1 VII BauGB. Es reicht aus, dass der Antragsteller Tatsachen vorträgt, die eine fehlerhafte Behandlung seiner Belange in der Abwägung als möglich erscheinen lassen. Antragsbefugt ist hiernach, wer sich **auf einen abwägungserheblichen Belang**, d.h. ein mehr als nur geringfügig schutzwürdiges Interesse berufen kann.[460] 499

hemmer-Methode: Wie bei jedem Rechtsbehelf muss also der Antragsteller, der nicht im Gebiet des Bebauungsplans wohnt, auch bei der Antragsbefugnis des § 47 VwGO die Verletzung einer drittschützenden Norm rügen. Zu diesem Punkt hat, wie ausgeführt, das BVerwG entschieden, dass dem <u>Abwägungsgebot des § 1 VII BauGB</u> - schon auf Grund des Wortlauts „private Belange“ - drittschützende Wirkung hinsichtlich solcher Belange zukommt, die abwägungsrelevant sind.[461] Eine Berufung auf Grundrechte durch den Antragsteller ist somit <u>nicht angezeigt</u>. 500

Im Folgenden wird dargestellt, wie zu prüfen ist, ob ein privates Interesse abwägungsrelevant ist, ob also die Rechtsverletzung des Dritten möglich ist.

3 Schritte:
(1) abwägungsrelevantes Interesse?

Als *1. Schritt* ist zu fragen, ob das *Interesse als solches in die Abwägung einzustellen* ist. Abwägungsrelevant ist ein Interesse nur dann, wenn es *objektiv nicht geringwertig* ist. Die als Abwägungsmaterial beachtlichen privaten Interessen sind nicht auf subjektive Rechtspositionen oder gar Grundrechtspositionen beschränkt. Die Abgrenzung hat tendenziell eher weit als eng zu erfolgen. 501

(2) schutzwürdiges Interesse?

Im *2. Schritt* ist nach der *Schutzwürdigkeit* des Belangs zu fragen. Ohne diese ist der Belang aus dem Abwägungsmaterial auszuscheiden. Hier sind zwei Gruppen zu unterscheiden: 502

---

458 Umfassend Jäde/Dirnberger/Weiß, BauGB, § 30, Rn. 82 ff.

459 Kopp/Schenke, VwGO, § 47, Rn. 69; BVerwG, NVwZ 2001, 431 - 432 = **juris**byhemmer, (Az. 4 BN 59/00).

460 BVerwG 4 BN 19.14 = **juris**byhemmer, Rn. 12, m.w.N.

461 BVerwG, NJW 1999, 592 - 594 = **juris**byhemmer, (Az. 4 CN 2/98) = **Life&Law 1999, Heft 3, 188 – 193,** vgl.a. BVerwG 4 BN 11.15, = **juris**byhemmer, Rn. 4. Aus dem Umstand, ob der Antragsteller ein Grundstück außerhalb oder innerhalb des Plangebiets hat, ergibt sich hinsichtlich der Antragsbefugnis aus § 1 VII BauGB grundsätziich kein Unterschied, BVerwG 4 BN 4.15, = **juris**byhemmer, Rn. 10.

(-) wenn Rechtsordnung entgegensteht

⇨ Das Interesse ist unter *Missachtung der Rechtsordnung* nur faktisch entstanden.

Bsp.: *Der Antragsteller wohnt in einem Schwarzbau.*

(-) wenn Rechtsordnung neutral

⇨ Die Rechtsordnung will sich dem Interesse gegenüber – jedenfalls was die Relevanz für die Bauleitplanung betrifft – bewusst *neutral* verhalten, obwohl es in tatsächlicher Hinsicht nicht als geringfügig anzusehen ist.[462]

Bsp.: *Wettbewerbsinteressen von Einzelhandelsunternehmen, Veränderung von Marktchancen infolge eines Bebauungsplans.*

Problem.: wenn absehbar, dass „so etwas geschieht"

Die Schutzwürdigkeit ist auch zu verneinen, wenn der Antragsteller von Anfang an damit rechnen musste, dass „so etwas geschieht".[463] **503**

Bsp.: *Das Verbauen der schönen Aussicht.*

Hier muss man aber darauf achten, dass Erwägungen, die in den Abwägungsvorgang selbst einzustellen sind, nicht bereits zur Verneinung der Abwägungsrelevanz herangezogen werden. Der *Abwägungsvorgang ist Gegenstand der Begründetheitsprüfung,* die nicht in die Zulässigkeitsprüfung vorgezogen werden darf.[464]

(3) Eingriffsintensität?

3. Schritt (Eingriffsintensität): Die negative Betroffenheit des Interesses darf nicht nur geringfügig (quantitativ), muss wahrscheinlich (nicht nur kausal) und für die planende Behörde (= Satzungsgeber) als abwägungserheblich erkennbar sein. Letzteres setzt für nicht offensichtliche Beeinträchtigungen eine Geltendmachung i.R.d. Bürgerbeteiligung (§ 3 BauGB) voraus. Der Nachteil des Wegfalls einer gewerblichen Nutzungsmöglichkeit (z.B. Landwirtschaft) ist nicht deshalb als geringfügig anzusehen, weil der BP den wirtschaftlichen Vorteil einer erheblichen Wertsteigerung des Bodens (Bauland) mit sich bringt, da eine Saldierung der unterschiedlichen Interessen nicht erfolgt.[465] **504**

Bsp.: *Die Stadt S setzt im Bebauungsplan ein Mischgebiet fest, was die Errichtung von Betrieben des Beherbergungsgewerbes ermöglicht (§ 6 II Nr. 3 BauNVO). Der Eigentümer eines in dieser Gegend bereits vorhandenen Betriebes erhebt Normenkontrollklage.*

Es ist schon fraglich, ob das Interesse objektiv von einigem Gewicht ist, jedenfalls aber fehlt es an der Schutzwürdigkeit. Denn einzelne Interessen sind immer dann nicht schutzwürdig, wenn sich deren Träger darauf einstellen müssen, dass „so etwas geschieht", sie also nicht darauf vertrauen können, dass eine bestimmte Markt- oder Verkehrslage so fortbesteht. Es liegt in der Natur der Sache, dass planerische Festsetzungen auf Markt- und Erwerbschancen Einfluss nehmen. Solche Folgen sind unvermeidbar. Sie auch noch in ihrer jeweiligen Konstellation bei der Abwägung in Rechnung stellen zu müssen, würde die Planung überfordern.

---

462 BVerwG, NVwZ 1990, 554 - 555 = **juris**byhemmer, (Az. 4 NB 14/89).

463 BVerwGE 59, 87 - 104 (103) = **juris**byhemmer, (Az. 4 N 1/78, 4 N 2/79, 4 N 3/79, 4 N 4/79).

464 BVerwG, NVwZ 1994, 683 - 684 = **juris**byhemmer, (Az. 4 NB 24/93): Wer am Rande eines Gemeindegebietes baut, muss damit rechnen, dass sich durch die zukünftige Bauleitplanung die Verkehrsverhältnisse ändern werden. Nach dem BVerwG kann dies zur Zurückstellung des Lärmschutzinteresses innerhalb der Abwägung mit dem öffentlichen Interesse an einer Lösung der Verkehrsprobleme führen. Dies ändert aber nichts an der Schutzbedürftigkeit von Lärmschutzbelangen, die sich aus §§ 3, 39 ff., 50 BImSchG und § 1 VI Nr. 1, 7 BauGB ergibt.

465 BVerwG, NVwZ 1993, 561 - 562 = **juris**byhemmer, (Az. 4 NB 38/92).

Weitere Beispiele: 505

- *Nach Normerlass erlangte Rechtsposition: Wer ein Grundstück erst nach Inkrafttreten des Bebauungsplanes erwirbt, ist antragsbefugt.*[466] *Nach h.M. genügt für die Antragsbefugnis bereits der Abschluss des Kaufvertrages.*[467]

- *Mieter: Das Baurecht ist grundsätzlich grundstücksbezogen. Die Anfechtung einer Baugenehmigung kann daher nur durch den Eigentümer des Nachbargrundstücks erfolgen, da dieser das belastete Grundstück „repräsentiert".*[468]

  Anders bei der Normenkontrolle: Auch das Interesse eines Mieters an einer bestimmten Grundstücksnutzung ist schützenswert.

  Dies gilt nicht nur für das Interesse des langjährigen Dauermieters, sondern auch für das Interesse dessen, der erst nach Inkrafttreten des Bebauungsplanes Räume im Planbereich anmietet und eine unvereinbare Nutzung aufnehmen will.[469]

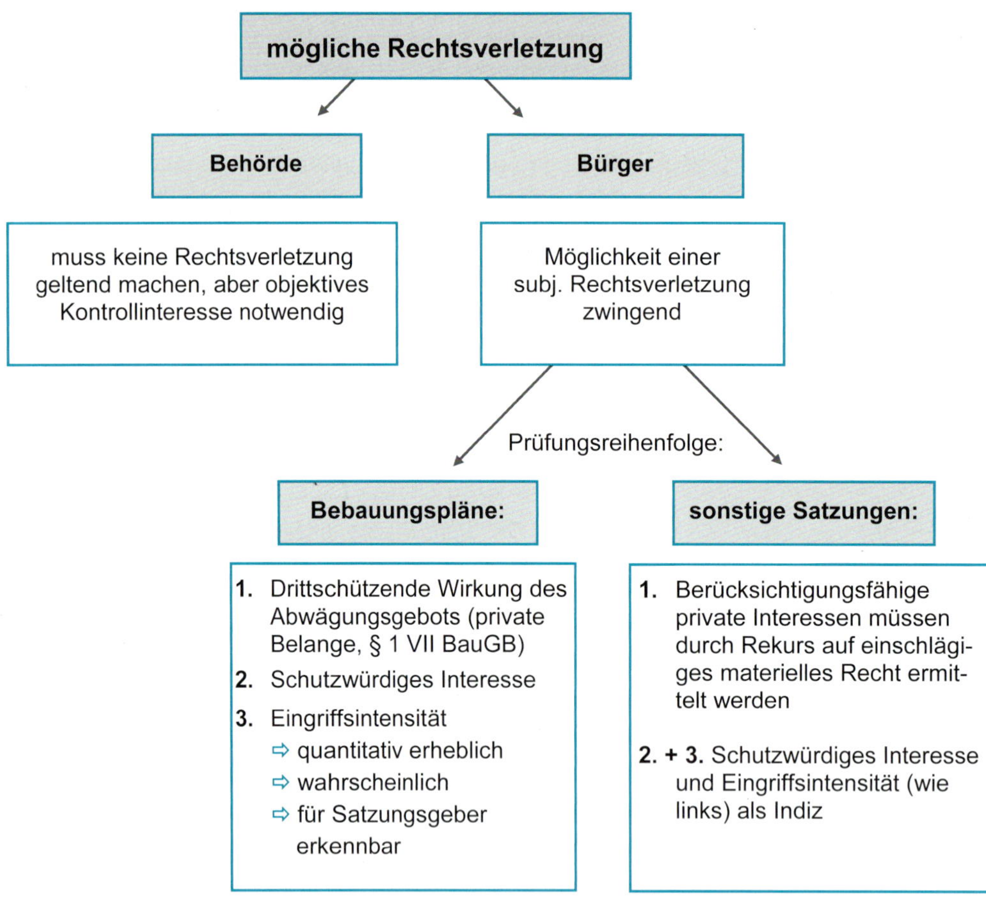

bb) von Behörden

keine Rechtsverletzung nötig

Wird der Antrag von einer Behörde gestellt, so folgt die Antragsbefugnis bereits aus der Antragsberechtigung. Eine Rechtsverletzung muss die Behörde nicht geltend machen. Allerdings muss ein objektives Kontrollinteresse dieser Behörde bestehen (vgl. Rn. 511). 506

466 Kopp/Schenke, VwGO, § 47, Rn. 61.

467 Kopp/Schenke, VwGO, § 47, Rn. 70 wobei str. ist, ob eine Vormerkung eingetragen sein muss, vgl. auch BVerwG, NJW 1998, 770 - 771 = **juris**byhemmer, (Az. 4 BN 20/97).

468 Siehe hierzu **Hemmer/Wüst/Christensen, Verwaltungsrecht I**, Rn. 132 f, vgl. auch oben Rn. 296 f.

469 BVerwG, DVBl. 1989, 359 - 360 = **juris**byhemmer, (Az. 4 NB 5/88) = **Life&Law 1999, Heft 3, 188 - 193**; Jäde/Dirnberger/Weiß, BauGB, § 30, Rn. 82.

4. Antragsfrist

Nach § 47 II S. 1 VwGO[470] gilt eine Antragsfrist von einem Jahr nach Bekanntmachung (nicht nach Inkrafttreten!) der Rechtsvorschrift. Für die Berechnung der Antragsfrist gelten keine Besonderheiten. Über § 57 II VwGO finden die einschlägigen Bestimmungen der ZPO und des BGB Anwendung. 507

Mit Fristablauf tritt dennoch keine Unanfechtbarkeit ein. § 47 II S. 1 VwGO bezieht sich nur auf die prinzipale Normenkontrolle und lässt die Möglichkeit der Inzidentkontrolle der betroffenen Norm, z.B. im Rahmen einer Verpflichtungs- oder Anfechtungsklage gegen einen aufgrund dieser Vorschrift erlassenen oder zu erlassenden VA, auch nach Ablauf der Einjahresfrist, völlig offen.[471]

Sinn dieser Fristenregelung ist, dass nach Fristablauf die gerichtliche Aufhebung einer Norm nicht mehr mit Rechtskraft erga omnes begehrt werden kann, sondern nur noch inter partes bei einer Klage im Bereich des Normenvollzugs.

5. Vorbehalt zugunsten der Verfassungsgerichtsbarkeit (§ 47 III VwGO)

Von der Möglichkeit des § 47 III VwGO hat Baden-Württemberg gegenwärtig keinen Gebrauch gemacht.[472]

hemmer-Methode: Zeigen Sie in der Klausur durchaus kurz, dass Sie das Problem kennen, ohne dabei aber Zeit zu verlieren.

6. Richtiger Antragsgegner

Rechtsträgerprinzip

Antragsgegner ist der Rechtsträger, der die angegriffene Rechtsvorschrift erlassen hat (§ 47 II S. 2 VwGO). 508

hemmer-Methode: Achten Sie auf die richtige Terminologie: In der Normenkontrollklage gibt es keinen Kläger und auch keinen Beklagten, sondern nur einen Antragsteller und einen Antragsgegner!

7. Rechtsschutzbedürfnis

a) Präklusion

Eine echte Präklusion dahingehend, dass ein Normenkontrollantrag unzulässig wird, wenn er nicht fristgerecht erhoben wird, existiert nicht mehr, nachdem die Präklusionsvorschrift des § 47 II a VwGO ersatzlos gestrichen wurde.[473]

470 Änderung der VwGO durch Innenstadt-Entwicklungsgesetz vom 21.12.2006, in Kraft getreten zum 01.01.2007 (Battis/Krautzberger/Löhr, Gesetz zur Erleichterung von Planungsvorhaben für die Innenentwicklung der Städte (BauGB 2007), NVwZ 2007, 121 - 128).

471 Schenke, "Reform" ohne Ende - Das Sechste Gesetz zur Änderung der Verwaltungsgerichtsordnung und anderer Gesetze (6 VwGOÄndG), NJW 1997, 81 - 93 (83).

472 Schoch/Schmidt-Aßmann/Pietzner, VwGO, § 47, Rn. 91; Sodan/Ziekow, VwGO, § 47, Rn. 273 ff.

473 BGBl. I 2017, S. 1302.

b) Rechtsmissbrauch und Verwirkung

im Zusammenhang mit Rechtsverletzung

Im Einzelfall können auch Rechtsmissbrauch und Verwirkung eine Rolle spielen. 509

Grundsätzlich gilt: Eine zu erwartende Rechtsverletzung muss verhindert, eine bereits eingetretene in irgendeiner Form beseitigt oder zumindest gemindert werden können.

Bsp.: *Ein Rechtsschutzbedürfnis für die Überprüfung eines Bebauungsplans besteht nicht (mehr), wenn das Plangebiet aufgrund unanfechtbarer Genehmigungen bebaut ist und die durch den Plan eingetretenen Nachteile auch bei Nichtigerklärung nicht entfallen.*

c) Verhältnis zu Anfechtungs- und Verpflichtungsklage

nebeneinander möglich

Die Möglichkeit einer Inzidentkontrolle schließt das Rechtsschutzbedürfnis für die Normenkontrollklage nicht aus. 510

Der Antrag kann also auch neben einer (bereits anhängigen oder nur möglichen) Anfechtungs-/Verpflichtungsklage gestellt werden.[474]

Aus § 47 IV VwGO ergibt sich, dass dies auch für eine verfassungsgerichtliche Überprüfung gilt.

d) Objektives Kontrollinteresse der Behörde

mit Ausführung der Norm befasst

Ist der Antragsteller eine Behörde, so ist erforderlich, dass diese mit der Ausführung der Norm befasst sein muss. Ist das der Fall, so ist der Antrag auch dann zulässig, wenn die Behörde nach Vorschriften über die Kommunalaufsicht einschreiten könnte.[475] 511

II. Beiladung

Beiladung

Nach § 47 II S. 4 VwGO gibt es i.R.d. Normenkontrollverfahrens die Möglichkeit der einfachen Beiladung nach § 65 I VwGO. 512

hemmer-Methode: Beachten Sie, dass die Frage der Beiladung mit der Zulässigkeit der Klage/des Antrags nichts zu tun hat. Das muss in Ihrem Prüfungsaufbau deutlich werden (eigener Prüfungspunkt!).

Eine notwendige Beiladung ist gesetzlich nicht vorgesehen. Allerdings kann das gerichtliche Ermessen nach § 65 I VwGO auf Null reduziert sein, wenn aus der Nichtigerklärung der Norm für die Normbegünstigten schwerwiegende Nachteile resultieren würden.[476] 513

III. Begründetheit der Normenkontrolle 514

1. Prüfungsmaßstab

auch Landesrecht!

Zu überprüfen ist die entsprechende Norm hinsichtlich des gesamten Bundes- und Landesrechts. 515

474 **Hemmer/Wüst/Christensen, Verwaltungsrecht II**, Rn. 379.

475 Jäde/Dirnberger/Weiß, BauGB, § 30, Rn. 78 f.

476 Kopp/Schenke, VwGO, § 47, Rn. 42 a; Komorowski, Beiladung im Normenkontrollverfahren, NVwZ 2003, 1458 - 1463.

2. Ungültigkeit der angegriffenen Vorschrift[477]

grds. bei Normen: rechtwidrig = nichtig

516 Grundsätzlich ist eine Rechtsvorschrift ungültig, wenn sie formelle oder materielle Anforderungen aus dem höherrangigen Recht nicht einhält.

hemmer-Methode: Vergegenwärtigen Sie sich, dass im Gegensatz zu Verwaltungsakten, die auch rechtswidrig wirksam werden können, rechtswidrige Normen nicht wirksam, sondern nichtig sind (Nichtigkeitsdogma).

a) Rechtsgrundlage

BP: §§ 1 II, 2 I S. 1, 10 I BauGB

517 Voranzustellen ist grundsätzlich die in Betracht kommende Rechtsgrundlage, da die Probleme der Zuständigkeit, der Form und des Verfahrens von dieser abhängen können.

518 Für einen Bebauungsplan lässt sich diese Rechtsgrundlage den §§ 1 II, 2 I S. 1, 10 I BauGB entnehmen.

b) Formelle Rechtmäßigkeit

Verfahren und Form

519 Zu überprüfen ist, ob das Planungsverfahren ordnungsgemäß durchgeführt wurde: Die Rechtsvorschrift muss vom zuständigen Normgeber unter Beachtung sämtlicher Verfahrensvorschriften in der richtigen Form erlassen worden sein.

aa) Zuständigkeit: Aufgabe der Gemeinde

§ 2 I S. 1 BauGB

520 Gemäß der Zuständigkeitsregel des § 2 I S. 1 BauGB sind die Bauleitpläne von den Gemeinden in eigener Verantwortung aufzustellen (weisungsfreie Pflichtaufgabe, § 2 II GemO).

kommunale Planungshoheit

521 Die Befugnis der Gemeinden, ihre städtebaulichen Vorstellungen mit den Mitteln der Bauleitplanung in eigener Verantwortung zu verwirklichen, wird als sog. *kommunale Planungshoheit* bezeichnet.[478]

522 Diese Kompetenz ist verfassungsrechtlich gewährleistet. Gemäß Art. 28 II GG haben die Gemeinden das Recht, alle Angelegenheiten der örtlichen Gemeinschaft in eigener Verantwortung zu regeln. Zu diesen Angelegenheiten zählen insbesondere die Bereiche, „die in der örtlichen Gemeinschaft wurzeln und von dieser selbständig und eigenverantwortlich bewältigt werden können".[479]

523 Die Bauleitplanung als Aufgabe, die bauliche und sonstige Nutzung der Grundstücke in der Gemeinde vorzubereiten und zu leiten (vgl. § 1 I BauGB), erfüllt diese Anforderungen.

Organkompetenz

Die Organkompetenz bestimmt sich nach der GemO. Da § 44 GemO nicht eingreift, fällt die Aufstellung der Bauleitpläne in die Zuständigkeit des Gemeinderats, der diese nicht nach § 39 GemO auf einen beschließenden Ausschuss übertragen kann (§ 39 II Nr. 3 GemO).

---

477 Zur Prüfung des Bebauungsplans siehe auch die Beiträge von Helm, Der Bebauungsplan - Verfahren, Fehler und deren Folgen, **Life&Law 1999, Heft 9, 614 - 621 (Teil 1)**, **Life&Law 1999, Heft 10, 689 - 691 (Teil 2)**.

478 Verfolgt die Gemeinde mit ihren planerischen Festsetzungen alleine Ziele des Denkmalschutzes, handelt es sich um eine unzulässige Negativplanung, BVerwG, NVwZ 2001, 1043 - 1046 = **juris**byhemmer, (Az. 4 CN 4/00).

479 So z.B. BVerfGE 8, 122 (134) = **juris**byhemmer, (Az. 2 BvG 1/58).

Exkurs: Grenzen der Befugnis zur Bauleitplanung

Grenzen: Art. 28 II GG i.R.d. Gesetze

Allerdings findet die gemeindliche Planungshoheit ihre Grenzen in verschiedenen gesetzlichen Bestimmungen,[480] die gemäß Art. 28 II GG („i.R.d. Gesetze") zulässig sind. 524

Voraussetzung einer wirksamen Beschränkung der Selbstverwaltung ist jedoch, dass zumindest deren Kern unangetastet bleibt.[481] 525

Bsp.: *Durch Gesetz soll bestimmten Gemeinden die Befugnis zum Erlass von Bauleitplänen entzogen werden. Ist das möglich?*

Die Lösung soll nach h.M.[482] davon abhängen, ob der Erlass von Bauleitplänen zum Kernbereich der gemeindlichen Selbstverwaltung gehört.

Das BVerfG[483] hat diese Frage bisher offen gelassen, nach h.M. in der Literatur[484] gehört jedenfalls der Bebauungsplan zum Aufgabenkern (für Flächennutzungsplan umstritten, wohl aber ebenfalls zu bejahen).

Die h.M.[485] geht von der grundsätzlichen Entziehbarkeit von Angelegenheiten der örtlichen Gemeinschaft aus. Art. 28 II GG wird dahin gehend interpretiert, dass nur insgesamt ein Kernbereich an Aufgaben bei der Gemeinde verbleiben müsse, dass jedoch solche Angelegenheiten, die nicht zu diesem Kern gehören, durchaus durch Gesetz entzogen werden können.

Eine andere Ansicht[486] bezieht die Schranke „i.R.d. Gesetze" nur auf die Eigenverantwortlichkeit der Aufgabenerfüllung und kommt so zu dem Ergebnis, dass den Gemeinden hinsichtlich jeder (einzelnen) Angelegenheit der örtlichen Gemeinschaft ein Kernbereich verbleiben müsse.

„I.R.d. Gesetze" bezieht sich syntaktisch gesehen nur auf die Eigenverantwortlichkeit. Auch der Wortlaut des Art. 28 II GG stützt dieses Ergebnis, in Art. 28 II S. 2 GG ist vom „Rahmen des gesetzlichen Aufgabenbereichs" die Rede, in Art. 28 II GG S. 1 findet sich diese Formulierung gerade nicht.

Zudem führt auch die teleologische Auslegung zu keinem anderen Ergebnis. Der Regelungszweck (Berücksichtigung überörtlicher Belange) kann auch durch eine Einschränkung der Eigenverantwortlichkeit der Aufgabenwahrnehmung erreicht werden. Es bleibt dann die Frage, inwieweit diese Eigenverantwortlichkeit im Einzelfall eingeschränkt werden kann.

Eine Entziehung insgesamt ist keinesfalls möglich.

Übertragung §§ 203 ff. BauGB

Im BauGB selbst ist die Übertragung der Planungshoheit in den §§ 203 ff. geregelt. 526

Im Hinblick auf obige Ausführungen kann die Verfassungsmäßigkeit des § 203 II BauGB (Übertragung gegen den Willen der Gemeinde) durchaus bezweifelt werden.[487] Gleichwohl hat der Staatsgerichtshof schon im Jahr 1976 die gegen den Willen der Gemeinden gesetzlich vorgesehene Übertragung der Flächennutzungsplanung auf die Nachbarschaftsverbände (es gibt in Baden-Württemberg fünf Nachbarschaftsverbände, § 1 NachbarschVerbG, die Träger der vorbereitenden Bauleitplanung sind) für verfassungsmäßig erklärt.[488]

Exkurs Ende

480 Dazu unten Rn. 561 ff.

481 BVerfGE 56, 298 - 353 (312 m.w.N.) = **juris**byhemmer, (Az. 2 BvR 584/76, 2 BvR 598/76, 2 BvR 599/76, 2 BvR 604/76).

482 Für viele Battis/Krautzberger/Löhr, BauGB, § 2, Rn. 4.

483 In BVerfGE 56, 298 - 353 (312) = **juris**byhemmer, (Az. 2 BvR 584/76, 2 BvR 598/76, 2 BvR 599/76, 2 BvR 604/76).

484 Vertiefend Finkelnburg/Ortloff/Kment, § 5 I.

485 Vgl. Sachs/Nierhaus, GG, Art. 28, Rn. 64 ff.

486 Vgl. Finkelnburg/Ortloff/Kment, § 5 I.

487 Für Verfassungswidrigkeit des entspr. § 147 II BBauG a.F. (bzgl. Bebauungsplänen) siehe Schmidt-Aßmann, VerwArch 1980, 117, 131. Anders Battis/Krautzberger/Löhr, BauGB, § 203, Rn. 2, die darauf hinweisen, dass noch nicht abschließend geklärt sei, inwieweit die Planungshoheit zum Kernbereich des Art. 28 II GG gehöre.

488 StGH BW, DÖV 1976, 595 = **juris**byhemmer, (Az.: 2/75, 8/75)

bb) Das Planungsverfahren

Klausurbedeutsam sind insbesondere Kenntnisse der wichtigsten Verfahrensschritte beim Zustandekommen von Bauleitplänen und der typischerweise damit verbundenen Problemkreise. 527

Verfahrensschritte:	**zu beachten:**
Aufstellungsbeschluss, § 2 I S. 2 BauGB	keine Wirksamkeitsvoraussetzung
Frühzeitige Bürger- und Behördenbeteiligung, §§ 3 I, 4 I BauGB	einschränkbar, §§ 3 I, S. 2, 13 BauGB
Beteiligung d. Träger öffentl. Belange, § 4 BauGB	grds. Präklusionswirkung auf materiell-rechtlicher Seite
Auslegungsverfahren, § 3 II BauGB	Auslegungsfristen eingehalten?
abschließender Satzungs-beschluss, § 10 BauGB, bzw. Feststellungsbeschluss des FlNPl.	kommunalrechtliche Verfahrensfehler?
evtl. Genehmigungsverfahren, § 10 II BauGB	spezialgesetzliche Aufsicht, § 6 BauGB
Wirksamwerden	neben Bekanntgabe Ausfertigung nötig

Bauleitplanverfahren

Das BauGB regelt das Verfahren nur bezüglich der baurechtlichen Aspekte. 528

viele Vorschriften des Kommunalrechts

Der Bundesgesetzgeber hat es insbesondere dem Kommunalrecht, für dessen Regelung die Länder zuständig sind, überlassen, festzulegen, welche gemeindlichen Organe für welche verfahrensrechtlichen Schritte im Planaufstellungsverfahren zuständig sind.[489]

So bestimmt z.B. § 10 BauGB, dass der Bebauungsplan als Satzung zu beschließen ist. Wie der Beschluss im Einzelnen zustande kommt, richtet sich allein nach den Vorschriften der GemO.

In diesem Bereich klausurrelevant ist z.B. der Ausschluss von Gemeinderatsmitgliedern bei Beratung und Abstimmung (Satzungsbeschluss) wegen der Besorgnis der Befangenheit (§ 18 GemO). Typisch sind auch Fragen der ordnungsgemäßen Ladung der Gemeinderatsmitglieder vor Beschlussfassung (§ 34 GemO). 529

Ein Verstoß gegen diese Vorschriften macht die Satzung grundsätzlich nichtig, es sei denn, der Fehler wird nicht innerhalb eines Jahres gerügt (§§ 18 VI, 4 IV GemO).

---

489 BVerwG, NVwZ 1988, 916 - 918 = **juris**byhemmer, (Az. 4 N 4/87).

Verfahrensschritte bis zum Beschluss über den Bauleitplan

Im Folgenden werden nun die *wichtigsten Verfahrensschritte* der Planaufstellung dargestellt. (Nach § 1 VIII BauGB gelten diese Vorschriften auch für die Änderung, Ergänzung oder Aufhebung eines Bauleitplans. Ist die Änderung oder Ergänzung nicht erheblich, gilt zudem § 13 BauGB über das vereinfachte Verfahren). 530

(1) Der Aufstellungsbeschluss

Aufstellungsbeschluss

Durch diesen Beschluss wird das Verfahren *förmlich eröffnet* (§ 2 I S. 2 BauGB). 531

(a) Zuständiges Organ für Beschlussfassung

Die Organkompetenz für diesen Beschluss ist bundesgesetzlich nicht geregelt und bestimmt sich deshalb nach der GemO. Da kein Fall des § 44 GemO vorliegt, ist der Gemeinderat nach § 24 GemO zuständig. Dieser kann seine Zuständigkeit allerdings nach § 39 I GemO auf einen beschließenden Ausschuss übertragen, da es sich noch nicht um den endgültigen Satzungsbeschluss handelt. 532

(b) Ortsübliche Bekanntmachung

ortsübliche Bekanntmachung

Der Aufstellungsbeschluss ist *ortsüblich bekannt zu machen* (§ 2 I S. 2 BauGB). Art und Weise richten sich nach § 1 DVOGemO. Zuständig hierfür ist, da es sich um einen reinen Vollzugsakt handelt, der Bürgermeister. 533

(c) Aufstellungsbeschluss keine Wirksamkeitsvoraussetzung

keine Wirksamkeitsvoraus-setzung

Wichtig: Der Aufstellungsbeschluss ist für den späteren Bauleitplan keine Wirksamkeitsvoraussetzung.[490] Denn er ist in § 214 I BauGB nicht als beachtliche Verfahrensvorschrift genannt.[491] 534

hemmer-Methode: Etwas anderes gilt für den Erlass von Veränderungssperren (§ 14 BauGB) und die Zurückstellung von Baugesuchen (§ 15 BauGB). Insoweit ist ein rechtmäßiger Planaufstellungsbeschluss stets Wirksamkeitsvoraussetzung.[492]

> *Bsp.: Ein Gemeinderatsmitglied meint, der beschlossene Bebauungsplan sei unwirksam, weil der zugrunde liegende Aufstellungsbeschluss keinerlei Angaben hinsichtlich der beabsichtigten Planung enthalten habe. Auf so einen Beschluss könne man „ganz verzichten".*
>
> Der Aufstellungsbeschluss dient allein der Verfahrenseröffnung. Die Gemeinde beschließt, einen gewissen Teil ihres Gebiets zu beplanen.
>
> Der Beschluss muss gerade keine Aussagen über den Inhalt der beabsichtigten Planung enthalten.[493] Notwendig (und ausreichend) ist, dass der Planbereich bezeichnet wird, ohne dass dieser mit dem endgültigen Plangebiet identisch sein müsste.
>
> Der Aufstellungsbeschluss ist somit wirksam. Darüber hinaus stünde auch ein unwirksamer Beschluss dem Bebauungsplan nicht entgegen, der Aufstellungsbeschluss ist gerade keine Voraussetzung für die Rechtmäßigkeit des Bebauungsplans.

---

490 So z.B. BVerwG, NVwZ 1988, 916 - 918 = **juris**byhemmer, (Az. 4 N 4/87); BVerwG, IBR 2003, 159 = **juris**byhemmer, (Az. 4 BN 53/02); Jäde/Dirnberger/Weiß, BauGB, § 2, Rn. 2.

491 Zu § 214 BauGB unten Rn. 625 ff.

492 Jäde/Dirnberger/Weiß, BauGB, § 2, Rn. 3.

493 BVerwGE 51, 121 - 139 (127) = **juris**byhemmer, (Az. IV C 39.74).

(2) Ermittlung des Abwägungsmaterials, § 2 III BauGB

Die Gemeinde trifft nach § 2 III BauGB die Pflicht, das Abwägungsmaterial zu ermitteln und zu bewerten. Mit dieser Ermittlung sollte grundsätzlich unmittelbar nach dem Planaufstellungsbeschluss begonnen werden. 534a

Zur Ermittlung des Abwägungsmaterials dient dann auch die Bürger- und die Behördenbeteiligung nach §§ 3 f. BauGB.

Der Umfang der Ermittlungspflicht ist nicht abstrakt festgelegt, sondern hängt im Einzelfall davon ab, welche Auswirkungen von der geplanten Bebauung auf die Umgebung ausgehen können, und umgekehrt, welchen Beeinträchtigungen die geplante Bebauung ausgesetzt wird.

hemmer-Methode: Der im Verlauf einer Gesetzesänderung eingefügte § 2 III BauGB ist eine Verfahrensvorschrift, Fehler sind nach § 214 I Nr. 1 BauGB zu würdigen. Nicht hinreichend geklärt ist das Verhältnis zwischen diesem Verfahrensfehler einerseits und den Abwägungsfehlern, insbesondere dem Abwägungsdefizit andererseits, ausführlich dazu unten.

(3) Beteiligung der Öffentlichkeit

(a) Phasen der Beteiligung

Bürgerbeteiligung

§ 3 BauGB normiert für die Bauleitplanung verschiedene Phasen der Öffentlichkeitsbeteiligung: 535

1. Phase: sog. frühzeitige Öffentlichkeitsbeteiligung (§ 3 I BauGB)

- ⇨ öffentliche Unterrichtung über Ziele, Zwecke und Auswirkungen der Planung (Abs. 1 S. 1, 1. Hs.)
- ⇨ Anhörung (Abs. 1 S. 1, 1. Hs.)
- ⇨ Ggf. Entbehrlichkeit (Abs. 1 S. 2)

2. Phase: das Auslegungsverfahren (§ 3 II und III BauGB)

- ⇨ Bekanntmachung der Auslegung (Abs. 2 S. 2)
- ⇨ öffentliche Auslegung (Abs. 2 S. 1)
- ⇨ Prüfung der fristgerecht vorgebrachten Bedenken und Anregungen (Abs. 2 S. 4)

(b) Funktion der Öffentlichkeitsbeteiligung

Information der Gemeinde, Einflussnahme

Sinn und Zweck dieser Bürgerbeteiligung ist zum einen die bessere Information der planenden Gemeinde über Wünsche oder Befürchtungen der betroffenen Bürger,[494] zum anderen die Möglichkeit der kontrollierenden Einflussnahme der Bürger auf den allein entscheidungsbefugten Gemeinderat.[495] 536

[494] Sog. Informationsfunktion, vgl. BVerwG, NVwZ 1988, 822 - 824 = **juris**byhemmer, (Az. 4 NB 2/87).

[495] Sog. demokratische Funktion, BVerwG a.a.O.

auch Rechtsschutzfunktion

Seit *BVerfGE 53, 30* (Mülheim-Kärlich) steht zudem die Rechtsschutzfunktion im Vordergrund. Richtet der Gesetzgeber in einem Sachbereich, für den er Schutzpflichten hat, ein Beteiligungsverfahren ein, dann haben diese Vorschriften für den materiell Betroffenen grundrechtsschützende und damit subjektiv-rechtliche Wirkung. 537

Eine Antragsbefugnis ergibt sich daraus für all die Fälle, in denen ein Betroffener geltend machen kann, dass sich die Nichtbeachtung der Verfahrensvorschrift auf seine Rechtsposition ausgewirkt haben könnte.[496]

hemmer-Methode: Diese Ausführungen dürften aber wohl nur für die zweite Bürgerbeteiligung nach § 3 II BauGB gelten. Die erste Bürgerbeteiligung hat weniger die Funktion, die Rechte der Bürger zu sichern, da diese durch die zweite Bürgerbeteiligung ausreichend geschützt sind, sondern soll in erster Linie der Gemeinde möglichst frühzeitig die Probleme der beabsichtigten Planung aufzeigen.

(c) Bekanntmachung der Auslegung

Bekanntmachung

Bsp.: *Die Gemeinde will die Auslegung eines Bebauungsplanentwurfs bekannt geben und erklärt im Gemeindeblatt: „Der Entwurf für den Bebauungsplan Nr. 110 liegt ab sofort einen Monat lang[497] während der für den Publikumsverkehr vorgesehenen Dienststunden im Rathaus aus. Es können dort Bedenken und Anregungen vorgebracht werden."* 538

Ist diese Bekanntmachung für den Bebauungsplan ausreichend?

Da die Gemeinde lediglich die Ordnungsnummer des Bebauungsplans bekannt gegeben hat, besteht auch für tatsächlich interessierte Bürger nicht die Möglichkeit, sich dieses Interesses bewusst zu werden. Gerade dies ist jedoch eine der von § 3 II S. 2 BauGB bezweckten Funktionen (sog. *Anstoßfunktion*).[498] In der Bekanntmachung hätte somit das Plangebiet genauer bezeichnet werden müssen (geographische Bezeichnung, Straßenname o.Ä.).

Zudem muss gemäß § 3 II S. 2 BauGB die Bekanntmachung mindestens eine Woche vor Beginn der Monatsfrist erfolgen. Auch muss der Bekanntmachung zu entnehmen sein, wann die Frist beginnt und wann sie endet (Bekanntgabe des Anfangstages der Frist).[499]

Fristberechnung

Die Berechnung der Monatsfrist des § 3 II S.1 BauGB erfolgt über § 187 II BGB für den Fristbeginn und über § 188 II Alt.2 BGB für das Fristende, sog. Ablauffrist.[500] Im Unterschied zur Ereignisfrist muss bei der hier anwendbaren „Ablauffrist" der erste Tag der Berechnung mitgezählt werden. Die Wochenfrist nach § 3 II S.2 BauGB ist hingegen eine gewöhnliche Ereignisfrist[501]. 539

Fraglich ist, ob die Monatsfrist nach § 3 II S.1 BauGB gewahrt ist, wenn der Planentwurf wie im vorliegenden Fall jeweils nur während der Zeit des Publikumsverkehrs eingesehen werden kann. Nach früher h.M. sollte das nicht genügen.[502]

Heute wird richtigerweise darauf abgestellt, inwieweit die Möglichkeit der Einsichtnahme insgesamt als hinreichend zu bezeichnen ist. So können bei Kleingemeinden, die von ehrenamtlichem Personal verwaltet werden, wenige Stunden täglich bzw. wöchentlich ausreichend sein.[503]

---

496 Vgl. insgesamt Battis/Krautzberger/Löhr, BauGB, § 3, Rn. 3 und Rn. 4.

497 Durch die Ergänzung des § 3 II 1 BauGB durch die Gesetzesnovelle vom 04. Mai 2017 (BGBl. I 2017, S. 1057) ist klargestellt, dass auch bei einem Fristbeginn im Februar die Auslegungsdauer mindestens 30 Tage betragen muss.

498 BVerwGE 55, 369 - 388 (373) = **juris**byhemmer, (Az. IV C 9.77), Jäde/Dirnberger/Weiß, BauGB, § 3, Rn. 21.

499 Battis/Krautzberger/Löhr, BauGB, § 3, Rn. 14, str. hinsichtlich des Ende der Frist, vgl. Jäde/Dirnberger/Weiß, BauGB, § 3, Rn. 12, Rn. 20.

500 BGH, NJW 1972, 2035 = **juris**byhemmer, (Az. GmS-OGB 2/71); vgl. auch **Life&Law 1999, Heft 9, 616**; Jäde/Dirnberger/Weiß, BauGB, § 3, Rn. 14.

501 Jäde/Dirnberger/Weiß, BauGB, § 3, Rn. 20.

502 Z.B. Dolde, Die Entwicklung des öffentlichen Baurechts 1980, NJW 1981, 1929 - 1939 (1931).

503 Z.B. VGH München, BayVBl. 1981, 691 - 692 (Az. 16 XV 76): Montag und Donnerstag 18-20 Uhr und Samstag 8-16 Uhr (nicht verallgemeinerungsfähig)

Zweifel bestehen schließlich auch wegen des Hinweises in der Bekanntmachung, Bedenken und Anregungen könnten dort vorgebracht werden. Die Gemeinde darf nichts unternehmen, was betroffene Bürger davon abhalten könnte, auf die Planung zu reagieren.

Hier wird unzulässigerweise der Eindruck erweckt, schriftlich abgefasste Einwendungen würden nicht genügen, der Betroffene müsse vielmehr persönlich erscheinen.[504] Die Anstoßwirkung wird somit verfehlt.

Ähnlich unzulässig ist beispielsweise die Verwaltungspraxis, Name und Anschrift der Einsichtnehmenden zu notieren.[505] 540

(d) Einschränkung der Öffentlichkeitsbeteiligung

Grenzen der Bürgerbeteiligung: §§ 3 I S. 2, 13 BauGB

Zu beachten ist, dass die oben aufgezeigten Grundzüge der Bürgerbeteiligung nicht uneingeschränkt gelten: Sowohl aus § 3 I S. 2 BauGB als auch aus § 13 BauGB ergeben sich Begrenzungen. 541

(4) Die Beteiligung der Träger öffentlicher Belange

Beteiligung v. Trägern öffentlicher Belange; Informations- und Koordinationsfunktion

§ 4 BauGB hat in erster Linie die Funktion, der Gemeinde notwendige Informationen hinsichtlich all der öffentlichen Belange zu liefern, welche sie in die Abwägung gemäß § 1 VII BauGB einzustellen hat, vgl. § 4a I BauGB. Auch erfährt die Gemeinde auf diese Weise von beabsichtigten Planungen und Maßnahmen anderer Hoheitsträger (Koordinationsfunktion). 542

Frühe Beteiligung, § 4 I BauGB

Nach § 4 I BauGB sind die Behörden und sonstigen Träger öffentlicher Belange, deren Aufgabenbereich durch die Planung berührt werden kann, entsprechend § 3 I BauGB frühzeitig zu beteiligen.

Bsp.: *Die Gemeinde stellt einen Bebauungsplan auf, ohne die X-AG zu beteiligen, welche die gesamte Umgebung mit Elektrizität versorgt. Die X-AG wollte die entsprechende Fläche anderweitig nutzen. Hätte sie gehört werden müssen?*

Fraglich ist, ob das privatrechtlich organisierte Unternehmen (Aktiengesellschaft) zu den Trägern öffentlicher Belange i.S.d. § 4 BauGB zu rechnen ist.

Umfasst sind hiervon regelmäßig nur öffentlich-rechtliche Rechtsträger. Private Rechtsträger zählen hierzu nur dann, wenn ihnen durch Gesetz oder aufgrund eines Gesetzes die Wahrung öffentlicher Belange übertragen wird.[506] Bei einem privaten Elektrizitätsunternehmen ist das der Fall.[507]

Zweite Beteiligung der Träger öffentlicher Belange, § 4 II BauGB

Nach §§ 4 II S.1, 4a II BauGB findet korrespondierend zur zweiten Bürgerbeteiligung auch eine zweite Beteiligung der Träger öffentlicher Belange statt. § 4 II S. 2 BauGB setzt den Beteiligten zur Verfahrensbeschleunigung eine Frist von einem Monat zur Stellungnahme. 543

(5) Präklusion bei Öffentlichkeits- und Behördenbeteiligung

§ 4a BauGB enthält gemeinsame Regelungen für die Öffentlichkeitsbeteiligung und die Beteiligung der Träger öffentlicher Belange, bspw. dass diese zusammen durchgeführt werden dürfen, § 4a II BauGB.

504 VGH München, NJW 1983, 297 - 301 = **juris**byhemmer, (Az. 25 XIV 78).

505 Jäde/Dirnberger/Weiß, BauGB, § 3, Rn. 25.

506 Jäde/Dirnberger/Weiß, BauGB, § 4, Rn. 1 ff., insbes. Rn. 3.

507 So Battis/Krautzberger/Löhr, BauGB, § 4, Rn. 3, zum Ganzen Ernst/Zinkahn/Bielenberg/Krautzberger, BauGB, § 4, Rn. 5.

Materielle Präklusion

Gemäß § 4a VI S. 1 BauGB können Belange, die innerhalb der Öffentlichkeits- und Behördenbeteiligung nicht rechtzeitig abgegeben werden, in der Abwägung unberücksichtigt bleiben.

Es sei denn:

⇨ sie sind der Gemeinde bekannt,

⇨ sie hätten ihr bekannt sein müssen oder

⇨ sind für die Rechtmäßigkeit der Abwägung von Bedeutung.

Prozessuale Präklusion

Auch durch zustimmende Stellungnahmen der Träger öffentlicher Belange wird die Gemeinde von ihrer Verpflichtung, sich selbst Gewissheit über die abwägungserheblichen Belange zu verschaffen, nicht entbunden.[508] Eine prozessuale Präklusion dahingehend, dass ein verwaltungsrechtlicher Rechtsbehelf unzulässig wird, existiert nicht. 544

(6) Abschließender Beschluss über den Bauleitplan

abschließender Beschluss

Nach Durchlaufen des gesetzlich vorgesehenen Verfahrens beschließt die Gemeinde den Bauleitplan in seiner endgültigen Fassung. 545

Ergeben sich hier noch Änderungen, dann: 546

⇨ muss grundsätzlich das Auslegungsverfahren wiederholt werden (§ 4a III S. 1 BauGB),

⇨ kann, wenn diese Änderungen die Grundzüge der Planung nicht berühren, das vereinfachte Verfahren nach § 13 BauGB entsprechend angewendet werden.

gleichzeitige Billigung der Planbegründung

Der Bebauungsplan wird als Satzung beschlossen (§ 10 I S. 1 BauGB), mit dem Beschluss wird gleichzeitig die Begründung des Plans (§ 9 VIII BauGB) gebilligt. 547

hemmer-Methode: Auch über den Flächennutzungsplan, dem als hoheitliche Maßnahme eigener Art gerade keine Rechtsnormqualität zukommt, ergeht ein abschließender Beschluss (und damit auch die Billigung des Erläuterungsberichts).

beachten Sie § 18 GemO

Die jeweiligen Beschlüsse ergehen nach landesrechtlichen Vorschriften. Im Hinblick auf die Befangenheitsnorm des § 18 GemO ist Folgendes zu beachten:[509] 548

***Bsp.:** Bei der Beschlussfassung über einen Bebauungsplan wird ein Gemeinderatsmitglied zu Recht gemäß § 18 GemO ausgeschlossen. Bei den vorherigen Beschlüssen (etwa über die Auslegung oder zu den vorgebrachten Bedenken der Bürger) war der Betroffene jeweils anwesend. Welche Folge hat dies für den Bebauungsplan?*

Der Bebauungsplan wäre fehlerhaft zustande gekommen, wenn das Gemeinderatsmitglied auch bei allen wesentlichen Beschlüssen des Aufstellungsverfahrens hätte ausgeschlossen werden müssen. Sinn und Zweck des § 18 GemO ist es, die Einflussnahme betroffener Ratsmitglieder auf die Entscheidung zu verhindern.

---

[508] BVerwG, NVwZ-RR 1990, 122 - 123 = **juris**byhemmer, (Az. 4 NB 24/88).

[509] Vgl. Ernst/Zinkahn/Bielenberg/Krautzberger, BauGB, § 2, Rn. 49 ff.

Aus den obigen Ausführungen wird jedoch klar, dass gravierende neue Entscheidungen im abschließenden Beschluss nicht mehr fallen.

Somit kann der Ausschluss nur dann wirksam sein, wenn der Betroffene an der maßgeblichen Mitwirkung während des gesamten Planaufstellungsverfahrens gehindert ist.[510]

Der Ausschluss bezieht sich somit auf alle wesentlichen Beschlüsse während des Aufstellungsverfahrens. Somit liegt ein Verstoß gegen § 18 GemO vor. Dessen Auswirkungen bestimmen sich nach §§ 18 VI S.2, 43 II GemO. Der Bürgermeister muss dem Beschluss widersprechen.

Anwendung des § 18 GemO

§ 18 GemO greift nicht erst ein, wenn ein persönlicher Vor- oder Nachteil des befangenen Gemeinderatsmitglieds feststeht (klassischer Fall: ein Gemeinderatsmitglied hat ein Grundstück im Planbereich des künftigen Bebauungsplans), sondern nach dem Wortlaut schon dann, wenn dieser Vor- oder Nachteil lediglich möglich erscheint („bringen *kann*"). Nach der Rspr. des VGH Mannheim soll dabei der „böse Schein" einer Interessenkollision vermieden werden.[511] Nicht befangen ist das Gemeinderatsmitglied im Falle des § 18 III GemO bei einer Gruppenbetroffenheit. 549

hemmer-Methode: Problempunkt des § 18 GemO ist damit häufig das Kriterium der Unmittelbarkeit. Schlagwortartig ist hier zwischen Individualinteresse und Gruppeninteresse zu differenzieren. Nur das Erstere kann einen Ausschluss rechtfertigen. Hier Einzelfälle auswendig zu lernen, ist uferlos und verstellt schlimmstenfalls den freien Blick für die notwendige Argumentationsarbeit. In der Klausur ist eine sinnvolle Konfliktlösung zu finden zwischen der von § 18 GemO bezweckten Integrität des Gemeinderates und der gesetzgeberischen Entscheidung, die Planungshoheit bei der Gemeinde zu belassen.

Abwandlung: *Beschlossen wird ein Flächennutzungsplan. Zahlreiche Gemeinderatsmitglieder sind persönlich betroffen. Müssen diese ausgeschlossen werden?* 550

Fraglich ist, ob sich aus einem Flächennutzungsplan tatsächlich unmittelbar Vor- und Nachteile für die Ratsmitglieder ergeben.

Die Frage wird man verneinen müssen, wenn man auf das vorbereitende Element dieses Plans (§ 1 II BauGB) mehr Gewicht legt als auf das Entwicklungsgebot (§ 8 II BauGB). Da dem Plan insoweit jedoch auch vorentscheidende Bedeutung zukommt, kann dieses Argument allein nicht überzeugen.

Ausschlaggebend ist wohl Folgendes: Aufgrund der räumlichen Übereinstimmung des Flächennutzungsplans mit dem Gemeindegebiet (§ 5 I BauGB) wäre immer eine größere Zahl von Gemeinderäten ausgeschlossen, was je nach Anzahl auch zur Beschlussunfähigkeit führen könnte (§ 37 II GemO). Dies aber wäre mit der Planungshoheit nur schwer zu vereinbaren und war vom Gesetzgeber auch nicht beabsichtigt.[512]

Anders wird bei Teiländerungen zu entscheiden sein, denn dann ist gerade nicht zwangsläufig eine größere Anzahl betroffen.[513]

---

510 So OVG Münster, NVwZ 1984, 667 - 669 (Az. 7a NE 4/80).

511 VGH Mannheim, BauR 2005, 57 - 60 = **juris**byhemmer, (Az. 8 S 1374/03), bestätigt in NuR 2010, 736 - 743 = **juris**byhemmer, (Az. 3 S 3064/07).

512 BVerwG, DVBl. 1971, 757 = **juris**byhemmer, (Az. IV C 18.70).

513 Ernst/Zinkahn/Bielenberg/Krautzberger, BauGB, § 2, Rn. 53.

(7) Genehmigungsverfahren

Flächennutzungsplan

⇨ stets genehmigungsbedürftig (§ 6 I BauGB)

Bebauungsplan

⇨ genehmigungsbedürftig sind nur (§ 10 II BauGB)

- ⇨ die selbständigen (§ 8 II S. 2 BauGB),
- ⇨ die vorzeitigen (§ 8 IV BauGB) und
- ⇨ die vorzeitig bekannt gemachten BP (§ 8 III S. 2 BauGB)

verwaltungsinternes Genehmigungsverfahren

Nach dem abschließenden Beschluss durch die Gemeinde mussten früher die Bauleitpläne in einem besonderen (verwaltungsinternen) Anzeige- bzw. Genehmigungsverfahren überprüft werden. 551

Bebauungspläne sind mittlerweile grundsätzlich nicht mehr genehmigungspflichtig. Nur selbständige Bebauungspläne, § 8 II S. 2 BauGB, vorzeitige Bebauungspläne, § 8 IV BauGB und vorzeitig bekannt gemachte Bebauungspläne nach § 8 III S. 2 BauGB bedürfen der Genehmigung, vgl. § 10 II BauGB.

Exkurs: Der Flächennutzungsplan

FlNPl.

Die *Flächennutzungspläne* bedürfen gemäß § 6 I BauGB der *Genehmigung* durch die höhere Verwaltungsbehörde. 552

Zuständig sind in Baden-Württemberg gemäß § 203 III BauGB i.V.m. § 1 II BauGB-DVO[514] die Landratsämter für kreisangehörige Gemeinden, sonst die Regierungspräsidien als höhere Verwaltungsbehörden gem. § 11 ff. LVG.

Rechtsaufsicht

Aus § 6 II BauGB ergibt sich, dass es sich bei der Kontrolle ausschließlich um *Rechtsaufsicht* handelt. Überprüft wird gerade nicht die Zweckmäßigkeit des Planes, sondern allein, ob der Flächennutzungsplan formell (verfahrensmäßig) und materiell (inhaltlich) den gesetzlichen Anforderungen entspricht. 553

> ***Bsp.:** Die Aufsichtsbehörde verweigert die Genehmigung, weil der Plan dem Gleichheitsgebot des GG widerspricht.*
>
> Die Behörde handelt rechtmäßig, da der Plan keineswegs nur anhand der Vorschriften des BauGB zu messen ist. Das ergibt schon der Wortlaut des § 6 II BauGB („sonstige Rechtsvorschriften"), im Übrigen auch der Sinn und Zweck der Aufsicht.

Anforderungen an den Plan ergeben sich insbesondere aus den auf der Grundlage des BauGB erlassenen Rechtsvorschriften (z.B. BauNVO, PlanzeichenV), aber auch aus landesrechtlichen Vorschriften oder dem Grundgesetz.[515] 554

auch Mängel, die unter §§ 214 ff. BauGB fallen, beachtlich

Wichtig: Die Einschränkungen der Wirksamkeitsvoraussetzungen (§§ 214 ff. BauGB) bewirken keine Kürzung der Rechtsaufsicht. 555

> ***Bsp.:** Die Genehmigung wird aufgrund eines Verstoßes gegen § 4 BauGB verweigert. Die Gemeinde verweist auf § 214 BauGB und führt aus, nach § 214 BauGB unbeachtliche Fehler könnten nicht beanstandet werden.*

---

[514] V. 2.3.1998, GBl. S. 185,www.landesrecht-bw.de.

[515] Battis/Krautzberger/Löhr, BauGB, § 6, Rn. 2; Jäde/Dirnberger/Weiß, BauGB, § 6, Rn. 2 und § 10, Rn. 8.

Auch hier ist die Behörde im Recht. Was bereits aus dem Wesen der Rechtsaufsicht folgt (verwaltungsinterne Kontrolle), stellt § 216 BauGB klar: Auch Vorschriften, deren Verletzung nach den §§ 214, 215 BauGB nicht zur Unwirksamkeit des Planes führt, sind im Genehmigungsverfahren zu überprüfen.

hemmer-Methode: Die §§ 214, 215 BauGB wirken sich erst dann aus, wenn derartige Verstöße auch im Genehmigungsverfahren unbeanstandet blieben.

Genehmigung ist VA

Die Genehmigung selbst (als Teil der Kommunalaufsicht) ist den Gemeinden gegenüber ein selbständiger Verwaltungsakt. Sie kann von den Gemeinden im Wege der Verpflichtungsklage erstritten oder, im Hinblick auf eventuelle Nebenbestimmungen, durch Anfechtungsklage angegriffen werden. 556

hemmer-Methode: Nebenbestimmungen können der Genehmigung i.R.d. § 36 VwVfG auferlegt werden. Unter Umständen kann aufgrund der Befolgung der Nebenbestimmungen dann eine erneute Auslegung des Planes erforderlich werden (§ 3 II BauGB). Erfüllt die Gemeinde die Nebenbestimmungen, ist eine erneute Genehmigung nicht erforderlich.

Fiktion

Hinzuweisen ist schließlich auf die Genehmigungsfiktion des § 6 IV S. 4 BauGB. Grundsätzlich (Fristverlängerung möglich) ist über die Genehmigung binnen drei Monaten zu entscheiden (§ 6 IV S. 1 BauGB). Sie gilt als erteilt, wenn sie nicht innerhalb dieser Frist unter Angabe von Gründen abgelehnt wird. Die Fristberechnung erfolgt nach § 31 I VwVfG, §§ 187 I,[516] 188 II Alt. 1 BGB. 557

Exkurs Ende

(8) Wirksamwerden der Bauleitpläne

ortsübliche Bekanntgabe

Gemäß §§ 6 V S. 1, 10 III S. 1 BauGB ist die Erteilung der Genehmigung ortsüblich bekannt zu geben. 558

Der Bebauungsplan ist mit Begründung und der Erklärung nach § 10 a I BauGB zu jedermanns Einsicht bereit zu halten (§ 10 III S. 2 BauGB) und tritt gem. § 10 III S. 4 BauGB mit der Bekanntmachung in Kraft.[517] § 10 III S. 4 BauGB ist zwingend und schließt somit aus, dass andere Zeitpunkte für das Inkrafttreten des Bebauungsplans bestimmt werden.[518] § 10 a II BauGB bestimmt, dass der in Kraft getretene Bebauungsplan „ergänzend" auch ins Internet eingestellt werden soll. Somit ist die Veröffentlichung im Internet weder Wirksamkeits- noch Inkrafttretensvoraussetzung.

Somit liegt nach der Bekanntmachung des Bebauungsplans eine Satzung vor, die gem. § 47 VwGO überprüft werden kann.[519]

Wie jede andere Rechtsnorm muss der Bebauungsplan ausgefertigt werden.[520] Dieses Erfordernis ergibt sich aus dem Rechtsstaatsprinzip.[521] Die Ausfertigung muss noch vor der Bekanntgabe des Bebauungsplans erfolgen.[522]

516 Jäde/Dirnberger/Weiß, BauGB, § 6 Rn. 2 i.V.m. § 10 Rn. 11.

517 Auch für diese Schlussbekanntmachung reicht - selbst in kleineren Gemeinden – die bloße Angabe der Nummer des Bebauungsplanes nicht aus. Das Plangebiet muss zumindest schlagwortartig gekennzeichnet werden, um dem Hinweiszweck des § 214 I S. 1 Nr. 3 gerecht zu werden, vgl. BVerwG, DÖV 2001, 130 - 132 = **juris**byhemmer, (Az. 4 CN 2/99).

518 Battis/Krautzberger/Löhr, BauGB, § 10, Rn. 43, 44; angedeutet bei Jäde/Dirnberger/Weiß, BauGB, § 10, Rn. 40.

519 Siehe dazu unter Rn. 478.

520 VGH München, NVwZ-RR 1990, 588 - 589 = **juris**byhemmer, (Az. 23 B 88.00567).

521 Jedenfalls bedarf es einer Verkündung, auch wenn eine förmliche Ausfertigung nicht vorgesehen ist, BVerwGE 88, 204 – 210 = **juris**byhemmer, (Az. 4 NB 26/90).

522 BVerwG, NVwZ 1999, 878 - 879 = **juris**byhemmer, (Az. 4 B 129/98); Jäde/Dirnberger/Weiß, BauGB, § 10, Rn. 55.

Ausfertigung

Der Plan muss also nebst einem die Authentizität des Plans und die Legalität des Verfahrens kurz bestätigenden Text von dem hierfür zuständigen Organ handschriftlich unterschrieben werden.[523] 559

c) Materielle Rechtmäßigkeit der angegriffenen Vorschrift

Vereinbarkeit mit höherrangigem Recht

Ein Bebauungsplan muss auch inhaltlich mit höherrangigem Recht vereinbar sein. Zu überprüfen sind hier in erster Linie Vorgaben aus dem BauGB, daneben können aber auch andere baurechtliche Vorschriften oder sonstiges höherrangiges Recht die Planungshoheit der Gemeinde begrenzen. Insbesondere sind die materiell-rechtlichen Planungsgrundsätze einzuhalten. 560

hemmer-Methode: Die Planung unterliegt der planerischen Gestaltungsfreiheit der Gemeinde, eingeschränkt durch das Gebot der gerechten Abwägung, § 1 VII BauGB. Das Abwägungsgebot greift aber – abgesehen von den ohnehin zwingenden Verfahrensvorschriften – erst jenseits der materiell-rechtlich zwingenden Planungsvorschriften. Es empfiehlt sich daher, zunächst die Befolgung dieser zwingenden, einer Abwägung nicht zugänglichen Vorschriften zu prüfen, um dann in einem zweiten Schritt die Abwägung zu kontrollieren.

aa) Befugnis und Pflicht zur Planung: § 1 III BauGB

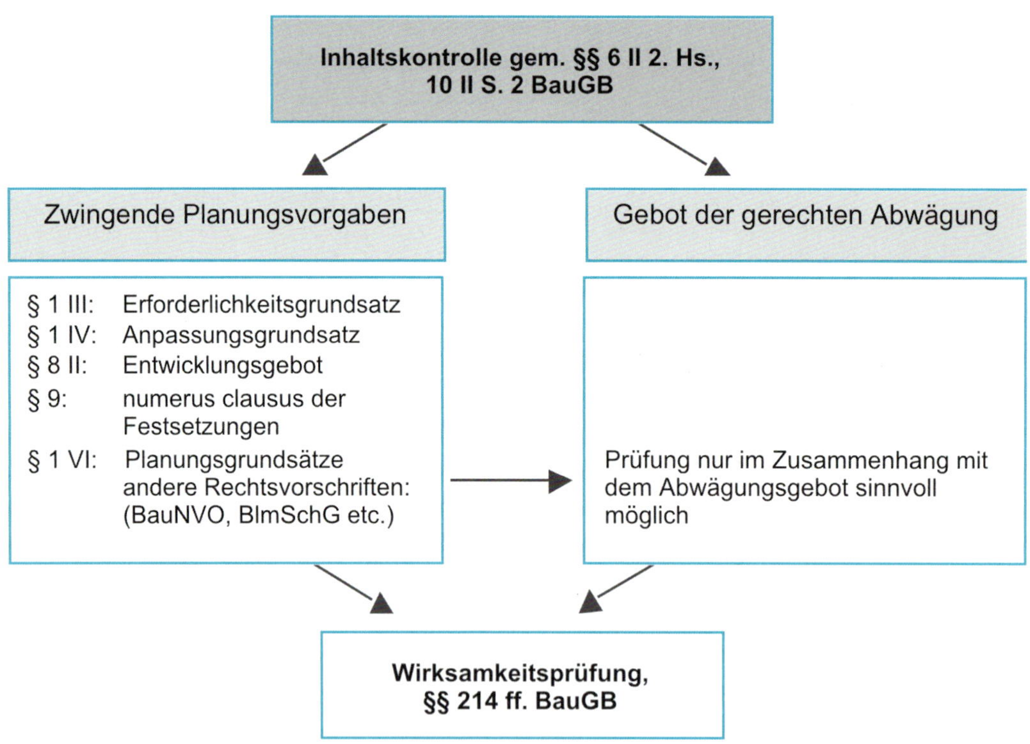

(1) Erforderlichkeit der Planung[524]

§ 1 III BauGB: Aufstellung sobald und soweit erforderlich

Die Gemeinden haben gemäß § 1 III BauGB Bauleitpläne aufzustellen, „sobald und soweit es für die städtebauliche Entwicklung und Ordnung erforderlich ist“ (sog. *Planmäßigkeitsprinzip*). 561

---

[523] So Jäde/Dirnberger/Weiß, BauGB, § 10, Rn. 53, Rn. 56.

[524] Allgemein zur Erforderlichkeit Jäde/Dirnberger/Weiß, BauGB, § 1, Rn. 15 ff.

Gebot und Verbot

Sowohl der zeitliche („sobald“) als auch der räumlich-sachliche („soweit“) Umfang der Planung ist also gesetzlich bestimmt. Ausdrücklich bezieht sich Abs. 3 nur auf das Aufstellen von Bauleitplänen, er gilt aber ebenso für die Änderung, Ergänzung oder Aufhebung, vgl. § 1 VIII BauGB.[525] Die Vorschrift kann als Gebot erforderlicher und Verbot nicht erforderlicher Bauleitplanung[526] verstanden werden. *562*

Da sich die Erforderlichkeit der Planung jedoch grundsätzlich nach der „planerischen Konzeption der Gemeinde“ richtet,[527] ist in dieser gesetzlichen Einbindung kein unzulässiger Eingriff in das Selbstverwaltungsrecht der Gemeinden zu sehen.

Negativplanung

Aufgrund der Planungshoheit der Gemeinde ist die Erforderlichkeit nach § 1 III BauGB allerdings nur eingeschränkt überprüfbar. Ein Verstoß gegen § 1 III BauGB stellt die sog. Negativplanung dar. Eine solche liegt dann vor, wenn unter dem Deckmantel einer Bauleitplanung völlig andere Ziele verfolgt werden oder es der Gemeinde nur um die Verhinderung eines Vorhabens geht, ohne dass diese Verhinderung aus planerischen Gesichtspunkten heraus motiviert wäre.[528]

(2) Kein Anspruch auf Bauleitplanung

kein Anspruch des einzelnen

Zu beachten ist, dass eine Planungspflicht aus § 1 III BauGB stets nur der Allgemeinheit gegenüber besteht, dass also ein Dritter gerade keinen Anspruch auf Bauleitplanung hat (§ 1 III S.2 BauGB). *563*

Für den einzelnen Bürger stellt § 1 III BauGB kein subjektives Recht, sondern lediglich einen Rechtsreflex dar.[529]

hemmer-Methode: Allerdings kann die gemeindliche Planungspflicht im Wege der Rechtsaufsicht durchgesetzt werden. Gemäß § 122 GemO kann die Aufsichtsbehörde aufsichtsrechtliche Maßnahmen treffen, eventuell auch eine Ersatzvornahme (§ 123 GemO) erfolgen.

(3) Vorabbindung durch Verwaltungsverträge?

Nach § 1 III S. 2, Hs.2 BauGB kann auch durch Verwaltungsverträge kein Anspruch auf einen Bebauungsplan begründet werden. Ein entsprechender Vertrag ist nichtig nach § 59 I LVwVfG i.V.m. § 134 BGB, unabhängig von der Wirksamkeit des (auf Vertragsgrundlage erstellten) BP, dessen Wirksamkeit sich nach BauGB beurteilt und daher wirksam sein kann[530]. *564-571*

Eine partielle Ausnahme findet sich in § 12 II BauGB. Hier besteht für den sog. Vorhabenträger zumindest ein Anspruch auf ermessensfehlerfreie Entscheidung der Gemeinde über die Planaufstellung.

hemmer-Methode: Eine andere Frage ist, welche Auswirkung ein Vertrag, in dem sich die Gemeinde zur Erstellung eines Bebauungsplans verpflichtet, auf die Rechtmäßigkeit dieses Plans hat.[531]

---

525 BVerwG, DÖV 1971, 633 (Az. IV C 76.68); Battis/Krautzberger/Löhr, BauGB, § 1, Rn. 25.

526 So Weyreuther, Über die Erforderlichkeit von Bebauungsplänen, DVBl. 1981, 369 - 373 (371).

527 Z.B. BVerwGE 40, 258, 263 = **juris**byhemmer, (Az. IV C 8.70).

528 Vgl. zu den Grenzen einer sog. Negativplanung BVerwG, NVwZ 2003, 733 - 738 = **juris**byhemmer, (Az. 4 C 15/01); BVerwG, NVwZ 2006, 339 - 340 = **juris**byhemmer, (Az. 4 B 66/05).

529 Vgl. Ernst/Zinkahn/Bielenberg/Krautzberger, BauGB, § 1, Rn. 42.

530 Siehe Rn. 620 f.

531 Hierzu unten Rn. 620.

bb) Zweistufige Planung: Entwicklungsgebot des § 8 II BauGB

zweistufige Bauleitplanung

Aus § 1 II BauGB ergibt sich ein zweistufiges System für die Bauleitplanung. Unterschieden wird zwischen einem vorbereitenden (dem Flächennutzungsplan) und einem verbindlichen Bauleitplan (dem Bebauungsplan). 572

Entwicklungsgebot, in sich stimmige Konzeption

Nach § 8 II S. 1 BauGB sollen die einzelnen Bebauungspläne für die Teilräume des Gemeindegebiets aus einem schon vorhandenen Flächennutzungsplan für den Gesamtraum entwickelt werden (sog. *Entwicklungsgebot*). 573

Beabsichtigt wird mit dieser Aufteilung eine systematische Planung. Die Gemeinden sollen ihre städtebauliche Entwicklung auf der Grundlage einer in sich stimmigen Grundkonzeption (für das Gebiet insgesamt) steuern.[532]

im Einzelfall Abweichungen möglich

Dabei können im Einzelfall Festsetzungen im Bebauungsplan von denen im Flächennutzungsplan durchaus abweichen. „Entwickeln" meint in diesem Zusammenhang nicht nur die bloße Konkretisierung oder Ausgestaltung. 574

> **Bsp.:** *Im Flächennutzungsplan wurde eine Fläche als Wohnbaufläche (§ 5 II Nr. 1 BauGB i.V.m. § 1 I Nr. 1 BauNVO) dargestellt, die Gemeinde will nun im Bebauungsplan ein allgemeines Wohngebiet (§ 4 BauNVO) festsetzen.*
>
> Dies ist möglich, es liegt hier ein typischer Fall der Konkretisierungsfunktion des Bebauungsplans vor.

Anders ist zu entscheiden, wenn statt einer Grünfläche im Flächennutzungsplan nun ein Gewerbegebiet festgesetzt wird. Hier wird die planerische Grundkonzeption völlig verlassen. 575

> **Bsp.:** *Im Flächennutzungsplan war eine Fläche für Gemeindebedarf vorgesehen. Im Bebauungsplan wird diese zu Lasten der ebenfalls vorgesehenen Wohnbebauung vergrößert.*
>
> Auch dies ist zulässig, gewisse Abweichungen auch in Bezug auf räumliche Dimensionen verstoßen nicht gegen das Entwicklungsgebot.[533]

ggf. auch Parallelverfahren

Bebauungsplan und Flächennutzungsplan können auch gleichzeitig aufgestellt, geändert oder ergänzt werden (vgl. § 8 III BauGB), es liegt dann ein sog. *Parallelverfahren* vor. 576

vorzeitiger BP

Eine Ausnahme zum Entwicklungsgebot beinhaltet § 8 IV BauGB. Unter bestimmten Voraussetzungen kann ein Bebauungsplan auch vor dem Flächennutzungsplan aufgestellt werden (vorzeitiger Bebauungsplan). Entscheidend ist, ob die geordnete städtebauliche Entwicklung mehr durch das Warten auf den Flächennutzungsplan oder durch die vorzeitige, verbindliche Teilplanung gefährdet wird.[534] 577

Problem: unwirksamer FlNPl.

Fraglich ist die Behandlung von Bebauungsplänen, die aus einem unwirksamen Flächennutzungsplan entwickelt wurden. 578

> **Bsp.:** *Die Gemeinde entwickelt ihren Bebauungsplan aus einem unwirksamen Flächennutzungsplan. Zu Recht?*
>
> Denkbar ist ein Verstoß gegen das Entwicklungsgebot des § 8 II BauGB.

---

532 BVerwGE 56, 283 - 291 (286) = **juris**byhemmer, (Az. IV C 30.76).

533 So z.B. BVerwG, BauR 1979, 206 - 208 = **juris**byhemmer, (Az. IV C 65.76).

534 BVerwG, NVwZ 1985, 745 - 747 = **juris**byhemmer, (Az. 4 C 54/81).

§ 8 II BauGB setzt einen rechtswirksamen Flächennutzungsplan voraus, was sich schon aus einem Umkehrschluss zu § 214 II Nr. 3 BauGB ergibt.[535] Allerdings kann sich die Gemeinde auf § 8 IV BauGB berufen, wenn die entsprechenden Erfordernisse vorliegen. Voraussetzung für den vorzeitigen Bebauungsplan ist, dass ein (wirksamer) Flächennutzungsplan nicht vorliegt, wobei unerheblich ist, ob ein solcher noch nicht aufgestellt oder aber wegen Rechtsmängeln unwirksam ist.[536]

Maßgeblicher Zeitpunkt ist Inkrafttreten des Bebauungsplans

Beachten Sie: Entscheidend für die Beurteilung, ob dem Entwicklungsgebot genügt wurde, ist der Zeitpunkt des Inkrafttretens des Bebauungsplans (§ 10 III S. 4 BauGB). *579*

Der Bebauungsplan muss sich zu diesem Zeitpunkt als aus einem gültigen Flächennutzungsplan entwickelt darstellen.[537]

hemmer-Methode: Wurde gegen § 8 II-IV BauGB verstoßen, ist der Bebauungsplan rechtswidrig und damit grundsätzlich auch nichtig. Die Ausnahmen finden sich in § 214 II BauGB.[538]

cc) Verhältnis zu anderen Planungen, § 1 IV BauGB

(1) Übersicht (Planungsstufen)

580

- ⇨ Raumordnungsprogramm des Bundes (§§ 1 ff. ROG)
- ⇨ Landesentwicklungsplan (§ 7 LplG)
- ⇨ Regionalpläne (§§ 11 ff. LplG)
- ⇨ Fachplanungen (nach BauGB, FernStrG usw.)

(2) Anpassung an die Ziele der Raumordnung: § 1 IV BauGB

hemmer-Methode: In der Staatsprüfung werden hier keine vertieften Kenntnisse erwartet. Im Normalfall der Klausur treten hier also keine Probleme auf.

4 Abschnitte

Das Raumordnungsgesetz gliedert sich in vier Abschnitte: *581*

Abschnitt 1 enthält die allgemeinen Vorschriften, die neben der Aufgabe, der Leitvorstellung und den Grundsätzen der Raumordnung wichtige Begriffsbestimmungen sowie die Bindungswirkungen der Erfordernisse der Raumordnung umfassen.

Abschnitt 2 behandelt die Raumordnung in den Ländern. Er enthält die rahmenrechtlichen Vorgaben für die Länder zur Schaffung von Rechtsgrundlagen für die Landesplanung. Diese ist in Landesrecht umzusetzen. In den Ländern werden diese Vorgaben in den Landesplanungsgesetzen umgesetzt.

Abschnitt 3 enthält die Raumordnung des Bundes, und Abschnitt 4 enthält Überleitungs- und Schlussvorschriften.

---

535 Battis/Krautzberger/Löhr, BauGB, § 8, Rn. 5; BVerwG, DÖV 1979, 214 - 217 (215) = **juris**byhemmer, (Az. IV C 30.76).

536 Vgl. Ernst/Zinkahn/Bielenberg/Krautzberger, BauGB, § 8, Rn. 19.

537 BVerwG, BauR 1978, 449 - 454 (450) = **juris**byhemmer, (Az. IV C 30.76).

538 Unten Rn. 625 ff.

Aufgabe der Raumordnung

Die Aufgabe der Raumordnung wird nun in § 1 Abs. 1 ROG mit der Erstellung von zusammenfassenden, übergeordneten Raumordnungsplänen und der Abstimmung raumbedeutsamer Planungen und Maßnahmen beschrieben. Die Leitvorstellung ist nach § 1 II ROG eine nachhaltige Raumentwicklung, die die sozialen und wirtschaftlichen Ansprüche an den Raum mit seinen ökologischen Funktionen in Einklang bringt und zu einer dauerhaften, großräumig ausgewogenen Ordnung führt. 582

Die Konkurrenz zwischen örtlichen und überörtlichen Raumnutzungsinteressen ist schon in § 4 I ROG zugunsten der Landesplanung entschieden. Die sich daraus für die Bauleitplanung ergebende Beachtenspflicht bezüglich der Ziele der Raumordnung deckt sich materiell mit der in § 1 IV BauGB normierten Anpassungspflicht. 583

Gegenstromprinzip

Der gemeindlichen Planung kann somit ein bestimmter Rahmen gesetzt werden, der sich aus überörtlichen Gesichtspunkten ergibt. 584

Als Ausgleich hierfür haben die Gemeinden die rechtlich gesicherte Möglichkeit, auf die Ziele der Raumordnung Einfluss zu nehmen. Zugrunde liegt diesen Abstimmungsvorschriften die Vorstellung des *Gegenstromprinzips*, vgl. § 1 III ROG. Die Ordnung der jeweiligen Einzelräume soll sich in die Ordnung des Gesamtraums einfügen, die Ordnung des Gesamtraums andererseits soll die Gegebenheiten und Erfordernisse seiner Einzelräume berücksichtigen.

hemmer-Methode: Von den „Zielen" der Raumordnung sind deren „Grundsätze" (§ 2 ROG) zu unterscheiden: Ganz allgemein sind unter den „Grundsätzen" (Definition in § 3 Nr. 3 ROG) die politischen Leitvorstellungen über die Ordnung und Entwicklung von Räumen zu verstehen, unter den „Zielen" (Definition in § 3 Nr. 2 ROG) die konkreten Raumnutzungsentscheidungen, durch welche die Grundsätze verwirklicht werden. Ziele der Raumordnung entfalten nach § 4 I ROG bei raumbedeutsamen Planungen und Maßnahmen (Definition in § 3 Nr.6 ROG) eine strikte Beachtungspflicht. Die Grundsätze der Raumordnung sind bei raumbedeutsamen Maßnahmen in der Abwägung oder bei Ermessensentscheidungen nach Maßgabe der dafür geltenden Fachgesetze zu berücksichtigen.

Exkurs: Koordinierung mit anderen Fachplanungen

Neben den Vorgaben der Raumordnung und Landesplanung schränken auch staatliche Fachplanungen die gemeindliche Planungshoheit ein. 585

Planfeststellungsverfahren

Gemäß § 38 BauGB verdrängen bestimmte (sog. privilegierte) Fachplanungen die Planungen der Gemeinde.

§ 38 BauGB umfasst dabei auch sämtliche landesrechtlichen Planfeststellungen. Voraussetzung ist, dass dem Vorhaben eine überörtliche Bedeutung zukommt. In diesen Planfeststellungsverfahren sind die §§ 29 bis 37 BauGB nicht anzuwenden, aber städtebauliche Belange zu berücksichtigen. Voraussetzung ist jedoch, dass die Gemeinde im Planfeststellungsverfahren beteiligt wird (vgl. § 38 S. 1 BauGB a.E.).

Bindung von Trägern öffentlicher Belange

Durch diese Vorschrift wird die Bindung von Trägern öffentlicher Belange an die Darstellungen des Flächennutzungsplans nach § 7 BauGB nicht aufgehoben, die dann eintritt, wenn der Träger dem Plan nicht rechtzeitig widersprochen hat (§ 38 S. 2 BauGB): 586

Gemäß § 4 I S. 1 BauGB haben diese nämlich das Recht, im Verfahren der Aufstellung der Bauleitpläne frühzeitig beteiligt zu werden.

Waren sie beteiligt und haben dem Plan nicht widersprochen, so haben sie ihre eigene Planung dem Flächennutzungsplan der Gemeinde anzupassen.

Diese Bindung besteht zwar nach dem Wortlaut des § 7 BauGB zunächst nicht für Bebauungspläne. Bewegen sich die Gemeinden jedoch mit ihrem Bebauungsplan i.R.d. Flächennutzungsplans, wirkt die Bindung der Fachplanungsträger an dem Flächennutzungsplan fort, auch die Festsetzungen des Bebauungsplans nehmen dann an der Bindungswirkung teil. 587

Allerdings entfällt diese Bindung bei veränderter Sachlage (§ 7 S. 3, 4 BauGB). Voraussetzung ist eine Änderung der objektiven Umstände, nicht ausreichend ist die andersartige subjektive Bewertung eines unveränderten Sachverhalts.[539]

Eine andere Möglichkeit, Fach- und Bauleitplanung zu koordinieren, bietet § 205 I BauGB. Gemeinden und sonstige öffentliche Planungsträger können sich zu einem Planungsverband zusammenschließen, um durch gemeinsame Planung den Ausgleich der verschiedenen Belange zu erreichen. 588

Exkurs Ende

(3) Abstimmung zwischen den Gemeinden

§ 2 II S. 1 BauGB normiert das Gebot der zwischengemeindlichen Abstimmung der Bauleitpläne. Diese Vorschrift beinhaltet ein materiell-rechtliches Abstimmungserfordernis. Verfahrensrechtlich wird die Nachbargemeinde nach § 4 BauGB beteiligt. 589

Die planende Gemeinde hat die Belange ihrer Nachbargemeinden materiell soweit zu berücksichtigen, dass unmittelbare Auswirkungen gewichtiger Art auf deren Planungshoheit vermieden werden.[540] Benachbart sind nicht nur angrenzende Gemeinden, sondern auch diejenigen, deren örtliche, private oder öffentliche Belange durch die Bauleitplanung einer anderen Gemeinde berührt werden.

hemmer-Methode: Der Nachbarbegriff des § 2 II BauGB ist damit weiter als der sonst im Baurecht übliche und erinnert eher an den immissionsschutzrechtlichen Nachbarbegriff des § 3 I BImSchG!

Änderung des § 2 II BauGB

Nach dem § 2 II S. 2 BauGB können sich die (Nachbar-) Gemeinden anders als nach der bislang h.M. auch auf die ihnen durch die Ziele der Raumordnung zugewiesenen Funktionen sowie auf Auswirkungen auf ihre zentralen Versorgungsfunktionen berufen.

hemmer-Methode: Durch diese Änderung soll die Nachbargemeinde künftig entgegen der früheren h.M. neben ihren planerischen Absichten auch ihre sich aus der Raumordnung ergebenden Rechte verteidigen können.[541]

In diesem Zusammenhang wird die Rechtmäßigkeit von sog. Fabrikverkaufszentren (Factory-Outlet-Centern) erörtert, welche Einkaufszentren gem. § 11 III Nr. 1 BauNVO darstellen.

539 Ernst/Zinkahn/Bielenberg/Krautzberger, BauGB, § 7, Rn. 16 ff.

540 So BVerwGE 40, 323 - 331 (331) = **juris**byhemmer, (Az. IV C 17.71).

541 Jäde/Dirnberger/Weiß, BauGB, § 2, Rn. 11.

Nachbargemeinden können sich nicht nur gegen entsprechende Bebauungspläne zur Wehr setzen[542], sondern auch eine Baugenehmigung im Einzelfall für ein solches Center (und nicht nur einen Bebauungsplan der Nachbargemeinde) mit der Begründung anfechten, das Vorhaben führe zu unmittelbaren Auswirkungen gewichtiger Art auf ihre städtebauliche Entwicklung und verstoße daher gegen § 2 II BauGB. Jedoch wird nicht in jeder Beeinträchtigung ein Verstoß gegen § 2 II BauGB gesehen.[543]

hemmer-Methode: Diese Rechtsprechung wurde im § 34 III BauGB kodifiziert.[544] I.R.d. § 35 BauGB wird diese Problematik über den ungeschriebenen Belang des Planungserfordernisses gelöst.[545]

Die Abstimmungspflicht nach § 2 II BauGB ist ein Unterfall der Planabwägung nach § 1 VII BauGB, so dass die Belange der Nachbargemeinde in die Abwägung nach § 1 VII BauGB einzustellen sind.[546] *590*

Formell wird das Abstimmungsrecht durch § 4 BauGB gesichert, auch die Nachbargemeinden zählen zu den Trägern öffentlicher Belange[547] (§ 2 II BauGB ist verfahrensrechtlich ein Unterfall der Beteiligung der Träger öffentlicher Belange). *591*

hemmer-Methode: Der Anspruch auf Abstimmung kann im Verwaltungsrechtsweg durch eine – auch vorbeugende[548] – Unterlassungs- bzw. Feststellungsklage geltend gemacht werden.[549] Auch vorläufiger Rechtsschutz ist möglich (einstweilige Anordnung gemäß § 123 VwGO). Ist das Bebauungsplanverfahren abgeschlossen, bleibt der Gemeinde das Normenkontrollverfahren (§ 47 VwGO).

dd) § 9 BauGB: Numerus clausus der Festsetzungen

numerus clausus

Festsetzungen im Bebauungsplan sind nur i.R.d. § 9 BauGB zulässig. § 9 Nr. 1 - 9 BauGB beschreiben die mögliche bauliche Nutzung der Flächen, die Nr. 10 - 24, 26 die Nutzung der nicht zu bebauenden Flächen und Nr. 5 Bepflanzungsfestsetzungen. Daneben sind landesrechtliche Festsetzungen über § 9 IV BauGB i.V.m. § 74 LBO zulässig. *592*

Planklarheit und Planbestimmtheit

Die Festsetzungen im Plan müssen so klar und bestimmt sein, dass die zugelassene Nutzung für den Kreis der vom Bebauungsplan betroffenen Grundstücksnachbarn erkennbar und bzgl. der ausgehenden Emissionen vorhersehbar ist.[550] *593*

Die Grundsätze der Planklarheit und -bestimmtheit folgen aus der Eigenschaft des Bebauungsplans als Rechtssatz (§ 10 BauGB). Zudem sind viele der Festsetzungen des § 9 BauGB letztlich Inhaltsbestimmungen des Eigentumsrechts i.S.d. Art. 14 I S. 2 GG.

542 OVG Koblenz, NVwZ 1999, 435 - 438 = **juris**byhemmer, (Az. 8 B 12650/98); OVG Greifswald, NVwZ 2000, 826 - 828 = **juris**byhemmer, (Az. 3 K 36/97); VGH München, NVwZ 2000, 822 - 826 = **juris**byhemmer, (Az. 1 N 98.1021) = **Life&Law 2000, Heft 11, 830 - 838**.

543 BVerwG, DVBl. 2003, 62 - 67 = **juris**byhemmer, (Az. 4 C 5/01) = **Life&Law 2003, Heft 4, 287 - 294**, bspr. v. Wurzel/Probst, DVBl. 2003, 197 - 201.

544 Jäde/Dirnberger/Weiß, BauGB, § 34, Rn. 86 ff.

545 Vgl. oben Rn. 185.

546 BVerwG, DÖV 1973, 200 = **juris**byhemmer, (Az. IV C 17.71) sowie Battis/Krautzberger/Löhr, BauGB, § 1, Rn. 102 f.; Jäde/Dirnberger/Weiß, BauGB, § 2, Rn. 4.

547 Siehe Jäde/Dirnberger/Weiß, BauGB, § 2, Rn. 4.

548 Zu den besonderen Voraussetzungen des vorbeugenden Rechtsschutzes vgl. unten Rn. 646 und v.a. **Hemmer/Wüst/Christensen, Verwaltungsrecht III**, Rn. 265 ff.

549 Ernst/Zinkahn/Bielenberg/Krautzberger, BauGB, § 2, Rn. 74.

550 BVerwG, DVBl. 1988, 845 - 848 = **juris**byhemmer, (Az. 4 C 56/84).

hemmer-Methode: Da sich die Unbestimmtheit einer Festsetzung i.d.R. erst durch den Vergleich mit der tatsächlich beabsichtigten Nutzung ergibt, bestehen hier zwei Lösungsmöglichkeiten. Entweder man betrachtet den Plan isoliert, dann ist er zwar wirksam, aber die angestrebte Nutzung ist unzulässig. Oder man zieht die angestrebte Nutzung heran und verwirft den Plan wegen Unbestimmtheit.

ee) Die Planungsgrundsätze des § 1 V, VI BauGB

Grundsätze der Bauleitplanung

§ 1 V BauGB enthält rahmenartige Vorgaben für die Planabwägung und gibt der Gemeinde grundsätzliche Zielsetzungen mit auf den Weg.[551] 594

Diese stellen für den Inhalt der Bauleitpläne keine strikten Anforderungen dar, die unmittelbar in Darstellungen bzw. Festsetzungen umgesetzt werden sollen, sondern offen formulierte Aspekte, die die Gemeinde im Auge haben muss, wenn sie konkret städtebaulich plant.[552]

Während § 1 V BauGB die allgemeinen Ziele der Bauleitplanung bestimmt, konkretisiert § 1 VI BauGB diese Vorgaben durch einen nicht abschließenden („insbesondere"), Katalog fest umrissener Planungsleitlinien.

unbestimmte Rechtsbegriffe

Die Interpretation der in § 1 VI BauGB verwendeten weithin unbestimmten Rechtsbegriffe unterliegt uneingeschränkt der gerichtlichen Kontrolle.[553] 595

Bsp.: *Ein genehmigungspflichtiger Bebauungsplan soll nicht genehmigt werden, weil die Verkehrssicherheit nicht hinreichend berücksichtigt wurde. Die Gemeinde glaubt, die Verkehrssicherheit werde von § 1 VI Nr. 9 BauGB gar nicht umfasst, zudem greife hier ihre planerische Gestaltungsfreiheit ein. Sie selbst sieht keine Gefahren für die Verkehrssicherheit.*

Entgegen der Vorstellung der Gemeinde gehört zu den „Belangen des Verkehrs" i.S.d. § 1 VI Nr. 9 BauGB auch der Gesichtspunkt der Verkehrssicherheit.[554] Da der unbestimmte Rechtsbegriff der gerichtlichen Überprüfung unterliegt, wird sich die Gemeinde mit ihrer Auffassung nicht durchsetzen.

Außerdem ist die Einschätzung der Verkehrssicherheit nicht von der gemeindlichen planerischen Gestaltungsfreiheit gedeckt, auch insoweit findet im Streitfall eine gerichtliche Kontrolle statt.

Zusammenstellung öffentlicher und privater Belange

Die besondere Bedeutung des Katalogs liegt weiterhin in der Zusammenstellung wichtiger öffentlicher und privater Belange, die in die Abwägung nach § 1 VII BauGB einzustellen sind. 596

hemmer-Methode: Die Gewichtung der einzelnen Belange innerhalb der Abwägung als Akt der planerischen Gestaltungsfreiheit ist von der Auslegung und Anwendung der Planungsleitlinien (= -leitsätze, zwingendes Recht) streng zu unterscheiden. Innerhalb der Abwägung steht den Gemeinden ein planerischer Gestaltungsbereich zu, bei der Frage nach dem Inhalt der Planungsleitsätze und den sich daraus ergebenden Konsequenzen gerade nicht.

551 Jäde/Dirnberger/Weiß, BauGB, § 1, Rn. 68.

552 Jäde/Dirnberger/Weiß, BauGB, § 1, Rn. 69.

553 BVerwGE 34, 301 (308) = **juris**byhemmer, (Az. IV C 105.66) oder auch krit. Jäde/Dirnberger/Weiß, BauGB, § 1, Rn. 69.

554 Battis/Krautzberger/Löhr, BauGB, § 1, Rn. 75.

ff) Das Gebot gerechter Abwägung des § 1 VII BauGB

Abwägungsgebot

597 Das in § 1 VII BauGB enthaltene Abwägungsgebot ist die zentrale Vorschrift im Hinblick auf die Planungsentscheidungen der Gemeinden.

Das *Gebot fehlerfreier Abwägung* ist nach der Rechtsprechung[555] ein Element des verfassungsrechtlichen Rechtsstaatsprinzips und steht insofern nicht zur Disposition des Gesetzgebers.

Niederschlag im Plan notwendig

598 Zudem bezieht es sich gleichermaßen auf den Planungsvorgang (also das Planungsverfahren) wie auf das Planungsergebnis.[556]

Ihm ist deshalb nur dann genügt, wenn die gerechte Abwägung sich tatsächlich im endgültigen Plan niederschlägt.

dreiteilige Abwägung

599 Der Wortlaut der Vorschrift („sind die öffentlichen und privaten Belange gegeneinander und untereinander gerecht abzuwägen") ergibt – systematisch betrachtet – eine Dreiteilung.

Abzuwägen sind:

⇨ die öffentlichen Belange untereinander,

⇨ öffentliche und private Belange gegeneinander,

⇨ die privaten Belange untereinander.

grds. Gleichgewichtigkeit der Belange

600 Soweit öffentliche und private Belange abwägungsbeachtlich sind, unterliegen sie den allgemeinen Regeln der Abwägung.

Auszugehen ist dabei von der grundsätzlichen Gleichgewichtigkeit der einzelnen Belange.[557] Allerdings können sich aus der jeweiligen Plansituation heraus oder aufgrund spezieller gesetzlicher Regelungen bestimmte Gewichtungsvorgaben ergeben.

Zu beachten ist hier insbesondere § 1a BauGB, mit dem eine zusammenfassende Vorschrift über die Berücksichtigung umweltschützender Belange in der Abwägung eingeführt worden ist.

(1) Die Abwägungsfehlerlehre

nur eingeschränkte gerichtliche Kontrolle

601 Zu beachten ist, dass im Gegensatz zur Auslegung der Planungsleitsätze[558] die Frage, ob der jeweiligen Planung eine gerechte Abwägung zugrunde liegt, nur einer eingeschränkten Kontrolle (durch Aufsichtsbehörde oder Verwaltungsgericht) unterliegt.[559]

⇨ Vorgang und Ergebnis nachprüfbar

Lediglich im Hinblick darauf, ob der *Vorgang des Abwägens* und das *Ergebnis der Abwägung* dem Gebot der gerechten Abwägung entsprechen, ist eine aufsichtliche oder gerichtliche Kontrolle möglich.[560]

hemmer-Methode: Abwägungsvorgang und Abwägungsergebnis werden nach einheitlichen Anforderungen geprüft, allerdings differenziert § 214 III S. 2 BauGB in der Fehlerfolge der gerichtlichen Kontrolle. Die aufsichtliche Kontrolle ist wiederum einheitlich (§ 216 BauGB).

555 Z.B. BVerwGE 41, 67 - 72 = **juris**byhemmer, (Az. IV C 14.71).

556 Grundlegend BVerwGE 45, 309 - 331 = **juris**byhemmer, (Az. IV C 50.72).

557 BVerwG, BauR 1975, 35 = **juris**byhemmer, (Az. IV C 38.71).

558 Unbestimmte Rechtsbegriffe, vgl. oben, Rn. 595.

559 Jäde/Dirnberger/Weiß, BauGB, § 1, Rn. 74.

560 Ernst/Zinkahn/Bielenberg/Krautzberger, BauGB, § 1, Rn. 190.

Die Anforderungen, die somit an das Abwägungsgebot zu stellen sind, lassen sich folgendermaßen zusammenfassen:[561] 602

- ⇨ Eine Abwägung muss überhaupt stattfinden.
- ⇨ Alle einschlägigen Belange müssen in die Abwägung eingestellt werden.
- ⇨ Die Bedeutung und das Gewicht der einzelnen abwägungserheblichen öffentlichen und privaten Belange darf nicht verkannt werden.
- ⇨ Der Ausgleich zwischen den entscheidungserheblichen Belangen darf im Konfliktfall nicht in einer Weise vorgenommen werden, die zur objektiven Gewichtigkeit einzelner Belange außer Verhältnis steht.

Planerische Gestaltungsfreiheit der Gemeinde

Besonders auf der letzten Stufe kommt die planerische Gestaltungsfreiheit der Gemeinde zur Geltung: 603

Das Abwägungsgebot ist nicht verletzt, wenn sich die Gemeinde innerhalb dieser Vorgabe im Falle einer Kollision zwischen verschiedenen Belangen für den einen und damit notwendigerweise gegen einen anderen entscheidet.

> ***Bsp.:*** *Bei der geplanten Verbreiterung einer Straße können Belange des Verkehrs (§ 1 VI Nr. 9 BauGB) sowie des Denkmalschutzes (§ 1 VI Nr. 5 BauGB) betroffen sein. Die Gemeinde entscheidet sich zugunsten des Verkehrs.*

Abwägungsfehler:

Kommt die Gemeinde im Einzelfall diesen Anforderungen nicht nach, so ist - je nach Stadium - zwischen folgenden Abwägungsfehlern zu unterscheiden: 604

- ⇨ **Abwägungsausfall:**
  Die sachgerechte Abwägung fehlt überhaupt.
- ⇨ **Abwägungsdefizit:**
  Es wurden gerade nicht alle erheblichen Belange in die Abwägung eingestellt.
- ⇨ **Abwägungsfehleinschätzung:**
  Die Bedeutung eines einzelnen Belangs wurde verkannt.
- ⇨ **Abwägungsdisproportionalität:**
  Einzelne Belange untereinander wurden falsch gewichtet.

> ***Bsp.:*** *Die Gemeinde bezieht in ihre Planung die Auswirkungen des Bebauungsplans auf die Vorhaben einer Nachbargemeinde nicht ein.*[562]
>
> Es liegt ein Fall des Abwägungsdefizits vor.

> ***Bsp.:*** *Die Gemeinde plant ein Industriegebiet in der Nähe einer kleinen Wohnsiedlung, weil sie glaubt, auf die Interessen von nur wenigen Bewohnern komme es nicht an.*
>
> Hier verkennt die Gemeinde die Bedeutung eines abwägungserheblichen Belangs (1 VI Nr. 1 BauGB), es liegt eine Abwägungsfehleinschätzung vor.

---

561 St. Rspr., seit BVerwGE 34, 301 = **juris**byhemmer, (Az. IV C 105.66) und BVerwGE 45, 309 - 331 = **juris**byhemmer, (Az. IV C 50.72).

562 BVerwGE 84, 209 - 220 (218) = **juris**byhemmer, (Az. 4 C 36/86).

Bsp.: Die Gemeinde überplant eine Altlast, obwohl ihr die daraus resultierenden Gesundheitsgefahren bewusst sind. Sie glaubt jedoch, die notwendige Baugebietsausweisung habe auf jeden Fall Vorrang.[563]

Die Gemeinde führt hier einen Ausgleich zwischen einzelnen Belangen durch, der zu ihrem objektiven Gewicht in krassem Missverhältnis steht, sog. Abwägungsdisproportionalität.

hemmer-Methode: Nach Einführung des § 2 III BauGB kann man auch die Ansicht vertreten, dass das Abwägungsdefizit keinen materiellen Abwägungsfehler i.S.d. § 1 VII BauGB mehr darstellt, sondern nur noch als Verfahrensfehler zu behandeln ist. Dagegen spricht allerdings bereits die Gesetzesbegründung, die ausdrücklich an der Abwägungsfehlerlehre festhält. Sinnvoll erscheint folgende Abgrenzung: Ein formeller Fehler liegt vor, wenn ein Belang im Vorfeld der Abwägung überhaupt nicht beachtet wurde, hierzu keine Ermittlungen angestellt wurden.
Ein Abwägungsdefizit ist gegeben, wenn der Gemeinderat den Belang in der Abwägung wegen vermeintlicher fehlender Relevanz nicht eingestellt hat.[564] Die Abgrenzung zwischen dem Verfahrensfehler nach § 2 III BauGB und dem Abwägungsfehler nach § 1 VII BauGB ist auch im Hinblick auf die Fehlerfolgen wichtig: Der Verfahrensfehler kann nach § 214 I Nr. 1 BauGB unbeachtlich sein, die Relevanz der Abwägungsfehler bestimmt sich hingegen nach § 214 III BauGB. In einer Klausur wird sich ein Fehler häufig leichter an § 214 I Nr. 1 BauGB als an § 214 III BauGB festmachen lassen. Der Übergang ist nicht klar abgrenzbar.

(2) In die Abwägung einzustellende Belange

spezifizierte und weitere Belange i.S.v. § 1 VI BauGB

605 Einzustellen in die Abwägung sind als öffentliche Belange zunächst alle spezifizierten Belange i.S.d. § 1 VI BauGB, darüber hinaus alle weiteren öffentlichen Interessen, die mit der städtebaulichen Entwicklung und Ordnung in Zusammenhang stehen, insbesondere die Bauleitplanung der benachbarten Gemeinden, § 2 II BauGB.[565]

⇨ räumlich und sachlich konkrete Betrachtungsweise

Auch der Begriff der privaten Belange ist weit auszulegen. Umfasst werden hiervon nicht nur die verfassungsrechtlich oder einfachgesetzlich geschützten Belange (z.B. Grundeigentum oder dingliche Rechte wie Grunddienstbarkeiten), sondern ganz allgemein alle Interessen, die „nach Lage der Dinge" – also bei räumlich und sachlich konkreter Betrachtungsweise – zu berücksichtigen sind, alle schutzwürdigen Interessen, die von einem Plan mit gewisser Wahrscheinlichkeit nicht nur geringfügig betroffen werden.[566]

einzelne Anforderungen bzw. Grundsätze

606 Die Bemühungen der Rechtsprechung, das Gebot der gerechten Abwägung möglichst hinreichend zu präzisieren, führten zu weiteren – inzwischen allgemein anerkannten – Anforderungen an den Abwägungsvorgang und das Ergebnis:

(a) Der Grundsatz der räumlichen Trennung

räumliche Trennung

607 Das Gebot der gerechten Abwägung ist nur dann erfüllt, wenn bei der Planung auf Emissionen und Immissionen (vgl. Definition in § 3 II und III BImSchG) geachtet wird, die von der geplanten Bebauung ausgehen werden bzw. denen diese Bebauung ausgesetzt sein wird.

563 BGHZ 106, 323 - 336 = **juris**byhemmer, (Az. III ZR 194/87).

564 So auch Jäde/Dirnberger/Weiß, BauGB, § 1, Rn. 79; weniger eindeutig dies., § 2, Rn. 17.

565 Vgl. schon oben Rn. 589.

566 So BVerwGE 59, 87 - 104 (102) = **juris**byhemmer, (Az. 4 N 1/78, 4 N 2/79, 4 N 3/79, 4 N 4/79).

z.B. nicht Wohn- neben Industriegebiet

Es stellt ein wesentliches Element einer geordneten städtebaulichen Entwicklung dar, dass z.B. „Wohngebiete und die nach ihrem Wesen umgebungsbelastenden Industriegebiete möglichst nicht nebeneinander liegen sollten“.[567]

vgl. § 50 BImSchG

Bestätigt wird dieser Grundsatz durch die verbindliche Planungsdirektive des § 50 BImSchG. Dieses *Optimierungsgebot*[568] enthält die Verpflichtung, Beeinträchtigungen so gering wie möglich zu halten.

Gleichwohl verlangt der Trennungsgrundsatz keine schematische Aneinanderreihung etwa nach der Reihenfolge, die durch die §§ 2 ff. BauNVO vorgegeben wird. 608

Einzelfall maßgeblich

Ob ein Nebeneinander verschiedener Nutzungen zulässig ist, lässt sich jeweils nur anhand des Einzelfalles klären.

Gemengelagen

Dass eine strikte Trennung oft nicht möglich ist, zeigt sich besonders bei Planungen in einem bereits bebauten Gebiet, in dem miteinander nicht verträgliche Nutzungen aufeinander treffen (sog. Gemengelagen).

Es kommt dann ein weiterer Grundsatz zum Zuge: 609

(b) Das Gebot der Rücksichtnahme

Gebot der Rücksichtnahme (GdR)

Dieser Grundsatz ist zu einem das Baurecht insgesamt beherrschenden Gebot ausgeformt worden, wenngleich das eigentliche Anwendungsgebiet in der Beurteilung der Zulässigkeit einzelner Vorhaben liegt.[569] 610

Verhältnismäßigkeit

Seine Wurzeln hat das Rücksichtnahmegebot im verfassungsrechtlichen Verhältnismäßigkeitsprinzip.

insbes. bei Gemengelagen

Besondere Bedeutung kommt diesem Gebot bei den oben beschriebenen Nutzungskonflikten in sog. Gemengelagen zu.[570] In solchen Situationen hat die Gemeinde bei der Abwägung Abstriche auf beiden Seiten zu machen. 611

> **Bsp.:** *Einer Wohnbebauung kann unter Umständen eine höhere Belastung zugemutet werden, als in einem Wohngebiet normalerweise üblich ist, ein Gewerbe darf weniger emittieren als in einem Gewerbegebiet.*

a.A.: GdR an sich überflüssig

Andererseits können derartige Probleme auch durch die direkte Anwendung des Verhältnismäßigkeitsgrundsatzes gelöst werden, weil das GdR nichts anderes regle und daher überflüssig sei. 612

In der Tat sind die so erzielten Ergebnisse die gleichen. Letztendlich lassen sich diese Fälle auch durch die genaue Überprüfung des 4. Schrittes des Abwägungsvorganges lösen:[571] Denn liegt ein Verstoß gegen das Rücksichtnahmegebot vor, ist eben gerade kein Ausgleich zwischen den verschiedenen Belangen dergestalt vorgenommen worden, dass diese Belange ihrer objektiven Gewichtigkeit nach in einem angemessenen Verhältnis stehen. Und eben deswegen ist die Abwägung fehlerhaft.

---

567 BVerwGE 45, 309 - 331 (327) = **juris**byhemmer, (Az. IV C 50.72).

568 Jäde/Dirnberger/Weiß, BauGB, § 1, Rn. 103 ff.

569 Vgl. Rn. 352 ff.

570 Ernst/Zinkahn/Bielenberg/Krautzberger, BauGB, § 1, Rn. 261 ff., insbes. Rn. 265.

571 Vgl. Rn. 602.

(c) Gebot der Konfliktbewältigung

Gebot der Konfliktbewältigung

Nach h.M.[572] darf die Abwägung auch nicht gegen das sog. Gebot der Konfliktbewältigung verstoßen. 613

Bsp.:[573] *Ein Bebauungsplan sieht die Errichtung eines Grundlastkraftwerkes vor. In der Nähe befinden sich bereits ein Heizkraftwerk, eine Müllverbrennungsanlage sowie ein Klärwerk. In der weiteren Umgebung schließen sich Wohngebiete an.*

Der Bebauungsplan wurde wegen einer Verletzung des mit dem Abwägungsgebot im Zusammenhang stehenden Gebots der Konfliktbewältigung für nichtig erklärt.

Die planende Gemeinde hätte sowohl Emissionsgrenzwerte für die geplante Anlage als auch eine Reduzierungs- oder Stilllegungsanordnung für das benachbarte Kraftwerk festsetzen müssen. Der Bebauungsplan habe „gerade nicht die ihm anzurechnenden Konflikte bewältigt".[574]

Rolle des BImSchG gegenüber Bebauungsplanverfahren

Bemerkenswert an dieser Entscheidung ist, dass das Gericht das immissionsschutzrechtliche Genehmigungsverfahren, das dem Planungsverfahren notwendigerweise hätte folgen müssen, völlig außer Acht ließ. Vielmehr wurde festgestellt, es sei unzulässig, dass der Plangeber die Frage der Umweltbelastung in vollem Umfang in das immissionsschutzrechtliche Genehmigungsverfahren verlagert habe. „Die zur Konfliktbewältigung geeigneten immissionsschutzrechtlichen Regelungen wären in den Bebauungsplan aufzunehmen gewesen".[575] 614

Es bleibt hier nur festzustellen, dass es gerade Sinn und Zweck des Verfahrens nach dem BImSchG ist, derartige Probleme zu lösen.[576]

anders, wenn kein weiteres Verfahren folgt

Fraglich ist, wie zu entscheiden ist, wenn dem Bebauungsplanverfahren gerade kein weiteres Verfahren nachgeschaltet ist. 615

Bsp.:[577] *Neben einem Einfamilienhaus wird durch Bebauungsplan eine Verkehrsfläche festgesetzt, es soll ein Parkplatz für einen benachbarten Tierpark errichtet werden.*

Im Unterschied zum Beispielsfall oben müssen die von der Planung berührten Probleme hier abschließend bewältigt werden. Ein weiteres, sich anschließendes Verfahren, welches den Konflikt zwischen Wohnbebauung und Verkehrsflächenausweisung lösen könnte, gibt es hier nicht.

Das Gericht stellte fest, der so entstandene „Interessenkonflikt dürfe nicht einfach unbewältigt bleiben oder auf dem Wege des geringsten Widerstandes zu Lasten des derart schwer betroffenen Nachbarn gelöst werden."[578]

Bemüht wurde hier also wieder der Grundsatz der Konfliktbewältigung.

Der Grundsatz der städtebaulichen Konfliktbewältigung, der vom BVerwG regelmäßig herangezogen wird,[579] stellt darauf ab, ob durch die neue Planung mehr bodenrechtliche Nutzungskonflikte ausgelöst werden, als sie zuvor bestanden. Das Gebot der Konfliktbewältigung stellt keine über das Gebot der gerechten Abwägung hinausgehenden Anforderungen auf[580]. 616

---

572 Jäde/Dirnberger/Weiß, BauGB, § 1, Rn. 31 ff.

573 Nach OVG Berlin, DVBl. 1984, 147 - 149 = **juris**byhemmer, (Az. 2 A 3.81).

574 OVG Berlin, a.a.O.

575 OVG Berlin, a.a.O.

576 So wohl auch BVerwGE 69, 30 - 37 (34) = **juris**byhemmer, (Az. 4 B 191/83).

577 Nach BVerwGE 47, 144 - 156 = **juris**byhemmer, (Az. IV C 38.71).

578 BVerwGE 47, 144 - 156 = **juris**byhemmer, (Az. IV C 38.71).

579 vgl. z.B. BVerwG, DVBl. 2011, 1414 - 1418 = **juris**byhemmer, (Az. 4 CN 1/10).

580 So im Ergebnis auch Jäde/Dirnberger/Weiß, BauGB, § 1, Rn. 43.

Ein Verstoß lässt sich in einem Klausurfall jedoch argumentativ leicht durch einen Vorher/Nachher-Vergleich der betroffenen Grundstücke ermitteln.

angesichts § 15 BauNVO planerische Zurückhaltung möglich

Hinzuweisen ist in diesem Zusammenhang auf die *Möglichkeit der „planerischen Zurückhaltung"*, welche vom gemeindlichen Planungsspielraum gedeckt wird. Die Gemeinde darf berücksichtigen, dass § 15 BauNVO (i.R.d. Baugenehmigungsverfahrens) die Lösung gewisser Konflikte im Einzelfall ermöglicht.[581] 617

Fehlerhafte Planungen insgesamt können dadurch aber nicht korrigiert werden.[582] Der Bebauungsplan darf somit der Durchführung nur das überlassen, was diese an zusätzlicher Harmonisierung (z.B. über § 15 BauNVO) auch tatsächlich zu leisten vermag.[583]

Zusammenfassend ist festzustellen, dass nur in den Fällen, in denen dem Bebauungsplanverfahren ein weiteres Verwaltungsverfahren nachfolgt (das generell auch geeignet ist, bestimmte Konflikte zu lösen), die Frage gestellt werden kann, inwieweit trotz unvollständigen Interessenausgleichs ein Verstoß gegen das Gebot der gerechten Abwägung gerade nicht vorliegt. 618

Zulässigkeit der Problemverschiebung

Zu fragen ist also nach der Zulässigkeit einer teilweisen Problemverschiebung auf ein nachfolgendes Verfahren. 619

Je höher die Anforderungen sind, die man an die Abwägung knüpft, desto eher wird man diese Frage verneinen müssen. Sinnvoller und auch praxisnäher ist es jedoch, spezielle Probleme in den dafür vorgesehenen Verfahren zu lösen. Andererseits betont das BVerwG, der Plangeber müsse insbesondere die zu erwartenden immissionsschutzrechtlichen Nutzungskonflikte in den Blick nehmen und einer Lösung zuführen, sofern er dies nicht *ausnahmsweise* im Wege der "Nachsteuerung" dem Baugenehmigungsverfahren überlassen könne.[584]

(d) Grundsätzliches Verbot der Vorwegbindung

Vorwegbindung grds. Verstoß gg. gerechte Abwägung

Grundsätzlich widerspricht es dem Gebot der gerechten Abwägung, wenn der abschließende Abwägungsvorgang durch vorherige Bindung der Gemeinde, bspw. durch einen Verwaltungsvertrag, sachwidrig verkürzt wird. Nach h.M. liegt ein Abwägungsdefizit vor, da der Gemeinderat aufgrund der (vermeintlichen, vgl. § 1 III S. 2 BauGB) Vorwegbindung nicht mehr alle relevanten Belange in die Abwägung einstellen wird. 620

Allerdings ist der Verstoß gegen § 1 VII BauGB nicht zwangsläufig.[585] 620a

Das durch Vorentscheidung entstandene Abwägungsdefizit kann ausgeglichen werden, wenn

- die Vorwegnahme der Entscheidung sachlich gerechtfertigt ist,
- die planungsrechtliche Zuständigkeitsordnung gewahrt wurde und
- die vorweggenommene Entscheidung auch inhaltlich nicht zu beanstanden ist.[586]

---

581 BVerwG, DVBl. 1989, 661 - 662 = **juris**byhemmer, (Az. 4 NB 8/89); Festhaltung BVerwG, BRS 76 Nr 23 (2010) = **juris**byhemmer, (Az. 4 B 76/09).

582 Vgl. BVerwG, DVBl. 1989, 661 - 662 = **juris**byhemmer, (Az. 4 NB 8/89).

583 Siehe Weyreuther, BauR 1975, 1, 5.

584 BVerwG, BRS 76 Nr 23 (2010) = **juris**byhemmer, (Az. 4 B 76/09).

585 Siehe Rn. 564; BVerwGE 45, 309 - 331 (Flachglas-Entscheidung) = **juris**byhemmer, (Az. IV C 50.72).

586 Jäde/Dirnberger/Weiß, BauGB, § 1, Rn. 113 ff.

d) Vereinbarkeit mit anderen höherrangigen Rechtsvorschriften

Daneben muss der Bauleitplan auch den Vorschriften der BauNVO sowie anderen einschlägigen Gesetzen (z.B. Naturschutz, Immissionsschutz) entsprechen. 621

e) Die Unbeachtlichkeitsvorschriften der §§ 214 ff. BauGB

aa) Der Ausnahmecharakter der §§ 214, 215 BauGB

rechtswidrige Norm grds. nichtig

Im Gegensatz zu Verwaltungsakten, die auch rechtswidrig unanfechtbar und damit wirksam werden können, sind rechtswidrige Normen nach unserer Rechtsordnung grundsätzlich einer Unanfechtbarkeit nicht fähig, sondern regelmäßig nichtig. 622

anders bei Satzungen nach BauGB und FlNPl.

Somit müssten Bebauungspläne, da sie als Satzungen ergehen, bei formellen oder materiellen Verstößen nichtig sein. Von diesem Grundsatz aber weicht das BauGB ab. Die Beachtlichkeit von Rechtsverstößen gegen das BauGB, aber auch gegen andere Vorschriften, ist durch die §§ 214, 215 BauGB (die sog. Wirksamkeitsvoraussetzungen) erheblich eingeschränkt.

pragmatische Gründe

Vor allem das Drängen kommunaler Spitzenverbände führte bereits 1979 (Novelle zum BBauG) dazu, Bebauungspläne „rechtsmittelfester“ zu machen; die Zahl der vor Gericht gescheiterten Pläne (ca. 1/3 wegen Verfahrensfehlern) war in der Tat sehr hoch.[587] 623

Mehr als fraglich ist jedoch, ob daraus zwingend zu folgern war, die maßgeblichen Fehlerarten müssten einer gerichtlichen Kontrolle mehr oder weniger entzogen werden.[588]

Der Gesetzgeber jedenfalls glaubte, den Zielen der Rechtssicherheit (z.T. auf Kosten der materiellen Gerechtigkeit) Vorrang einräumen zu müssen.[589] 624

hemmer-Methode: Wegen der Bedenken gegen die §§ 214 ff. BauGB in Hinblick auf Art. 19 IV, 14, 20 III GG sind diese im Zweifel restriktiv auszulegen, soweit sie die Unbeachtlichkeit von Fehlern anordnen.
Die folgende Prüfung der §§ 214 ff. BauGB kann wie gesagt auch jeweils unmittelbar im Anschluss an die Feststellung des jeweiligen Rechtswidrigkeitstatbestandes erfolgen. Ein Patentrezept für den besseren Aufbau gibt es hier nicht. Wichtig ist von Anfang an, dass sich die Heilungsvorschriften der §§ 214 ff. BauGB ausschließlich auf Fehler des BauGB, und keinesfalls auf Verfahrensfehler nach Kommunalrecht beziehen!

bb) Die Regelungstechnik der §§ 214 ff. BauGB

Problem: Unübersichtlichkeit

Die Regelungstechnik der §§ 214 ff. BauGB ist insgesamt wenig übersichtlich. Vereinfacht dargestellt gilt: 625

⇨ § 214 BauGB klärt, welche Fehler überhaupt beachtlich sind. Dabei bezieht sich § 214 I BauGB auf Verfahrens- und Formfehler des BauGB (nicht der GemO!!). Materielle Fehlerquellen werden in § 214 II BauGB (Entwicklungsgebot) und § 214 III BauGB (Abwägungsgebot) geregelt.

---

587 zur Entstehungsgeschichte Finkelnburg/Ortloff/Kment, § 12 I.

588 kritisch daher zu Recht F. Kirchhof, Die Baurechtsnovelle 1979 als Rechtswegsperre?, NJW 1981, 2382 - 2387 („Rechtswegsperre“).

589 BT Drs. 8/2885, S. 35, wonach "das dringende Interesse an diesen erweiterten Möglichkeiten sich aus der zunehmenden Entscheidungspraxis der Verwaltungsgerichte" ergibt.

⇨ § 215 BauGB bestimmt, welche (nach § 214 BauGB grundsätzlich zu beachtende) Fehler durch Zeitablauf ihre Beachtlichkeit verlieren.

⇨ Nach § 214 IV BauGB können beachtliche Mängel in einem ergänzenden Verfahren behoben werden.

hemmer-Methode: Hier sei nochmals klargestellt: Die §§ 214, 215 BauGB sind wegen § 216 BauGB im Genehmigungsverfahren *nicht* anzuwenden!

Für die Klausur empfiehlt sich folgende Prüfungsreihenfolge: 626

1. Schritt:	Ist der Fehler überhaupt in § 214 BauGB erwähnt?
2. Schritt:	Ist der in § 214 BauGB erwähnte Fehler bereits nach dieser Vorschrift unbeachtlich?
3. Schritt:	Hat der nach § 214 BauGB beachtliche Fehler nach § 215 BauGB seine Beachtlichkeit verloren?
4. Schritt:	Kann der nach §§ 214, 215 BauGB beachtliche Fehler in einem ergänzenden Verfahren behoben werden, § 214 IV BauGB?

(1) 1. Schritt

Ist der Fehler nicht in § 214 BauGB erwähnt, kommen, da § 214 I BauGB abschließend bestimmt,[590] welche Verfahrens- und Formvorschriften des BauGB für die Wirksamkeit eines Flächennutzungsplans oder einer Satzung beachtlich sind,[591] folgende Möglichkeiten in Betracht: 627

Bei dem Fehler handelt es sich um einen Verstoß gegen

a) Verfahrens- und Formvorschriften des BauGB, die nicht in § 214 I BauGB aufgeführt sind
⇨ *Fehler unbeachtlich*

b) sonstige (insbesondere kommunalrechtliche) Verfahrens- und Formvorschriften
⇨ *Fehler grds. beachtlich, nach §§ 4, 18 GemO zu behandeln*

c) andere Vorschriften des BauGB oder sonstige Vorschriften des materiellen Rechts, die nicht in § 214 BauGB geregelt sind.
⇨ *Fehler immer beachtlich*

Bsp.: *Der Bebauungsplan erstreckt sich auf gemeindefremdes Gebiet.*

Zuständigkeitsfehler (§ 1 I BauGB) sind in § 214 BauGB nicht erfasst, der Fehler führt zur Nichtigkeit.

[590] Battis/Krautzberger/Löhr, BauGB, § 214, Rn. 3; Jäde/Dirnberger/Weiß, BauGB, § 214, Rn. 3 f.

[591] Vgl. Wortlaut: "dieses Gesetzbuch".

Bsp.: *Dem Bebauungsplan ging ein fehlerhafter Satzungsbeschluss voraus (Verstoß gegen § 18 GemO).*

Es handelt sich um eine Verfahrensvorschrift der GemO, die von § 214 BauGB gerade nicht erfasst wird. Der Fehler ist beachtlich, kann aber in einem ergänzenden Verfahren behoben werden, § 214 IV BauGB.

Bsp.: *Im Bauleitplanverfahren wird gegen § 3 I BauGB verstoßen.*

Diese Verfahrensvorschrift (des BauGB) wird in § 214 I S. 1 Nr.2 BauGB nicht aufgeführt, ein Verstoß ist somit unbeachtlich.

(2) 2. Schritt:

Unbeachtlichkeit?

In § 214 BauGB erwähnte Fehler sind nicht zwangsläufig beachtlich. In Abs. 1 werden sowohl die Nummer 2, als auch die Nummer 3 jeweils eingeschränkt (Nr. 2, Hs. 2 sowie Nr. 3, Hs. 2: „dabei ist unbeachtlich..." – sog. *interne Unbeachtlichkeitsklausel*). In Abs. 1 Nr. 1 und 3 fehlt eine solche Beschränkung. 628

In § 214 II BauGB werden demgegenüber unbeachtliche Fehler aufgezählt, auch hier gibt es jedoch Einschränkungen. Nach Abs. 2 Nr. 2 und 4 ist ein Fehler doch beachtlich, wenn dadurch die geordnete städtebauliche Entwicklung beeinträchtigt worden ist.

§ 214 IIa BauGB[592] enthält spezielle Unbeachtlichkeitsvorschriften zum geänderten § 13a BauGB (vereinfachtes Bauleitplanverfahren) und zum 2017 neu eingefügten § 13b BauGB.

In § 214 III BauGB schließlich werden Fehler im Abwägungsvorgang für unbeachtlich erklärt. 629

Folgen fehlerhafter Abwägung

Maßgeblicher Zeitpunkt für die Beurteilung der Abwägung ist gemäß § 214 III S. 1 BauGB die Sach- und Rechtslage zur Zeit der Beschlussfassung.

grds. Nichtigkeit des BBauPl. bei erheblichen Mängel

Mängel im Abwägungsvorgang sind jedoch nur erheblich, wenn sie *offensichtlich und auf das Abwägungsergebnis von Einfluss* gewesen sind (§ 214 III S. 2 BauGB). Nicht von § 214 III BauGB werden Verstöße gegen § 2 III BauGB erfasst. Deren Relevanz bestimmt sich allein nach § 214 I S. 1 Nr. 1 BauGB, vgl. § 214 III S. 2 Hs.1 BauGB.[593]

§ 214 III S. 2 BauGB

Diese Vorschrift ist restriktiv auszulegen, da Verstöße gegen eines der zentralen Gebote an die Bauleitplanung nicht regelmäßig sanktionslos bleiben sollen. 630

„Offensichtlich" ist nicht i.S.v. „leicht erkennbar" auszulegen, umfasst wird davon vielmehr alles, was zur äußeren Seite des Abwägungsvorgangs derart gehört, dass es auf objektiv fassbaren Sachumständen beruht.[594] So ist z.B. ein Abwägungsfehler offensichtlich, wenn er aus den Niederschriften der Gemeinderatssitzungen ersichtlich ist.[595]

Das Merkmal des „Einflusses" erfordert keinen positiven Kausalitätsnachweis, ausreichend ist vielmehr die Möglichkeit, dass ohne den Mangel anders geplant worden wäre.[596]

[592] Änderung des BauGB durch Innenstadt-Entwicklungsgesetz vom 21.12.2006, in Kraft getreten zum 01.01.2007 (Battis/Krautzberger/Löhr, Gesetz zur Erleichterung von Planungsvorhaben für die Innenentwicklung der Städte (BauGB 2007), NVwZ 2007, 121 - 128).

[593] Vgl. schon oben Rn. 604.

[594] Jäde/Dirnberger/Weiß, BauGB, § 214, Rn. 33.

[595] VGH München, RdL 1999, 81 - 83 = **juris**byhemmer, (Az. 26 N 97.3182).

[596] BVerwGE 64, 33 - 41 (39) = **juris**byhemmer, (Az. 4 C 57/80).

Mängel, die das Abwägungsergebnis betreffen, werden von § 214 III BauGB nicht erfasst. Sie können allenfalls nach § 215 I S. 1 Nr. 3 BauGB durch Zeitablauf unbeachtlich werden.

Einzelne Beispiele:

Der Bebauungsplan wurde nur unvollständig begründet.

Es liegt ein Verstoß gegen § 9 VIII BauGB vor. Dieser Verstoß ist in § 214 I S. 1 Nr. 3 BauGB erwähnt, der Fehler wäre somit beachtlich. Allerdings gilt hier § 214 I S. 1 Nr. 3 Hs.2 BauGB: Die Begründung fehlt *nicht ganz*, sondern ist nur unvollständig, der Fehler somit doch unbeachtlich.

Zu beachten ist in diesem Fall jedoch § 214 I S. 2 BauGB. Die Gemeinde hat auf Verlangen Auskunft zu erteilen (sie muss also die maßgeblichen Unterlagen zur Einsichtnahme vorlegen).

Der Bebauungsplan wurde aus einem Flächennutzungsplan entwickelt, der aufgrund eines Verstoßes gegen § 34 GemO (nicht alle Ratsmitglieder wurden geladen) unwirksam ist.

Es scheint ein Fall des § 214 II Nr. 3 BauGB vorzuliegen. Allerdings wurde beim Beschluss über den Flächennutzungsplan gegen landesrechtliche Vorschriften verstoßen. Fraglich ist, ob die Vorschrift auch derartige Fälle umfasst.

Die Lösung ergibt sich aus einem Vergleich der unterschiedlichen Terminologie innerhalb des § 214 BauGB. Während sich Abs. 1 allein auf Verfahrensvorschriften des BauGB bezieht, spricht Abs. 2 Nr. 3 von Verfahrens- und Formvorschriften allgemein. Somit liegt auch bei einem Verstoß gegen landesrechtliche Verfahrensvorschriften Unbeachtlichkeit i.S.d. § 214 II Nr. 3 BauGB vor.[597] Der Bebauungsplan ist somit wirksam.

hemmer-Methode: § 214 I BauGB bezieht sich auf Verfahrens- und Formfehler bei der Aufstellung des aktuell zu überprüfenden Plans. § 214 II Nr. 3 BauGB knüpft hingegen an Verfahrens- und Formfehler des zugrunde liegenden Flächennutzungsplans. an. Der ursprüngliche formelle Fehler wird über das Entwicklungsgebot zu einem materiellen Fehler transformiert.

(3) 3. Schritt:

nachträgliche Unbeachtlichkeit

Auch Fehler, die nach § 214 BauGB grundsätzlich beachtlich sind (vgl. 2. Schritt), können nach § 215 BauGB durch Zeitablauf ihre Beachtlichkeit verlieren. 631

aufgrund Zeitablaufs

Fehler gemäß § 214 I S. 1 Nr. 1 bis 3, II, III BauGB werden unbeachtlich, wenn sie nicht innerhalb eines Jahres gegenüber der Gemeinde geltend gemacht werden, § 215 I BauGB. 632

Der die Verletzung begründende Sachverhalt ist substantiiert und klar darzulegen (§ 215 I S. 1 Hs. 2 BauGB).[598]

ohne Zeitgrenze

Zeitlich unbeschränkt rügefähig sind hingegen die Fehler nach § 214 I S. 1 Nr. 4 BauGB, sowie nach § 214 IIa, soweit sie als unbeachtlich normiert werden; § 215 I 2 BauGB. 633

§ 215 Abs. 1 greift allerdings nur, wenn gemäß Abs. 2 ein Hinweis auf die befristete Geltendmachung von Verletzungen erfolgt ist.[599] Andernfalls bleibt es bei der Nichtigkeit nach § 214 BauGB.

---

[597] Vgl. BVerwG, DVBl. 1984, 632 - 634 = **juris**byhemmer, (Az. 4 C 17/82).

[598] Jäde/Dirnberger/Weiß, BauGB, § 215, Rn. 7.

[599] Jäde/Dirnberger/Weiß, BauGB, § 215, Rn. 10.

(4) 4. Schritt:

nachträgliche Behebung von Mängeln

Nach § 214 IV BauGB können Fehler, die nicht nach I-III unbeachtlich sind, durch ein ergänzendes Verfahren geheilt werden. Diese Heilungsmöglichkeit, die auch Flächennutzungspläne erfasst, bezieht sich nicht nur auf Fehler nach dem BauGB, sondern auch auf Fehler nach Kommunalrecht.[600] 634

hemmer-Methode: Dies ergibt sich aus dem systematischen Zusammenhang mit dem inzwischen aufgehobenen § 215 a BauGB.[601] Dadurch wird jedoch der für die *Unbeachtlichkeit* von Fehlern geltende Grundsatz, dass BauGB-Fehler nur nach BauGB und Kommunalrechtsfehler nur nach Kommunalrecht unbeachtlich sein können, nicht berührt. In der Klausur muss zunächst darauf geachtet werden, ob ein ergänzendes Verfahren überhaupt stattgefunden hat. Dies muss ausdrücklich mitgeteilt sein. Wenn ja, ist danach zu prüfen, ob der Fehler im ergänzenden Verfahren behoben wurde.

Nach einer Auffassung kommt das ergänzende Verfahren nach § 214 IV BauGB jedoch nicht in Betracht, wenn der Abwägungsmangel, der dadurch behoben werden soll, grundlegende Weichenstellungen der Abwägung betrifft.[602] Letztlich dürfte das ergänzende Verfahren damit nur bei Fehlern im Abwägungsvorgang anwendbar sein.[603]

Reichweite des ergänzenden Verfahrens

§ 214 IV BauGB ermöglicht die Heilung von Fehlern durch Behebung und Wiederholung. Die Gemeinde setzt beim ergänzenden Verfahren nach § 214 IV BauGB das von ihr ursprünglich eingeleitete Verfahren an der Stelle fort, an der ihr der zu korrigierende Fehler unterlaufen ist.[604] Zur Behebung des Mangels ist das nach den einschlägigen Vorschriften notwendige Verfahren durchzuführen. Umfang und Reichweite des ergänzenden Verfahrens richten sich nach der Reichweite des Mangels, der behoben werden soll. Nur was zu seiner Behebung notwendig ist, muss im ergänzenden Verfahren behandelt werden. Alles andere bleibt aus dem vorangegangenen Verfahren erhalten. Dadurch wird das ergänzende Verfahren von zahlreichen Sachfragen entlastet. Es kann sehr viel rascher durchgeführt werden als die bei Nichtigkeit des Bauleitplanes notwendige Wiederholung des gesamten Verfahrens.[605] 635

***Bsp.:** Ein Bebauungsplan wird in Kraft gesetzt, obwohl bei der Beschlussfassung ein nach der Gemeindeordnung ausgeschlossenes Mitglied mitgewirkt hat. Die Gemeinde will den Plan mit Rückwirkung erneut in Kraft setzen und fragt, was zu tun sei.*

Momentan leidet der Plan an einem Fehler, der nicht nach §§ 214, 215 BauGB unbeachtlich ist (§ 18 GemO).

Die Verfristungsbestimmung des § 215 I BauGB bezieht sich zwar auf Fehler nach § 214 I S. 1 Nr. 1-3 BauGB. Diese Vorschriften umfassen jedoch einen Verstoß gegen landesrechtliche Verfahrensvorschriften gerade nicht. Die Mängel des Bebauungsplans sind daher beachtlich.

Dass der Bebauungsplan auch mit Rückwirkung in Kraft gesetzt werden kann, stellt § 214 IV BauGB klar.

---

600 Jäde/Dirnberger/Weiß, BauGB, § 214, Rn. 37.

601 BVerwGE 110, 118 = **juris**byhemmer, (Az. 4 CN 12/98), Leitsatz 1.

602 BVerwG, NVwZ 1999, 414 - 415 = **juris**byhemmer, (Az. 4 CN 7/97), 420; Jäde/Dirnberger/Weiß, BauGB, § 214, Rn. 37.

603 Jäde/Dirnberger/Weiß, BauGB, § 214, Rn. 37.

604 BVerwG, = **juris**byhemmer, (Az. 4 BN 18/16), Rn. 7.

605 Jäde/Dirnberger/Weiß, BauGB, § 214, Rn. 37.

Die Gemeinde muss also einen erneuten Gemeinderatsbeschluss unter Ausschluss des betreffenden Mitglieds fassen. Weitere Verfahrensschritte sind nach der jetzigen Rechtslage nicht mehr zu wiederholen, da das ergänzende Verfahren nur soweit reicht wie der zu behebende Mangel.

Strittig ist, ob zudem die rückwirkende Inkraftsetzung eines Beschlusses des Gemeinderats bedarf.

Nach h.M. muss die rückwirkende Inkraftsetzung des Bebauungsplans nicht satzungsmäßig beschlossen werden, da auch keine erneute Abwägung erfolgen muss[606].

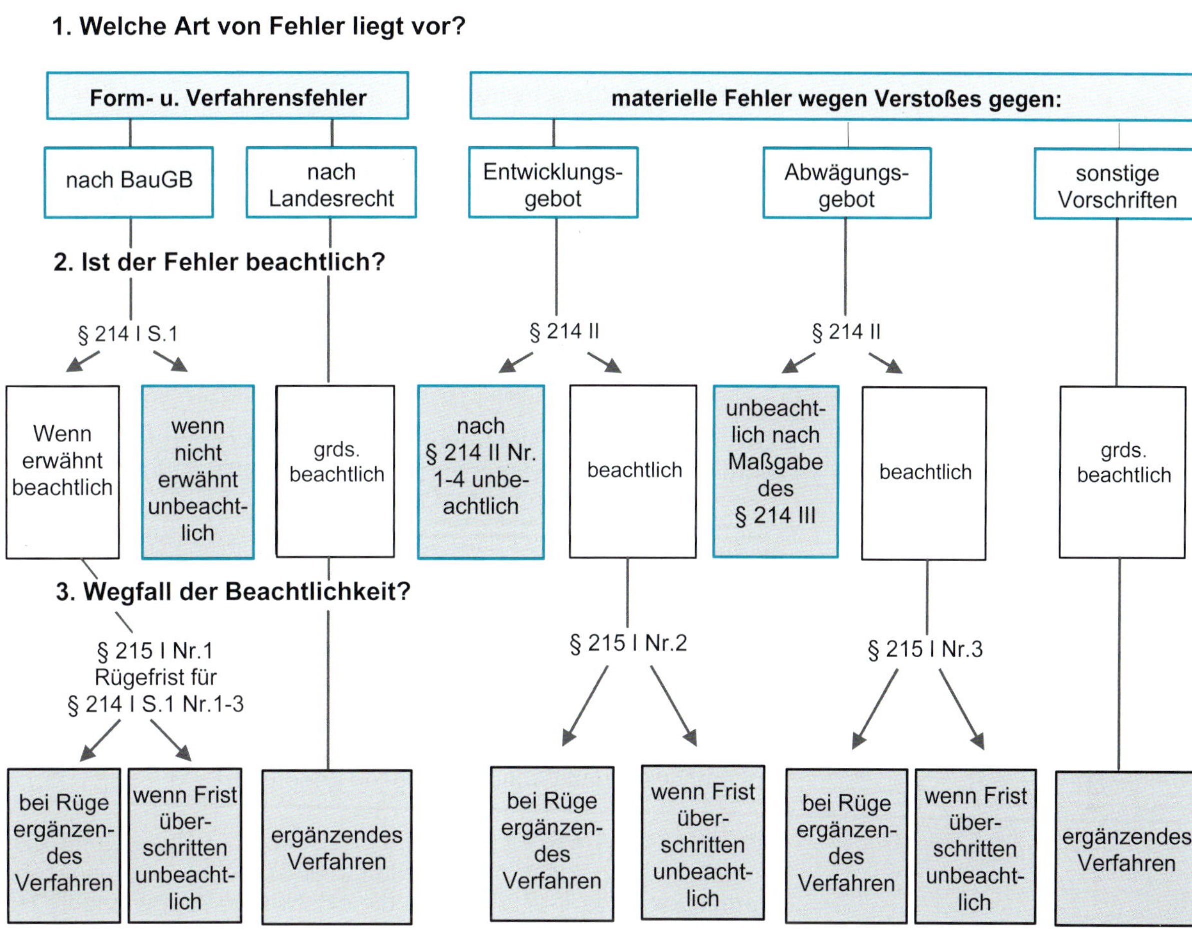

3. Keine eigene Rechtsverletzung nötig

obj. Rechtsbeanstandung

Da es sich bei der Normenkontrollklage um ein objektives Beanstandungsverfahren handelt, ist eine Verletzung des Antragstellers in eigenen Rechten nicht erforderlich. 636

hemmer-Methode: Dieser letzte Punkt kann in einer Klausur zwar klarstellend hinzugefügt werden, ist aber nicht notwendig. Er wird hier nur aufgeführt, um nochmals die Unterschiede zwischen den einzelnen Klagearten zu verdeutlichen.

IV. Entscheidung

Plan schwebend unwirksam

Kommt das Gericht zu dem Ergebnis, dass ein überprüfter Bebauungsplan gegen höherrangiges Recht verstößt, so erklärt es den Plan für unwirksam, § 47 V S. 2 VwGO. 637

[606] Zum Meinungsstand Jäde/Dirnberger/Weiß, BauGB, 214, Rn. 52.

B. Weitere prozessuale Problemstellungen im Bereich der Bauleitplanung

andere Fragestellung

In einer Klausur kann grundsätzlich auch eine umfassendere Prüfung verlangt werden. 638

Bsp.: *Sachverhalt wie oben Rn. 504. E will wissen, welche Schritte er generell gegen einen Bebauungsplan unternehmen kann.*

Auch hier muss zunächst das Normenkontrollverfahren geprüft werden. Darüber hinaus ist aber, je nach Fallfragestellung (exakt lesen!), u.U. noch die Verfassungsbeschwerde anzusprechen.

I. Verfassungsbeschwerde

VB nach Rechtswegerschöpfung

Nach der Rechtsprechung des *BVerfG*[607] kann gegen einen Bebauungsplan unter Umständen Verfassungsbeschwerde eingelegt werden. 639

Voraussetzung ist, dass Festsetzungen des Bebauungsplans selbst den Einzelnen unmittelbar in seinen Rechten betreffen (gerade nicht erst der Vollzug durch Genehmigung oder Ablehnung eines Antrags). 640

Zuvor muss jedoch stets ein Normenkontrollverfahren durchgeführt worden sein (Rechtswegerschöpfung nach § 90 II BVerfGG).[608] 641

II. Zusatzprobleme:

1. Vorläufiger Rechtsschutz i.R.d. § 47 VI VwGO

Das Gericht kann auf Antrag eine *einstweilige* Anordnung erlassen (§ 47 VI VwGO), wenn dies zur Abwehr schwerer Nachteile oder aus anderen wichtigen Gründen dringend geboten ist. 642

Obwohl § 47 VI VwGO nicht auf § 123 VwGO verweist und diese Vorschrift auch nicht ohne weiteres entsprechend herangezogen werden kann, da § 47 VI VwGO die einstweilige Anordnung im Normenkontrollverfahren abschließend regelt, können zumindest für das *Verfahren* beim Erlass einer Anordnung § 123 II, III und IV VwGO entsprechend herangezogen werden.[609] 643

Zweistufige Prüfung

Prüfungsmaßstab im Verfahren nach § 47 VI VwGO sind zunächst die Erfolgsaussichten des in der Sache anhängigen Normenkontrollantrages, soweit sich diese im Verfahren des einstweiligen Rechtsschutzes bereits absehen lassen. Ergibt diese Prüfung, dass der Normenkontrollantrag voraussichtlich unzulässig oder unbegründet sein wird, ist der Erlass einer einstweiligen Anordnung nicht zur Abwehr schwerer Nachteile oder aus anderen wichtigen Gründen dringend geboten. Erweist sich dagegen, dass der Antrag zulässig und (voraussichtlich) begründet sein wird, so ist dies ein wesentliches Indiz dafür, dass der Vollzug des Bebauungsplans bis zu einer Entscheidung in der Hauptsache suspendiert werden muss. 644

---

607 BVerfG, NJW 1985, 2315 - 2319 = **juris**byhemmer, (Az. 2 BvR 397 - 399/82, 2 BvR 397/82, 2 BvR 398/82, 2 BvR 399/82); anders noch BVerfGE 31, 364 - 370 = **juris**byhemmer, (Az. 2 BvR 443/70).

608 Battis/Krautzberger/Löhr, BauGB, § 10, Rn. 26.

609 Schmitt Glaeser/Horn, Verwaltungsprozessrecht, Rn. 451.

In diesem Fall kann eine einstweilige Anordnung ergehen, wenn dessen (weiterer) Vollzug vor einer Entscheidung im Hauptsacheverfahren Nachteile befürchten lässt, die unter Berücksichtigung der Belange des Antragstellers, betroffener Dritter und/oder der Allgemeinheit so gewichtig sind, dass eine vorläufige Regelung mit Blick auf die Wirksamkeit und Umsetzbarkeit einer für den Antragsteller günstigen Hauptsacheentscheidung unaufschiebbar ist.

Lassen sich die Erfolgsaussichten des Normenkontrollverfahrens nicht abschätzen, ist über den Erlass einer beantragten einstweiligen Anordnung im Wege einer Folgenabwägung zu entscheiden: Gegenüberzustellen sind die Folgen, die eintreten würden, wenn eine einstweilige Anordnung nicht erginge, der Normenkontrollantrag aber Erfolg hätte, und die Nachteile, die entstünden, wenn die begehrte einstweilige Anordnung erlassen würde, der Antrag nach § 47 I 1 VwGO aber erfolglos bliebe.[610]

Orientierung an § 80 V VwGO

Das BVerwG nimmt damit eine Prüfung vor, die derjenigen des § 80 V VwGO ähnelt: Die *Erfolgsaussichten* in der Hauptsache werden zuerst geprüft (*summarische Prüfung*); erst wenn sich herausstellt, dass diese nicht abschätzbar sind (in Klausuren eher unüblich wegen feststehender Sachverhalte) wird eine „echte“ *Interessenabwägung* vorgenommen. Begriffe wie „Anordnungsgrund“ und „Anordnungsanspruch“, wie man sie aus § 123 VwGO kennt, können in der Klausur somit nicht verwendet werden. 645

2. Vorbeugender Rechtsschutz i.R.d. § 47 VwGO

Es kann auf die Ausführungen von oben verwiesen werden. Voraussetzung für das Normenkontrollverfahren ist der Erlass und damit die Fähigkeit der Gültigkeit der jeweiligen Vorschrift (vgl. Rn. 477). 646

Bsp.: *Ein Betroffener will bereits gegen den Entwurf einer Satzung vorgehen.*

Eine derartige vorbeugende Normenkontrollklage ist nicht zulässig. Der Inhalt der Norm muss bereits feststehen, die Norm muss bereits erlassen sein. Grund hierfür ist der Umstand, dass der Normgeber den Entwurf im laufenden Normsetzungsverfahren noch ändern kann.

hemmer-Methode: Zum Problem der vorbeugenden Feststellungs-/ Unterlassungsklage gegen einen Plan i.S.d. § 33 BauGB vgl. BVerwGE 40, 323 sowie Hemmer/Wüst/Christensen, Verwaltungsrecht III, Rn. 283 ff.

3. Normerlassklage

Zulässigkeit bereits fraglich

Ob eine Klage auf Erlass einer bestimmten Rechtsnorm möglich ist, ist nicht endgültig geklärt. 647

Denkbar wäre eine Feststellungsklage auf Normenerlass nach § 43 VwGO[611] (Normenerlassanspruch als Rechtsverhältnis i.S.v. § 43 I VwGO). Die analoge Anwendung von § 47 VwGO wird vom BVerwG wegen Fehlens einer Regelungslücke abgelehnt (auch im Falle einer Klage auf Ergänzung einer Norm.[612] Auch eine allgemeine Leistungsklage auf Erlass einer Norm wäre theoretisch möglich.[613]

610 BVerwG BauR 2015, 968 = **juris**byhemmer, (Az. 4 VR 4/14 u.a.), Rn. 12.

611 BVerwG, NVwZ 2008, 423 - 426 = **juris**byhemmer, (Az. 9 C 10/07), Rn. 13.

612 BVerwG, NVwZ 2015, 984 - 985 = **juris**byhemmer, (Az. 4 C N 2/14), Rn. 10.

613 Ehlers, Jura 2006, 353, vgl. Kopp/Schenke, VwGO, § 47, Rn. 13 sowie vor § 40, Rn. 8 a.

Allerdings besteht gerade *kein Anspruch* auf Aufstellung eines Bauleitplans (§ 1 III S. 2 BauGB), so dass die Klagen jedenfalls unbegründet wären. 648

Da im gesamten Verwaltungsrecht Ansprüche auf einen bestimmten Normerlass nicht vorgesehen sind, verneinen manche bereits die Zulässigkeit einer solchen Klage.[614]

hemmer-Methode: Siehe zur Normerlassklage Hemmer/Wüst/-Christensen, Verwaltungsrecht II, Rn. 185 ff.[615]

[614] Vgl. Ehlers, Jura 2006, 353.

[615] Vgl. auch BVerwG, NVwZ 2002, 1505 - 1506 = **juris**byhemmer, (Az. 2 C 13/01).

Wiederholungsfragen:

1. Was versteht man unter öffentlichem und privatem Baurecht? ... 3
2. Was bedeutet "Baufreiheit" und woraus ist sie abzuleiten? ... 8
3. Wie lassen sich Bauplanungs- und Bauordnungsrecht voneinander abgrenzen? ... 10 f.
4. Wie ist die Gesetzgebungskompetenz für das öffentliche Baurecht aufgeteilt? ... 15
5. Mit welcher Qualifikationstheorie lässt sich im Baurecht problemlos das Vorliegen einer öffentlich-rechtlichen Streitigkeit begründen? ... 19
6. Die Baugenehmigung ist eindeutig ein Verwaltungsakt. Qualifizieren Sie diese Eigenschaft näher. ... 21
7. Was ist ein Vorbescheid? ... 23
8. Zu welchem Rechtsinstitut ist die Teilbaugenehmigung abzugrenzen? ... 29
9. Was bedeutet präventives Verbot mit Erlaubnisvorbehalt? ... 34
10. Wer ist richtiger Beklagter bei Ablehnung einer Baugenehmigung durch das Landratsamt, wer bei Ablehnung derselben durch eine kreisfreie Stadt? ... 38
11. An welcher Stelle der Klausur prüft man die Frage der Beiladung? ... 39
12. Welche formellen Genehmigungsvoraussetzungen sind beim Bauantrag (zumindest knapp) zu prüfen? ... 44 ff.
13. Was versteht man unter einer baulichen Anlage i.S.d. § 2 I 1 LBO? ... 54
14. Wie werden die baulichen Anlagen eingeteilt und welche Auswirkungen hat diese Einteilung ... 56
15. Auf welchem Grundgedanken beruht die Genehmigungsfreiheit nach § 50 LBO und welche Voraussetzungen hat sie? ... 62
16. Was versteht man unter formeller Konzentration? Grenzen Sie diese zur materiellen Konzentration ab! ... 70 ff.
17. Aus welchen Gründen kann sich für die Frage der Erteilung der Genehmigung eine Bindung der Verwaltung ergeben? ... 78
18. Was versteht man unter einem Bauvorbescheid? ... 85
19. Kennen Sie eine Fallkonstellation, in der die erstmalig erteilte Baugenehmigung sogleich einen partiellen Zweitbescheid beinhaltet? ... 85
20. Was ist Prüfungsmaßstab bei einer Teilbaugenehmigung? ... 93
21. Wird die Bauaufsichtsbehörde aufgrund einer bestandskräftigen Gaststättenerlaubnis im Baugenehmigungsverfahren gebunden? ... 94; 111 ff.
22. Was besagt die sog. Schlusspunkttheorie? Warum wird sie von der neueren Rspr. nicht mehr angewandt? ... 105 ff.
23. Was ist Prüfungsmaßstab nach § 58 I 1 LBO? ... 110
24. Wie ist das Gemeindegebiet planungsrechtlich aufgeteilt? ... 122
25. Schafft der einfache Bebauungsplan einen eigenen Gebietstypus in der Gemeinde? ... 123
26. Grenzen Sie den Flächennutzungsplan zum Bebauungsplan ab. ... 125
27. Warum müssen Sie bei Eintritt in die bauplanungsrechtliche Prüfung das Tatbestandsmerkmal "bauliche Anlage" überprüfen, obwohl es bereits Voraussetzung der Genehmigungspflichtigkeit war? ... 132
28. Welches Stichwort verbinden Sie mit der baulichen Anlage i.S.d. § 29 I BauGB? ... 133
29. Anlagen, die einer immissionsschutzrechtlichen Genehmigung bedürfen, werden wegen der formellen Konzentrationswirkung des § 13 BImSchG keinem gesonderten Baugenehmigungsverfahren unterzogen. Woraus ergibt sich, dass dennoch Bauplanungsrecht zu prüfen ist? ... 135
30. Worin unterscheidet sich der qualifizierte Bebauungsplan vom einfachen? ... 140
31. Was versteht man unter einem vorhabenbezogenen Bebauungsplan? ... 142

Die Zahlen verweisen auf die Randnummern des Skripts.

A

B

REIHE INTELLIGENTES LERNEN

hemmer/wüst Verlagsgesellschaft mbH
Mergentheimer Str. 44 / 97082 Würzburg
Tel.: 09 31 /7 97 82 38 / Fax: 09 31/7 97 82 40
Internet: www.hemmer-shop.de

ISBN 978-3-86193

Grundwissen für Anfangssemester

			Auflage/Jahr/Euro
GW10	(-460-8)	BGB-AT Theorieband zu den wicht. Fällen	8.A/16 · 9,90
GW11	(-481-3)	SchuldR-AT Theorieband zu den wicht. Fällen	7.A/16 · 9,90
GW12	(-457-8)	SchuldR-BT I Theorieband zu den wicht. Fällen	7.A/16 · 9,90
GW13	(-399-1)	SchuldR-BT II Theoriebd. zu den wicht. Fällen	6.A/15 · 9,90
GW14	(-357-1)	Sachenrecht I Theorieband zu den wicht. Fällen	6.A/15 · 9,90
GW15	(-455-4)	Sachenrecht II Theorieband zu den wicht. Fällen	6.A/16 · 9,90
GW20	(-525-4)	Strafrecht AT Theorieband zu den wicht. Fällen	7.A/16 · 9,90
GW21	(-594-0)	Strafrecht BT Theorieband zu den wicht. Fällen	6.A/17 · 9,90
GW30	(-545-2)	StaatsR Theorieband zu den wicht. Fällen	7.A/17 · 9,90
GW31	(-523-0)	VerwaltungsR Theorieband zu den wicht. Fällen	7.A/16 · 9,90

Die wichtigsten Fälle

DF0	(-198-0)	**Sonderband:** Der Streit- und Meinungsstand im neuen Schuldrecht	5.A/13 · 14,80
DF1	(-493-6)	76 Fälle - BGB AT	9.A/16 · 12,80
DF2	(-613-8)	55 Fälle - Schuldrecht AT	10.A/17 · 12,80
DF3	(-456-1)	51 Fälle - Schuldrecht BT - Kauf/WerkV	9.A/16 · 12,80
DF4	(-518-6)	42 Fälle - GoA/Bereicherungsrecht	9.A/16 · 12,80
DF5	(-631-2)	45 Fälle - Deliktsrecht	8.A/17 · 12,80
DF6	(-517-9)	44 Fälle - Verwaltungsrecht	9.A/16 · 12,80
DF25	(-400-4)	30 Fälle - Verwaltungsrecht BT Bayern	4.A/15 · 12,80
DF7	(-453-0)	32 Fälle - Staatsrecht	10.A/16 · 12,80
DF8	(-510-0)	34 Fälle - Strafrecht AT	10.A/16 · 12,80
DF9	(-551-3)	44 Fälle Strafrecht BT I - Vermögensd.	10.A/17 · 12,80
DF10	(-618-3)	44 Fälle Strafrecht BT II - Nicht-Vermögensd.	9.A/17 · 12,80
DF11	(-461-5)	50 Fälle - Sachenrecht I	8.A/16 · 12,80
DF12	(-494-3)	43 Fälle - Sachenrecht II - ImmobiliarSR	9.A/16 · 12,80
DF13	(-567-4)	40 Fälle - ZPO I - Erkenntnisverfahren	8.A/17 · 12,80
DF14	(-485-1)	25 Fälle - ZPO II - ZwangsvollstreckungsV	7.A/16 · 12,80
DF15	(-423-3)	35 Fälle - Handelsrecht	7.A/15 · 12,80
DF16	(-506-3)	36 Fälle - Erbrecht	7.A/16 · 12,80
DF17	(-489-9)	26 Fälle - Familienrecht	8.A/16 · 12,80
DF18	(-416-5)	32 Fälle - Gesellschaftsrecht	6.A/15 · 12,80
DF19	(-515-5)	39 Fälle - Arbeitsrecht	7.A/16 · 12,80
DF20	(-533-9)	35 Fälle - Strafprozessrecht	6.A/16 · 12,80
DF21	(-428-8)	23 Fälle - Europarecht	5.A/15 · 12,80
DF22	(-422-6)	10 Fälle - Musterkl. Examen ZivilR	7.A/15 · 14,80
DF23	(-475-2)	10 Fälle - Musterkl. Examen StrafR	6.A/16 · 14,80
DF24	(-591-9)	8 Fälle - Musterkl. Examen SteuerR	9.A/17 · 14,80

Skripten Basics (110)

BI/1	(-448-6)	Zivilrecht I - BGB AT u.vertragl. SchuldV	10.A/16 · 16,90
BI/2	(-454-7)	Zivilrecht II - Sachenrecht/gesetzl. SV	8.A/16 · 16,90
BI/3	(-442-4)	Zivilrecht III - FamilienR/ErbR	8.A/15 · 16,90
BI/4	(-605-3)	Zivilrecht IV - ZivilprozessR	9.A/17 · 16,90
BI/5	(-486-8)	Zivilrecht V - Handels-/GesellschR	8.A/16 · 16,90
BI/6	(-522-3)	Zivilrecht VI - ArbeitsR	6.A/16 · 16,90
BII	(-542-1)	Strafrecht	7.A/17 · 16,90
BIII/1	(-268-0)	Öffentliches Recht I -VerfassR/StaatsHR	6.A/14 · 16,90
BIII/2	(-388-5)	Öffentliches Recht II - VerwaltungsR	7.A/15 · 16,90
BIV	(-403-5)	Steuerrecht - EstG & AO	9.A/15 · 16,90
BV	(-512-4)	Europarecht	9.A/16 · 16,90

ISBN 978-3-86193

Skripten Zivilrecht (120)

			Auflage/Jahr/Euro
1	(-415-8)	BGB-AT I, Ensteh.d.Primäranspruchs	14.A/15 · 19,90
2	(-479-0)	BGB-AT II, Scheitern des Primäranspr.	14.A/16 · 19,90
3	(-343-4)	BGB-AT III, Erlösch.d. Primäranspruchs	13.A/14 · 19,90
4	(-278-9)	Schadensersatzrecht I	8.A/14 · 19,90
5	(-492-9)	Schadensersatzrecht II	7.A/16 · 19,90
6	(-532-2)	Schadensersatzrecht III (§§ 249 ff.)	12.A/17 · 19,90
7	(-342-7)	Verbraucherschutzrecht	4.A/14 · 19,90
51	(-624-4)	Schuldrecht AT	11.A/17 · 19,90
52	(-359-5)	Schuldrecht BT I	9.A/15 · 19,90
53	(-563-6)	Schuldrecht BT II	10.A/17 · 19,90
8	(-519-3)	Bereicherungsrecht	15.A/16 · 19,90
9	(-321-2)	Deliktsrecht I	12.A/14 · 19,90
10	(-581-0)	Deliktsrecht II	10.A/17 · 19,90
11	(-619-0)	Sachenrecht I	14.A/17 · 19,90
12	(-465-3)	Sachenrecht II	11.A/16 · 19,90
12A	(-378-6)	Sachenrecht III	12.A/15 · 19,90
13	(-564-3)	Kreditsicherungsrecht	12.A/17 · 19,90
14	(-483-7)	Familienrecht	13.A/16 · 19,90
15	(-459-2)	Erbrecht	13.A/16 · 19,90
16	(606-0)	Zivilprozessrecht I	13.A/17 · 19,90
17	(-317-5)	Zivilprozessrecht II	11.A/14 · 19,90
18	(-433-2)	Arbeitsrecht	15.A/15 · 19,90
19A	(-462-2)	Handelsrecht	11.A/16 · 19,90
19B	(-579-7)	Gesellschaftsrecht	14.A/17 · 19,90
31	(-450-9)	Herausgabeansprüche	7.A/16 · 19,90
32	(-254-3)	Rückgriffsansprüche	7.A/13 · 19,90

Skripten Strafrecht (120)

20	(-511-7)	Strafrecht AT I	13.A/16 · 19,90
21	(-385-4)	Strafrecht AT II	12.A/15 · 19,90
22	(-355-7)	Strafrecht BT I	12.A/14 · 19,90
23	(-392-2)	Strafrecht BT II	12.A/15 · 19,90
30	(-374-8)	Strafprozessordnung	11.A/15 · 19,90

Skripten Öffentliches Recht (120/130)

24	(-478-3)	Verwaltungsrecht I	13.A/16 · 19,90
25	(-630-5)	Verwaltungsrecht II	13.A/17 · 19,90
26	(-597-1)	Verwaltungsrecht III	13.A/17 · 19,90
27	(-524-7)	Staatsrecht I	12.A/16 · 19,90
28	(-287-1)	Staatsrecht II	9.A/14 · 19,90
29	(-655-8)	Europarecht	13.A/17 · 19,90
40	(-335-9)	Staatshaftungsrecht	4.A/14 · 19,90
33	(-369-4)	Baurecht/Bayern	11.A/15 · 19,90
33	(-505-6)	Baurecht/Nordrhein-Westfalen	9.A/16 · 19,90
33	(-435-6)	Baurecht/Baden-Württembg.	4.A/15 · 19,90
33	(-331-1)	Baurecht/Hessen	2.A/14 · 19,90
33	(-847-0)	Baurecht/Saarland	1.A/08 · 19,90
34	(-327-4)	Polizeirecht Bayern	10.A/14 · 19,90
34	(-097-6)	Polizei- u. Ordnungsrecht/NRW	5.A/12 · 19,90
34	(-432-5)	Polizeirecht/Baden-Württembg.	4.A/15 · 19,90
34	(-417-2)	Polizei- u. Ordnungsrecht/Hessen	2.A/15 · 19,90
34	(-028-0)	Polizei- u. Ordnungsrecht/Rheinl.-Pfalz	1.A/11 · 19,90
34	(-877-7)	Polizei- u. Sicherheitsrecht/Saarland	1.A/09 · 19,90
35	(-371-7)	Kommunalrecht/Bayern	10.A/15 · 19,90
35	(-076-1)	Kommunalrecht/NRW	8.A/11 · 19,90
35	(-541-4)	Kommunalrecht/Baden-Württembg.	5.A/17 · 19,90

REIHE INTELLIGENTES LERNEN

hemmer/wüst Verlagsgesellschaft mbH
Mergentheimer Str. 44 / 97082 Würzburg
Tel.: 09 31 /7 97 82 38 / Fax: 09 31/7 97 82 40
Internet: www.hemmer-shop.de

ISBN 978-3-86193

Lexikon/Definitionen

			Auflage/Jahr/Euro
D1	(-288-8)	Definitionen Strafrecht - schnell gemerkt	4.A/14 · 19,90
D2	(-065-5)	Legal terms für Juristen - Fachwörterbuch Englisch - Deutsch	1.A/11 · 19,90

Skripten Schwerpunkt (120)

			Auflage/Jahr/Euro
P1	(-429-5)	Kriminologie	7.A/15 · 21,90
P2	(-245-1)	Völkerrecht	8.A/13 · 21,90
P4	(-349-6)	Kapitalgesellschaftsrecht	5.A/14 · 21,90
P7	(-243-7)	Rechtsgeschichte I	3.A/13 · 21,90
P8	(-119-5)	Rechtsgeschichte II	2.A/12 · 21,90
P11	(-005-3)	Rechts- und Staatsphilosophie sowie Rechtssoziologie	2.A/11 · 21,90
P12	(-183-6)	Insolvenzrecht	3.A/12 · 21,90

Skripten Steuerrecht (120)

			Auflage/Jahr/Euro
42	(-528-5)	Abgabenordnung	9.A/16 · 21,90
43	(-267-3)	Einkommensteuerrecht	8.A/14 · 21,90

Skripten für BWL´er, WiWi & Steuerberater

			Auflage/Jahr/Euro
W1	(-430-1)	PrivatR f. BWL'er, WiWi & Steuerberat	8.A/15 · 19,90
W2	(-102-7)	Ö-Recht f. BWL'er, WiWi & Steuerberat	4.A/12 · 19,90
W3	(-480-9)	Musterkl. für´s Vordiplom PrivatR	2.A/04 · 19,90
W4	(-197-6)	Musterkl. für´s Vordiplom Ö-R	1.A/00 · 19,90
WF1	(-472-1)	Die 74 wicht. Fälle (BGB AT, SchuldR AT/BT)	5.A/16 · 19,90
WF2	(-247-5)	Die 44 wicht. Fälle (GoA, BerR, GesR, ...)	2.A/13 · 19,90

Skripten Fachbegriffe & Erläuterungen

			Auflage/Jahr/Euro
G1	(-146-1)	Mikroökonomie & Makroökonomie	1.A/12 · 19,90
G2	(-147-8)	Buchführung/Jahresabschl./Rechnungsw.	1.A/12 · 19,90
G6	(-151-5)	HandelsR/GesellschaftsR/WirtschaftsR	1.A/12 · 19,90
G7	(-152-2)	Öffentl. Recht/EuropaR/VölkerR	1.A/12 · 19,90

Basics Karteikarten

			Auflage/Jahr/Euro
BK1	(-329-8)	Basics - Zivilrecht	6.A/14 · 16,90
BK2	(-441-7)	Basics - Strafrecht	4.A/15 · 16,90
BK3	(-320-5)	Basics - Öffentliches Recht	4.A/14 · 16,90

Karteikarten Zivilrecht

			Auflage/Jahr/Euro
KK1	(-603-9)	BGB-AT I	10.A/17 · 16,90
KK2	(-496-7)	BGB-AT II	8.A/16 · 16,90
KK3	(-539-1)	Schuldrecht AT I	10.A/17 · 16,90
KK4	(-507-0)	Schuldrecht AT II	8.A/16 · 16,90
KK5	(-476-9)	Schuldrecht BT I (Kauf-u.WerkVR)	8.A/16 · 16,90
KK6	(-480-6)	Schuldrecht BT II	7.A/16 · 16,90
KK7	(-464-6)	Arbeitsrecht	5.A/16 · 16,90
KK8	(-413-4)	Bereicherungsrecht	7.A/15 · 16,90
KK9	(-531-5)	Deliktsrecht	7.A/16 · 16,90
KK11	(-484-4)	Sachenrecht I	9.A/16 · 16,90
KK12	(-482-0)	Sachenrecht II	8.A/16 · 16,90
KK13	(-495-0)	Kreditsicherungsrecht	4.A/16 · 16,90
KK14	(-336-6)	Familienrecht	4.A/14 · 16,90
KK15	(-188-1)	Erbrecht	4.A/13 · 16,90
KK16	(-566-7)	ZPO I	7.A/17 · 16,90
KK17	(-491-2)	ZPO II	6.A/16 · 16,90
KK18	(-358-8)	Handelsrecht	5.A/14 · 16,90
KK19	(-383-0)	Gesellschaftsrecht	6.A/15 · 16,90

ISBN 978-3-86193

Die Shorties (Minikarteikarten) inkl. Box

			Auflage/Jahr/Euro
SH1	(-498-1)	**Box 1:** BGB AT, Schuldrecht AT	9.A/16 · 24,90
SH2/I	(-326-7)	**Box 2/1:** vertragliches Schuldrecht	5.A/14 · 24,90
SH2/II	(-514-8)	**Box 2/2:** gesetzliches Schuldrecht	6.A/16 · 24,90
SH3	(-546-9)	**Box 3:** Sachenrecht, ErbR, FamR	8.A/17 · 24,90
SH4	(-547-6)	**Box 4:** ZPO I/II, GesellschaftsR, HGB	7.A/17 · 24,90
SH5	(-586-5)	**Box 5:** Strafrecht	10.A/17 · 24,90
SH6	(-537-7)	**Box 6:** Grundrecht, StaatsOrgR, BauR, u.a.	8.A/17 · 24,90
SH7	(-534-6)	**Box 7:** EuropaR, StaatshaftungsR	1.A/16 · 24,90
SH8	(-513-1)	**Box 8:** ArbeitsR, StPO	1.A/16 · 24,90

Karteikarten Strafrecht

			Auflage/Jahr/Euro
KK20	(-540-7)	Strafrecht AT I	9.A/17 · 16,90
KK21	(-376-2)	Strafrecht-AT II	8.A/15 · 16,90
KK22	(-488-2)	Strafrecht-BT I	9.A/16 · 16,90
KK23	(-410-3)	Strafrecht-BT II	8.A/15 · 16,90
KK24	(-409-7)	StPO	6.A/15 · 16,90

Karteikarten Öffentliches Recht

			Auflage/Jahr/Euro
KK25	(-538-4)	Verwaltungsrecht I	9.A/17 · 16,90
KK26	(-348-9)	Verwaltungsrecht II	6.A/14 · 16,90
KK27	(-352-6)	Verwaltungsrecht III	6.A/14 · 16,90
KK28	(-608-4)	Staats- u. Verfassungsrecht	10.A/17 · 16,90
KK29	(-470-7)	Europarecht	4.A/16 · 16,90

Überblickskarteikarten

			Auflage/Jahr/Euro
ÜK I	(-477-6)	BGB im Überblick I	12.A/16 · 30,00
ÜK II	(-536-0)	BGB im Überblick II (Nebengebiete)	8.A/17 · 30,00
ÜK III	(-469-1)	StrafR im Überblick	9.A/16 · 30,00
ÜK IV	(-467-7)	Öffentl.-R im Überblick	10.A/16 · 19,90
ÜK V	(-487-5)	Öffentl.-R im Überblick II Bayern	8.A/16 · 19,90
ÜK VI	(-468-4)	Öffentl.-R im Überblick II NRW	3.A/16 · 19,90
ÜK VII	(-242-0)	Europarecht	5.A/13 · 19,90

Assessor-Basics/Theoriebände (410)

			Auflage/Jahr/Euro
A IV	(-401-1)	Die zivilrechtl. Anwaltsklausur/Teil 1	11.A/15 · 19,90
A VII	(-543-8)	Das Zivilurteil	12.A/17 · 19,90
A VIII	(-544-5)	Die Strafrechtskl. im Assessorexamen	8.A/17 · 19,90
A IX	(-412-7)	Die Assessorklausur Öffentl. Recht	6.A/15 · 19,90

Assessor-Basics/Klausurentraining

			Auflage/Jahr/Euro
A I	(-471-4)	Zivilurteile	17.A/16 · 19,90
A II	(-535-3)	Arbeitsrecht	15.A/17 · 19,90
A III	(-411-0)	Strafrecht	12.A/15 · 19,90
A V	(-396-0)	Zivilrechtl. Anwaltsklausuren/Teil 2	11.A/15 · 19,90
A VI	(-390-8)	Öff.rechtl. u. strafrechtl.Anwaltskl.	6.A/15 · 19,90

Assessorkarteikarten

			Auflage/Jahr/Euro
AK I	(-645-9)	Zivilprozessrecht im Überblick	7.A/17 · 19,90
AK II	(-516-2)	Strafprozessrecht im Überblick	8.A/16 · 19,90
AK III	(-384-7)	Öffentliches Recht im Überblick	5.A/15 · 19,90
AK IV	(-195-9)	Familien- und Erbrecht im Überblick	2.A/13 · 19,90

hemmer/wüst Verlagsgesellschaft mbH
Mergentheimer Str. 44 / 97082 Würzburg
Tel.: 09 31 /7 97 82 38 / Fax: 09 31/7 97 82 40
Internet: www.hemmer-shop.de

Sonderartikel

		Euro
	Lernkarteikartenbox (28.01)	
LB ______	Die praktische Lernbox für die Karteikarten	1,99
S 810 ______	Din A4, 80 Blatt 10er Pack	17,50
S1 ______	**Der Referendar (70.01)** 24 Monate zwischen Genie und Wahnsinn (Format A6)	9,80
S2 ______	**Der Rechtsanwalt (70.02)** Meine größten Rein-) Fälle (Format A6)	9,80
S3 ______	**Der Jurist (70.03)** Ein Lehrbuch für Leader (Format A6)	9,80
S5 ______	**Coach dich! (70.05)** Psychologischer Ratgeber	19,80
S6 ______	**Lebendiges Reden (70.06)** Psychologischer Ratgeber inkl. Audio-CD	21,80
S7 ______	**NLP für Einsteiger (71.01)** Psychologischer Ratgeber	12,80
S8 ______	**Prüfungen als Herausforderung (70.08)** Psychologischer Ratgeber	14,80
______	**Wiederholungsmappe (75.01)** Intelligentes Lernen inkl. Handbuch und Kurzskript	9,90
______	**Ordner hemmer.group (88.20)** Ringbuchmappe für Einlagen, DIN A4	2,50
(-200-0) ____	**Die wahren Paradiese** - 15 traumhafte Gärten Gebunden (Hardcover) mit Schutzumschlag, 208 Seiten (275 x 255 mm)	39,80
(-500-1) ____	**Vom „Baumeland" zum Traumgarten** Ein ländlicher Garten mit mediterranem Charme Gebunden (Hardcover) mit Schutzumschlag, 180 Seiten (275 x 255 mm) - 1. Auflage Mai 2016	34,80

Ein Buch über den eigenen Garten
Die intensive Beschäftigung mit dem Thema Garten seit mehr als zwanzig Jahren, all die Tätigkeiten im Jahreslauf, das Erleben der Natur und die Erfahrungen, die ich gemacht habe, fließen in dieses Werk über unseren Garten ein. Es werden sowohl die Entstehung der Gartenanlage als auch die vier Jahreszeiten mit den dazugehörenden Aufgaben im Garten beschrieben.

Life&Law

		Euro
__________	Einzelheft der Life&LAW	6,80
AboLL_____	Abonnement der Life&LAW Life&Law 3 Monate kostenfrei, danach erhalten Sie die Life&Law zum Preis von	5,80
LLJ _______	Life&LAW Jahrgangsband 1999 - 2015	
__________	bitte Jahrgang eintragen	je 50,00
LLJ14 _____	Life&LAW Jahrgangsband 2016	80,00
LLE _______	Einband für Life&LAW Jahrgang	je 6,00

Die AnwaltsBasics

978-3-9813969-0-4 ________	**Die AnwaltsBasics Erbrecht** 1. Auflage, November 2010, 429 S.	39,90
978-3-9813969-5-9 ________	**Die AnwaltsBasics Mediation** erweiterte 2. Auflage, November 2013, 237 S.	23,90

Endsumme:

Lieferung erfolgt in aktueller Auflage

Kundennummer D

Prüfen Sie in Ruhe zuhause!
Alle Produkte dürfen innerhalb von 14 Tagen an den Verlag (Originalzustand) zurückgeschickt werden. Es wird ein uneingeschränktes gesetzliches Rückgaberecht gewährt. Hinweis: Der Besteller trägt bei einem Bestellwert bis 40 Euro die Kosten der Rücksendung. Über 40 Euro Bestellwert trägt er ebenfalls die Kosten, wenn zum Zeitpunkt der Rückgabe noch keine (An-) Zahlung geleistet wurde.

Die Lieferung erfolgt (ausschließlich innerhalb Deutschlands) versandkostenfrei an Ihre angegebene Adresse.
Ich weiß, dass meine Bestellung nur bearbeitet wird, wenn ich zum Einzug ermächtige. Bestellungen auf Rechnung können nicht berücksichtigt werden.
Bei fehlerhaften oder unleserlichen Angaben, sowie einer Rücklastschrift aufgrund Nichtdeckung meines Kontos wird der branchenübliche Schaden in Rechnung gestellt. Der Kunde ist berechtigt, diesem Pauschalbetrag den Nachweis entgegenzuhalten, dass nur ein geringerer Schaden entstanden ist. Die Lieferung erfolgt unter Eigentumsvorbehalt.

Name: ____________________ Vorname: ____________________

Adresse: ____

Telefon: ____________________ e-mail-adresse: ____________________

Buchen Sie die Endsumme von meinem Konto ab:

Konto-Nr.: ____________________ Bankleitzahl: ____________________

Bank: ____________________ BIC: ____________________

IBAN: | | | | | | | | | | | | | | | | | | | | | | |

Ort, Datum: ____________________ Unterschrift: ____________________